Wäre es schön?
Es wäre schön!

Rudolf und Valentina Herrnstadt 1951 in Berlin

IRINA LIEBMANN

Wäre es schön?
Es wäre schön!

Mein Vater Rudolf Herrnstadt

BERLIN VERLAG

Der Deutsche Literaturfonds hat die Arbeit
an diesem Buch unterstützt.

Mix
Produktgruppe aus vorbildlich bewirtschafteten
Wäldern und anderen kontrollierten Herkünften
www.fsc.org Zert.-Nr. GFA-COC-1278
© 1996 Forest Stewardship Council
FSC

Umschlaggestaltung: Nina Rothfos & Patrick Gabler, Hamburg
Foto auf Seite 2: privat.
Typografie: Birgit Thiel
Gesetzt aus der Stempel Garamond von Greiner & Reichel, Köln
Druck und Bindung: CPI – Ebner & Spiegel, Ulm
Printed in Germany
ISBN 978-3-8270-0589-2

www.berlinverlage.de

INHALT

An einem Spätsommertag des Jahres 1953 fährt ein schwarzer BMW aus Berlin in Richtung Süden. Neben dem Chauffeur sitzt ein Mann im hellen Trenchcoat, hinten eine junge Frau und zwei kleine Mädchen. Der Mann vorne sieht starr geradeaus. Von hinten kann man sehen, wie seine Kiefermuskeln sich bewegen, als ob er die Zähne zusammenbeißt, und das sieht aus, als ob er weinen müsste. Zwei Stunden lang oder drei.

Gestern noch hat er die größte Zeitung des Landes geleitet, er hat in der Komintern gearbeitet und für den Generalstab der Roten Armee, er hat das seltsame kleine Land, in dem dieses Auto sich südwärts bewegt, aus den Trümmern mit aufgebaut und Ulbricht entmachten wollen, jetzt ist das alles vorbei, und er schweigt und sieht starr geradeaus.

Haltung. Immer noch ist das ein gebräuchliches Wort, im Jahr 1953. Und ist es nicht ein militärischer Begriff? Ein Kommando? Ein Einatmen, ohne auszuatmen? Was hat sich nicht alles dahinter verborgen, darunter versteckt, wie viel Leid. Wir werden es niemals erfahren. Dafür war sie ja da, diese Haltung, das tiefe Durchatmen, das steinerne Gesicht und der Blick nach vorn.

Dieser Mann im Sommermantel damals, schweigend und sich nicht umwendend, war mein Vater Rudolf Herrnstadt. Es war nicht nur seine Fahrt, nicht nur seine Niederlage. Es war unser Leben. Damals. Und ist immer noch unser Leben.

PROLOG

Es ist gewagt, über seinen Vater zu schreiben, wenn man sechzig ist, aber vorher ist es mir nicht eingefallen. Da wollte ich ein eigenes Leben führen, selbst gebaut und selbst verantwortet, und nicht die Tochter eines berühmten Mannes sein, nur das nicht!

Es ist ein sogenanntes emanzipiertes Leben geworden, aber nun, wo ich auf Eigenes zurückblicken könnte, sehe ich zu ihm. Mehr noch – alles, was ich geschrieben habe, die Bücher, die Dramen, die Lieder mit ihren unterschiedlichen Themen erscheinen mir wie Stückchen, abgebrochen von dem Ganzen, das ich ausgelassen habe, und in der Mitte davon steht er.

Das ist natürlich auch das Bild eines psychischen Schadens: Vaterkomplex. Auch deswegen, weil ich davon immer wusste, unterließ ich es, sein Leben in meiner Arbeit zu beschreiben, ich führte auch gern einen anderen Namen, aber manchmal erwähnte ich ihn im Gespräch, und wenn dann ein in der jüngsten deutschen Geschichte gebildeter Mensch gerade dabeistand, dann kam dieses: »Ach!«

Und sofort war er wieder da, dieser Mann, den eine Zeit lang alle gekannt hatten und über den sie nichts wussten oder zu wenig, der aber Beunruhigung hinterlassen hatte, eine Spur in der Luft sozusagen, die nur langsam verebbte.

Aber tat sie das überhaupt?

Bei einem meiner letzten Umzüge geriet mir wieder ein Kinderbild in die Hände: Ich selber im Sommerkleid, etwa vier Jahre alt. Dieses Foto steckte in einem ordentlichen Passepartout, Seidenpapier war drübergelegt und hinten auf der

Pappe ein Stempel der Fotografin: EVA KEMLEIN PRESSE-FOTOS.

Da ich oft umzog, war mir der Name der Fotografin mit den Jahren geläufig, also hörte ich hin, als einmal im Radio ein Gespräch mit ihr angekündigt wurde. Sie lebt noch, dachte ich, es gibt sie also wirklich. Ich suchte den Namen im Telefonbuch und fand ihn. Rief sie an und sie war da. Wir verabredeten einen Besuch.

Es war Februar. Sie wollte, dass ich abends komme. Trotz der Dunkelheit fand ich das Haus ziemlich schnell, ein billiges Mietshaus, die Wohnung weit oben, ich klingelte. Diesen Weg zu ihr war ich bereits wegen meines Vaters gegangen, warum nun auf einmal, das weiß ich nicht, es trieb mich an, dass sie ihn gekannt hatte, das hatte ich ihr auch als Begründung gesagt. Ich klingelte also – nichts rührte sich. Ein Hund bellte. Ich wartete eine Weile vor der Wohnungstür, dann klingelte ich wieder. War sie nicht da? Hatte sie mich vergessen oder Angst bekommen oder ging es ihr schlecht? Die Frau war dreiundneunzig Jahre alt und lebte allein.

Alles blieb still. Sie kam nicht. Nur der Hund bellte.

Ich stand noch eine Weile vor der Tür, dann wollte ich gehen, da schob sich die Tür einen Spalt auf. Da stand ein Gnom, eine kleine, bizarre Figur! Einen Meter dreißig vielleicht in der Höhe. Der Kopf hing herunter, der Körper verdreht, stützte sich auf einen Stock mit breitem Elfenbeingriff, und die Beine, die Beine! Voreinander zusammengekrumpelt und in orthopädischen Schuhen.

Als der Hund sich beruhigt hatte, konnte ich zusehen, wie sie sich vorwärtsbewegte – Zentimeter um Zentimeter. Sie hatte zehn Minuten gebraucht, um zur Tür zu kommen. So war das also.

Sie schob sich mit äußerster Kraftanstrengung voran.

– Tut es weh?

– Fragen Sie nicht.

Eine kräftige, tiefe Stimme kam aus ihrem Winzlingskörper.

Eva Kemlein konnte den Kopf nicht heben. Wenn sie mich ansah, sah sie von unten hoch, die Augen blickten nach oben aus einem hängenden Kopf. Sie freute sich!

Die kleine Wohnung hatte zwei Zimmer, der Tisch war gedeckt. Ein Abendbrot!

Dafür musste sie Stunden gebraucht haben. Sie brauchte ja viele Minuten, bis sie den Tisch nun auch wieder erreichte. In niedrigen Sesseln saßen wir dran, ich stand aber wieder auf, um den Tee zu kochen, und sah sie von hinten, so grau und den Kopf auf der Brust hängend, das kleine Figürchen – ein Geist, dachte ich, wie ein Geist!

Die Stimme passte gar nicht dazu.

– Ihr Vater ist hier gewesen, sagte sie, ohne dass ich fragen musste.

Im Mai 1945, genau an dem Tag, als sie mit ihrem Mann diese Wohnung bekommen hätten, da hätte ein Auto dort unten gehalten und Fritz Erpenbeck hätte vor der Tür gestanden und gesagt, er sei einer von den KPD-Leuten, die gerade aus Moskau zurück wären, und nun würden sie eine Zeitung machen und brauchten dafür einen Fotografen.

– Und im Auto, da saß Ihr Vater.

Er habe einen ungeheueren Eindruck auf sie gemacht, sagte Eva Kemlein, einen ganz unbeschreiblichen Eindruck.

Ich bat sie, genauer zu sein, aber das konnte sie nicht. Sie sei eben so einem Menschen vorher noch nie begegnet und später auch nicht mehr.

An dieser Stelle winkte ich ab, so sei ja meine Erinnerung auch, sagte ich, aber bei mir sei es der Vaterkomplex.

– Sie haben keinen Vaterkomplex.

Das sagte die kräftige Stimme aus dem uralten Menschen,

und weil diese Stimme ganz anders war als heute Stimmen sind, aus einer ganz anderen Zeit, war sie glaubwürdig, und zwar so sehr, dass ich mich schämte. Ich nannte ihn ja seit vielen Jahren im Stillen nicht anders als einen Deppen und einen Idioten.

– Das war der Anfang von unserem Ende.

Sie meinte seinen Sturz.

– Wir haben verloren. Vorläufig. Die Amerikaner haben gesiegt. Aber den Glauben darf man nicht verlieren.

Und in die Pause, die eintrat:

– Sie glauben doch noch daran?

Ich schwieg. Ich wollte sie nicht verletzen, sie war dreiundneunzig Jahre alt, sie war eine kranke Greisin, was konnte sie ertragen an Widerspruch? Ich schwieg.

– Man muss daran glauben.

Ich schwieg.

– Ihr Vater hat gewiss daran geglaubt.

Das stimmte. Seine Genossen hatten ihn umbringen wollen, sie hatten ihn aus ihrer Partei ausgeschlossen und Lügen verbreitet, zu Tode gehetzt, aber den Glauben hatte er behalten.

– Sehen Sie.

Ich sagte, ich hätte das immer als absurd empfunden. Und überhaupt: Im Radio damals hätte ich gehört, dass sie ihr Leben lang hier in Westberlin gewohnt hätte, aber im Osten gearbeitet. Als wir dort alle eingesperrt waren, wäre sie so hin- und herspaziert, wie hatte sie das fertiggebracht?

– Ich habe hier gewohnt und dort gearbeitet.

Aus solchen zwei Zimmern mit der U-Bahn zum Zoo und dann mit der S-Bahn zur Friedrichstraße, das war nicht der Westen, von dem wir geträumt hatten, das sah ich wohl, und doch – warum hat sie nicht im Westen gearbeitet?

– Für Adenauer??!!

– Es gab in der BRD keine politischen Gefangenen, keine

Folter und Kinder, die ihren Eltern weggenommen wurden so wie in der DDR, immerhin.

– Davon wusste man nichts.

– Sie haben es nicht geglaubt.

– Natürlich nicht. Und nach einer Pause: Wir wollten ja rüber. Aber die Partei hat verlangt, dass wir im Westen wohnen bleiben, um die demokratischen Kräfte zu stärken.

– Na, sagte ich zufrieden, ich war nie in einer Partei.

– Mich haben sie 1952 ausgeschlossen.

– Und? Haben Sie auch so darunter gelitten wie mein Vater?

– Ach wo! Da musste man ständig Versammlungen haben und irgendwelche Verpflichtungen. Ich bin Künstlerin! Keine Zeit für so was!

– Aber im Osten zu arbeiten, das war doch auch schlecht mit dem Geld.

– Natürlich war es schlecht, und ich habe ja auch nichts. Aber das waren meine Leute, ja. Meine Familie. Dort habe man sie übrigens auch immer loswerden wollen, aber es habe immer Genossen gegeben, die ihr eine kleine Arbeit verschafft hätten.

– Aber es wurde doch immer schlimmer dort drüben!

– Die Funktionäre haben alles verdorben.

– Ich bin weggegangen von dort, das sagte ich vorsichtig, ich wollte sie nicht verletzen.

– Aber Sie sind wiedergekommen!

– Berlin. Für mich ist es Berlin.

Wir schweigen eine Weile, dann sagt sie so leise, dass ich es kaum verstehe: Der Antifaschismus. Es war wegen dem Antifaschismus.

– Ja, sage ich, der unehrliche Antifaschismus, und wieder ist lange Pause.

Sie sitzt da, gekrümmt, mit hängendem Kopf, ringsherum Bilder an den Wänden, Fotos. Viele davon zeigen denselben

Mann, sieht aus wie ein Schauspieler, sieht schön aus, ein blonder Siegfried mit wehenden Locken.

– Wer war das?

– Der Stein.

Folgt die Geschichte des Mannes Werner Stein, tatsächlich ein Schauspieler, aber auch Regisseur, sie war ja Theaterfotografin, so hat sie ihn kennengelernt in den vierziger Jahren, nachdem sie sich von dem ersten Mann mit dem Namen Kemlein scheiden ließ, weil der die vielen Schwierigkeiten wegen der Mischehe nicht aushielt, sie war ja jüdisch. Der Stein aber auch, und als ihre Mutter abgeholt wurde, musste sie sich verstecken, und der Stein ging mit ihr zusammen, denn er liebte sie ja. Das war im Februar 1942.

– Wir haben uns drei Jahre versteckt.

– Drei Jahre?

– Jede Nacht woanders, ja.

– Bis 1945?

– Ja.

– Zu zweit?!

– Ja.

Ich kann es nicht glauben, sie nennt Namen, Adressen, Bruchstücke von Erinnerungen – ein Zaun zur Lietzenburger Straße, ein Zimmer in einer Gemeinschaftswohnung, aber es sind nicht drei Jahre Angst und Flucht, die sie erzählt, sondern drei Jahre Liebe, und immer von ihm – der Stein!

Er hat tagsüber bei Leuten Sessel gepolstert, so verdiente er Geld zum Leben, gekauft wurde, was ohne Marken zu haben war, meistens Weißkohl, die U-Bahn und S-Bahn haben sie nicht benutzt, wegen Geld und wegen der Razzien, sie sind durch Berlin nur gelaufen, immer gelaufen und immer zu zweit, und als Sozialist war er so überzeugt von der glücklichen Zukunft für alle, das stand für den ganz unumstößlich fest.

– In dieser Zeit?

– Gerade in dieser Zeit.

– Morgens nicht wissen, wo man abends schlafen wird und ob man sich wiedersieht, und überall konnten Sie verraten werden, war es so?

– Unsere Freunde haben uns nicht verraten.

– Haben Sie nur bei Freunden gewohnt?

– Nein! – Ganz unbekannte Leute seien es manchmal gewesen, hier ein Tipp, da ein Tipp, es habe überall Genossen gegeben, aber viele hätten auch einfach zeigen wollen, dass sie gegen die Nazis sind.

– Sie haben viel Vertrauen gehabt.

– Ja.

– Sie hatten mehr Vertrauen als Angst?

– Ja.

Dann spricht sie wieder über den Stein. Wie unvergleichlich er gewesen wäre, voller Ideen und Begeisterung und felsenfest überzeugt vom Sieg der Sowjetunion.

– Wir haben über die Zukunft gesprochen. Mit ihm hatte man keine Angst. Solche Menschen hätte es damals gegeben, aber: Das lässt sich nicht mehr vermitteln.

Wie gut sie das gesagt hatte: Das lässt sich nicht mehr vermitteln.

Deswegen saß ich ja hier. Weil es etwas gab, was sich nicht mehr vermitteln ließ.

Sie hatte es mir erklären sollen. Rudolf Herrnstadt. Aber das konnte sie nicht. Stattdessen setzte sie gleich einen zweiten daneben, ebenfalls unerklärlich. Aber wahr. Mit Sicherheit wahr. Man sah es ja, dass es die Wahrheit war.

Nur eben – was war das gewesen? Was hatten die, was wir nicht haben?

Dabei hatte ich es vor Augen, die kleine Wohnung, voll mit Skizzen, Radierungen, Fotografien, alles Geschenke befreundeter Künstler, dazu Evas Fotos: Ernst Busch vor allem, Helene

Weigel, und überall an den Wänden ihr Mann Werner Stein. Ein Sofa dazu und ein Bett und ein Tisch und ein Schreibtisch – das war's.
Bücherregale.
In so einer Wohnung könnte ich mich blind zurechtfinden, solche Wohnungen kannte ich von klein auf, es waren die Wohnungen der zurückgekehrten Emigranten, der Leute, die nichts mehr besaßen, aber Freunde und Ideale, und sie konnten auch alle etwas, sie haben immer gearbeitet.

– Wir wollen Wein trinken, sagte sie.

Ich öffnete die Flasche Rotwein, die auf dem Tisch stand, wir tranken auf unsere Begegnung und aßen belegte Brote.

Sie konnte nicht wissen, dass ich gerade vom Totenbett aufgestanden war, operiert und zusammengenäht. Sie wunderte sich nur, dass ich so vorsichtig trank und gegen zehn Uhr nach Hause wollte.

– Warum so früh?

Als ich schon den Mantel angezogen hatte, stand sie im Türrahmen. Sie sagte: Wann haben Sie es erfahren?

Seltsamerweise wusste ich sofort, was sie meinte. Stalin.

– Wir haben es nicht geglaubt, sagte sie. Wir haben es lange nicht geglaubt.

Übrigens hätte der Stein immer gesagt: Warte ab, wenn die deutschen Genossen aus Moskau kommen, da wirst du Menschen kennenlernen, die du noch nie gesehen hast. Aber als die dann in Berlin waren, da seien sie wie ein Eisblock gewesen.

Ich fragte, ob das auch für meinen Vater gelte, und wieder sagte sie, wie außergewöhnlich er auf sie gewirkt habe.

Ich hätte auch nicht fragen müssen, denn sie bedankte sich immer wieder für diesen Besuch. Es sei etwas ganz Besonderes für sie, und sie hätte es nie geglaubt, das zu erleben – noch einmal eine Berührung mit Rudolf Herrnstadt.

So waren wir am Ende des Abends wieder an seinem Anfang angelangt, und ich wankte nun regelrecht raus in die Kälte, ins Freie und Dunkle.

Diese Zwergin war ein Gigant in Wirklichkeit, mit ihrer kräftigen Stimme und den klar formulierten Sätzen. Und ich?

Wieder ein Blatt im Wind.

VOR DEM GEWITTER

Bild auf Seite 19: Rudolf Herrnstadt (ganz rechts) mit Freunden in der Tatra im Sommer 1933. Die vorn sitzende Frau könnte Ilse Stöbe sein. Foto: privat

1903

Es waren einmal ein Uhrmacher und ein Advokat. Der Uhrmacher war ein Christ und der Advokat war ein Jude, sie wohnten in der Stadt Gleiwitz im gleichen Haus, und beiden wurde im gleichen Jahr ein erster Sohn geboren.

In Kinderwagen mit hohen Speichenrädern schoben die Hausangestellten von nun an die Kinder durch die kleine Stadt, zum Markt und zum Rathaus, vielleicht auch zum Park und einmal im Kreis um das Palmenhaus.

Es war das Jahr 1903, und das Licht, in dem die vergötterten Knaben – und dass sie vergöttert wurden, ist nachweisbar – da schliefen und brüllten manchmal, stelle ich mir so vor, wie ich es von Turner gemalt in der alten Tate Gallery gesehen habe: Karthago vor seinem Untergang. Ganz von Gold überflutet der Himmel, das Meer und die Menschen, sie stehen am Hafen und starren ins Wasser, sie warten. Es herrscht Abendstille und Windstille auch. Völlige Windstille.

In der Windstille dieser Jahre sind radikale Menschen zur Welt gekommen, heute weiß man es, aber damals? Was für Herzen schlagen unter den Spitzenkleidchen und Seidenbändern, was für Schicksale warten auf sie?

Eine Kindheit kann nicht glücklicher sein als im reichen Oberschlesien, wenn man die richtigen Eltern hat. Die Stadt hat sich alle wichtigen Bauten in der größtmöglichen Ausführung bestellt: das Landgericht, das Hauptpostamt, den Bahnhof. Dazu noch das rote Gymnasium, es ist alles beklemmend groß, viel zu groß, aber man ist ja Verwaltungszentrum, und wiederum sind die Straßen schmal und winklig, alt und abgeschrägt viele Häuserwände, schwupp, ist er weg wie ein Fisch im Wasser, so ein Lausejunge, so heißen sie hier, Lausejunge, du Lausejunge, der kleine Lothar, der kleine Rudolf – es kann ihnen gar nichts passieren!

Und die Sonne scheint. Ich sehe die Stadt immerzu in der Sonne, ein tiefes, regelrecht wonniges Gefühl kommt von dort, wenn ich mich anstrenge, das Bild aufzurufen, dieses Bild von Gleiwitz in der Vergangenheit, golden. Wann kam der Wind auf?

Sie sind alle tot, die ich fragen könnte, aber egal, was die Antwort wäre – mein Vater Rudolf hat eine Heimat gehabt. Tief verankert, nie vergessen: Gleiwitz in Oberschlesien.

Immer wieder tauchte sie auf in Erzählungen und Geschichten, im Namen des Drogisten und des Justizrates, des Flusses und der Zeitungen, der Mohnklöße und des schlesischen Himmelreichs, in den Namen der Lehrer natürlich, der Mitschüler auch, und in der Beschreibung der drei kleinen Teufel aus Bronze, die tanzten vor dem Oberschlesienhaus. Dort tanzen sie immer noch.

Rudolf hatte einen Vater Ludwig, eine Mutter Maria-Clara und einen kleinen Bruder hatte er auch, der hieß Ernst.

Doktor Ludwig Herrnstadt war eine Respektsperson in der Stadt, Rechtsanwalt und Notar, Sozialdemokrat seit 1894, was selten war bei dem Beruf und dem Erfolg dieses Mannes. Er verdiente gut, er vertrat große Konzerne, aber auf der Wahlliste seiner Partei stand er neben Grubenarbeitern und Schneidergesellen als einziger vornehmer Mann. Im Gleiwitzer Stadtarchiv fand ich seine Unterschrift, tief gezackt wie ein grobes Sägeblatt, kraftvoll.

Auf dem einzigen Foto, das noch vorhanden ist, ist ein ausgesprochen bodenständiger Mann zu sehen, ein Mann, der mit der Faust auf den Tisch hauen konnte.

Dass er seinen Sohn vergötterte, lässt sich unter anderem daran erkennen, dass der Sohn ihn ebenfalls vergötterte. Auch hier Geschichten, Anekdoten, kleine und große Erinnerungen. Nur über ihn – seinen Vater.

Denn mein Vater Rudolf hat über niemanden aus seiner Familie reden können, also gar nichts erzählt, seine Erinnerung war von Schmerzen wie anästhetisiert, denn sie alle sind in deutschen Konzentrationslagern grausam ermordet worden. Nur mein Großvater war so stark, dass er auch diesen Schutzwall durchbrach und in unserer Nachkriegswelt erschien. Eine große Liebe, aus der ein großer Kampf wurde, und der musste einfach erzählt werden.

Zuerst aber eitel Sonnenschein. Die Knaben Lothar und Rudi werden die besten Freunde, auch wenn die Familien bald in verschiedenen Häusern wohnen, es ist doch alles die Innenstadt.

Sie gehen in beiden Familien ein und aus, in kurzen und langen Hosen, besuchen die gleichen Schulen.

Wenn der Vater Rudi Aufgaben stellt, ist der ehrgeizig, sie zu erfüllen, und erzählt es auch später noch stolz, denn es waren »unmögliche« Aufgaben gewesen.

So blieb er bei einem Sonntagsspaziergang vor einem Schaufenster stehen, wo Konservenbüchsen mit Schoten oder Erbsen pyramidenförmig übereinandergetürmt waren, zeigte auf eine bestimmte Büchse in der untersten Reihe, sah auf die Uhr und meinte, zwei Stunden sollten wohl ausreichen, um genau diese Büchse zu besorgen.

Also hetzte Rudi mehrmals durch die ganze Stadt, bis er an diesem Sonntagnachmittag den Menschen gefunden hatte, der den Schlüssel zu Laden und Schaufenster besaß. Es war eine Frau, die sich schließlich überreden ließ, mit ihm zu kommen, und dann auch noch die ganze Dekoration auseinandernehmen musste, um genau die Büchse hervorzuziehen, auf die der Vater gezeigt hatte.

Spätestens an dieser Stelle der Erzählung protestierte ich, weil es doch ganz egal sein könnte, welche Büchse er nun nach Hause brachte, aber da entrüstete sich mein Vater – nein, nein, also das wäre ja wohl eine Selbstverständlichkeit, dass der Vater sich darauf verlassen konnte, dass ihm die richtige Büchse gebracht werden würde. Auch die preußischen Juden waren Preußen.

Wenn der Krieg beginnt, der Sturm losgeht, sind die Kinder elf Jahre alt, wenn er verloren wird, sind sie schon fünfzehn, das Gymnasium ist ihnen ein Graus, trotzdem sollen sie zu den größten Hoffnungen Anlass geben. Ein Abgesandter der Kirche will Rudolf unbedingt für ein Priesterseminar gewinnen, er besucht Ludwig in seiner Kanzlei, der ist nicht mehr religiös – »... aber ich bin Jude!«

– Wir haben auch jüdische Kardinäle, soll die Antwort gewesen sein, und mein Vater hätte sie mir nicht erzählen können, wenn sein Vater sie ihm nicht erzählt hätte. Ein Fehler, wie sich bald zeigen wird – Rudi wird übermütig.

Vorläufig ist es nur Pubertät, aber heftig. Zu heftig, wie es den Eltern scheint. Gleiwitz ist eine kleine Stadt. Jedenfalls, wenn man an der Hauptstraße wohnt und am Markt seine Anwaltskanzlei hat, denn die Hauptstraße führt zum Markt und auf dem Markt wird auch Markt gehalten – und wenn dann der Sohn am helllichten Tage als Schulschwänzer volltrunken ihnen entgegenkommt, dann ist man nicht allein auf der Welt. Aber sie wollen ja provozieren, Lothar und Rudi – »... wir waren der Bürgerschreck«.

Es muss eine Zeit gegeben haben, in der Ludwig Herrnstadt wegen dieses Sohnes vollkommen verzweifelt war. Und doch, noch laufen sie in den vorgegebenen Gleisen, die Freunde. Sie wollen beide Jura studieren – was sonst? Ludwig Herrnstadt ist ihnen das große Vorbild.

Also gab's keinen Bruch mit dem Vater? Er ist schon geschehen, es hat nur niemand richtig bemerkt: Ins Gymnasium kommt ein neuer Lehrer, ein ausgemusterter Kriegsteilnehmer. Der starre preußische Unterricht ist bei ihm plötzlich verschwunden. Sensation: Da setzt sich ein junger Mann auf das Pult – er setzt!! sich darauf – und erzählt vom Krieg, was er erlebt hat, die schreckliche Wahrheit.

Vater Ludwig war bei Kriegsausbruch schon zu alt, er wird nicht mehr eingezogen. Der kann Meinungen haben, aber dieser Lehrer hat was riskiert!

Rückblickend erscheint es mir wie ein Muster in Herrnstadts Leben: Da ist ein Mann seinen Zuhörern mit dem ganzen Körper zugewandt, ein beweglicher, offener Mensch. Kein Pauker mehr, der Gehorsam verlangt. Er nimmt »seine Jungs« ernst, dazu muss er nur das sein, was er an der Front gerade erst war: ein »Kamerad«. Einer, der glaubwürdig etwas Unerhörtes erlebt hat – ein Kämpfer.

Immer, wenn mein Vater später von wichtigen Begegnungen erzählt hat, ist dieses Vorbild erschienen – der Held, der durchs Feuer gegangen war. Die Tat rückt hier in den Mittelpunkt, das wagemutige, unabgesicherte Tun. Da war der Bruch.

Davon abgesehen – die ganze Welt ist ja im Umbruch.

Zumal Oberschlesien. Hier bebte die Erde am stärksten in Deutschland. Denn diese Schatzkammer soll an Polen gehen, das neu geschaffene Polen wäre sonst nicht lebensfähig, ist das Argument. Das trifft auf Widerstand. Schon am Anfang der zwanziger Jahre wird Gewalt hier alltäglich. Deutsche, Juden und Polen sollen bis dahin friedlich zusammengelebt haben. Nicht konfliktlos, aber immerhin friedlich. Das ist vorbei.

Nationalgefühl wird angefeuert, es kommt zu Unruhen, Kämpfen zwischen Polen und Deutschen. Schließlich schickt der Völkerbund Truppen, besetzt und beruhigt das Gebiet. Es soll freie Wahlen geben. Die Bevölkerung soll entscheiden, ob Oberschlesien zu Deutschland oder zu Polen kommt. Die

Mehrheit entscheidet sich für Deutschland, darunter auch viele Polen. Entgegen dieser Wahlentscheidung soll Oberschlesien nun geteilt werden. Wieder Kämpfe. Auch Schlageters Freikorps zieht in Gleiwitz ein mit Judenhass und Gebrüll. Ein Schock. Das Gleiwitzer Bürgertum ist zu einem großen Teil jüdisch und selbstbewusst deutsch-patriotisch. Juden sind hier Bürgermeister, Gerichtspräsidenten, Träger der deutschen Kultur. Die unterlegene Kultur war hier die polnische, für Fortkommen und Bildung von Polen hatten gerade deutsche Sozialdemokraten sich eingesetzt, auch Ludwig Herrnstadt. Als Anwalt hat er Arbeiter kostenlos verteidigt, und das waren sehr oft Polen. Im Hause Herrnstadt hieß es bisher: Im Zweifel für die Polen, denn sie waren die Schwächeren. Wiederum ist es die Politik der Sieger, die Empörung hervorruft. Der Willen der Wähler wird ignoriert, so beginnt hier die Demokratie, und wer jetzt hier aufwächst, der wird politisch. Er muss es werden.

Das Gebrüll der Schlageter-Truppe jedenfalls hat Rudolf nicht vergessen, und wenn er weggeht aus Gleiwitz, zuerst nach Berlin, dann nach Heidelberg, trifft er wieder auf so was. Die Universität wird von schlagenden Verbindungen beherrscht, die dominieren auch die Studentenlokale und die Tanzböden, und ein Jude wird geschnitten, nicht aufgenommen in alle diese »Arminias« und »Teutonias«. Das war schon früher so? Das hat der Vater sich bieten lassen?

Herrnstadt ist zum ersten Mal alleine, er ist achtzehn Jahre alt und versteht es nicht: »Was haben die Juden den Deutschen getan?«

Er kommt aus einem Industriegebiet, offen und handfest, aber das hier? Weinseligkeit und Kastengeist, Ende der Welt.

Bald nach seinem neunzehnten Geburtstag ist er wieder in Gleiwitz. Ein Abgangszeugnis bringt er nach zwei Jahren Studium zwar mit, aber weitermachen will er nicht. Er habe gemerkt, dass dieses Fach nicht das Richtige für ihn wäre, hat er später gesagt.

Der Vater ist außer sich. Ludwig Herrnstadt war das Kind einer großen, armen Familie gewesen. Die hatte Geld gesammelt, um wenigstens einen der ihren zu unterstützen, damit er »etwas werden« konnte. Die Wahl war auf Ludwig gefallen und wurde für ihn eine schwere Verpflichtung, denn alle Verwandten beobachteten fortan seinen Weg, alle erwarteten Dank und Hilfe in der Not. Ludwig Herrnstadt hielt sich daran, wurde »vorbildlich« und hat dasselbe wohl auch von den Söhnen erwartet. Nichts da – jetzt kommt der Bruch an die Oberfläche, Zeit und Geld sind verschwendet, aber ein zweites Studium wird es nicht geben, nicht für diesen Sohn!

Rudolf wird ab sofort in der Wohnung der Eltern wohnen und in eine Fabrik gehen. Er soll sein Geld selbst verdienen. Er soll sehen, wie schwer das ist. Ende.

Für eine bürgerliche Familie, wo familiäre Probleme gerne vertuscht wurden, eine ungewöhnliche Lösung. Man sieht daran den maßlosen Zorn des Älteren, aber auch, dass er den Sohn nicht fallen lässt. Es ist eher ein letzter Erziehungsversuch. Und auch dieser scheitert.

Nicht etwa daran, dass Rudolf kneift. Nein, er zieht nur andere Konsequenzen, als dem Vater lieb ist. Denn bei aller Renitenz war Ludwig Herrnstadts ältester Sohn offenbar ein sensibler Junge. Das hatte der Alte wohl übersehen in seinem Zorn, und dieser Junge war tief erschrocken.

Scherzhaft hat er später gesagt, er habe die Pressearbeit von ganz unten gelernt, nämlich schon bei der Papierherstellung im Zellstoffwerk Krappitz.

Weniger launig betrachtet muss es ein Höllensturz gewesen sein. Aus dem Studentenleben zurück nach Hause, aus den Biergärten in die Fabrik. Was er dort gesehen hat, schien unvorstellbar:

Das dunkle, schwarze Arbeiterelend!

Menschen, die gar nichts anderes kannten als das, ja die dankbar waren dafür, dass sie diese Arbeit überhaupt machen durften, Menschen, die ihre Kinder hierherschickten, Kinder! Dass so etwas überhaupt möglich war! Dass sein Vater, der Sozialist, für solche Unternehmer noch arbeitete, für sie verhandelte und Verträge abschloss!

Rudolf muss keine schwere Arbeit machen, er soll in die Werkzeugausgabe, er kann lernen, noch ist sein Leben nicht ganz verpfuscht, noch kann er auch wieder gehen, aber darf man das eigentlich? Die Ärmeren, Schwächeren einfach im Stich lassen?

Herrnstadt hat, das wird sein Leben erweisen, eine Begabung zur Freundschaft. Seine Freunde vergisst er nie, was er für sie tun kann, das tut er, überall, wo er ist, wird er Freunde gewinnen, also vermutlich auch dort in Krappitz. Wie kann er sie alle zurücklassen? Dort!

Von 1922 bis 1924 beginnt sein Tag früh um fünf mit dem Gang zum Bahnhof. Freund Lothar sieht er nur selten, der schläft noch, wenn er schon auf dem Weg ist zu Kugelkochern, Säuretürmen, Kalklauge, Essig- und Schwefelsäure und Holz, sehr viel Holz. Und während er Zangen und Nägel heraussucht aus Werkzeugschränken, hört Lothar in Breslau Vorlesungen. Auch daran denkt Rudi, wenn er im Vorortzug der Proleten zum Zellstoffwerk Krappitz fährt. Morgens und abends rattern die Räder unter ihm, und da sitzt er und träumt oder sinnt auf Großes.

Nein, er muss sie zurücklassen, wenn er geht, er darf sie nur nicht vergessen. Nein, auch das Erinnern wäre zu wenig, billig wäre es, nein, es dürfte eine solche Fabrik gar nicht erst geben, solch eine Arbeit, oder wenn es nicht anders geht, dann eben besser bezahlt, viel besser bezahlt! Denn es ist doch die schlechteste Arbeit, dankbar müssten die anderen sein, dass jemand das überhaupt tut, sich dankbar erweisen, natürlich.

So fährt Rudi sein Stückchen Eisenbahn hin und her am östlichen Rande des Deutschen Reiches, zwei Jahre lang, morgens und abends. Zwei Jahre, in denen die Zeitungen voll sind mit Meldungen unerhörtester Art. Die Nachbarstadt Kattowitz liegt nun in Polen, dort erscheinen ganz neue Zeitungen, die suchen Leute, und Polen wiederum grenzt jetzt an Sowjetrussland, dort haben die Arbeiter die Betriebe übernommen, sie dulden das nicht mehr, was er täglich sieht, sie lassen sich nicht mehr ausbeuten, solche Nachrichten kommen in Gleiwitz an.

Die Verhältnisse umstürzen – das wär's! Nicht ewig sich aufhalten mit Reformen, Regierungsbeteiligungen, was haben die Väter denn damit erreicht? Wenn die Verhältnisse so sind, so elend, dann haben sie gar nichts erreicht, dann sind sie beteiligt am Unternehmergewinn, die Väter, wie können sie dann Sozialisten sein, er streitet sich nur noch mit seinem Vater, wenn er zurück ist, am Abend, Rudi. Unfähig, Liebe und Zorn zu verbergen.

Dabei ist er eher lyrisch als politisch, ein junger Mann, der die Fabrik überstehen muss, den täglichen Schock und die Angst vor dem Leben, ein Junge, der Rilke liest, Bernhard Kellermann – »Yester und Li«: »Ginstermann kam spät in der Nacht nach Hause. Es mochte zwei Uhr sein. Vielleicht auch drei Uhr. Vielleicht auch später. Langsam, ganz langsam war er durch die Straßen gewandert.«

Und hier endet das Märchen von Gleiwitz.

Gehört es noch rein, dass Rudolf Verse schreibt in dieser Zeit, und die Frage, wem er die zeigt? Im Winter 2004 bekam ich die Antwort darauf. Da traf ich Lothars Tochter Christiane, eine Dame von über siebzig Jahren, und ihr erster, mir unvergesslicher Satz hieß: Sie haben alle geschrieben!

– Sie kannten sich alle, sie waren alle befreundet und sie haben alle geschrieben!

– Wer, »alle«?

– Unsere beiden Väter, meine Mutter, meine beiden Brüder und Gottfried Bermann und Susi Kochmann auch, und der Sohn von einem Fabrikbesitzer, er hieß wohl Hermann mit Vornamen. Gottfrieds Vater war der Medizinalrat Bermann und Susi Kochmanns Vater war der Justizrat Kochmann. Es war eine Clique! Sie trafen sich im Café Schnapka!

– In Gleiwitz?

Natürlich in Gleiwitz. Susi, Gottfried und Rudi waren jüdisch, aber Religion habe gar keine Rolle gespielt. Es wäre ein ganz freies Klima gewesen, damals in Gleiwitz, ganz frei und ganz links.

Und als dann Revolution in Berlin war, in Russland auch, dazu noch die Kämpfe um Kattowitz, da könnte ich mir wohl denken, wie das unsere Väter beschäftigt hat. Und geschrieben hätten die Freunde in allen Formen: Gedichte, Dramen, Zeitungsartikel, und natürlich seien sie immer verliebt gewesen!

– Susi Kochmann war damals das schönste Mädchen von Gleiwitz, und Ihr Vater war heiß verliebt in sie!

– Mein Vater?!

– Rudi, ja.

Aber Gottfried Bermann ebenso, denn Justizrat Kochmann und Medizinalrat Bermann hätten im gleichen Hause gewohnt, woraus Gottfried abgeleitet hätte, dass er Susi sowieso heiraten würde.

Aber 1921 kamen wegen der andauernden Kämpfe Völkerbundtruppen nach Oberschlesien. Ein italienischer Oberst wurde im Haus einquartiert, und in den verliebte sich Susi und ist doch tatsächlich Frau Renzetti geworden und nach Rom gezogen. 1934 sei sie als Frau des Militärattachés Renzetti zurück nach Deutschland gekommen. Aus dieser Zeit müsste es ein Titelbild der »Berliner Illustrierten Zeitung« geben, da küsse Hitler der Frau des italienischen Botschafters die Hand.

– Da können Sie sich vorstellen, wie die gelacht haben, die Freunde! Der Justizrat Kochmann war doch der Synagogenvorsteher von Gleiwitz! Gottfried Bermann sei noch Jahre danach untröstlich gewesen über Susis Hochzeit, bis er die Verlegertochter Tutti kennengelernt hätte, und mit der sei er dann emigriert.

– Das war doch nicht etwa der Verleger Bermann-Fischer?

– Doch, doch. Einer aus der Schnapka-Clique.

Wir saßen in einem kleinen Haus am Griebnitzsee, vor den Fenstern ein Garten mit Obstbäumen, Schnee auf den Ästen, und vor diesem verschneiten Gartenbild hörte ich die Geschichten von der Jugend der zwanziger Jahre in Gleiwitz, die ich schon längst vergessen hatte. Hier waren sie immer noch da, denn all die Einfälle und Streiche einer vergangenen Zeit hatte sich die Clique ihr Leben lang immer wieder erzählt: Der Hermann, dessen Nachnamen Christiane vergessen hatte und der Industrieller geworden war, ihr Onkel Erich Skubella, der Kunstmaler geworden war, der Onkel Walter, der Architekt geworden war, der Onkel Alfred, der Zahnarzt, ihre Mutter Elsbeth, die Journalistin geworden war, und ihr Vater natürlich, der Außenminister und Kunstsammler Lothar Bolz.

Und da spazierte auch Rudi herum, Rudi, der so laut lachen konnte. »Rudi, komm runter, Grimassen schneiden!«

ICH BIN EIN DICHTER!

Mein Vater hat viel und gerne erzählt – und wiederum gar nichts. Passend zu seinen so verschiedenen Lebenszeiten. Erzählt wurde auf den Spaziergängen. Es gab Lieblingsthemen und Redeverbote. Gleiwitz war ein Lieblingsthema, die Arbeit für den Nachrichtendienst der Roten Armee stand unter Redeverbot, und die Empfindlichkeiten, die Schmerzen, die Liebe, wie war es damit? Mal so und mal so.

Die erzählte Zeit von Gleiwitz geht hier zu Ende, denn zwei Jahre Krappitz, – dann ist Rudolf volljährig und soll eine Fabrik in der Lausitz leiten, aber das will er nicht, er will schreiben, und Lothar ist volljährig und macht sein Examen. Irgendwann danach muss Rudi zu Lothar nach Breslau gezogen sein, wo sie eine Sportzeitung herausgaben.

Die erste Sportzeitung in Oberschlesien – davon hat mein Vater mir noch erzählt, schmunzelnd und immer noch stolz, und dass sie beide in einem Zimmer gewohnt hatten und gehungert und es hätte tatsächlich eine erste Ausgabe gegeben, aber mehr eben auch nicht.

Danach trennen sich die Wege. Lothar will nun doch lieber Anwalt werden, und wird Referendar bei Ludwig Herrnstadt. Das hat mein Vater nicht mehr erzählt.

Also hat es ihm weh getan. Ist Lothar nun der geliebte Sohn? Lothar an Rudis Stelle?

Der alte Herrnstadt war Lothars großes Vorbild gewesen, das Studium von den Eltern erspart für den einzigen Sohn, der Beruf ein sozialer Aufstieg, die Kanzlei eine tolle Startmöglichkeit. Und der alte Herrnstadt? Ob er den Sohn herausfordern will oder den letzten Kontakt nicht verlieren oder einfach den Lothar schätzt?

Vater und Sohn schenken sich jedenfalls nichts.

Rudolf geht nach Berlin. Er will sich selber erschaffen. Das hat er immer erzählt.

Was hat er geschrieben in Berlin? Wovon hat er gelebt? Wen hat er kennengelernt? Die Antworten waren undeutlich.

Wenn ich dann weiterfragte, nannte er doch berühmte Namen – mit Thomas Mann hätte er einen Briefwechsel geführt, mit Walter Serner war er bekannt, und den alten Rowohlt hätte er auch getroffen. Der hätte ihn als Autor in seinem Verlag haben wollen, die Werbung aber mit den Worten gekrönt, Herrnstadt werde von jetzt an ein Rennpferd sein, auf das er setzen würde. Gemessen an der beim Erzählen hochgezogenen Augenbraue meines Vaters war's das dann wohl gewesen.

Wer nun an wessen Ansprüchen gescheitert war, erfuhr ich nicht. Mehr dagegen über den bürgerlichen Literaturbetrieb, den es früher einmal gegeben hatte, wo aus Gefühlen eine Ware gemacht werden musste oder eben ein Pferdchen auf das man mal setzt, probeweise.

Womit auch klar war: Er wollte das Pferdchen nicht sein.

Aber wovon hat er gelebt – der Dichter?

1996 – die DDR war gerade zusammengebrochen – traf ich den Dramaturgen Jochen Ziller in München. Wir kannten uns aus dem Henschelverlag, dem einzigen Theaterverlag der DDR, man musste ihm als Dramatiker angehören oder man hatte gar keinen Theaterverlag.

Ziller also lebte nun in München und war Leiter des Drei-Masken-Verlages geworden.

Damals in München versuchte er, mich für seinen Verlag zu gewinnen, und dafür hielt er mir stolz eine vergilbte Karteikarte unter die Nase.

Es stand darauf *Rudolf Herrnstadt, Uhlandstraße 106, Lek-*

tor, und dass er 200 Mark Vorschuss für die Theaterstücke *Flucht von St. Helena* und *Ulrik Lamont* bekommen hatte. Datiert war das Ganze auf 1925. »Also«, sagte Ziller, »komm in den Verlag deines Vaters!«

Von Theaterstücken hatte mein Vater erzählt, einmal sogar mehrere Titel genannt, ein Eigenname konnte durchaus darunter gewesen sein. Sollte das dieser verstiegene Name *Ulrik Lamont* gewesen sein?

1996 in München war das ja wirklich egal. Immerhin hatte er mir nichts vorgemacht, eher untertrieben. Wie immer, wenn es um ihn selbst ging, um seine Leistung.

Wann hatte er den Traum vom Dichten aufgegeben? Wann hatte er angefangen als Journalist?

Er hat es nicht erzählt, aber immer betont, dass es die beste Zeitung von allen gewesen wäre, für die er sich entschieden hätte – das »Berliner Tageblatt«. Über die Zeitung aber meistens nur geäußert, dass er dort alles gelernt hat, was ein Journalist braucht, und berühmt gewesen sei für sein schallendes Lachen.

»Der kann aber lachen!« Besonders die Setzer hätten das immer gesagt. Auf meine erstaunte Frage, was das denn für ein Lachen gewesen sein soll, wurde unwillig etwas gemurmelt. Kein Wunder, dass die Frage nicht gut ankam – ich hatte dieses Lachen noch niemals gehört.

Einmal erzählte er auch, dass er beim Tageblatt niemanden gekannt hatte, und sich deswegen etwas ausgedacht hätte, um anzukommen. Und zwar hätte er in wochenlanger Arbeit eine ganze Nummer des »Berliner Tageblattes« selber geschrieben, auf den Tag genau: die Sportberichte, den Wirtschaftsteil, Ausland, Feuilleton und Theaterkritiken, sogar ein Stückchen Fortsetzungsroman. Alle Beiträge, jedes Genre, die Sportberichte und den Leitartikel zuletzt, und so sei er mit einer eigenen Ausgabe des Tages in der Chefredaktion erschienen und habe nach Theodor Wolff verlangt.

Wenn mein Vater von Theodor Wolff sprach, tat er das nie ohne Rührung, und wenn ich dann fragte, was an diesem Mann so besonders gewesen sei, murmelte er nur von tragischem Ende und linksliberaler Blindheit, und dass er ihn geliebt habe und umgekehrt sei es genauso gewesen. Dabei blieb es dann auch, mehr gab er nicht preis. Nur, dass er damals bei der Zeitung anfangen durfte, allerdings nicht als Journalist, sondern in der Setzerei, ganz von unten also. Auch Theodor Wolff war ein strenger Vater.

Sonst nichts Genaues. Im Gegenteil, wenn die Rede auf seine Jahre als »bürgerlicher Journalist« kam, hat er immer abgewinkt. Brillanter Journalismus – ja, aber was war schon ein »bürgerlicher Journalist«? Ein Mensch ohne große Ideale.

Was war er selber gewesen? Ein kommunistischer Journalist? Ein Parteijournalist?

Als ich alt genug war, mit ihm über das »Berliner Tageblatt« zu reden, war er weder das eine noch das andere. Er war überhaupt kein Journalist mehr. Es war ihm verboten, in Zeitungen zu schreiben als Parteifeind, und er wurde alt. Dachte er nun anders über den »bürgerlichen Journalismus«? – Nein.

Hilfloses Schreiben ohne historischen Überblick.

Er dagegen hatte sich frühzeitig marxistisch gebildet, war der KPD beigetreten, und »bürgerlicher Journalist« zu sein war fortan sein Parteiauftrag gewesen, um so dem Nachrichtendienst der Roten Armee dienen zu können, der Sowjetunion also, das Vernünftigste, was man in dieser Zeit tun konnte – das etwa waren die Auskünfte, die er mir gab, wenn ich nach dem berühmten »Berliner Tageblatt« fragte. Brillante Journalisten, ja, aber was nutzte die ganze Brillanz, wenn der Faschismus vor der Tür stand, nein, sie nutzte gar nichts. Und bei diesem Urteil war es geblieben.

Es waren die frühen sechziger Jahre, in denen wir diese Gespräche führten. Die letzten Jahre seines Lebens.

Auf manchem Spaziergang blieb er aber nun manchmal unerwartet stehen und wollte darüber reden, dass er drei verschiedene Leben gehabt hätte, jedes grundverschieden vom anderen, und jedes Mal seien alle handelnden Personen für immer verschwunden!

Wie unbegreiflich das wäre!

Wie Bruchschollen beschrieb er Warschau, Moskau, Berlin.

Alle diese Menschen, die er gekannt hätte, an ihren verschiedenen Schauplätzen, die hätten ja nichts miteinander zu tun gehabt, gar nichts!, und für alle Zeiten wüssten sie nichts voneinander.

Ich war zu jung, um zu verstehen.

Ich sah nur: Sie waren alle da. In seinem Kopf waren sie da, diese drei Schollen mit ihren Bewohnern, er selber war das Verbindungsstück.

Warum fuhr er nicht hin, nach Warschau, nach Moskau, er hätte bestimmt noch etwas gefunden, aber er wollte nicht.

Er rührte sich nicht von der Stelle, in seiner Verbannung.

Vorsicht wird der erste Grund gewesen sein.

Man konnte nicht wissen, zu was die Genossen noch fähig waren. Der zweite Grund war sein Stolz – und der dritte?

Vielleicht wollte er nicht mehr. Die wichtigsten der Akteure waren tot, die Liebsten.

Auch Theodor Wolff gehörte dazu. Da hätte er suchen können, wo er wollte, er hätte das, worüber zu reden gewesen wäre, nicht mehr besprechen können.

Nein, er tastete die so verschiedenen Teile seines Lebens nicht mehr an, fuhr nirgendwohin, suchte niemanden mehr.

Sollten die Brüche bleiben!

Für die, die ihm zugehört hatten allerdings, blieben die Brüche auch: Es hatte also einmal eine grandiose Zeitung mit einem grandiosen Chefredakteur gegeben, und gleichzeitig war das alles eben doch nur »bürgerlicher Journalismus«. Hilfloses Schreiben ohne historischen Überblick.

Ich glaubte ihm. Aber nicht wegen der politischen Begründung, sondern, weil es ja alles früher gewesen war, bevor es uns gab, die gerade jung waren, und somit entwertet, vorbei.

Kein Wunder, dass ich mich erst herabließ, nach seinen Artikeln zu suchen, als ich selbst angefangen hatte zu schreiben.

Es war in den späten siebziger Jahren in der Berliner Stadtbibliothek, wo ich mir den Jahrgang 1931 mal einfach bestellt hatte, und dann unendlich viele gebundene Zeitungsbände vorfand, ein ganzes Regal voll für nur einen Jahrgang, und das war kein Missverständnis, kein falsch ausgefüllter Leihschein.

Das »Berliner Tageblatt« hatte eine Morgen- und eine Abendausgabe gehabt, eine Wirtschafts- und eine Sportausgabe, und manchmal auch noch ein Mittagsblatt – was für ein Reichtum!

Dazu der Witz der Formulierung, schon in den Überschriften, und wie schön das gesetzt war und welche berühmten Namen da auftauchten!

Gefasst darauf, tagelang suchen zu müssen in so viel Papier, schlug ich wahllos einen Band auf und fand den Namen Rudolf Herrnstadt ziemlich schnell auf einer Titelseite. Eine der größten deutschen Banken war zusammengebrochen, und er kommentierte Polens Reaktion darauf am 29. Juli in einem Leitartikel. Titel: »Der Mann auf dem Rennplatz«. Erste Sätze:

»Einen hat es in diesen Wochen gegeben, der die deutschen Ereignisse mit atemloser Spannung verfolgte: Polen.

Es benahm sich, da ihm im Spiel keine Rolle zufiel, wie der Zuschauer beim Pferderennen. Es schrie vor Erregung, wenn auch nur für sich, warf die Arme in die Luft, beschwor seinen Favoriten und schmähte dessen Gegner. Sein Monolog, untersucht man ihn näher, wird in der polnischen Historie kein Ruhmesblatt darstellen. Denn die Genugtuung über den Zusammenbruch der Danatbank zeugt weder von Verstand noch von Vornehmheit. Auch die Bemühungen, jeden Hilfsbereiten von Deutschland wegzudrängen, tun das nicht. Im Gegenteil. Die erstaunlichen Versuche, England und Amerika um ihrer Hilfsbereitschaft zu bedrohen, zeugen von einer übermenschlichen Unklugheit, und jenen Satz der ›Gazeta Warszawska‹: ›Die französischen Rentiers sollen wissen, dass ihre Ersparnisse, zu Deutschlands Rettung gegeben, verloren sind‹ – sollte sich einmal ein deutscher Journalist gegenüber Polen erlauben.

Mithin gibt Polen derzeit dem Kreis der Umstehenden Gelegenheit, sich abzuheben. Die eigene Ruhe, die eigene Gelassenheit zu beweisen. Nur der Tor liesse diese Gelegenheit vorübergehen. Der nüchterne Betrachter benutzt sie – um den Polen zu erklären, dass ihre leidenschaftliche Anteilnahme, wenn auch in der Form nicht restlos glücklich, so doch in der Sache berechtigt war. Dass ihr Schreck begründet, ihre Situation gefährdet ist.«

So ging es weiter, Satz für Satz nachweisend, warum gerade Polen am Versailler Vertrag festhalten muss – ja, das war brillant, und die allergrößte Klarheit war es auch, und paar Nummern später der nächste Artikel, diesmal eine volle Seite.

Ich werde nicht vergessen, wie ich rausging aus der Stadtbibliothek und vorbei am Außenministerium über den Schlossplatz lief, der ja damals Marx-Engels-Platz hieß und als Parkplatz glatt asphaltiert war. Es war ein Nachmittag im Sommer in Ostberlin und alles ringsherum war warm, still und leer.

So gut war er gewesen? So anerkannt?

Warum hatte er das nicht gesagt? Oder hatte ich nicht zugehört? Mir eine solche Sprache gar nicht vorstellen können?

Mir war klar, dass ich es nie schaffen würde, so zu schreiben, aber der nächste Gedanke hieß: Wo denn auch? In den Zeitungen der DDR?! Aber er hatte sie gegründet! Er war es doch gewesen! Wie passte das zusammen? Und so, nur noch den Kopf schüttelnd, lief ich durch diese stille Mitte von Berlin.

Auch das Redaktionsgebäude des »Berliner Tageblattes« habe ich damals gesucht und gefunden. Es stand zwischen Rasengrundstücken ganz nahe am U-Bahnhof Kochstraße, direkt an der Grenze, wo alles noch leerer und stiller war als am Marx-Engels-Platz. Unscheinbar, kaum zu erkennen: das Mosse-Haus. Drinnen ein Druckereibetrieb, gebohnerte Treppenstufen, leere Korridore.

Zehn Jahre später zerging die DDR wie Schnee in der Sonne. Der »bürgerliche Journalismus« kam zurück, der »Literaturbetrieb« auch, während nun Begriffe wie »Planwirtschaft« und »Volkseigentum« in ferne Vergangenheit sanken. Rudolf Herrnstadt war kein Parteifeind mehr, ja gar kein Feind, sondern ein Mann, der mehr Demokratie in der SED verlangt hatte – so war es in einem Buch zu lesen, das über ihn erschienen war.

Weitere zehn Jahre später war das nicht mehr so. Als sich der 17. Juni zum fünfzigsten Mal jährte, lief ein Film über ihn im Fernsehen: »Moskaus Kronprinz für die DDR«. Das war eine neue Form von Ulbrichts alter Behauptung, Herrnstadt hätte im Auftrag der Sowjets Ulbricht ersetzen sollen.

Für die Sendung war dem Titel ein Fragezeichen angeheftet worden, eben weil es eine Behauptung war, und die Auftraggeber – und das waren Zeithistoriker – wussten es. Der Film zeigte immer wieder einen finsteren Mann, manchmal drohende Musik zu einem Foto, wie das halt so gemacht wird, wenn ein »Böser« erscheint, und ich hatte zu diesem Film beigetragen. Ich hatte der Regisseurin erzählt, was ich wusste, und sogar noch Leute in Moskau gefunden, die mit Herrnstadt zusammengearbeitet hatten. Gemeinsam waren wir dorthin gefahren, hatten einen greisen Spionageoffizier interviewt, und auf der Moskauer Hauptpost hatte ich per Einschreiben einen

Brief an das Oberkommando der russischen Streitkräfte gesandt, mit der Bitte, mir Einblick in ihre Archive zu geben. Aber der Film, den die Regisseurin mir wie vereinbart im Rohschnitt vorgeführt hatte, war nicht der Film gewesen, der im Fernsehen gelaufen war, und hatte einen anderen Titel gehabt. Was dazwischen lag, war eine Veränderung durch die Auftraggeber. Das war eine klare Botschaft.

Die Geschichte wurde wieder einmal neu geschrieben, und was war schon ein kommunistischer Parteijournalist?

Ein Mensch ohne Individualität und eigene Meinung.

EIN BRIEF AUS DER VERGANGENHEIT

Monate nachdem ich in der großen Moskauer Hauptpost meinen Antrag auf Einsicht in die Archive der Roten Armee per Einschreiben abgeschickt hatte, klingelte es in Berlin an meiner Tür. Ein Bote übergab mir ein Kuvert. Es enthielt einen freundlichen Brief aus dem Generalstab der Streitkräfte der Russischen Föderation. Eine Absage. Die Archive bleiben jedem verschlossen. Dazu ein ganzes Päckchen von Kopien.

Es waren Kopien von Zeitschriftenartikeln über die Arbeit des sowjetischen Nachrichtendienstes im Zweiten Weltkrieg aus den Jahren 1990 und 1995. Die Autoren waren die Generäle Pjotr Iwaschutin und Alexander Pawlow. Nichts Neues, so glaubte ich zuerst, aber dann doch, denn es lagen auch schreibmaschinenbeschriebene Blätter dabei, und der Schrifttyp kam mir bekannt vor. Es war die alte »Remington portable«, auf der mein Vater, solange ich ihn kannte, alles geschrieben hat.

Wir haben – so hieß es – einige Unterlagen herausgesucht, die Ihnen in Ihrer Arbeit weiterhelfen könnten. Ihr Vater trat dem Nachrichtendienst der Roten Armee im Jahr 1930 aus Überzeugung bei, und es folgte viel Lob für Mut und Bescheidenheit. Anderthalb Seiten.

Ich hielt zwei Briefe und einen Lebenslauf in der Hand. Mein Vater hatte geantwortet!

Lebenslauf.
Ich wurde am 18. März 1903 als Sohn des Rechtsanwalts Dr. Ludwig Herrnstadt in Gleiwitz im oberschlesischen Industriebezirk geboren. Mein Vater verdiente zu dieser Zeit monatlich etwa 1200 Mark, während der durchschnittliche Monatsverdienst eines oberschlesischen Industriearbeiters zwischen 80 und 150 Mark schwankte. Mein Vater gehörte zum jüdischen Sektor der gehobenen Bourgeoisie.

Väterlicherseits stamme ich aus einer Familie von Handwerkern und Fuhrleuten, die sich – in der Generation meines Grossvaters – zu kleinen Kaufleuten entwickelten. Mütterlicherseits stamme ich aus einer reichen Kaufmannsfamilie, die bei der Ausbeutung des oberschlesischen Kohlenbeckens und der oberschlesischen Arbeiterschaft in den Jahren 1870 bis 1900 eine führende Rolle spielte. Die Familien meines Vaters und meiner Mutter verkehren bis heute nicht miteinander. Die Familie meiner Mutter sieht auf die meines Vaters herab. Die Familie meines Vaters verachtet die Familie meiner Mutter und beneidet sie zugleich.

Mein Vater war als Student (etwa 1894) in Berlin der Deutschen Sozialdemokratischen Partei beigetreten. Ich nehme an, dass seine Motive im Anfang ehrlich waren, später waren sie es nicht mehr […]

Vom Jahre 1912 bis zum Jahre 1921 besuchte ich das katholische (humanistische) Gymnasium in Gleiwitz. Ich lernte schlecht und uninteressiert, absolvierte es aber ohne Verzögerung. Im Frühjahr 1921 schickten mich meine Eltern zum Studium der Jurisprudenz nach Berlin, im Frühjahr 1922 nach Heidelberg. Oktober 1922 teilte ich meinen Eltern mit, dass ich das Studium nicht fortsetzen, sondern Schriftsteller werden wolle. Eine gewisse Fähigkeit, sich auszudrücken, verleitete mich zu der falschen Annahme, dass ich dichterische Talente besässe.

Als Antwort brachte mich mein Vater im Büro der »Oberschlesischen Zellstoffwerke« in Krappitz unter. Dort sollte ich lernen, um später im Rahmen des sogenannten »Hartmann-Konzerns«, dem diese Werke gehörten und zu dem mein Vater Beziehungen besass, Industrieller zu werden. Von Herbst 1922 bis Herbst 1924 war ich in den »Oberschlesischen Zellstoffwerken« Lohnbuchhalter, Kassierer, Magazinverwalter und zum Schluss Sekretär der Direktion. Der enge Kontakt mit der Krappitzer Arbeiterschaft weckte mein Interesse für soziale Fragen. Da ich jedoch ohne jede theoretische Schulung war, blieb ich auf halbem Wege stecken. Ich betrachtete mich als Sozialist, nahm die Interessen der Arbeiterschaft gegen die Direktion wahr, verhöhnte den »Sozialismus« meines Vaters, zog aber keine weiteren Konsequenzen.

Im November 1924 verliess ich Krappitz und ging gegen den Willen meiner Eltern als »freier Schriftsteller« nach Berlin. Dort lebte ich von geringen Einkünften, die ich als Lektor eines dramatischen Verlages (Drei-Masken-Verlag) hatte, sowie von Unterstützungen meiner Eltern. Drei Jahre, vom Frühjahr 1925 bis Frühjahr 1928, vergeudete ich an dramatische Versuche. Ich war der Meinung, die neue, zeitgenössische Form des Dramas finden zu müssen. Als solche schwebte mir ein Drama vor, in dem nicht Individuen handeln, sondern Kollektive, in dem – mit den Mitteln der Schilderung von Einzelpersonen – der Prozess des Entstehens, Wirkens und Vergehens von Kollektiven gezeigt wird. Ich entsinne mich, einzelne Szenen bis zu 1100 Mal geschrieben zu haben, ohne das Ziel zu erreichen.

Inzwischen war ich Kommunist geworden, ohne dass ich sagen kann, durch welche besonderen Einflüsse. Ich weiss nur, dass meine Anteilnahme an der Arbeiterbewegung im gleichen Masse wuchs, in dem sich bei mir die Erkenntnis von der Hoffnungslosigkeit meiner dramatischen Versuche durchsetzte. Zweifellos hat das Studium theoretischer Schriften in dieser

Zeit zu meiner [unleserlich] begriff ich damals noch nicht, dass es nicht genügt, kommunistisch zu wählen und in seinem Bekanntenkreise kommunistische Agitation zu treiben, sondern, dass es nötig ist, sich zu organisieren.

Vom Frühjahr 1928 an war ich gezwungen, meinen Lebensunterhalt zur Gänze selbst zu verdienen. Ich suchte lange eine Stellung; schliesslich gelang es mir im Mai 1928, zur Arbeit im »Berliner Tageblatt« – zunächst als unbezahlter Hilfsredakteur – zugelassen zu werden. Von Juni 1928 an wurde ich als gelegentlicher Reporter nach Zeilen bezahlt, im Herbst 1928 als technischer (Umbruch-)Redakteur angestellt.

Das »linksdemokratische« »Berliner Tageblatt« war damals die einflussreichste bürgerliche Zeitung in Deutschland. Aus meiner Überzeugung brauchte ich keinen Hehl zu machen, da die Redaktion unter der Leitung von Theodor Wolff alle Überzeugungen so lange tolerierte, solange nicht der Verlag (Geldgeber) Einspruch erhob. Ich galt als »der Kommunist in der Redaktion«, aber man nahm das von der lächerlichen Seite, fragte mich, ob ich »durch die Beeinflussung von Notizen im Berliner Tageblatt die Weltrevolution beschleunigen wolle«, etc. Dadurch kam mir die Sinnlosigkeit meiner Lage, die mir im Geheimen schon lange ein Dorn im Auge war, immer deutlicher zu Bewusstsein.

Mein Entschluss, der Kommunistischen Partei beizutreten und die Arbeit im Bürgertum zu beenden, war die Folge einer Reihe von Zusammenstössen im Jahre 1929. Ich führe von diesen Zusammenstössen nur einen an, der mir am deutlichsten in Erinnerung blieb.

Als Antwort auf Forderungen der Arbeiterschaft legten die Ruhr-Industriellen – wenn ich nicht irre, im Mai 1929 – die Werke still und sperrten mehrere hunderttausend Mann aus. Zufällig fand ich, dass die geltende deutsche Verfassung einen Paragraphen enthält, demzufolge der Staat Industriebetriebe in eigene Verwaltung übernehmen kann, wenn die Industriellen erklären, dass sie selbst zur Weiterführung der Betriebe nicht imstande seien. Dieser Fall lag nunmehr vor. Am ersten Tage der Aussperrung erschien – gleichfalls zufällig – der frühere Reichsjustizminister Dr. Landsberg, der ein führendes Mitglied der SPD-Reichstagsfraktion war, in der Redaktion des »Berliner Tageblatt«, dessen Rechtsanwalt er war. Ich liess mich bei ihm melden, zeigte ihm den Paragraphen der Verfassung und schlug ihm folgendes vor: er solle mich autorisieren, im bürgerlichen »Berliner Tageblatt« mitzuteilen, dass die sozialdemokratische Reichstagsfraktion plane, von der Regierung die Anwendung dieses Paragraphen, also die zeitweise oder ständige Enteignung der Ruhrbetriebe, zu verlangen. Ich würde – mit oder ohne Einverständnis meiner Redaktion – diese Nachricht noch heute veröffentlichen und damit das Stichwort geben. Er solle dafür sorgen, dass der »Vorwärts« dieses Stichwort morgen aufgreife, und dass die sozialdemokratische Fraktion tatsächlich diesen Antrag stelle. Durch die dann entfaltete Pressekampagne würde mindestens erreicht werden, dass die Unternehmer die Aussperrung schleunigst rückgängig machen. Landsberg sah mich an wie einen Halbirren und versprach schliesslich nur, den »Gedanken der Vorwärts-Redaktion weiterzugeben«. Ich schrieb am gleichen Tag einen entsprechenden Bericht, der jedoch der Direktion des Verlages gleichzeitig hinterbracht wurde. Aber niemand – auch ich nicht – hatte daran gedacht, dass im gleichen Verlage noch andere Zeitungen erschienen, die die Korrekturabzüge der Berichte des »Berliner Tageblatt« regelmässig zur Auswertung zugestellt erhielten. Eine dieser Zeitungen, die »Berliner Volkszeitung«, nahm meinen Bericht als Tatsache und veröffentlichte ihn noch am gleichen Tage über die ganze erste Seite. Die Wirkung war anders, als ich gehofft hatte. Am nächsten Tag fielen die bürgerlichen Blätter unter Überschriften wie: »Bolschewismus im Hause

Mosse«, »Moskaus Hand in der Jerusalemer Strasse«, etc. über das »Berliner Tageblatt« her, – während der »Vorwärts« schwieg. Auch die sozialdemokratische Reichstagsfraktion rührte sich nicht, Landsberg war nirgendwo zu erreichen. Dagegen drohten die Unternehmerverbände dem Verlag mit der Entziehung der Inserate, so dass ich fristlos entlassen wurde. Wenige Tage später holte mich allerdings Theodor Wolff, der meine Ansichten nicht teilte, aber grundsätzlich auch nicht die des Verlages, erneut in die Redaktion.

Dieser Vorfall, sowie zahlreiche andere, dem Charakter nach ähnliche, überzeugten mich davon, dass Privataktionen lächerlich sind und dass ernsthafte Arbeit nur im Rahmen der Kommunistischen Partei geleistet werden kann. Meine Überzeugung wurde noch gefestigt durch eine Reise in die Sowjetunion, die ich im Rahmen des »Bundes der Freunde der Sowjetunion« im Oktober 1929 unternahm.

Ausser mir waren zu dieser Zeit noch zwei Mitglieder der Redaktion des »Berliner Tageblatt« entschlossen, der Kommunistischen Partei beizutreten, der Redakteur P. A. Otte und die Sekretärin Theodor Wolffs, Ilse Stöbe (Alta). Als ihr Sprecher ging ich am 21. November 1929, zusammen mit P. A. Otte, ins Karl-Liebknecht-Haus, wo uns der damalige kommunistische Landtagsabgeordnete Gohlke empfing. Ich bat ihn, uns drei in die Partei aufzunehmen und darüber zu entscheiden, wo und in welcher Weise wir für die Partei arbeiten sollen. Gohlke erwiderte: »Wir können Sie sofort in die Partei aufnehmen und einer Zelle zuteilen wie jeden anderen, der um die Aufnahme ersucht. Aber ich bitte Sie, nicht auf der sofortigen Aufnahme zu bestehen. Sie können für uns nützlicher sein, wenn Sie keiner Zelle zugeteilt werden. Darüber gebe ich Ihnen Bescheid, sobald ich mit unserer politischen Instanz gesprochen habe.«

Auf den Bescheid Gohlkes warteten wir vergebens. Nach Wochen, etwa im Februar also, ging ich Gohlke im Liebknecht-

Haus suchen, fand aber nur uninformierte Funktionäre. Inzwischen wurde ich – als Strafe – zum 1. April 1930 als Korrespondent der Zeitung in die Provinzstadt Breslau versetzt. Ich beschloss also [unleserlich] und mich an meinem neuen Aufenthaltsort an die dortige Parteiorganisation zu wenden. Im Mai 1930 wurde auf Betreiben Theodor Wolffs die Versetzung nach Breslau rückgängig gemacht, stattdessen wurde ich zum 15. Juni als Korrespondent nach Prag versetzt. Ich beschloss also in Prag die dortige Parteiorganisation um Aufnahme zu ersuchen.

Am 18. Juni 1930 trug ich im Zentralgebäude der KPČ dem damaligen Chefredakteur der »Rude Pravo« meinen Wunsch vor. Er erwiderte fast mit den gleichen Worten, die mir Gohlke gesagt hatte. Ich musste also wieder warten. Als mir das ewige Warten unheimlich wurde, fuhr ich nach Berlin, suchte den damaligen Reichstagsabgeordneten Münzenberg in seiner Wohnung auf und erzählte ihm meine vergeblichen Versuche, in die Partei aufgenommen zu werden, und bat ihn um eine Intervention. Münzenberg versprach, für meine Aufnahme in die Partei zu sorgen, und bot mir ausserdem eine Stellung als Redakteur an einer der von ihm geleiteten kommunistischen Zeitungen an. Ich nahm die Stellung an und fuhr nach Prag zurück, um dort meine Tätigkeit als bürgerlicher Korrespondent zu liquidieren.

Unmittelbar nach meiner Rückkunft besuchte mich ein Funktionär der KPČ, Ludwig Freund. Er teilte mir mit, dass ihn der Chefredakteur der »Rude Pravo«, der in der Zwischenzeit verhaftet gewesen sei, beauftragt habe, sich über meine Person zu orientieren. Ich erwiderte ihm, das sei bereits nicht mehr nötig, und erzählte ihm von meinem Besuch bei Münzenberg und meinem Übergang in die kommunistische Presse. Ludwig Freund erwiderte, er halte diese Lösung nicht nur für falsch, sondern für unzulässig. Ich müsse beim »Berliner Tageblatt« bleiben, um diese Stellung für die Partei auszunutzen. Er habe zufällig einen Bekannten in Prag, der mich an die einzig richtige Stelle weiterleiten werde. Auf die Frage, ob ich bereit sei, die Verbindung zu Münzenberg rückgängig zu machen, erwiderte ich: »Wenn Sie dafür garantieren, dass ich auch auf dem von Ihnen vorgeschlagenen Wege sofort in die Partei aufgenommen werde – ja.« Er garantierte dafür und machte mich mit einem Mann bekannt, der sich Albert nannte. Albert war der erste Funktionär der 5. Uprawlenje, den ich kennenlernte.

Albert gab mich an seinen Chef weiter, der damals in Wien sass. Der Wiener Chef gab mich an den Berliner Chef weiter, unter dem Berliner Chef begann ich die Arbeit.

Inzwischen war ich zum 1. Januar 1931 als Korrespondent des »Berliner Tageblatt« nach Warschau versetzt worden. Dort war ich – abgesehen von einer dreimonatlichen Entsendung als Korrespondent nach Moskau im Sommer 1933 – bis zum August 1939 tätig. Von 1931 bis 1936 arbeitete ich als Warschauer Korrespondent des »Berliner Tageblatt«; nach meiner durch die deutsche Judengesetzgebung erzwungenen Entlassung arbeitete ich von 1936 bis 1938 als zweiter Warschauer Korrespondent der tschechoslowakischen Regierungsagentur »Radio Central«; nach der Liquidierung der Tschechoslowakei arbeitete ich als gelegentlicher Warschauer Mitarbeiter schweizerischer und französischer Zeitschriften. Meine journalistische Arbeit wurde von 1936 ab immer mehr eine Fiktion, die Aufrechterhaltung dieser Fiktion immer schwieriger.

Meine tatsächliche Beschäftigung in Warschau ist der 5. Uprawlenje bekannt.

Für
Genosse Oberleutnant,
ich erhalte soeben einen Brief, in dem Alta mir mitteilt, dass und warum sie die Uprawlenje gebeten hat, für die nächsten Monate – bei voller Aufrechterhaltung der Arbeit für uns – von Berlin in die deutsche Stadt Eger übersiedeln zu dürfen, und in dem sie mich bittet, diesen ihren Wunsch zu unterstützen.

Mir ist nicht bekannt, ob die Uprawlenje hierüber bereits eine Entscheidung gefällt hat.

Ich möchte aber diesen Wunsch mit ganzer Kraft und Dringlichkeit unterstützen, und zwar aus folgenden Gründen, die Alta in ihrem Brief an mich ungenierter und vollständiger zum Ausdruck bringt, als sie es gegenüber unserem Mann in Berlin getan hat:

1. Alta hat ihre Stellung zum 1. Januar verloren. In Eger bietet sich ihr eine Stellung, die erstens als Deckmantel für unsere Arbeit geeignet ist, zweitens die nominelle Fortführung des journalistischen Berufes und der aus ihm für uns entspringenden Vorteile sicherstellt.

2. Der Gesundheitszustand Altas ist leider so schlecht, dass sie dem ärztlichen Befunde nach während der Wintermonate überhaupt aufhören musste zu arbeiten. Sie sollte stattdessen in dem – wenige Minuten von Eger gelegenen – Orte Franzensbad in dauernder Behandlung sein. Die Stellung in Eger ist die einzige Möglichkeit, die ärztliche Behandlung – wenigstens zu einem beträchtlichen Teil – fortzusetzen und gleichzeitig unsere Arbeit nicht zu unterbrechen.

3. Ausser der Arbeit, die Alta von Eger aus ungeschmälert fortsetzen wird – sie wird jeweils nach drei Wochen acht Tage lang in Berlin sein –, bieten sich ihr in Eger und dem nahegelegenen Protektorat gewisse Werbemöglichkeiten, über die ich ihr direkt schreiben werde.

Angesichts der Person Altas kann nicht bezweifelt werden,

dass dieser Vorschlag das Maximum dessen ist, was Alta bis zur Wiederherstellung ihrer Gesundheit machen kann. Die Gefahr wird – auch nach einer Übersiedlung Altas nach Eger – nicht darin bestehen, dass Alta notwendige Dinge unterlässt, sondern umgekehrt darin, dass sie – auf Kosten ihrer weiteren Einsatzfähigkeit – ihre Kräfte überanstrengt.

Da die Zeit eilt – der 1.1.41 steht schon bevor –, bitte ich Sie, Genosse Oberleutnant, Alta telegraphisch die Zustimmung zur Annahme der neuen Stellung in Eger zu geben, wenn nicht etwa inzwischen schon eine entsprechende Mitteilung ergangen sein sollte.

Zugleich möchte ich Ihnen für die Bemühungen danken, die im Oktober dazu führten, dass sich Alta doch noch nach Franzensbad begeben konnte.

Arbin

24.12.40

Liebe Eltern,
ich will Euch nur wieder einmal zwischendurch mitteilen, dass es mir gut geht. Ich wünschte, ich wüsste dasselbe von Euch. Leider habe ich noch keine feste Adresse. Daher muss ich mich heute darauf beschränken, Euch die herzlichsten Grüsse zu senden, zugleich mit der Versicherung, dass ich Euch und Eure Nöte weder vergessen habe noch vergessen werde.

Euer tr. Rudi

So weit die Texte.

Der Brief an die Eltern ist noch am einfachsten zu verstehen.

Er durfte sich also auch ihnen nicht zu erkennen geben, kein Geld schicken, keine Post empfangen, nichts wissen von ihnen. Er musste sie ganz allein lassen. Er war selber allein. Kein Datum, kein Absender.

Da der Brief in Moskau lag, war er auch in Moskau geschrieben. Also frühestens im Herbst 1939. Die Eltern und der Bruder mit seiner Frau waren 1937 nach Prag emigriert, aber seit März 1939 war Prag von den Deutschen besetzt. Die Judengesetzgebung galt vom zweiten Tag der Besetzung an. Das wusste er.

Der Brief, den er wegen Ilse Stöbe geschrieben hat, ist datiert und an einen Vorgesetzten gerichtet. Es gab also einen oder mehrere. Herrnstadt ist deutlich ein Untergebener. Er ist auch nicht Ilses Vorgesetzter in Moskau, denn die hatte ja ihre Bitte um Urlaub an den schon gerichtet, und er will ihr helfen. Das tut er, indem er bittet. Er muss also bitten, er muss Argumente sammeln, er hat hier nicht viel zu sagen. Das fällt zuerst auf, und dann: Sie waren nicht frei!

Wer für den Nachrichtendienst der Roten Armee zu arbeiten eingewilligt hatte, war offenbar kein Privatmann mehr. Er musste sogar um Urlaub bitten, wenn er verreisen wollte. Und der konnte verweigert werden. Und dann eben das: Ilse war krank. Auch da kann er nicht helfen, er, der sich einmal als ihr Mann fühlte, schreibt Bittbriefe aus der Ferne. Der stolze Rudi. Aber auch das wird er als notwendige Disziplin betrachtet haben. Als eine Härte der Zeit, und ich sehe ihn tief einatmen und die Brauen hochziehen: »Tja ... das sind die Regeln in der Illegalität.«

Der Lebenslauf machte mir am meisten zu schaffen.

Warum schrieb er schlecht über seinen Vater? Es war ja wahr, er verachtete die Sozialdemokratie, aber mit dem Vater hatte er sich längst vertragen, warum also das? Warum strich er eine Revoluzzerepisode am »Berliner Tageblatt« so ausführlich heraus?

Auch dass meine Großmutter aus so vermögenden Verhältnissen kam, war mir neu, und erst jetzt fiel mir auf, dass er über die Herkunft der Mutter immer geschwiegen hatte. Aber wenn deren Familie mit dem Gleiwitzer Anwalt nichts zu tun haben wollte, der 1200 Goldmark im Monat verdiente, dann gehörte sie zu den reichsten Familien Oberschlesiens! Als guter Kommunist hat er sich dafür geschämt, das war ja die Ausbeuterklasse, aber es uns zu verschweigen, den Kindern, das war schon ein starkes Stück.

Die Verachtung der reichen Verwandten einmal vorausgesetzt, verstand ich nun besser sein lebhaftes Gefühl für Klassenunterschiede, schon lange vor der Papierfabrik. Dann war seine klare Opposition gegen die Karrierewünsche des Vaters im Grunde Parteinahme für ihn, für die ärmere, die verachtete Seite.

Aber wie auch immer – wenn er nicht einmal uns, der Familie, davon erzählte, warum erzählte er es der Nachrichtenabteilung der Roten Armee?

Und warum war er so hart gegen sich selbst? Vom schlechten Schüler bis zum unbegabten Dramatiker gibt er sich jede Kante, aber dass er Besonderes geleistet haben musste, um in kürzester Zeit vom Lohnbuchhalter zum Direktionssekretär zu werden oder zum Enfant terrible von Theodor Wolff, zum Korrespondenten im Ausland sogar – und etwas Besseres konnte man nicht werden in dieser Zeitung –, davon kein Wort!

Die umständliche, ja regelrecht unfähige Prozedur der Kontaktaufnahme zur KPD wiederum bekam sehr viel Raum! Das sollte wohl die ehrlichen Bemühungen unterstreichen. Der heutige Leser fragt sich allerdings, ob es nicht eine Methode gewesen war, Intellektuelle zu ganz speziellen Aufgaben hinzudrängen. Es waren auffallend viele in ganz Europa, die in den dreißiger Jahren in den Armen des Nachrichtendienstes der Roten Armee gelandet sind. Vielleicht wollten sie ja alle nur in ihre kommunistischen Parteien eintreten, irgendeine Aufgabe übernehmen, und bekamen dann diese als ersten »Parteiauftrag«?

Seltsamer Lebenslauf ohne Datum.

Seltsames, regelrecht trotziges Ende: »Meine tatsächliche Beschäftigung in Warschau ist der 5. Uprawlenje bekannt.«

Der freundliche Absender hatte die Übersetzung ins Russische dazugelegt. Das sprach dafür, dass der Lebenslauf ganz am Anfang seiner Zeit in Moskau geschrieben war, als Herrnstadt noch nicht Russisch sprechen konnte. Auch der ins Russische übersetzte Text war ohne Datum, jedoch an einigen Stellen unterstrichen. Es waren die Stellen, wo die Gespräche mit Münzenberg und Gohlke beschrieben werden. Gohlke war zu diesem Zeitpunkt bereits in der Sowjetunion ermordet, Münzenberg schon gejagt vom KGB. Erst als ich die Unterstreichungen sah, fiel mir ein, was mein Vater einmal erzählt hatte:

Als er in letzter Minute aus Warschau nach Russland geflohen war, und dort angekommen, da war er verhaftet worden. In der Annahme, nun endlich in Sicherheit zu sein, noch dazu in dem Land, für das er seit Jahren sein Leben riskierte, nannte er Namen von Russen, die für ihn bürgen könnten. Es waren berühmte Namen aus den ersten Tagen der Revolution. Spätestens wenn er diese Namen nennen würde, hatte er geglaubt, würde sich alles aufklären. Aber ganz im Gegenteil. Seine Zuhörer schwiegen, ihre Mienen verfinsterten sich, und ihre Antwort war jedes Mal: Der Name dieses Verräters ist uns bekannt.

Die Verhaftung stand am Anfang seiner Zeit in der Sowjetunion, also vor jeder Niederschrift eines Lebenslaufs, und entsprechend hatte er Schwerpunkte gesetzt. Es ging um Leben und Tod.

Die soziale Herkunft musste erklärt werden. Im Kommunismus dieser Jahre war sie fast so wichtig wie bei den Nazis die

Rasse, nur nicht so unentrinnbar. Man musste Stellung beziehen.

Und wie er das tut, zeigt, die Partei ist tatsächlich die neue Familie, ihr vertraut er ganz, und was er ihr mal versprochen hat, das wird er auch halten.

So gesehen, enthält der letzte Satz einen starken Verdacht: Wenn ihr die Falschen seid, sage ich gar nichts, und wenn ihr die Richtigen seid, dann fragt nicht.

So weit, so gut oder so schlecht. Er hatte seinen Text mit Bedacht geschrieben, und mit der Zeit sprang er mich nicht mehr so an wie beim ersten Lesen.

Einen Satz allerdings kann ich bis heute nicht ruhig lesen: »Ich war der Meinung, die neue, zeitgenössische Form des Dramas finden zu müssen.«

Rudolf Herrnstadt sah die Welt dramatisch!

Ich kannte seine spannende Art zu erzählen, die Beschreibungen, Übertreibungen, die großen Gesten, Gelächter, und niemals fehlte auch der Verweis auf die Tragik der Situation. Das war es – dramatisch!

Jeder erlebt die Welt anders. Der eine praktisch und verlockend, der richtet sich ein, der andere schwer und bedrohlich, der zieht sich zurück, und der dritte erlebt sie dramatisch. Der sieht dann überall Auftritte, Absichten, Monologe, und wie das ineinandergreift und Schicksale bildet – Dramen!

Aber hier nun: ein Drama, »in dem nicht Individuen handeln« – das Drama der Kollektive.

Einmal abgesehen davon, dass er diese Idee für die Russen nun besonders hervorhebt, was verständlich ist in seiner Lage, wahr wird es gewesen sein. Und mehr noch: Dieser Mann, dem so viele Türen offen standen, will dienen. Der Text sagt es und sein echter, der gelebte Lebenslauf, sagt es auch. Er wollte dienen.

»Es geht nicht um mich« – wie oft habe ich das von ihm gehört und wie wenig verstanden: »Es geht nicht um mich«.

So viel Renitenz, so viel jugendlicher Ehrgeiz, und dann das. Wo kam das her? Dieses allergewaltigste Ethos?

Heute ist es uns ganz unverständlich. »Die große Sache«, »die Massen«, »es geht nicht um mich«.

Das Schicksal, heißt es, sei ironisch. In diesem Fall musste erst die politische Linke ihm den Platz zeigen, auf den er gehört. Nicht für den Vater, nicht für Theodor Wolff, nein, erst für seine neue, antibürgerliche Familie macht er das, was er der alten nicht gönnen wollte: eine bürgerliche Karriere.

Jetzt fängt er an. Und wiederum liegt in diesem Beginn der tiefste Abschied. Abschied vom persönlichen Ruhm, vom bürgerlichen Deutschland, von den Freunden. Abschied von der Wahrhaftigkeit des eigenen Ich.

Denn wie wird er es zum Beispiel P. A. Otte erklärt haben, dass er nun doch nicht mehr KPD-Mitglied werden will?

Und er war ein wahrhaftiger Mensch. Hat er darüber nachgedacht?

Nun, mit den neuen Aufgaben hatte sich wohl eine neue Wahrhaftigkeit aufgetan. Eine tiefere möglicherweise, denn sie war mit dem weltweiten Fortschrittsglauben der Kommunisten verbunden, mit »Genossen« und Lebensgefahr. Etwas Heroisches weht einen an – das Drama eben.

Und wenn er überhaupt nicht darüber nachgedacht hatte? Immerhin war er im Frühjahr 1930 gerade siebenundzwanzig Jahre alt geworden, sollte man das Ganze nicht dieser Jugend zuschreiben, der Verwegenheit seines Charakters?

Dagegen steht das: »Es geht nicht um mich«. Oder das: 1100 Mal eine Szene geschrieben und unzufrieden geblieben. Gescheitert am Drama der Kollektive.

Brecht hat in diesen Jahren dasselbe versucht. Es lag in der

Luft, das muss er gespürt haben und immer wieder von neuem probiert, und es passt nicht, es passt nicht!

Dabei findet das Welttheater ja tatsächlich statt, nur nicht auf den Bühnen, und was sind schon die Pappmacheechöre gegen die Menschen dort auf den Straßen? Das ganz große Welttheater, das wurde dort gespielt!

So wird es gewesen sein. Er sah die Welt dramatisch und sie war dramatisch, und das hat ihn mitgerissen. Alles verständlich, und doch kann ich diesen einen Satz nicht oft genug lesen: »Ich war der Meinung, die neue, zeitgenössische Form des Dramas finden zu müssen.«

Nichts in der Geschichte des zwanzigsten Jahrhunderts bietet eine solche Dramatik wie die kommunistische Bewegung.

Leben und Tod, Mord und Verrat, unfassbare Treue, unbegreifliche Leidenschaften, entsetzliche menschliche Kälte, Feldzüge, Weltreiche, Illusionen. Die längsten Staudämme, die weitesten Baumwollfelder, die dicksten Raketen und eine bisher ungeahnte Fallhöhe eines Menschenlebens: »die neue, zeitgenössische Form des Dramas«.

Mit der kommunistischen Weltbewegung hatte er sie gefunden.

Es war also Mai 1928 gewesen, als er bei der Zeitung anfing. Hilfsredakteur. Wieder suchte ich das »Berliner Tageblatt«, es lag immer noch in der Berliner Stadtbibliothek. Im Jahr 2004 als Mikrofilm in kleinen Pappschachteln. Man fädelt die Filme auf eine Spule und sieht die Zeitung auf einem Lesegerät schwarz mit weißen Buchstaben, dann ist alles wie damals, vor dreißig Jahren – die Faszination ist geblieben. Die schönen Schriften, die beherzten Schlagzeilen, die großen Namen.

Wie hat er sich da herangewagt?

Schon die ersten Schlagzeilen in diesem Mai verblüffen mich: »Entscheidende Niederlage der Deutschnationalen. Großer Sieg für die SPD«.

9 Millionen Stimmen im Jahr 1928. So mächtig war die SPD?! Auf Platz zwei die Deutschnationalen, mit 4,7 Millionen Stimmen, erst ganz hinten die NSDAP.

So sah es aus – fünf Jahre vor Hitlers Machtergreifung?!

Ein anderes Thema im Mai: Sowjetrussland. »Der Don-Prozess«.

Die angeklagten Grubeningenieure haben vorbildlich gearbeitet und sind doch der Verschwörung bezichtigt. Es ist der erste sowjetische Schauprozess, von dem ich lese, der erste von vielen, und hier ist die Neuigkeit für mich diese: Es stand in der Zeitung!

Er hat es gelesen, mein Vater, und er hat erlebt, wie der Korrespondent Paul Scheffer wegen seiner Berichterstattung ausgewiesen wurde.

Warum hatte ich eigentlich geglaubt, dass das »wahre« Ausmaß der kommunistischen Gewalt erst nach den sowjetischen Parteitagen ruchbar wurde? Warum hatten so viele der ehemals überzeugten Linken erzählt, dass Stalins Verbrechen erst später, viel später bekannt geworden sind?

Weil die Kommunistische Partei der Sowjetunion sie erst später, viel später bestätigt hat. Ein Kommunist glaubte also nur seinen eigenen Leuten, so war das.

Für meinen Vater konnte das nicht gelten. Er hatte sich für das »Berliner Tageblatt« entschieden, weil er es für die beste Zeitung hielt. Er war stolz, dort lernen zu dürfen, und wusste, die Korrespondenten waren seriöse Berichterstatter, an ihnen war nicht zu zweifeln.

Aber auch das fällt auf: Die Nachrichten aus der Sowjetunion und die Reportagen widersprechen sich.

In den Nachrichten wird die Enteignung der Bauern in diesen Jahren mit ihren Folgen vermeldet. Aus den Reportagen vor Ort ergibt sich ein widersprüchliches Bild. Paul Scheffers berühmte Artikelserie über die Kollektivierung der Landwirtschaft im September 1929 ist kritisch bis positiv. Aber das kann auch an den Umständen liegen, unter denen er arbeitet. Schon im November wird Scheffer ausgewiesen.

Ein anderer Reporter wiederum hat auf den Reisen durch die Sowjetunion etwas entdeckt – Heinz Siemsen. Er beobachtet, dass die Leute hier stolz sind auf die allergewöhnlichsten Dinge, weil sie nun eben aus sowjetischer Produktion sind. Siemsen versteht nicht, warum. Dann wird ihm klar, dass hier in jedem Ding mehr gesehen werden soll als nur das Ding an sich, aber das kann man von ihm nicht verlangen. Er beschreibt, was er sieht, und da ist das meiste schlecht gemacht oder einfach nur ärmlich. Und es gibt immer von etwas zu viel und von etwas zu wenig – ein nüchterner Mann, Heinz Siemsen.

Die nächste Überraschung: Fast in allen Artikeln finden

sich schwere Zweifel an der Zweckmäßigkeit des kapitalistischen Systems. Man glaubt allgemein, das System ist krank oder gar nicht mehr reformierbar.

Noch eine Überraschung: Europa ist ein Schlangennest.

Ich hatte Europa nur aus dem Kalten Krieg gekannt, zementiert in einen sozialistischen und einen kapitalistischen Block. In der Sprache der dreißiger Jahre gesprochen, waren das zwei kollektive Sicherheitssysteme, die jedem der Beteiligten Stabilität und Schutz versprachen. Draußen nur Feinde, drinnen nur Freunde. Danach das geeinte Europa. Triumph der Freundschaft der Europäer, Triumph der gemeinsamen kapitalistischen Wirtschaftsordnung. Aber Europa zwischen den Kriegen, das war eine mir unbekannte Landschaft. Jeder kämpfte gegen jeden und alle fürchteten Deutschland und die Sowjetunion.

Die größte Überraschung: Rudolf Herrnstadt. Er fängt gleich groß an. Sein erster größerer Artikel ist ein Leitartikel am 16. August 1930. »Prager Außenpolitik«.

»Richten Sie ihren Blick auf die französisch-italienische Grenze« – so beginnt er und erklärt Europa wie den geöffneten Bauch eines Kranken – alle Organe. Wie eines am anderen liegt, und in welchem entzündeten Zustand sie sich befinden, seit eine Bewegung Europa ergriffen hat, die der Verfasser »die Reaktion« nennt, Reaktion auf all die Umwälzungen der Jahre 1917/18. Von einer schwarz-gelben Wolke über den Donaustaaten ist die Rede, von faschistischen Kräften in allen Ländern, es tobe längst ein allgemein-europäischer Kampf, dessen Grenzen quer durch die einzelnen Staaten verliefen.

Nur die Tschechoslowakei stünde noch ganz im rationalistischen Geist ihrer Gründerzeit und also allein in Europa. Der Verfasser prophezeit ihr Annexion und Untergang.

Das war eine konsequente politische Analyse. Das hatte ein Mann geschrieben, der sich vollkommen ernst nahm. Kein Bohemien aus der Schnapka-Clique. Was war geschehen zwischen 1928 und 1930? Und was war mit ihm geschehen?

LIEBE UND AHNUNGEN, PANIKATTACKEN

Noch einmal Mai 1928. Da kommt er also gelaufen, Rudolf, die Friedrichstraße entlang, stolz und aufgeregt mit seiner selbst geschriebenen Zeitung, zwischen vielen Passanten muss er sich durchschubsen, den Arbeitslosen, den Zeitungsjungen, biegt ab in die Zimmerstraße, zum Mosse-Haus, und dort will er zum Chef. So weit hat er es erzählt.

Und dann sitzt da im Vorzimmer eine sehr junge Frau. Sie heißt Ilse. Das hat er nicht erzählt.

Ilse Stöbe. Sekretärin von Theodor Wolff. Sehr klug, sehr schön, sehr selbstbewusst, so liest man es überall.

Rudi, der alles auf eine Karte gesetzt hat, auf das Datum der selbst geschriebenen Zeitung, betritt also das Sekretariat und dort sitzt eine Frau, an der keiner vorbeikommt.

Was er nicht wissen kann: Der Chef ist verliebt in die Frau.

Was niemand weiß: Ob sie diesen Chef erhört hat.

Was jeder weiß: Sie verliebt sich in den, der an diesem Tag im Mai mit seiner eigenen Zeitung kommt: Rudi. Rudi kriegt sie.

Er darf auch anfangen.

Und gleich hier um die Ecke wird er später einen neuen Zeitungsverlag aufbauen, wird ein Chef sein, vergleichbar dem, den er damals verehrte. Seltsam, wie in diesem ersten Moment die ganze Geschichte enthalten ist. Wie er da mit der eigenen Zeitung kommt, der junge Rudi und weiß noch von gar nichts.

Das Mosse-Verlagshaus stand mitten im Zentrum der Weltstadt Berlin, sein hypermoderner Eingang mit der abgerundeten Ecke war Legende, drinnen und draußen ist alles voll Menschen, voll Autos, voll Lärm und Reklame, und alles muss schnell gehen, Berlin ist nicht lange die Hauptstadt der Welt, nur kurz und nie wieder, aber 1928, da funkelt die Stadt, und jeder ist stolz, der in diesem Haus ein und aus gehen darf, rein- und rausrennen müsste es besser heißen, Tempo-Tempo, so sagt der Berliner in diesen Jahren, Tempo! Und das heißt: die Zeit.

Im Mai 1945 hat Herrnstadt in der Ruine des Mosse-Hauses nach Druckmaschinen gesucht. Auch davon kann er nichts wissen, wenn er so herankommt, kaum zu erkennen zwischen den vielen Passanten, aufgeregt, neugierig, jung, und trifft Ilse.

Ob sie wirklich so intelligent war, so anmutig und so schön?

Was man heute noch sehen kann, sind Fotos: eine lachende, junge Frau. Auf einigen Bildern sind es die Augen, die auffallen, weil sie von innen zu leuchten scheinen.

Hier begegnen sich zwei junge Leute, die etwas wollen: alles.

Denn eine riesige Lust auf Leben muss sie gehabt haben, Ilse, genauso wie er. 1928 war sie siebzehn Jahre alt.

Mit einunddreißig Jahren wird Ilse Stöbe in Plötzensee enthauptet.

Ist das auch schon drin in der ersten Begegnung? Liebe, Trennung und Mord?

Wer weiß, wie es wirklich war.

Auch der junge Rudolf muss anziehend gewesen sein. War es sein Charme, der gefiel, die Freiheit eines Kindes der Oberklasse, oder das Draufgängertum? Ohne Grund wird Theodor Wolff ihn nicht unterstützt haben.

Der hatte früher auch Dramen geschrieben, schrieb immer noch manchmal Romane, und wird es wieder tun, wenn er schon vertrieben ist, wenn er in Nizza sitzen und seine eigene Zeitung nicht mehr kaufen und nicht mehr lesen wird.

Theodor Wolff ist auch Politiker, er hat die linksliberale Deutsche Demokratische Partei gegründet, denn er will, was er denkt, auch umsetzen, auch das verbindet Herrnstadt mit ihm, aber vor allem ist Wolff Journalist. Seine Zeitung sagt genug über ihn. Die Aufmachung, das Format, die Autoren. Er schreibt wöchentlich für die Sonntagsausgabe, die deswegen in einer Auflage von doppelter Höhe erscheint und in die ganze Welt verschickt wird: 250000 Stück.

Dieser große Mann bemüht sich um beide – Ilse Stöbe und Rudolf Herrnstadt. Er rät Ilse zu schreiben und Herrnstadt genauso.

Er nimmt ihn ernst, er fördert ihn, schützt ihn, spricht gerne mit ihm. Sein spezielles Interesse gilt der Außenpolitik. Entsprechend werden die Gespräche verlaufen sein.

Politisch zu denken – außenpolitisch –, das wird Herrnstadt bei Theodor Wolff gelernt haben. Zuerst bei ihm.

Dann bei Ilse? Ilse Stöbe kam aus der Mainzer Straße im Osten Berlins. Arbeiterfamilie. Kommunistisch. Vom Kommunismus musste Rudi Ilse nicht überzeugen, eher war es umgekehrt.

Alles gefiel ihm an ihr, der Witz, das Berlinische, das einfache Zuhause. Es heißt, dass er oft in der Mainzer Straße zu Gast war. Da war Wärme, Verständnis für seine Gedanken.

Ilse zeigt ihm den Osten der Stadt, und Ilse kann singen. In diesen Jahren bringen die Revuetheater alle paar Monate ein neues Stück heraus, zusammen sitzen sie im Metropoltheater, im Schillertheater, im Neuen Theater am Zoo, wo Lieder direkt kreiert werden: »... wenn keiner treu dir bliebe, ich bleib dir ewig grün, du meine alte Liebe ...«.

Ilse und Berlin, Rudolf wird es nie wieder trennen können.

Und so findet Rudi im »Berliner Tageblatt« auf einen Schlag alles, was er ersehnt – den Vater, der ihn so schätzt, wie er ist, und das Proletariat in seiner schönsten Erscheinungsform: Ilse.

Sie könnte der Gleichgesinnte gewesen sein, den er hier brauchte, von Anfang an.

Schon die Schlagzeilen im Mai werden auch ihre Themen gewesen sein. Wie handelt die SPD? Was fängt sie an mit dem großen Sieg? Was geschieht in der Sowjetunion? Dieser gewaltige Aufbau! Wie passt das zusammen mit den Prozessen dort, der Gewalt?

Gewalt gibt es zunehmend auch in Mitteleuropa, Tote in Wien im Jahr 1927, Tote auch auf den Straßen Berlins im Jahr 1928, eine Politisierung ohnegleichen setzt ein.

Rudolf hat Ahnungen, Panikattacken. Vielleicht ist Ilse die Einzige, mit der er darüber reden kann: Etwas Furchtbares kommt auf uns zu. Mehrfach versucht er zu handeln, riskiert den Rausschmiss, will kündigen, will die Zeitung wechseln, wird rausgeworfen, in die Provinz versetzt – das Hin und Her ist das genaue Spiegelbild seines inneren Zustandes: Etwas tun!

Dabei scheint sich im Frühjahr und Sommer 1929 die Lage zu stabilisieren, es gibt wieder Arbeit und es wird ruhiger, bis September. Dann Bombenanschläge der Rechtsextremen, und Anfang Oktober 1929 ist Stresemann tot.

Damit ist die kurze, letzte Atempause der deutschen Demokratie vorbei. Die Weltwirtschaftskrise beginnt. Genau zu diesem Zeitpunkt fährt Herrnstadt nach Russland.

Die Sowjetunion wird der unklare Punkt gewesen sein, vor seiner Entscheidung zum Parteieintritt, schließlich liest er die eigene Zeitung genau, er will sich selber ein Bild machen, fährt hin und kommt begeistert zurück. Wie tausend andere auch.

Natürlich hat er Elend gesehen. Im Jahr 1929 konnte es gar nicht verborgen werden. Moskau war voll von Bettlern und streunenden Kindern. Aber er hatte vor allem besondere Menschen gesehen.

In Deutschland war ein Arbeiter damals froh, wenn er überhaupt Arbeit hatte, hier sprach er davon, dass er studieren wollte oder einen Betrieb leiten oder ein Flugzeug fliegen. Hier begegnete mein Vater einem vollkommen anderen Blick auf die Welt. Nicht bürgerlich.

Ist er betrogen worden? Ist die ganze Welt betrogen worden in diesen Jahren des Aufbaus der neuen Sowjetunion?

Die Reisen in die Sowjetunion waren organisiert. Man wird den Gästen das Gute gezeigt haben, das, worauf man stolz war: Industrialisierung. Die war verbunden mit der Zerstörung des Dorfes, der Bauernschaft, mit Gewalt. Diese Gewalt wurde abgetan, als »Geburtswehen einer neuen Gesellschaft« dargestellt, mit den Angriffen von außen begründet, den Angriffen von innen, mit den Feinden der Sowjetmacht überall und mit der Zurückgebliebenheit des Landes auch. Lauter Entschuldigungen für den schweren Anfang eines großen Traums.

Die »Gesellschaft der Freunde der Sowjetunion« hatte Herrnstadt Ansätze dieses Traums in der Wirklichkeit aber schon gezeigt. Eine Welt – mehr geistig als materiell, mehr gemeinschaftlich als egoistisch, dazu einfach und provisorisch. Genau das muss ihn fasziniert haben. Die Möglichkeiten.

Es kränkt ihn, wenn das verlacht wird. Es muss ihm so vorkommen, als ob über die dort gelacht wird. Wo sie doch den Umbruch für die ganze Welt nur als Erste begonnen haben. Sie nehmen die Last auf sich, etwas ganz Neues anzufangen, sie haben sich abgekoppelt von der kapitalistischen Weltwirtschaft, und schon heißt es: Die Krise tritt dort nicht auf – ist das nicht überzeugend?

Und von allem mal abgesehen, der Faschismus marschiert!

Wo ist sonst eine Alternative?

Sofort nach der Rückkehr muss die Entscheidung gefallen sein: KPD. Im November geht er ins Liebknecht-Haus. Und wieder die Angst, zu spät zu kommen, die Nervosität, wenn es nicht klappt mit dem Eintritt in die Partei.

Warum? Weil die Zeit läuft.

Aber vielleicht spürt er auch, dass etwas seltsam war an der Begegnung mit Gohlke. Er zitiert sie ja ganz genau: »... ich bitte Sie, nicht auf der sofortigen Aufnahme zu bestehen. Sie können für uns nützlicher sein, wenn Sie keiner Zelle zugeteilt werden. Darüber gebe ich Ihnen Bescheid, sobald ich mit unserer politischen Instanz gesprochen habe.«

Wäre Gohlke ein Mann des Nachrichtendienstes der Roten Armee, er hätte nicht anders gesprochen. Er hätte sich die Namen notiert und überprüfen lassen, wie brauchbar sie sind.

Aber Herrnstadt ist schon nach Breslau versetzt, und damit zu unwichtig, zu chaotisch. Und es meldet sich niemand bei ihm.

In Breslau ist Lothar inzwischen in die KPD eingetreten, Vater Ludwig sitzt neuerdings für die SPD im Gleiwitzer Stadtparlament. Diese beiden Männer, die ihm am nächsten stehen, sind politisch aktiver als er! Um so mehr will er endgültig Klarheit schaffen! Die Zeitung verlassen, direkt teilnehmen am politischen Kampf, da kriegt er etwas geschenkt, um bei seiner Zeitung zu bleiben: Prag. Ob Ilse da mitgeholfen hat?

Manchmal kommt mir dieser Gedanke. Seit November, als Herrnstadt für sie beide mit P. A. Otte im Liebknecht-Haus war, ist viel Zeit vergangen. In dieser Zeit müsste niemand anders als Ilse Stöbe für einen Nachrichtendienst die interessanteste Figur von den dreien gewesen sein. Die kommunistische Sekretärin von Theodor Wolff.

Erstaunlich jedenfalls, wen Rudi in Prag nun kennenlernt: einen der Gründer der KPČ – Ludwig Freund. Ein junger Mann aus Reichenberg. Bürgerlich, sportlich und jüdisch – wie Rudi. Ludwig ist Ingenieur. Wirtschaftsexperte für seine Partei.

In dem Drama, das Herrnstadts Leben geworden ist, ist auch Ludwig Freund eine Rolle zugedacht. Es ist auch sein Drama. An dessen Ende wird er 1952 zum Tode verurteilt.

Am Anfang steht die Begegnung im Sommer 1930. Hier in Prag werden Ludwig Freund und Rudolf Herrnstadt Freunde fürs Leben. »Luck« wird Ludwig von seinen Freunden genannt.

Lucks Wohnung wird der Ort sein, den Rudi nun aufsucht, wenn er in Prag ist, mit Luck wird er tagelang wandern, er wird dessen Frauen kennen und die Kinder auch.

Sie werden sich gegenseitig an der Zukunft begeistern, die Zweifel an den sowjetischen Genossen ausreden, und in einer seiner letzten persönlichen Notizen wird Herrnstadt Ludwig Freund seinen ältesten Freund nennen. Aber so weit sind wir noch nicht.

Im Sommer 1930 tritt Ludwig Freund auf als ein Engel, ein Bote, ein Türöffner, und sogleich – folgen wir Herrnstadts Lebenslauf – führt er ihn zu den Akteuren, die hier die Hauptrollen spielen.

Wer waren sie? Wo hat er ihn überhaupt hingeführt?

Glawnoje Raswed Uprawlenije – GRU.

Die GRU war ein Auslandsnachrichtendienst. Jedes Land hat solche Nachrichtendienste. Alle nicht zu verwechseln mit den Inlandsgeheimdiensten.

Die besondere Rolle der GRU in den dreißiger Jahren ergab sich daraus, dass sie der Roten Armee gehörte. Die Rote Armee blieb bis zur Ermordung ihrer gesamten Führung durch Stalin ein zweites Machtzentrum der Sowjetunion. Die GRU war ihr Fenster zur Welt. Chef der GRU war Jan Bersin. In den zwanziger und auch den dreißiger Jahren des letzten Jahrhunderts soll die GRU der erfolgreichste Auslandsnachrichtendienst der Welt gewesen sein, und das hatte seinen Grund im Renommee der Sowjetunion.

In der ganzen Welt lebten Menschen, die diesem Land helfen wollten, damit das auch wirklich gelingt: Herrschaft der

Arbeiterklasse. Später war ihre Begründung eine andere: Den Faschismus besiegen.

Im Jahr 1930 sammelte auch der sowjetische Inlandsgeheimdienst Nachrichten im Ausland, auch die *Komintern* tat es, jeder für seine Instanzen und deren Bedürfnisse.

Die GRU sammelte Nachrichten, die für die Sicherheit des Staates von Bedeutung hätten sein können.

Was war von Bedeutung? Alles.

Nach den Interventionskriegen lebte die Sowjetunion mit Boykott und Wirtschaftsblockaden. Man rechnete mit einem neuen Krieg. Die Abgesandten der GRU reisten durch Westeuropa und sammelten Experten. Menschen, die nicht für Geld arbeiteten, sondern für »die Sache«.

Es waren meist linke Intellektuelle, die darauf brannten, die Sowjetunion zu unterstützen. Sie waren in ihren Ländern oft führende Köpfe, denn das Ansehen der Sowjetunion in der Welt war 1930 noch ungeheuer groß.

Allen schrecklichen Nachrichten zum Trotz: Sie blieb das Land der Revolution. Das erste Land der Welt, wo der Kapitalismus abgeschafft war. Das Land, das dem Faschismus standhalten würde. Das war weltweit die Meinung der Linken.

In Prag also kommt der junge Rudolf an als ein Korrespondent. Läuft zuerst auf die Karlsbrücke, begeistert sich an dem Panorama der Stadt mit dem so roten, so violetten Himmel darüber, findet Nachrichten, die die Freunde in Gleiwitz erheitert hätten – der Militärarzt Dvorak soll bestechlich sein, aber gerade der hat ein Stück geschrieben: »Matthias der Ehrliche«, und in Marienbad kommt die Post nur geöffnet an, die Briefträger sind verzweifelt, denn man verdächtigt sie.

Rudi entdeckt die riesigen, kupfernen Vögel, die in Prag von den Dächern heruntersehen, und die nackten, vergoldeten

Jungfrauen, wie sie da stehen in Hauseingängen und grinsen, diese Stadt ist voller Geheimnisse, und das wird sie bleiben und neue werden dazukommen, denn bald läuft er wieder mal aufgeregt durch die Straßen, um einen ihm unbekannten Russen kennenzulernen.

Wo trifft man sich? Am Wenzelsplatz oder lieber im Schatten der Altstadt oder mit Blick auf das Moldau-Ufer im Café Slavia?

Wer wird kommen, wen haben sie ihm geschickt?

Es heißt, Bersin selber reiste durch Europa und wählte die Leute aus. Es heißt, sie mussten vor allem menschliche Qualitäten haben, und er brachte sie nie in Gefahr. Solange Bersin lebte, soll es so gewesen sein. Aber vielleicht war Bersin auch der Letzte von einer Reihe von Leuten, die den Neuen begutachteten. So steht es ja auch in dem Lebenslauf, dass es mehrere waren.

Herrnstadt selbst hat erzählt, diese ersten Vertreter der GRU seien Menschen von einem Format gewesen, wie er nie wieder welchen begegnet wäre, aber was es war, das ihn so fasziniert hat, dafür fand er nie Worte. Er nannte die Namen Antonow-Owseenko, Jurewicz, Postnikow und Stigga.

Soll ich mir also Antonow-Owseenko vorstellen, wie er da sitzt an einem Marmortisch und in seiner Kaffeetasse rührt?

Wladimir Antonow-Owseenko: 1884 geboren, Sohn eines russischen Offiziers, Ausbildung zum Militär, in Russland mehrmals verhaftet, einmal zum Tode verurteilt, in Finnland, Frankreich und Polen als Emigrant, 1917 Erstürmer des Winterpalais, politischer Führer der Roten Armee und so weiter und so weiter.

Im Jahr 1930 ein Mann von sechsundvierzig Jahren. 1936 wird er in den Spanischen Bürgerkrieg geschickt, danach ermordet. Wann und wo? Niemand weiß es. Aber auch wenn es ein anderer gewesen wäre, den Herrnstadt getroffen hat, es wäre dasselbe geblieben.

In dem dunklen Prag – denn egal, bei welchem Wetter man Prag besucht, in der Erinnerung ist es immer dunkel – hat die russische Revolution Rudi Herrnstadt die Hand gereicht. So muss es ihm vorkommen. Und kein Umweg über die KPD. Er war gleich ganz nah dran – wie immer.

Heute ist bekannt, dass Bersin in den dreißiger Jahren auch deswegen nach westlichen Informanten suchte, weil er den sowjetischen nicht mehr viel zutraute.

Leopold Trepper, einer der wenigen aus der Gilde, der alles überlebt hat und dann noch die Kraft hatte, es aufzuschreiben, erinnert sich daran, dass Bersin ihm sagte, seine Informanten brächten ihm das, was in der »Prawda« steht, um sich nicht unbeliebt zu machen.

Bersin hatte Trepper in ihren ersten Gesprächen lange über seine Ansichten zur politischen Lage ausgefragt. Erst als Trepper auf seiner eigenen Sicht der Dinge bestanden hatte, nämlich, dass die größte Gefahr für die Sowjetunion von einem Deutschland unter Hitler ausginge, war Bersin überzeugt davon, dass dieser Mann auch bei wechselnden politischen Umständen in der Sowjetunion selbständig arbeiten würde. »Stellen Sie sich … nie die Frage, wie Ihre Nachrichten von der Direktion aufgenommen werden könnten«, soll er gesagt haben. »Versuchen Sie nie, gefällig zu sein.«

Ähnlich wird es bei Herrnstadt gewesen sein. Die GRU unter Bersin hatte 1930 weder Zeit noch Möglichkeiten, sich Leute heranzuziehen. Sie mussten gefunden werden – Menschen, die auch auf sich alleine gestellt Entscheidungen treffen können.

In diesem Sinne lese ich Herrnstadts ersten Leitartikel von 1930 noch einmal: »Prager Außenpolitik«, und es scheint mir beinah, dass da jemand Herrnstadt die Welt einmal rundherum neu erklärt hat. Es ist ein furchtloser Entwurf und ein düsterer noch dazu. Gar nicht geschönt, und doch ist der Leser davon seltsam beruhigt.

Kommt das vielleicht aus der Begegnung mit Menschen, die schon andere Kämpfe überstanden haben? Oder aus der Erleichterung des Verfassers: Geschafft! Gerade noch rechtzeitig seinen Platz zum Kämpfen gefunden.

Er irrt sich nicht. Wenn im Oktober in Berlin der inzwischen schon wieder einmal neu gewählte Reichstag zusammentritt, zieht die NSDAP mit einer starken Fraktion in den Reichstag ein und zur Feier des Tages schlagen NS-Trupps mit Steinen und Brechstangen am Nachmittag die Schaufensterscheiben sämtlicher meist jüdischer Cafés und Warenhäuser am Potsdamer Platz und in der Leipziger Straße kaputt. Die Cafés – sie greifen die Cafés an!

Zuerst die Cafés. Auch die ahnungslosen Besucher werden krankenhausreif geschlagen, der Sohn vom Inhaber des Café Möhring wird schwer verletzt.

Mit den starken Fraktionen der NSDAP und der KPD ist die Arbeit des Parlamentes von jetzt an blockiert. Otto Braun will den Notstand ausrufen lassen. So steht es schon 1930: Ende der Republik.

Und irgendwo hier in Prag wird es sein, wo Rudi langsam verschwindet zwischen den Jugendstil-Jungfrauen mit den vergoldeten Brüsten und den Fußgängern auf der Karlsbrücke, die sich nicht sattsehen können an dem so roten, so violetten Himmel über den Dächern der Stadt, wo der korrupte Militärarzt Dvorak wohnt, der auch Verfasser des Theaterstücks »Matthias der Ehrliche« ist, und die Kunde von der Unschuld der Marienbader Briefträger die Runde macht, nein, sie haben die Post nicht geöffnet, sondern es war ihr Chef – irgendwo hier verschwindet Rudi, der Junge aus der Schnapka-Clique, und wird Rudolf Herrnstadt, oder H., »unser Sonderkorrespondent«.

Und Ilse? Ob sie damals schon ein Liebespaar waren? Wann hat er es ihr erzählt, dass er jetzt keinen Eintritt in die KPD mehr sucht? Gleich oder später?

Ob sie gedacht hat: Wo du hingehst, da will auch ich hingehen, und ihn beschützen wollte, in seiner Nähe sein, oder sich sicherer fühlte bei ihm? Wie eine kleine Katze mit leuchtenden Augen, immer der Spur nach, dem Liebsten? Und er?

Sein Parteieintritt ist anders verlaufen, als er erhofft hat. Er darf nicht »weg aus dem Bürgertum«, sondern soll bleiben, und was er auch nicht bekommt, sind »Genossen«. Aber einen Genossen braucht jeder. Irgendwann wird er es ihr erzählt haben.

Aber nein.

Wenn er der Familie später so viele Dinge nicht erzählt hat, wird er auch damals nichts erzählt haben, wenn es nicht unbedingt nötig war. Die Sache lag sicherlich anders. Er konnte und durfte Genossen finden, nur eben solche, die schweigen konnten und mitarbeiten – so wird es gewesen sein. Zuerst wird es doch der andere gewesen sein, mit dem man sprach, der Mensch, dem man vertraute, dem Wahrhaftigkeit unbedingt zustand. Nicht zufällig sind es so viele Paare, die im Widerstand gegen Hitler ihr Leben verloren.

Ilse Stöbe hat bis zu ihrem Tode 1942 für die GRU gearbeitet.

Rudolf Herrnstadt war immer der Meinung, dass er es war, der sie dafür geworben hat. Aber wer es auch immer gewesen ist – sie hat »Ja« gesagt.

Unter der Sonne stehen reihenweise die Handwagen mit Erdbeeren, so groß wie Kartoffeln. Mit Bergen von Himbeeren, Kirschen, Gurken. Mit Bergen von Rosen, Nelken, Anemonen. Nachdem noch eben die ganze Stadt nach Narzissen roch.«

Mein Vater in Warschau. Seit Januar 1931 Auslandskorrespondent für das »Berliner Tageblatt«. Vieles von dem, was ich an ihm kannte, musste aus dieser Zeit stammen. Das Weltläufige, die Art, sich Respekt zu erwarten, aber auch die spürbare Konzentration.

Und doch ist Herrnstadt auch ein Charmeur, ein Mann wie Frank Capa – die Zigarette im Mundwinkel, den Mantelkragen hochgeschlagen, den Hut etwas schief im Genick, ein Mann im Trubel der dreißiger Jahre, ihrer Kinostars, ihrer Leuchtreklamen und ihrer ironischen Lieder.

Warschau ist eine Großstadt nach seinem Geschmack, westlich und östlich zugleich, und er ist jung, siebenundzwanzig Jahre alt, polnisch ist ihm von Kind auf vertraut, er wird es genossen haben – den Anspruch, die Leistung, das Leben in Warschau. Was hat er darüber erzählt? Nichts.

Das Warschau, in dem er gelebt hatte, gab es nicht mehr.

Die Bettler, die Priester, die vielen Cafés – es war alles vorbei und passte nicht in die Konsumgenossenschaftswelt unseres Lebens in der DDR-Provinz. Wie wenig hätte es da erst hineingepasst, dass er dort glücklich war.

Warschau war Polens alte und neue Hauptstadt. Der Staat 1918 neu erstanden und im Vertrag von Versailles 1919 bestätigt.

Wie im Fall von Oberschlesien sah Polen auch in seinem Osten einen unklaren Grenzverlauf. Es erhoffte die alte Grenze von 1772, als auch Litauen und Teile der Ukraine zu Polen gehört hatten. Aber auch die Ukrainer und Litauer riefen ihre Unabhängigkeit aus, es kam zum Polnisch-Ukrainischen Krieg, polnische Truppen besetzten Vilnius und Kiew, das berührte die Gebietsansprüche Sowjetrusslands. 1920 folgte der Polnisch-Sowjetische Krieg, der 1921 mit einer Grenzziehung endete.

Ein junges Land, so sagten die Polen damals von sich selber. Eine Militärdiktatur, so sagten es andere.

Wenn Rudolf Herrnstadt in Warschau ankommt, sind diese Kriege zehn Jahre her. Herrnstadt beschreibt Polen mit viel Sympathie – die Sprache, das Essen, die Menschen, die Stimmung. Aber sogar in dem nostalgischen Text »Unter den Dächern von Warschau« findet sich auch das Wort »dynamitgeladen«.

»Ein wenig Sonne, ein wenig blauer Himmel, und selbst die dynamitgeladensten Orte tragen den Hauch des Wohlstands und der Lässigkeit zur Schau. Eine Kurkapellen-Atmosphäre herrscht in Warschau heute noch, morgen noch.«

Gewitterstimmung. Von seiner Grundüberzeugung kommt Herrnstadt nicht los, und die heißt, dass es krachen wird, und zwar bald. Beunruhigend sind für Polen vor allem seine beiden großen Nachbarn Deutschland und Sowjetrussland. Beide Länder werden immer stärker, beide stellen den Vertrag von Versailles in Frage, und Polen liegt zwischen den beiden. Mit der Sowjetunion gibt es aber seit 1929 eine Vereinbarung, die Kriege ausschließen soll, aus der wird 1932 ein Nichtangriffspakt – im Osten scheint Polens Grenze gesichert, die größere Gefahr scheint nun von Deutschland zu kommen.

Spannungen also und Ängste, Gewitterstimmung, und dennoch die Kurkapellen-Musik »heute noch, morgen noch«.

»Ergreifender Unrealismus« ist etwas, das Herrnstadt immer kommentiert und das ihn doch für die Polen einnimmt. Sie geben nicht nach und sie geben nicht auf. Er hat selbst eine Menge davon. Mit seinem Sinn für Dramatik ist er hier jedenfalls am richtigen Ort: In den Jahren 1931 bis 1933 macht er Polen für das »Berliner Tageblatt«, und damit für Deutschland, zu einem der spannendsten Länder der Welt.

Das geht, weil er immer die ganze europäische Situation im Auge behält, dieses Schlangennest, aber Herrnstadt erklärt es, als ob er verstünde – Schritt für Schritt, Tag für Tag. Er erklärt Europa von Warschau aus, denn das sieht er als seine Aufgabe an: Man soll Polen in Deutschland verstehen.

Verstehen: Seinen Charakter, der nicht gleichgültig, nicht gelassen sein kann. Verstehen: Warum die gleiche Krise dem einen so viel und dem anderen scheinbar so wenig schadet. Verstehen: Pilsudski, den Marschall, der auch ein Dichter ist. Die Außenminister verstehen, Herrn Zaleski, Herrn Beck, warum sie kommen, warum sie gehen und wie sie denken und handeln, und vieles andere mehr.

Die Juden vergisst er nie, genauer gesagt: die Judenhetze in Polen. Er übergeht sie nicht, er verniedlicht sie nicht.

Wie passt das zu seiner Liebe zu Polen? Es passt so dazu, dass er vieles entschuldigt:

– Man meint nicht die Juden, man meint die Regierung.
– Auf beiden Seiten herrscht religiöse Rückständigkeit.
– Die Wirtschaftskrise sucht sich ein Ventil.

Das war auch die marxistische Art, damit fertig zu werden. Schnell fertig. Umso bemerkenswerter, dass er nicht darüber hinweggeht.

Im Gegenteil. Aus keinem Land kommen so regelmäßige Berichte über antisemitische Übergriffe, denn Herrnstadt wartet nicht auf große Skandale, sondern beschreibt die alltäglichen Angriffe auf die armen Leute.

Es sind seine einzigen Berichte ohne den scherzhaften Ton, den er sonst immer zur Hand hat. Mit zusammengebissenen Zähnen geschrieben – hier kommt mir zum ersten Mal so ein Gedanke.

Hauptsache sachlich bleiben! Den Juden geschieht Unrecht, sie sind hier die Schwächeren, er nimmt Partei – das versteht man sofort. Er gehört nicht zu ihnen – das auch.

Zu wem gehört er?

Zu Menschen, denen Besitz, Herkunft, Rasse und Religion nicht mehr wichtig sind, sie nennen sich »fortschrittlich« und fühlen sich als Menschen einer künftigen Zeit.

Genau diese Vorstellung von sich selber hat mein Vater immer aufrechterhalten. Er hat also die Welt um sich herum als eine Welt der Vergangenheit angesehen und sich als den Gast aus der Zukunft? Es muss so gewesen sein.

Einen besonderen Weg für die Juden konnte er aus dieser Sicht jedenfalls nie erkennen, nur einen Weg für alle zusammen. So dachten jüdische Kommunisten damals. Sie glaubten in dieser Frage ganz frei zu sein. Herrnstadt auch.

Das jüdische Leben, das er aus Polen kannte, war für ihn Mittelalter, dorthin wollte er nicht zurück. Und ebenso wenig hätte er einen Nationalstaat des neunzehnten Jahrhunderts wieder neu begründen wollen. Nein, er wollte ein freier Mensch sein und meinte damit wahrscheinlich, von allen Bestimmungen, in die man hineingeboren wird – frei.

Er wollte es so sehr, dass er in den Dienst einer Armee trat, sich anketten ließ als Spion, Mitglied einer Partei wurde, aus der man nicht austreten konnte, sich festlegte als Journalist und Schuld auf sich nahm – das alles für Freiheit. Mein Papa.

Oder war es für die Freiheit der anderen?
Denn alles wird sich verändern.

Gewitterstimmung. Für das, was er spürt, hat Herrnstadt dieselbe Erklärung wie schon in Berlin: die Krise des Kapitalismus. »Jetzt geht das ganze System kaputt.«

Als Auslandskorrespondent fragt Herrnstadt unablässig: Wie rettet sich Polen? Wie rettet es seinen Staat?

Im Dezember 1931 übernimmt ein neuer Mann die deutsche Gesandtschaft in Warschau: Hans-Adolf von Moltke. Rudolf Herrnstadt ist ihm bereits ein Begriff und er will, dass der ihn berät.

Da ist Herrnstadts erstes Jahr in Warschau bereits herum, und Deutschland wird unstabiler von Tag zu Tag. Die NSDAP erobert die Landtage. Im April 1932 besitzt sie in Sachsen-Anhalt bereits die Mehrheit, P. A. Otte ist hingefahren und hatte am 29. Juli über »Vier Monate Hitler-Regime« berichtet. Wie sah das aus?

Der Verfassungstag und die schwarz-rot-goldene Fahne waren abgeschafft, stattdessen wurde der Reformationstag gefeiert, Kirchenaustritte wurden erschwert und die Theater schikaniert. Gehandelt wurde also da, wo es nichts kostete, die Leute seien enttäuscht und abgeschreckt. P. A. Otte beendet seinen Bericht mit einem Verweis auf Heines Gedicht »Aus Krähwinkels Schreckenstagen«. Er kann das nicht ernst nehmen.

Aber zwei Tage nach Erscheinen dieses Artikels wird in ganz Deutschland der Reichstag gewählt, und da gewinnen die Nationalsozialisten bereits 230 Sitze im Parlament, 230 von 608.

Hermann Göring wird Reichstagspräsident. Sie werden abwirtschaften wie in Sachsen-Anhalt, schreiben einige, sie werden nicht abwirtschaften, schreibt Theodor Wolff, was schreibt Herrnstadt?

Herrnstadt berichtet aus Bukarest.

Im November die nächste Wahl in Deutschland, Herrnstadt schreibt nichts dazu, ja er schreibt nicht mal aus Polen, sondern wird in diesen historischen letzten Tagen des Jahres 1932 durch Bessarabien reisen.

1932 ist Deutschland bereits so stark geworden, dass jeder sich auch mit Deutschland arrangieren muss, der Polen unterstützt, und schon im Dezember lockert der Völkerbund eine der letzten Beschränkungen des Versailler Vertrages für Deutschland: Die Deutschen dürfen sich stärker bewaffnen.

»Die Bestürzung in Warschau« ist Herrnstadts große Titelzeile im »Berliner Tageblatt« vom 13. Dezember 1932.

»Polen empfindet es so: Wie wichtig immer die Frage der militärischen Gleichberechtigung Deutschlands für die fünf Mächte sein mag – für Polen ist sie wichtiger. Wie gelassen immer die fünf Mächte in Genf zu Rate saßen – Polen hat keine Zeit mehr, gelassen zu sein. Wie entschlossen aber Polen auch sein mag aufzuspringen, zu rufen, zu handeln, zu verhindern –, es muss schweigen. Denn niemand hat es gefragt.«

Am 3., 7. und 15. Januar erscheinen Herrnstadts große Reportagen aus dem Osten, die letzte kommt am 9. Februar 1933 aus der östlichen Ukraine. Parallel dazu sind große Reportagen aus der Sowjetunion zu lesen, von Günther Stein.

Ist das ein letztes Nutzen der Pressefreiheit? Oder lagen die Texte vielleicht schon lange im Schubfach und füllten jetzt einfach gut Seiten, für die Autoren nicht mehr zu finden waren, weil sie abhauten, ausreisten, flohen?

Wo hat Herrnstadt vom Machtantritt Hitlers erfahren?

Aus einer polnischen Zeitung irgendwo am Ende der westlichen Welt? Mit Blick auf verschneite ukrainische Straßen in der Wintersonne? Geht ihn die Sache in Deutschland nichts an?

Doch.

Unter der Überschrift »Die Offensive gegen den 11. Dezember« schreibt »unser Warschauer Korrespondent« am 24. Februar 1933 einen Leitartikel über die Gefahr eines Krieges:

»... Welches Krieges? Eine naive Frage. Die Zahl der sprungbereiten Möglichkeiten ist zu gross als dass die eine oder andere vorzuziehen wäre, und nicht einmal sie, die Zahl ist das Erregende. Das wahrhaft Beklemmende ist das Gefühl des ›Rutschens‹, das in diesen Tagen – spürbar – die Beschlüsse der beamteten Politiker diktiert. Man kann jedem von ihnen glauben, dass er sich vergewaltigt fühlt, während er die Bremse lockert, die er bedient. Aber man kann nicht leugnen, dass der europäische Zug zurzeit mit gelockerten Bremsen über eine geneigte Ebene fährt. Vielleicht, dass er noch einmal zum Stehen kommt, wahrscheinlich sogar. Aber die Strecke, die er inzwischen hinabfuhr, fährt er gewiss nicht wieder hinauf.«

Der Zug ist losgefahren. Und egal, wo Herrnstadt davon erfahren hat, dort im Osten, jetzt wird er eine Zeitgrenze überschreiten, die Zeitmarke 1933.

Ein Mann wie er weiß, dass er jetzt ungeheuerliches Terrain betritt. Zögert er?

Ihm wird nichts passieren. Hier in diesem Augenblick seines Lebens werden ihm zwanzig Jahre geschenkt.

Zwanzig Jahre lang wird er von jetzt an über die tiefsten Abgründe laufen und in höchste Höhen geraten – und ihm wird nichts passieren! Zwanzig Jahre!

Und schon ist er drin in der neuen Zeit. Es ist wieder Wahlkampf in Deutschland. Gewählt wird am 5. März.

Wahlkampfthema der NSDAP ist, dass ein kommunistischer Putsch bevorsteht. Wie zufällig brennt am 27. Februar der Reichstag. Schon in dieser Nacht lässt der preußische Innenminister Göring die Funktionäre der linken Parteien festnehmen. Dennoch wird Theodor Wolff am 5. März seinen letzten Artikel veröffentlichen: »Geht hin und wählt!« Freunde müssen ihn gegen seinen Willen noch am selben Tag aus Berlin in Sicherheit bringen, denn er will nicht weg, er will handeln.

Es ist der 5. März 1933. An diesem Tag wird die NSDAP gemeinsam mit der Kampffront Schwarz-Weiß-Rot 52 Prozent aller Stimmen gewinnen, weitere fünf Tage später erscheint vom »Berliner Tageblatt« nur eine Seite, darauf das Formular eines Verbotes für drei Tage. Es ist vorbei.

Es ist nicht vorbei. Die Zeitung erscheint weiter. Die Schrifttypen der Überschriften sehen inzwischen anders aus. Sie werden kürzer, dicker und ausdrucksloser. Es ist die Schrift meiner Kindheit, die hier erscheint. Jede Papiertüte mit dem Aufdruck *Eßt Obst!* hatte diese dicken, faden, leicht geneigten Schrifttypen. War das moderner? Oder musste einfach etwas Neues her?

Die Artikel sind nicht mehr namentlich gezeichnet, die Auslandskorrespondenten schreiben nur noch Notizen, und im Feuilleton erfährt man nun etwas »Aus dem Reich der Inkas« und über die Altarschnitzer der Reformation.

Totenstille?

Bei Lothar Bolz in Breslau klingelt das Telefon. Es ist jemand dran, der seinen Namen nicht sagen will, aber er hat Namenslisten gesehen von Leuten, die noch heute Nacht verhaftet werden, dein Name steht auch drauf, ahoi!

Lothar geht nicht mehr nach Hause. Von Breslau aus fährt er nach Danzig im Zug, von Danzig nach Warschau, steht drei Tage später bei Freund Rudi vor der Tür.

Am 1. April ist für ganz Deutschland ein Judenboykott angeordnet. Die Anweisungen dafür stehen in der Zeitung. Unter anderem haben die NS-Betriebszellenorganisationen am 1. April dafür zu sorgen, dass allen nichtjüdischen Arbeitern und Angestellten Löhne und Gehälter für zwei Monate im Voraus ausbezahlt werden. Keiner von denen darf entlassen werden, alle jüdischen Arbeiter und Angestellten dagegen müssen fristlos entlassen werden. Boykottiert werden jüdische Waren, jüdische Geschäfte, jüdische Ärzte und jüdische Rechtsanwälte.

Es war die erste Aktion, mit der die NSDAP testen wollte, ob die Mehrheit des Volkes hinter ihr steht. Zehntausende von Kundgebungen waren in ganz Deutschland einberufen.

Der Judenboykott war ein großer Erfolg – so steht es im »Berliner Tageblatt«, und am 4. April dann quer über eine ganze Titelseite das Wort »Klarheit!«.

Mit »Klarheit!« erklärt die Redaktion dem neuen Regime ihre Ergebenheit, ihre Treue und ihre Absicht, beim Aufbau des neuen Deutschland mitzuwirken. Unterschrieben: Karl Vetter.

Was danach zu lesen ist, ist der Umbau des Staates in wenigen Wochen. Tägliche Schlagzeilen: »Das neue Schulgesetz«, »Völliger Frieden Kirche-NSDAP«, »Aufruf zum 1. Mai!«, »Gleichschaltung des Films«, »Gleichschaltung der Gewerkschaften«, »Reform des Einzelhandels«, »Das neue Beamtenrecht«, und am 1. Juni ist ein Arbeitsbeschaffungsprogramm fertig.

Am 10. Mai werden Bücher verbrannt, und ab und zu gibt's für interessierte Journalisten einen »Besuch im Konzentrationslager«. Und dann ist es noch nicht mal Juni, und »unser Warschauer Korrespondent Rudolf Herrnstadt« ist immer noch da.

Ja, er erscheint wieder auf Seite eins mit dem Leitartikel: »Polens neuer Ministerpräsident«.

Dabei dürfen Juden in der deutschen Presse nicht mehr schreiben. Oder hat das »Berliner Tageblatt« eine Sonderstellung?

Es meldet am 4. Juni 1933 etliche Umbesetzungen: Paul Scheffer und Günther Stein gehen zur Weltwirtschaftskonferenz nach London, Paul Block gibt die Pariser Stelle ab, Kurt von Stutterheim leitete die gesamte außenpolitische Redaktion, und Rudolf Herrnstadt übernimmt den gesamten Nachrichtendienst aus den Ostländern. Aus Warschau und Moskau wird er direkt berichten, Riga, Kowno und Bukarest sind ihm unterstellt.

Was ist das für eine Klärung? Eine Beförderung? Auf jeden Fall darf er bleiben und wird schon am 5. Juli aus Moskau berichten.

Macht das noch Spaß? Mir nicht.

Natürlich, ich hatte gewusst, dass er beim »Berliner Tageblatt« geblieben war, weil er etwas gegen den Faschismus tun wollte in diesen Zeiten und weil sie ihm erklärt hatten, dass er dort am nützlichsten wäre. Beim Nachrichtendienst der Roten Armee. Er war im Dienst und er blieb im Dienst. Aber dass es so bitter war, hatte ich mir nicht vorgestellt, dieses: Einfach weitermachen.

Kein Aufschrei, kein Wutanfall.

Gut, man hätte das nicht mehr gedruckt, aber hinschmeißen, alles hinschmeißen, Farbe bekennen! Das will man in solchen Tagen. Menschen treffen, mit denen man offen reden kann, Gleichgesinnte – nichts anderes heißt doch: Genossen.

Er hat das nicht erlebt, nur das Gegenteil: Jetzt wird es erst wichtig, jetzt bist du gefragt, weitermachen, du bist im Dienst.

Ein Mann wie er war seit Monaten auf einen Putsch von rechts vorbereitet, hatte sicher sogar einen Plan dafür, und trotzdem – das ging zu tief.

Er wird sich verändert haben, man sieht es am Text. Der verliert seinen Witz.

Nun verstand ich auch den schmerzlichen Gesichtsausdruck meines Vaters, wenn er auf Theodor Wolff zu sprechen kam. Die Aufwallung eines Gefühls jedes Mal und das Schweigen danach.

Es heißt, Theodor Wolff habe seine Zeitung in Nizza, wo er nun lebte, anfangs noch manchmal gekauft. Bis zu dem Tag nach der Blutnacht des Röhm-Putsches 1934, in der die SA abgemetzelt worden war. Der Leitartikel im »Berliner Tageblatt« trug die Überschrift: »Durchgegriffen«. Da habe ihn ein solcher Ekel gepackt, dass er das Blatt niemals mehr angerührt hätte.

Herrnstadt wird von dieser Episode nichts gewusst haben, aber von dem Gefühl sehr wohl. Zu den vielen Toten seines Lebens, mit denen er dringend noch einmal hätte reden wollen, gehört als einer der ersten wohl Theodor Wolff, dem er niemals erklären konnte, warum er weiter geschrieben hat.

Und natürlich der Vater, der Bruder – SA-Posten waren ihnen vor ihre Kanzleien gestellt, und wer weiß, wie das alles so ablief bei diesem Judenboykott, und wenn sie in diesen Wochen das gewendete »Berliner Tageblatt« in die Hand nehmen, steht sein Name drin. Zwischen glücklichen Aufmärschen, glücklichem Arbeitsdienst, glücklichem Luftschutz und Sterilisierungsgesetz Rudolfs disziplinierte Berichte. Er durfte es nicht erklären.

Im Juli geht er nach Moskau. Warum? Schnell mal Luft holen?

Der erste Artikel von dort heißt jedenfalls »Die östliche Weite«, und es steht – erstaunlich für ihn – rein gar nichts drin, außer diesem Gefühl eben: Aufatmen.

Jetzt ist er dort, im Lande der Bolschewisten, will er dort bleiben? Nein. Er setzt die Berichterstattung fort. Genau da, wo im Januar 1933 die unerklärliche Häufung von Reportagen aus der Sowjetunion und von ihrer westlichen Grenze in der Zeitung stand.

Einfach weitermachen. Es sind die letzten Reportagen über die Sowjetunion im »Berliner Tageblatt«. Möglicherweise überhaupt in der deutschen Presse nach 1933, und Herrnstadts irritierendste Artikel sind es auch.

Veröffentlicht vom Juli bis September 1933 in Berlin: »Die Sowjet-Advokaten«, »Die stumme Mobilmachung«, »Die Seife«, »Das große Sterben«.

Hat das ein Freund der Sowjetunion geschrieben, ein Feind, ein Fantast, ein überzeugter Kommunist?

Keine Ahnung. Man liest und man staunt. Anders als Paul Scheffer, der jahrelang gesammeltes Wissen zusammenfasste und persönlich bewertete, bevorzugt Herrnstadt die Beschreibung von Erlebnissen, Atmosphären, Gesprächen.

Wie ist die Stellung der Rechtsanwälte in der Sowjetunion? Das ist das Thema des ersten Artikels. Herrnstadt sucht das Moskauer Anwaltskollegium und findet es in einer »dumpfigen Passage«.

Die Geheimpolizei GPU dagegen, »welche in Russland weitgehend die Funktion der Staatsanwaltschaft erfüllt, bewohnt den sowohl historischen wie mächtigen Eckkomplex an der Lubjanka. Ihm gegenüber steht, an Größe und Modernität einem Berliner Warenhaus vergleichbar, das Warenhaus für die Beamten der G. P. U. Zwischen Büro und Kaufhaus aber wächst der Erweiterungsbau der G. P. U. mächtiger als das Stammhaus.«

Wenn das nicht deutlich ist – und es ist erst der Anfang. Die völlige Machtlosigkeit der Rechtsanwälte, ja des Gesetzes gegenüber der Partei, die alle ihre Mitglieder »hemmungslos überwacht«, wird ebenfalls »hemmungslos« dargestellt.

Es muss den Anwaltssohn Herrnstadt sprachlos gemacht haben, was er da sah. Oder hat es ihm gefallen?

Der bürgerliche Anwalt ist überflüssig? Richter und Staatsanwälte sind sämtlich Parteimitglieder und haben sich nach der

Parteilinie zu richten. Urteile stehen im Vorhinein fest und lassen sich nach der Formel »Delikt plus angewandte Parteilinie plus soziale Herkunft gleich Urteil« errechnen. Parteimitglieder würden bei einem Vergehen härter bestraft als die Übrigen.

Nein, es hat ihm wohl doch nicht gefallen. »... Respekt vor den geltenden Gesetzen« sind die letzten Worte von diesem Artikel.

Es gibt keine Rechtssicherheit in Sowjetrussland. Der Einzelne ist ohnmächtig und wird keine Hilfe finden.

Hat der Artikel den kontrollierenden Nazis gefallen? Vermutlich ja. Er passte in die Hetze gegen die Sowjetunion ebenso wie zu den neuerdings freundschaftlichen Gesten des NS-Staates an die Sowjetunion. Wiederum zeigt er auch deutlich Übereinstimmungen der beiden Systeme. Abweichend wiederum ist die Rolle der Kollektive – dieser Gruppen, die klüger sein sollen als der Einzelne, stärker. Und während in Deutschland die Kommunisten verfolgt werden, sollen sie wissen, es gibt sie noch, die Sowjetunion, sie ist stark, sie ist da – ist das die Botschaft?

War es vielleicht Herrnstadts größter Stolz, diese Abfolge langer Artikel kurz nach der Machtergreifung der Nazis in einer deutschen Zeitung zu haben?

Auch hat man den Eindruck, dass sich noch keiner der ausländischen Reporter aus solcher Nähe einigen heiklen Punkten der Sowjetgesellschaft zugewandt hat.

»Die stumme Mobilmachung« beschreibt die Aufrüstung in der Sowjetunion, ihre psychologische Seite. Alles sei durchdrungen von der Überzeugung, dass ein Krieg vor der Tür stünde, »unentwegt werden diese Gedanken in die Bevölkerung getragen. Ihnen zu glauben ist Pflicht, sie zu bezweifeln Verrat. Die Dauerpsychose, zu der sie führen, ist der breite Nährboden, aus dem die leitenden Stellen immer neue Leistungen und immer neue Verzichte der Bevölkerung schöpfen ...« Wer sich absondere, gelte als Klassenfeind und ermögliche es dem Apparat, »den Kreis der Schwierigkeiten mit dem Kreis der ›Klassenfeinde‹ zusammenfallen zu lassen. Wie erstaunlich es also klingen mag: Das Regime hat die mephistophelische Chance, um so schneller zu erstarken, je verderblicher die gegenwärtigen Schwierigkeiten wirken.« – Wie wahr. Und wie ähnlich dem Mechanismus der nationalsozialistischen Diktatur.

»Die Seife« ist ein ganzseitiges Feuilleton über eine öffentliche Verhandlung gegen einen Verkäufer – oder ist es eine Aussprache? Wie die Zuschauer im Parkett Fragen stellen dürfen an den Delinquenten, der die schlechte Ware nicht hätte anbieten dürfen, sondern sie zurückweisen, Einspruch erheben. Alles verläuft offen, scherzhaft und gleichzeitig ernst, es geht um Pfusch und Kontrolle, die neue Gesellschaft.

Dass es aber absurd ist, wenn ein Verkäufer für die allgemeine Misswirtschaft den Sündenbock abgeben soll und wie gleichgültig der auch darauf reagiert, das ist genauso herauszulesen. Man kann sich ein Bild machen. Ebenso von einer Mitgliederüberprüfung in der Kommunistischen Partei. »Das große Sterben« bedeutet hier: Die Hälfte fliegt wieder raus. Noch wird nicht massenhaft umgebracht, aber wer rausfliegt, der wird es schwer haben.

Herrnstadt liefert Beispiele dafür, wie die Genossen befragt werden, was sie antworten. Auch das kann man so oder so sehen. Demütigend und lachhaft oder verblüffend einfach.

Mitglied der Kommunistischen Partei zu sein, war offenbar das Höchste, was man erreichen konnte. Und dann musste man sich das Äußerste abverlangen, ein vorbildliches Leben führen und sich auch nach den persönlichsten Dingen öffentlich befragen lassen, um makellos dazustehen – wenn nicht, dann war man nicht würdig.

Heute dagegen finde ich gerade so etwas unwürdig – niemals würde ich mich so behandeln lassen!

Sieht er das anders? Es ist nicht auszumachen.

Das ist das Schillernde an diesen Artikeln. Was meint er?

Hat er nicht auch die Grenzen seiner sowjetischen Freunde massiv überschritten?

Wiederum: Auch in einer Diktatur gibt es immer alle Strömungen, nur ist das kompliziert zu entschlüsseln.

Es kann ihm jemand einen Wink gegeben haben, etwas öffentlich zu machen, was sie dort nicht durften, aber ihm, einem bürgerlichen Journalisten in einer angesehenen Zeitung war es erlaubt, und manchmal ist so was wichtig gewesen.

Auch das kann sein.

Schließlich war Herrnstadt in Moskau 1933 mit Karl Radek zusammengetroffen. Es geht aus seinen Artikeln hervor. Er muss ihn einigermaßen gekannt haben, sonst hätte er seinem Freund Lothar Bolz nicht dessen Privatadresse gegeben, als der in die Sowjetunion floh. Was der spöttische Intellektuelle Radek über Rechtsunsicherheit, Parteireinigungen und Fehlersuche am falschen Platz zu sagen hatte, kann man sich denken. Dass er zu Herrnstadt darüber gesprochen hat, ihm vielleicht sogar Zugang verschafft zu diesem und jenem – dem bürgerlichen Korrespondenten aus Deutschland, mit dem man gut scherzen konnte –, ist denkbar.

Außerdem hatte Herrnstadt zum Nachrichtendienst der Roten Armee gehört, und das war ein eigener Apparat mit eigenen Ansichten, 1933 vermutlich der einzige von allen sowjetischen Apparaten, der die Welt außerhalb der Sowjetunion kannte und dabei immer noch selbständig war. Ist es möglich, dass die ihn ermuntert haben?

Alles ist möglich. Aber klang nicht Verblüffung durch für die Lösung, die hier gefunden wurde?

Je öfter ich die Moskauer Reportagen las, umso deutlicher sah ich, der Drehpunkt waren in jedem der Artikel zuletzt die Gruppen von Menschen, denen der Einzelne Rechenschaft schuldig war. Die *Kollektive*. Das wurde ja gerade ganz neu entdeckt: die antibürgerliche Gemeinschaft der Gleichen!

Und wenn ihm die Dramen auch nicht gelungen sind, das Thema interessierte ihn immer noch. Ich konnte es plötzlich sogar verstehen, es war ein Problem: Eine Partei der eigentlich Machtlosen besaß alle Macht, die sollte so geschlossen wie möglich sein, damit das Riesenland von oben bis unten in ihrem Sinne geformt wurde, aber wenn das so war – wie sollte man diese neue Macht begründen und wie kontrollieren, wenn man bei offenen Wahlen nur die Zersplitterung fürchtete und Kämpfe gegeneinander? Die Lösung: Der Einzelne wird immer wieder geprüft durch die Gruppe.

Herrnstadts Beispiele wiederum, die Dialoge in dem Artikel über die Parteireinigung, sprechen für sich. Das Muster ist vorgegeben! Und überhaupt – so kann man mit Menschen nicht umgehen!

Ist er nun dafür oder dagegen? Beides wahrscheinlich. So wie er bis zuletzt protestiert hat gegen seine Genossen und doch gerade von denen rehabilitiert werden wollte.

»Das große Sterben« ist der letzte Text, den Herrnstadt noch in Moskau geschrieben hat. Er erscheint in der Morgenausgabe des 29. September 1933. Schlagzeile in der Abendausgabe ist bereits die Protestnote der deutschen Regierung gegen die Ausweisung der deutschen Journalisten aus Moskau. Diese Ausweisung ist eine Moskauer Reaktion auf die Verhaftung sowjetischer Journalisten in Deutschland, die vom Reichstagsbrandprozess berichten wollten. Herrnstadt als einer der drei in Moskau akkreditierten deutschen Journalisten packt also bereits seine Koffer, wenn die Rotationsmaschinen noch seinen Artikel drucken.

Aus der Protestnote geht hervor, dass die deutschen Journalisten in Moskau bei ihrer Arbeit ständig behindert wurden und Moskau nicht verlassen durften. Herrnstadt war ganze drei Monate dort. Ein Gast aus dem Westen.

Aber schneller als gedacht, ist er selbst wieder in Warschau, der Oktober beginnt, und nun kann er ein neues »Schriftleitergesetz« in seiner Zeitung lesen. Juden dürfen nicht Redakteure sein. Ja, und er? Schreibt weiter. Wie hat er das gemacht?

In dem Blatt ist kein jüdischer Name mehr, außer dem einen: Rudolf Herrnstadt. Aber auch dieser Name erscheint am 24. November 1933 zum letzten Mal. Danach steht unter der jeweiligen Überschrift nur noch sein Signet und das Wort »Warschau«.

Und nie gibt er sich eine Blöße im Text, kein Entgegenkommen den Nazis. Alle Artikel könnten auch heute erscheinen.

Ilse wiederum verliert wegen dieses Gesetzes ihre Arbeit. Sie ist nicht jüdisch, aber sie hat die Ausbildung nicht, die von jetzt ab verlangt wird. Seiteneinsteiger gibt es von nun an nicht mehr. Auch das war ein Sieb, durch das viele hindurchfielen.

Es sind die Monate, in denen die Welt nur noch nach Deutschland sieht, die Monate, bevor sie sich an die faschistische Gewalt in Deutschland gewöhnt. Im »Berliner Tageblatt« heißt das »Verleumdung im Ausland«, und es stellt Gerhart Hauptmann dagegen, dessen begeisterte Unterstützung für das NS-Regime: »Ich sage ›Ja‹«.

Auch das ist ein Leitartikel, und eine Woche vorher der Leitartikel ist von Herrnstadt, der aus Warschau berichtet, und zwei Wochen danach eben auch. Normale Berichterstattung, und nun sind wir schon im Januar 1934, und ich lese bereits den zweiten Jahrgang des »Berliner Tageblattes« als Nazizeitung.

Bisher hatte ich gedacht, alles Lebendige habe sich bis 1933 ereignet und danach würde es langweilig werden. Nur heile Welt und heimliche Aufrüstung. Ich hatte mich geirrt.

Schritt für Schritt in die Diktatur, das war atemberaubend,

und alles stand in der Zeitung! Nicht kleingedruckt und verschämt, nein offensiv und ausführlich.

So zum Beispiel, wenn Hitler am 16. März 1935 die allgemeine Wehrpflicht einführt und Aufrüstung auch öffentlich verkündet.

Da läuft am 18. März eine Schlagzeile über die ganze erste Seite: »Die überraschte Welt«: »Aus ungefähr allen Hauptstädten der Welt wird Erstaunen, Verwunderung, ja Schock gemeldet ... Offen gestanden, wir sind einigermaßen verwundert ... Dass Deutschland aufrüstete, war bekannt ... alle wussten, worum es ging, niemand wollte es wissen. Dies war uns bekannt. Wir haben die Nerven der anderen geschont, sie haben sich das gefallen lassen und sind sich wohl auch klar darüber gewesen, warum sie auf dies Spiel eingingen ...«

Das ist der Ton, der nun dominiert.

Verfasser: Paul Scheffer. Ja, die Texte tragen nun wieder die Namen ihrer Verfasser, und dieser ist jetzt am häufigsten zu lesen. Der ehemalige außenpolitische Korrespondent in Moskau ist Chefredakteur geworden. Das passte zu den Ereignissen. Zuerst war die Diktatur nach innen gesichert worden, aber langsam wurde in Berlin auch wieder Außenpolitik gemacht. Friedenspolitik.

Am Anfang stand ein Coup: Polen.

Die ersehnte Anerkennung des polnischen Staates – ausgerechnet die Nazis schenkten sie den Polen im Januar 1934. Nichtangriffspakt für zehn Jahre, und im März gibt's die Rücknahme aller gegenseitigen Wirtschaftsbeschränkungen.

Was sagt die Welt nun? Sie wartet.

Kann man glauben, was da passiert? Friedenspolitik?

Herrnstadt schreibt immer noch. Polen ist bereit, die verlockende neue Freundschaft zu Deutschland einzugehen, die gegenseitigen Vertretungen werden zu Botschaften erhöht.

Und kaum ist die neue Freundschaft perfekt, sieht Herrnstadt Polen Gebietsansprüche an die Tschechoslowakei erheben, und auch mit Litauen ist etwas zu klären. Bald wird es Stimmen geben, die nach Kolonien für Polen rufen, und die Juden sollen verschwinden. Möglichst nach Madagaskar.

»Die fünfte Großmacht« betitelt Herrnstadt einen Leitartikel.

Das ist immer noch die Pilsudski-Regierung, die »außergewöhnlich ehrgeizig, aber auch völlig unreal« auftritt, aber es gibt noch eine extremere Rechte. Im Juni 1934 wird der polnische Innenminister von ukrainischen Nationalisten ermordet, daraufhin werden Gesetze verschärft und Konzentrationslager errichtet.

Polen driftet weiter nach rechts, aber das darf Herrnstadt nicht mehr kommentieren. Er wendet sich ganz den Bemühungen um ein Sicherheitsbündnis gegen Hitlerdeutschland zu.

Der Ostpakt ist 1934 eine viel diskutierte Option, ein Bündnisvertrag mehrerer östlicher Staaten mit Frankreich und der Sowjetunion, schließlich ist Deutschland nicht fertig mit seiner Aufrüstung, immer noch ist etwas möglich, was einen Krieg verhindern könnte, aber nichts geschieht. Der Initiator des Ostpakts, der französische Außenminister Barthou, wird im Oktober 1934 erschossen.

Auch die Sowjetunion ringt um ein System von Beistandsverträgen für den Fall eines Krieges mit Deutschland, aber nur die Tschechoslowakei und Frankreich schließen Beistandsverträge mit ihr ab. Herrnstadt schreibt in dem Leitartikel »Benesch in Moskau« am 22. Juni 1935:

»In einem der Trinksprüche, die in Moskau gewechselt wurden, hatte Benesch das Wort von dem ›kleinen Staat‹ gebraucht, den er vertrete. Es erregte in Warschau Belustigung und Abscheu zugleich. Es ging den Polen nicht in den Kopf, dass man von seinem Staat, auch wenn er hundertmal ein kleiner ist, zugebe, dass er es sei. Sie zählen es zu den nationalen Pflichten eines Staatsmannes, einer solchen Bemerkung entgegenzutreten, um wie viel mehr, sie nicht selbst zu machen. Benesch wiederum hält es für seine nationale Pflicht, durch das Bekenntnis zur nationalen Kleinheit seines Staates den verhandlungstaktisch günstigen Eindruck eines bis zur Selbstentäusserung umgänglichen und aufrichtigen Partners hervorzurufen. Es handelt sich um zwei Staatsphilosophien, die sich in dieser Kleinigkeit begegnen. Sie verkörpern in nuce den Gegensatz zwischen Polen und der Tschechoslowakei.«

Polen aber rückt weiter nach rechts, und als Italien 1935 Abessinien überfällt und erobert, bekommt es Zuspruch aus Warschau.

Europa tut nichts gegen diese Eroberung, ein Einspruch des Völkerbundes bleibt folgenlos, und da fällt es beim Zeitunglesen auf: Die Welt sieht zu, sieht nach Afrika, nach Italien, nach Afrika, nach Italien, und wie sie so zusieht, ist Hitler Anfang März 1936 ins Rheinland marschiert. War das ein Coup? Jedenfalls wieder ein Bruch des Versailler Vertrages, und wieder geschieht nichts.

Am 12. März 1936 erscheint der letzte Leitartikel aus Warschau in Herrnstadts Diktion im »Berliner Tageblatt«. Die folgenden kleinen Nachrichten aus Polen sind immer noch mit seinem Signet versehen, aber wenn am 29. August nach langer Pause wieder ein Leitartikel aus Polen erscheint, ist Hans-Achim von Dewitz der Verfasser, und da sieht man, der führt Herrnstadts Signet weiter.

Wer weiß also, von wem die Nachrichten waren, nach dem 12. März? Wer will es noch wissen?

Es ist alles lange vorbei. Die Aufregung, die Verbote, der Abschied.

Hat es ihm weh getan?

Bestimmt.

Wäre er frei gewesen, wäre er längst gegangen, aber das ist jetzt etwas anderes: aufhören müssen. Herrnstadt ist Jude. Merkt er es jetzt? Sein deutscher Pass wird nicht mehr verlängert. Nach Berlin zurück kann er auch nicht mehr.

Im März 1936 war Herrnstadt dreiunddreißig Jahre alt geworden. Bis zuletzt waren seine Artikel Plädoyers für Polen. Mit sehr genauem Wissen geschrieben und mit Neigung auch. Sie müssen ihm viel Respekt eingebracht haben. Zumindest in Warschau. Er muss ein Mann gewesen sein, dessen Urteil zählte. Auf dessen Kommentare manche Leute warteten.

Und sein Vater? Sein Bruder? Dass sie überhaupt aus Deutschland weggingen, das war Rudi gewesen, sein Einfluss, er hatte sie beschworen zu emigrieren, weit weg, aber zu ihrem Unglück hatten mutige Gleiwitzer Rechtsanwälte unter der Leitung von Franz Bernheim, aber auch Justizrat Kochmann, und vielleicht war auch Ludwig Herrnstadt beteiligt, wir wissen es nicht, öffentlich darauf bestanden, dass Oberschlesien bis 1937 immer noch Mandatsgebiet des Völkerbundes war. In einem Mandatsgebiet dürfte die Judengesetzgebung keine Anwendung finden. Mit sehr viel Courage formulierten diese Männer aus Gleiwitz eine Beschwerde an den Völkerbund, die »Bernheim-Petition«, und hatten Erfolg.

Sollte Ludwig Herrnstadt seine Gleiwitzer Freunde im Stich lassen? Nein, er glaubte an den deutschen Rechtsstaat, er war ein Teil davon.

Aber die Zeitung! Hatte er nicht die Zeitung gelesen? Die Artikel von Rudi aus Prag? Aus Warschau? Das musste er doch sehen, was für ein kluger Mensch die geschrieben hatte, er hätte auf ihn hören müssen, und der Bruder auch – als er sie warnte, weit weg zu gehen, raus aus Europa, und schon gar nicht nach Prag!

Jetzt, wo ich alle seine Artikel gelesen habe, wo ich keinen mehr finden werde im »Tageblatt«, packt mich die Wut. Sie haben ihn unterschätzt.

Nicht ernst genommen. Nicht so ernst, wie er es verdient hätte. Denn sie fuhren erst 1937 raus aus Deutschland, und sie fuhren nach Prag.

ES WIRD ERNST

Ein Mann des Nachrichtendienstes sammelt Nachrichten. Nachrichten aus Agenturmeldungen, aus Gesprächen, aus Pressekonferenzen. Er fügt sie zusammen und macht sich ein Bild, gibt es weiter, beantwortet Fragen, fragt selber und sammelt weiter, mehr ist es nicht – Spionage. Weniger auch nicht.

Immer aufmerksam sein, immer wachsam auch, telefonieren, funken, fotografieren, Analysen schreiben, Kontakte knüpfen, in jedem Café sich vergewissern, wer am Nebentisch sitzt, in der Straßenbahn auch, auf Anrufe warten und Treffpunkte suchen, die Richtung wechseln, mitten im Gehen, nicht einen ruhigen Tag mehr haben. Das ist nicht spannend, das ist furchtbar.

Mein Vater tat es freiwillig und aus Überzeugung, wie die meisten, die in diesen Jahren im Ausland für die Sowjetunion arbeiteten.

Sie betrachteten sich nicht als Spione, sondern als Kämpfer gegen den europäischen Faschismus. Auch mein Vater nannte es nie anders als »die Arbeit in der Illegalität« oder »der Widerstandskampf«. Diese Menschen, die früh erkannten, was kommen wird, und dann nicht davonliefen, sahen darin die Aufgabe ihres Lebens.

Gegen den Faschismus wäre Herrnstadt überall auf der Welt angetreten, auch alleine, aber es wäre ihm anarchischer vorgekommen, nutzloser, als die Sowjetunion zu unterstützen.

Er wird also keine Schuldgefühle gehabt haben, wenn er das Angebot Moltkes annahm, ihn zu beraten. Auch der schreibt

Berichte danach. Auch Moltke ein Gegner der Nazis. Überall in Europa sitzen unterschiedlichste Leute zusammen, besprechen die Varianten der politischen Möglichkeiten, so ist die Lage in dieser Gewitterstimmung. Fronten, überall Fronten – offene und verdeckte. Entschlossene und unentschlossene Menschen.

Später schrieb Herrnstadt einmal, er habe in den Jahren der illegalen Arbeit »mit der Schlinge um den Hals« gelebt. Die Formulierung drückt es schon aus – er weiß auch 1930, dass er den Kopf in eine Schlinge legt.

Bis 1933 war es Gefahr, in die er sich begab, nach 1933 war es Lebensgefahr, und es sind Menschen dabei gestorben, er aber nicht.

Am Ende seines Lebens ist das sein größtes Unglück.

Er wird damit nicht fertig, dass gerade er nun ein Überlebender ist. Den Kampf selbst zweifelt er niemals an.

Einige Leute der GRU aus diesen Jahren sind berühmt geworden: Richard Sorge, der Chef ihres japanischen Netzes, und Leopold Trepper, der Chef ihres Brüsseler Netzes.

Rudolf Herrnstadt war der Chef ihres polnischen Netzes.

Aus Sicht der Sowjetunion trugen Sorge und Herrnstadt eine große Verantwortung, denn aus Deutschland und Japan kam die größte Bedrohung der sowjetischen Grenzen.

Spiegelverkehrt sah es Deutschland genauso: Polen und Japan als Grenzländer zur Sowjetunion. Deswegen gehörten die deutschen Vertretungen in Warschau und Tokio zu den vier deutschen Auslandsvertretungen, die über alles, was in Berlin geschah, vollständig informiert wurden.

Deswegen installierte Moskau frühzeitig in diesen Hauptstädten Informanten, deswegen bekamen Sorge und Herrnstadt nach der Machtübernahme der NSDAP den Auftrag, Gruppen aufzubauen und ihre Aufmerksamkeit ganz auf Deutschland zu konzentrieren, und darüber gibt es heute eine Menge Kolportagen, die ich weder abschreiben noch kommentieren werde.

Was fest zu stehen scheint: 1931 in Warschau ist Herrnstadt durch sein Wissen und seine Position als Auslandskorrespondent für das »Berliner Tageblatt« schon ein gefragter Mann und mit allen Diplomaten in Warschau gut bekannt. Botschafter der Sowjetunion in Warschau ist bis 1936 Wladimir Antonow-Owseenko.

1931 ist Ilse Stöbe noch in Berlin, im Oktober 1933 wird sie entlassen, folgt Rudolf aber nicht, sondern unternimmt viele Reisen durch Europa, auch das offensichtlich im Auftrag der GRU, aber diese Aufträge laufen nicht über Herrnstadt.

Der wiederum reist auch. Es sieht nicht so aus, als ob sich sein Aufgabengebiet auf Polen beschränkt. Bereits 1932 erscheint sein erster Artikel aus Bukarest, später andere aus Rumänien.

1933 wird Deutschland Schwerpunkt des Interesses der Moskauer Zentrale der GRU, und Herrnstadt soll in Warschau eine Gruppe von Informanten aufbauen. Er fragt ganz ungeniert seine Freunde.

Auch daran sieht man, dass er an dieser Aufgabe nichts Ehrenrühriges sieht, umgekehrt – er bietet ihnen eine Möglichkeit des Kampfes an.

Der Erste, der in Frage kommt, ist Lothar. Lothar Bolz hat auf der Flucht vor den Nazis kaum Papiere mitgenommen, keine Abschlüsse, keine Zeugnisse, er hat in Oberschlesien bereits ungeheure Brutalitäten der neuen Macht gesehen, und seine Frau Elsbeth in Gleiwitz wird seinetwegen polizeilich überwacht, die Tochter Christiane soll in ein nationalsozialistisches Kinderheim, nein, Lothar will in die Sowjetunion emigrieren. Das ist damals so gut wie unmöglich, wenn man nicht von einer Organisation geschickt wird.

Rudi wendet sich an Antonow-Owseenko und bittet um ein Visum für seinen Freund. Noch 1933 erreicht Bolz Moskau.

Inzwischen ist ein Breslauer Freund von Lothar Bolz ebenfalls nach Warschau geflohen: Gerhard Kegel.

Im Unterschied zu Bolz ist Kegel eine geordnete Ausreise mit guten Beurteilungen gelungen, er will mitarbeiten und bezieht auch seine Frau Charlotte in die Tätigkeit ein.

In seinen Erinnerungen schreibt Gerhard Kegel, dass er monatelang warten musste, bis die Zentrale ihr Einverständnis signalisierte.

Es war also gar nicht so einfach, für die GRU zu arbeiten, und der spätere Verleger Helmut Kindler, der ein Freund von Ilse Stöbe war, und von Ilse und Rudolf gefragt worden war, ob er für die Sowjetunion aus Bukarest berichten würde, schreibt sogar, dass er ausgestiegen sei, als es ihm zu gefährlich wurde. Das sei akzeptiert worden. Ob das die Regel war oder Einzelfälle?

1935 kommt Ilse Stöbe nach Warschau und findet eine Anstellung bei der kulturellen Betreuung der Diplomatengattinnen. Gerhard Kegel hatte sich als Korrespondent der »Breslauer Neuesten Nachrichten« akkreditieren lassen, 1934 bekommt er eine Anstellung in der deutschen Gesandtschaft, denn er hat Polnisch gelernt, solche Leute sind rar.

Beide, Kegel und Stöbe, müssen in die NSDAP eintreten, um an der Gesandtschaft, die ab November 1934 den Rang einer Botschaft hatte, eine Stelle zu bekommen, und das wird ausführlich mit der Zentrale besprochen. Kegel lässt sich sogar eine Bescheinigung darüber ausstellen, dass es im Einverständnis mit sowjetischen Dienststellen geschah – so sehr sind diese Kommunisten 1933 überzeugt von einem Sieg der Sowjetunion.

Zur Warschauer Gruppe gehören noch mehr Personen, aber sie bleiben nur kurz in der Stadt, und ich weiß von ihnen noch weniger als von diesen, die hier genannt sind.

Chef der Gruppe ist Rudolf Herrnstadt, der immer noch für das »Berliner Tageblatt« schreibt.

Was konnte das für Gründe haben?

Mein Vater nannte Paul Scheffer, und tatsächlich fand ich in einem Text über den, dass Goebbels Paul Scheffer freie Hand bei der Gestaltung der Zeitung zugesichert hatte.

Und so sehen wir ihn in Warschau, Rudolf Herrnstadt, einen Mann der dreißiger Jahre – gut aussehend, gut informiert und gut gekleidet natürlich auch. Es ist immer noch die Welt der Kinostars, und der Seidenstrümpfe, der hochgeschlagenen Mantelkragen und der Hüte, schief im Genick. Und natürlich raucht man beim Gehen.

Aber der Mantel kann auch mal ein Buch verdecken, das man unter dem Arm trägt. Die Zigarette ist gut, um einen Unbekannten um Feuer zu bitten und für ein paar leise Worte dazwischen. Und der Hut?

Es könnten auf feinem Papier lange Nachrichten unter dem Futter versteckt sein, und an dem Kleiderständer, da fällt es nicht auf, wenn der Unbekannte sich irgendwann gerade diesen Hut nimmt und den seinen dort hängen lässt. Vielleicht ist da auch eine Nachricht drin.

Aber vielleicht stehen Nachrichten auch in Herrnstadts Artikeln oder umgekehrt – vielleicht steht in Herrnstadts Zeitungsartikeln auch manchmal etwas, das aus der Zentrale kommt.

Es würde sich lohnen, die Zeitungsartikel einmal im Kontext der sowjetischen Außenpolitik der Zeit zu untersuchen, ebenso wie die Artikel von Richard Sorge für die »Frankfurter Allgemeine« aus Tokio.

Wenn Paul Scheffer 1936 die Chefredaktion des »Berliner Tageblattes« niederlegt, darf auch Herrnstadt hier nicht mehr schreiben.

Im gleichen Jahr 1936 endet Antonow-Owseenkos Tätigkeit als Botschafter, er soll in den Spanischen Bürgerkrieg.

Herrnstadt will auch dorthin, wo nun sogar Intellektuelle mit der Waffe in der Hand kämpfen. Soll er weiter den unbeteiligten Zuschauer mimen? Nein, er will das nicht mehr.

Aber: »Du hast dein Spanien hier«, soll die Antwort gewesen sein.

Herrnstadt muss in Warschau bleiben. Er schreibt nun für verschiedene europäische Zeitungen, aber das Wichtigste bleibt die Gruppe.

Die wird noch effektiver, wenn Rudolf von Scheliha dazukommt. Der ist Legationsrat an der deutschen Botschaft in Warschau. Herrnstadt und Kegel lernen ihn als engagierten Gegner der Nazis kennen, glauben aber nicht, dass er für die Sowjetunion arbeiten würde, und wollen die Anfrage auch nicht riskieren. Daher wird er angeblich für den britischen Geheimdienst angeworben und liefert von 1937 an wichtigste Unterlagen. Unter anderem Hitlers Angriffspläne auf die Sowjetunion und den Zeitpunkt: etwa 1941.

Die Jahre bis zum Ausbruch des Krieges sind die bedrückendsten, schwülsten in diesem Jahrhundert. Die Zahlen 1937, 1938, 1939 leuchten rot in jedem Geschichtskalender.

Sogar heute noch, beim Lesen der Tageszeitungen, verschlägt es einem den Atem – diese Verbrechen, und wie sie ineinander verschränkt sind!

Ein Mordprozess in Moskau und ein Schritt Hitlers über die deutschen Grenzen, wieder eine Welle von Hinrichtungen in Moskau und wieder besetzt Hitler fremdes Gebiet. Auf den Verrat an der Tschechoslowakei im Oktober 1938 folgt das große Judenpogrom in Deutschland, und just, wenn im März 1939 Spaniens Republik niedergeschlagen wird, marschiert Hitler in Prag ein. Faschisten in Madrid, Faschisten in Rom, Faschisten in Afrika und Millionen Tote in der Sowjetunion. Überall gleichzeitig Terror und Mord. Es hat etwas von Versinken, von Abgrund, Geschichts-Orkan.

Radio wurde noch selten gehört, Zeitungsverkäufer brüllten die Schlagzeilen raus, in den Straßen der großen Städte. Auch das muss furchtbar gewesen sein, dieses Rufen.

Und überhaupt – wie war es für Herrnstadt, damals in Warschau als Jude zu leben? Als ein jüdischer Spion noch dazu? Ein Spion für die Sowjetunion? Wie viel Kraft braucht er für jeden einzelnen Tag? Wie viel Überwindung?

Manchmal fühlt er sich schwach. »… Man steht morgens auf und alles ist gut, aber schon zwei Stunden später könnte man sich wieder hinlegen, und man weiß nicht, warum.«

Die Krankheit beginnt. Lungentuberkulose. Krankheit von Leuten, die gerade den Menschen nicht begegnen wollen, denen sie begegnen müssen. Das passt zur Sache und dazu, wie ich ihn kenne, Rudi – unfähig, Liebe und Zorn zu verbergen.

Er muss sich ein zweites Gesicht zulegen. Was kostet das? Alles.

Eine Episode im Juni 1953, in der er Walter Ulbricht darauf hinweist, dass er gegen ihn auftreten wird, hat hier ihre Gründe – er will mit offenen Karten spielen. Ebenso das oft schroffe Auftreten vor den kriegsgefangenen Offizieren in Moskau. Er sagt, was er denkt, und zeigt, was er fühlt. Nur das nicht wieder – dieses Doppelspiel. Richard Sorge in Tokio kam nicht mehr ohne Alkohol aus, Herrnstadt wird krank bei diesem Leben.

Es ist ja auch verbunden mit dem strikten Verbot, Gleichgesinnte zu treffen, Linke, Kommunisten, sogar ihre Zeitungen oder Bücher darf er weder lesen noch im Hause haben. Einzige Vergewisserungen werden die Treffen mit den Russen gewesen sein, die den Kontakt zur Zentrale aufrecht hielten. Noch in einem Brief aus den letzten Lebensjahren klingt es an, wenn er von der Begegnung mit einem Arbeiter schreibt, der Herrnstadt erkennt und herzlich anspricht, obwohl der von der SED längst öffentlich verfemt ist: »Zum Abschied erhielt ich einige Händedrücke wie seinerzeit in der Illegalität so kräftig.«

Ein Blick – ein Wort – ein Händedruck, das wird es gewesen sein, wovon er jahrelang gezehrt hat. Aber 1937 gerät auch die GRU in den Fleischwolf des Großen Terrors. Stalin lässt fast die gesamte Führung der Roten Armee ermorden, und fortan gibt es nur noch ein Machtzentrum in der Sowjetunion – ihn selbst. Auch der führende General der Aufklärung wird 1938 ermordet – Jan Bersin. Er hatte damit gerechnet. Eine seiner letzten Anweisungen, von der Leopold Trepper in seinen Erinnerungen berichtet, lautet, er solle ein zweites Netz von Agenten aufbauen, und zwar für den Fall, dass die Sowjetunion keine offiziellen Vertreter im Ausland mehr haben werde. Ein Netz von überzeugten Antifaschisten, die nicht unbedingt Kommunisten sein müssten, und es sollten keine bezahlten Agenten dabei sein. Dieses Netz solle bis zum Anfang eines Krieges in Ruhestellung bleiben.

Das muss einer der letzten Versuche zur Rettung des sowjetischen Auslandsnachrichtendienstes gewesen sein.

Im Terror, der dann begann, verlor die GRU über 300 Menschen, so steht es in dem Artikel des Generals Pawlow, der bei den Dokumenten in der Post aus Moskau gelegen hatte. Auch Oskar Stigga wird unter den Ermordeten genannt, der Leiter der Abteilung Westeuropa, dem auch die Warschauer Gruppe unterstand. Sie alle werden von ungeübten Personen ersetzt, Menschen, die niemals im Ausland waren. Von jetzt an geschehen Pannen.

In diesen Zusammenhang gehört eine gefährliche Reise nach Prag, die Herrnstadt in einer seiner letzten Notizen erwähnt, mit dem Zusatz, er habe die abgerissene Verbindung wieder herstellen müssen, denn Prag war bereits von der Wehrmacht besetzt.

Von den Vorgängen in der Zentrale kann er nichts wissen.

Und hätte es etwas geändert? Nein.

Wann bereitet Rudolf Ilse Stöbe darauf vor, dass sie die Leitung der Gruppe übernehmen soll? Wann erfährt er, dass er weg soll aus Warschau? Wir wissen es nicht.

Auf jeden Fall wird es am Ende der Zeit in Warschau gewesen sein und Ilse wird Scheliha zuvor nicht gekannt haben. Der sie auch nicht, denn Herrnstadt zeigt sich niemals mit ihr.

So sind die Regeln der Konspiration: Man wohnt einzeln und geht, um sich zu treffen, sehr früh aus dem Haus, fährt dann in eine andere Richtung, und das wiederholt man, bis man ganz sicher ist, dass niemand folgt, und am Telefon wird überhaupt nichts gesagt, und jeder, der eingeweiht ist, weiß auch nur das Nötigste und sonst gar nichts, denn was er nicht weiß, kann er auch nicht verraten, und so weiter und so weiter, wie kann eine Liebe das überstehen?

Gar nicht.

Die Beziehung zwischen den beiden soll zu Ende gewesen sein, als sie Warschau verließen. War sie auch schon zu Ende, als Ilse in Warschau ankam? Der Einsatz gegen den deutschen Faschismus und für die Stärkung der Sowjetunion hatte ihr persönliches Glück zerstört.

Ob es Eifersucht gab und Betrug oder freie Liebe oder gar keine mehr? Keiner war vorbereitet auf die Härten dieses Geschäfts. Aber sie konnten es nicht mehr ändern, die Sache lief.

Alles andere lief ja auch, die Kriegsvorbereitung.

Zwar hatten es alle erwartet, und doch berichten Zeitgenossen von Schockstarre: Erst rüstet Deutschland auf, dann tritt es aus dem Völkerbund aus, dann marschiert es ins Rheinland, dann ins Saarland, dann nach Österreich, dann in die Gebiete der Tschechoslowakei, wo Deutsche wohnen, dann in die ganze Tschechoslowakei – und nun? Polen ist dran.

Hitler hat nach dem Einmarsch in Prag schon im April 1939 den Nichtangriffsvertrag mit Polen gekündigt.

Wie das Kaninchen vor der Schlange sitzt es da und hofft auf die versprochene Hilfe seiner Freunde Frankreich und Großbritannien.

Mit denen hat es militärische Beistandsverträge. Die müssen helfen bei einem Angriff. Die verhandeln deswegen auch mit der Sowjetunion. Die verlangt für den Kriegsfall ein Stationierungsrecht ihrer Verbände bei Vilna und Lemberg, was Polen ablehnt.

Damit scheitert die Variante eines Beistandsvertrages gegen Deutschland, die für Deutschland den Zweifrontenkrieg bedeutet hätte. Den kann es zu diesem Zeitpunkt nicht führen.

Zweifrontenkrieg droht aber auch der Sowjetunion durch Japan. Mit dem scheint Großbritannien sich zu verbünden. Deutschland wiederum schließt Nichtangriffsverträge mit Estland und Lettland. Großbritannien verhandelt auch mit Deutschland. Worüber?

Die Sowjetunion verlangt von London und Paris Druck auf Polen und Rumänien, damit die zu einem Bündnis bereit sind. London lehnt ab. Hitler streckt seine Fühler nach Moskau aus, und Ende Juli gibt Stalin die Aufnahme von Wirtschaftsverhandlungen mit Deutschland bekannt. Ob er aber nicht schon längst mit Deutschland verhandelt, ist unbekannt.

Die Gewitterwolken sind nun schon so schwarz über Mitteleuropa, dass jeder sie sehen kann, riechen sogar, wer jetzt sagt, er verhandelt, um Krieg abzuwehren, der lügt oder er betrügt sich selbst. Nachdem die europäischen Staaten die Tschechoslowakei preigegeben haben, ist Deutschland so stark geworden, dass kein Staat es mehr bremsen kann.

Jetzt geht es nur noch um das Verhalten in dem Krieg, den Deutschland beginnen wird.

Es scheint ein riesiges Poker zu sein, was seit dem deutschen Einmarsch in die Tschechoslowakei abläuft, öffentlich und auch geheim. Die Nachrichtendienste sprechen davon, dass Deutschland schon im Sommer eine Etappe seiner absoluten militärischen Verankerung im Osten beginnen wird, die mit brutalsten Mitteln und ohne jeden ideologischen Vorbehalt erreicht werden soll.

Der polnische Generalstab rechnet erst für den Herbst mit Kriegshandlungen. Er rechnet auch mit einem britisch-französisch-polnischen Sieg über Deutschland innerhalb von vier Wochen.

Der Krieg rückt näher, alle müssen sich jetzt entscheiden.

Militärischen Beistand im Kriegsfall kann man geben, man kann das auch lassen. Eine Landgrenze von Tausenden von Kilometern ist einfach da. Das ist Stalins Problem.

Deutschland wiederum kann wegen seiner Rohstoffknappheit nur Blitzkriege führen und Kriege an einer Front. Alles andere wäre aussichtslos. Stalin könnte beides bieten – Frieden an einer Front und Rohstoffe für längere Kampfhandlungen, und Stalin wird meinen, er hätte die Deutschen dann auch in der Hand. Er kann auf keinen Fall eine Konfrontation mit Hitler wollen, denn Stalin rüstet zwar ununterbrochen, wird aber unterlegen sein, er hat gerade seine Armee enthauptet.

In seinen Gesprächen mit Deutschland kommen nun auch die Interessen an den Gebieten ins Spiel, die beiden Staaten seit dem Ende des Weltkriegs abhandenkamen. Stalin optiert für Deutschland.

Am 23. August 1939 unterzeichnen Ribbentrop und Molotow in Moskau einen auf zehn Jahre befristeten Nichtangriffspakt. Sie unterzeichnen auch die Zusatzprotokolle, in denen die Einflusssphären festgelegt sind, aber die sind geheim. Was die Welt in den darauffolgenden Tagen erst einmal erfährt, ist die Garantie, dass die Sowjetunion sich bei Kriegshandlungen Deutschlands in Polen und Westeuropa zehn Jahre lang neutral verhält, und schon das ist die Nachricht der Nachrichten.

Schon seit Mitte August konzentriert Deutschland Truppen an der polnischen Grenze, am 25. August trifft der deutsche Kreuzer »Schleswig-Holstein« zu einem Besuch in Danzig ein, fährt aber nicht mehr ab, etwa ab 29. August wird die Gestapo auf polnischem Boden aktiv, und in den frühen Morgenstunden des 1. September eröffnet die »Schleswig-Holstein« ohne Kriegserklärung das Feuer auf die Westerplatte. Flugzeuge bombardieren Grenzorte, Industrieanlagen, kleine und große Städte – der deutsche Angriff auf Polen hat begonnen.

Die deutsche Botschaft in Warschau hatte bereits den ganzen August über die Koffer gepackt.

Der verzweifelte polnische Botschafter in Berlin versucht noch in den letzten Augusttagen, Antworten aus dem Ministerium Ribbentrop zu erhalten, er verweist darauf, dass Polen den gemeinsamen Vertrag in keiner Weise verletzt hat, ja nicht einmal aufgerüstet, allen Warnungen anderer Mächte zum Trotz, aber es nutzt ihm nichts.

Polnische Abgesandte werden nicht mehr vorgelassen.

Gleichzeitig schließen die Staaten Europas ihre Grenzen. Sie alle wissen von ihren Geheimdiensten, was bevorsteht. Krieg.

In der deutschen Botschaft Warschau betreut Rudolf von Scheliha die Räumung, verbrennt Dokumente, organisiert die

Abreise der Mitarbeiter. Am 25. August verlässt ein erster Zug mit zehn Botschaftsangehörigen unter Leitung von Gerhard Kegel die Stadt, auch Ilse Stöbe ist wahrscheinlich darunter.

Von Scheliha fährt als Kurier im eigenen Wagen als Letzter ab und trifft am 28. August in Berlin ein.

In diesen Tagen muss Rudolf Herrnstadt einen Befehl erhalten haben, nach Moskau zu gehen. Auch er verbrennt Dokumente. Er leert sein Bankkonto, kauft sich für das letzte Geld eine Schreibmaschine der Marke »Remington portable« und eine Armbanduhr, eine schwere Longines, und verlässt Warschau, seine Wohnung, seine große Bibliothek.

Ohne Visum besteigt er einen Zug Richtung Osten. Die bürgerliche Welt liegt für immer hinter ihm.

KRIEGSBILD

Bild auf Seite 109: Sitzung von Mitgliedern der Leitung des Nationalkomitees »Freies Deutschland«, etwa 1944. Von links nach rechts: Max Emendörfer, Heinrich von Einsiedel, der Autorin unbekannt, Erich Weinert, Walther von Seydlitz, der Autorin unbekannt, Rudolf Herrnstadt.
Foto: privat.

HIER SPRICHT MOSKAU – GOWORIT MOSKWA

Die große Liebe meines Vaters war die Sowjetunion. Dieses Land, das es nicht mehr gibt.

Wie etwas Außerirdisches ist es vom ersten Tag an behandelt worden – und das vor allem von den eigenen Leuten!

Als eine ganz und gar einmalige, nie mehr wiederkehrende Erscheinung, und genauso ist sie verschwunden.

Ein UFO, das Dreck und Verwahrlosung hinterlassen hat und Ratlosigkeit ohne Ende.

Was war da gewesen? Wer war da gelandet?

Wenn ich heute irgendwo ihre Gesänge höre, den roten Stern sehe oder ihr üppiges Wappen, dann denke ich an ihr eigenartiges Verschwinden, und jedes Mal fällt mir ein Schlager der siebziger Jahre ein: »Völlig losgelöst von der Erde, schwebt das Raumschiff völlig schwerelos ...«

Die Sowjetunion. Eine Idee, die Materie wurde und vor unseren Augen zerfiel oder eben sich loslöste, wegtreibt, kaum noch zu sehen – die große Liebe meines Vaters.

Er war damit nicht der Einzige, nein, Millionen waren es, die – je weiter entfernt, umso doller – sich in sie verguckt hatten, das war damals gar nichts Besonderes. Besonders wurde es erst mit der vergehenden Zeit. Und ganz besonders wurde es, wenn diese Liebe erwidert wurde. Das erlebten nicht viele von diesen Verliebten, Herrnstadt schon, denn sie hat ihn auch geliebt, die »große, ruhmreiche«, und anders kann es nicht gewesen sein.

Wer liebt, der entschuldigt alles, er hofft und bangt, er wartet und übt sich in Geduld. Er erträgt den größten Blödsinn der Geliebten, ihre Unbildung und ihre Macken, er ist gerührt, wenn sie etwas falsch macht, denn er weiß es ja besser, er sieht ihre Schönheit und ihre verborgenen Fähigkeiten, er sieht, was sie selber nicht sehen kann, und will immer in ihrer Nähe bleiben.

Ich weiß, das ist eine veraltete Art von Liebe.

Heute heißt es, wer liebt, der entschuldigt gar nichts, er gibt sich nicht preis, er bleibt unabhängig und geht seinen eigenen Weg.

Die altmodische Form der Liebe wird heute belächelt, ihr Name ist Abhängigkeit.

Aber auch in den Zeiten der altmodischen Abhängigkeit ist ein enttäuschter Liebender gegangen, sogar wenn er immer noch liebte.

Warum war Herrnstadt so spät erst enttäuscht? Womit vermochte es diese seltsame Geliebte, ihn immer wieder zu faszinieren?

Es waren die Menschen, so scheint es mir heute. Sowjetische Menschen – nicht »bürgerlich«. Und dass es eben gerade keine Frau war, sondern eine Idee, ein Gedanke, ein besserer Weltenplan, alles das war Rudolf Herrnstadt die Sowjetunion. Sollte sie sein. Später notiert er allerdings: Sphinx.

Die Sphinx.

Vogel Phönix mit seinem Gesang? Ja, gesungen haben sie schön. Ein sowjetisches Lied ist aus allen anderen herauszuhören. Dieses Lied hat mit den Liedern der Arbeiterbewegung gar nichts zu tun, nichts mit den Liedern der Linken oder den schweren Gesängen der russischen Bauern.

Das sowjetische Lied scheint sich hoch in die Lüfte zu schwingen, in einer regelrecht jubelnden Intonation erhebt es sich wie ein Vogel – der Phönix –, und immer singt er auch über den Wind und über das Lied und das Fliegen, und über das Glück der neuen Menschen.

Sie wollten fliegen – das war es, und manchmal, in irgendwelchen Momenten, da müssen diese Verliebten dieses Gefühl auch tatsächlich gehabt haben, nicht mehr platt auf der Erde zu stehen.

Bekanntlich fing alles im Oktober 1917 in Petersburg auf dem Delegiertenkongress der Arbeiter- und Soldatenräte an, als alle Debatten vorüber, alle Gegner gegangen und die Bolschewisten zusammen mit linken Sozialrevolutionären in der Mehrheit waren. Lenin hielt seine erste Rede nach der Emigration. Er trat ans Podium und soll leise gesagt haben: »Wir beginnen jetzt mit dem Aufbau der sozialistischen Ordnung.«

Im gleichen Atemzug folgte der Vorschlag, den Krieg an allen Fronten zu beenden, Annexionen und Kontributionen zu verurteilen, alle zaristischen Geheimverträge zu veröffentlichen, alle Verträge für nichtig zu erklären, die der Unterdrückung anderer Völker durch die Russen dienten – und so weiter.

Ein vollständiger Umbruch von Recht und Eigentum begann: Der Menschheitstraum – wir machen das jetzt. Wir und kein anderer.

Romantikern und Idealisten musste so viel Pathos den Atem verschlagen. Die großen Gesten waren ohne Gewalt aber gar nicht auszuführen. Wer Kommunist wurde, bekannte sich auch zu dieser Gewalt. Oder eben zur Tat, was ja freundlicher klingt.

»Worauf wartet ihr eigentlich?« – soll eine junge Frau gesagt haben, als die bewaffneten Soldaten vor den versiegelten Räumen der Kerenski-Regierung im Petersburger Winterpalais innehielten. »Man muss dieses Schloss doch nur öffnen!«

So erzählt es Trotzki.

Wir warten nicht länger. Wir machen das jetzt. Gewalt.

In dieser Gewalt sind sie alle wieder untergegangen – zuerst die Revolutionäre, dann die Idee, dann der ganze Staat.

Von Anfang an aber unendlich viele Menschen, die weder die Idee wollten noch die Gewalt, sondern ihr einziges, kurzes Leben.

Sie wurden dem Menschheitstraum einfach geopfert, ob sie es wollten oder nicht.

Es ist gerade ihr Blut, in dem sich der Menschheitstraum vollständig zersetzt hat, denn der war das Gegenteil von solcher Nichtachtung. Er wollte Respekt. Gehört werden. Gesehen werden. Auftauchen!

Nur das Lied erinnert daran, und die Eigenschaften, die in der Sowjetunion jedem abverlangt wurden und den Menschen mit der Zeit zur zweiten Natur wurden: arbeiten, an das Ganze denken, sich fügen, ein »Genosse« sein, ein Teilnehmer an einer weltweiten großen Befreiungsbewegung. Dem Menschheitstraum eben.

1933 wird Herrnstadt sie so erlebt haben, die Sowjetmenschen. Nicht materiell, nicht konkurrierend, nicht egoistisch – nein, wo anderen Politik gar kein Thema war, fragten die nach dem Schicksal der ganzen Welt. Sogar zwanzig Jahre später, als Kind zu Besuch bei meiner Großmutter, habe ich es noch manchmal gehört. Nichts beklemmender, als einen Sowjetbürger, der die Welt nicht sehen durfte, vom Menschheitstraum reden zu hören.

Ich hörte solche Worte in den Warteschlangen nach Zucker oder Obst. Ich hörte sie im Zug nach Sibirien von der Schaffnerin, wenn sie Tee brachte, und ihren Stolz auch – was sie geschafft hatten, die Sowjetunion, und dass die Welt sie beneidet um das, was sie hier eben haben – den Menschheitstraum.

Als ich erwachsen war, hörte ich es nicht mehr, dann nur

noch Schlechtes über den Mangel und über die Bonzen und über den Suff überall. Aber da war Herrnstadt schon lange tot und alle die anderen Verliebten, und die Lager standen immer noch und ich hatte keinen Begriff davon.

Abgesprungen. Rudolf Herrnstadt flieht, wie sie alle fliehen – die Gegner, die Feinde, die Opfer des deutschen Faschismus.

Abgesprungen an einem Tag wie heute, da ich das schreibe. Ein sonniger Tag im Herbst, früher Herbst, einer der schönsten überhaupt, die Luft mild, das Licht klar.

Man möchte rausgehen, durch einen Park oder an der Spree entlang und unter den Bäumen, die alle noch grün sind, mit grünen Schatten darunter und Sonne auf den Wiesen.

Aber manche Bäume lassen auch schon Blätter fallen, und Ilse soll genau darauf gezeigt haben, auf diese ersten Blätter, die fielen, und gesagt haben: »Das große Sterben beginnt.«

So hat es mein Vater einem russischen Freund erzählt, und der hat es in einen Roman geschrieben. Erzählt hat Herrnstadt es ihm im Jahr 1965, bei einem Spaziergang rund um die Pauluskirche in Halle, und heute weiß ich, dass es sein letzter Herbst war. Er hat diesen Satz also nie vergessen. Den Tag auch nicht. Ihren Abschied von Warschau und seinen.

Mit der Schreibmaschine und ein paar Namen und Adressen im Kopf in Richtung sowjetische Grenze. Wo an der sowjetischen Grenze er aufgegriffen wird, wo verhaftet, wo verhört – die Russen werden es wissen.

Wissen sie auch, warum er entlassen wird, wann? Warum er am Leben bleibt? Hat er es selber gewusst?

Die Männer, die ihn angeworben haben, angeleitet, denen er vollkommen vertraut hat, sind tot.

Verräter.

Zwischen Herrnstadts Reportagen aus der Sowjetunion 1933 und allem, was er von jetzt an über sie schreibt, liegt erst einmal das – diese Nachricht.

Es ist der erste Mord an Menschen, die ihm am nächsten stehen. Der erste Schlag.

Hat er Angst? Oder entscheidet er sich, an eine höhere Weisheit zu glauben als seine eigene? An Wichtigeres als seine privaten Gefühle?

Die Revolution scherzt nicht. Er muss Verhöre überstehen und Stellung nehmen. In welcher Beziehung stand er zu Arthur Gohlke, in welcher zu Willi Münzenberg?

Herrnstadt schreibt einen Lebenslauf. Er befindet sich nun in einem Land, wo man Lebensläufe andauernd schreibt. Wo solche Lebenläufe aufbewahrt und verglichen werden, nachgefragt und bezweifelt, weiß er das schon?

Wahrscheinlich sieht er es sogar ein, dass er erst einmal überprüft werden muss. Und wenn sich das klärt, und er wieder freikommt, wird auch das Übrige hier seine Richtigkeit haben.

Es wird der NKWD gewesen sein, der ihn verhaftete und verhörte, und die GRU wird ihn rausgeholt haben, irgendwann.

Irgendwann stand Rudolf Herrnstadt auf der Straße und die Sonne schien. Das Doppelleben war vorbei. Es hatte neun Jahre gedauert.

Ich stelle ihn mir vor, zum ersten Mal wieder an der frischen Luft, Moskauer Luft, mit ihrem speziellen Geruch damals, Brot und Benzin, breite Boulevards, eilige Menschen, die simplen Ladenschilder und Imbiss-Stuben, Piroggenverkäufer und Eis am Kiosk, und die Uniformträger überall auf den Straßen – hier ist Moskau. Stalins Moskau, diszipliniert und werktätig. Die Menschen in Kampagnen und Terror durchgeknetet und neu geformt. Eine Millionenstadt.

Wer hier sagt: »Hitler«, der bekommt zur Antwort: »Hitler bedeutet Krieg.« Wer sagt: »Marx«, der bekommt zur Antwort: »Der größte Deutsche, der je gelebt hat.« Wer sagt: »Faschismus«, der bekommt zur Antwort: »Das höchste Stadium des Kapitalismus.«

Ist das ein Traum? Ein Alptraum? Eine Vision?

Für Herrnstadt ist es die neue Zeit.

Millionen Gleichgesinnter stehen, laufen, gehen neben ihm her, betreten die Metro, verlassen sie auch, einfache Gesichter, keine Tweedmäntel mehr, keine Lackschuhe, aber die hat er ja auch nicht getragen, und Hüte – ja, Hüte, die gibt's noch.

Herrnstadt glaubt. Glaubt, dass sie alle so denken wie er, wie ein Kommunist denken soll, denken muss. Täglich kann er sich dessen versichern. Schon wenn er den Lautsprecher andreht in seinem Gemeinschaftszimmer irgendwo: Goworit Moskwa.

Und wenn er später ein Zimmer alleine hat, an wechselnden Orten in Moskau, dann ist es genauso: Goworit Moskwa. Hier spricht die Stimme der neuen Zeit. Es gibt hier nur einen Sender.

Aber auch in den anderen Ländern der Welt gibt es 1939 immer nur einen Radiosender, nur eine Stimme, nur eine Melodie, die die Nachrichten einläutet. Hier sind es zehn Takte des Liedes »Weit ist mein Heimatland«. Und dann heißt es wieder: Goworit Moskwa.

Muss er nun alles, was vorher war, völlig vergessen?

Es hängt davon ab, was man hier mit ihm vorhat. Wenn er bald wieder raus soll, dann muss er das bleiben: führender Journalist im »Berliner Tageblatt«, gut bekannt mit hochrangigen deutschen Militärs, Diplomaten, Schriftstellern, Journalisten. Aber wenn nicht, dann vergiss es, Rudi! Vergiss es gründlich! Wo du herkommst, das ist die bürgerliche Welt, also der Feind.

Ist das nun das, was er wollte?

Luxuriöse Frage. Die Kaffeehäuser Warschaus werden gerade zerschossen. Deutschland bombardiert ungeschützte Städte in Polen, und wenn Warschau erobert ist, dann rücken die sowjetischen Truppen nach Westen vor bis Lemberg. Frankreich und Großbritannien, Polens Alliierte, haben zwei Tage gezögert, Deutschland den Krieg zu erklären.

Mit dieser Kriegserklärung an Deutschland war auch für sie der kurze Frieden seit 1918 vorbei. Als Rudolf Herrnstadt also aus dem Gefängnis entlassen wurde, da war wieder Krieg in Europa.

Was kam nun? Was wurde aus ihm? Wo war eigentlich Lothar?

In einem Lebenslauf von Rudolf Herrnstadt, den das Archiv der SED besaß, steht, er habe bis 1942 in der Hauptverwaltung der Roten Armee gearbeitet, und das heißt wohl, in der Zentrale des Nachrichtendienstes oder für sie.

Er selber hat erzählt, dass er in Moskau zeitweise eine Schule besucht hat. Es dürfte sich um die Spionageschule der GRU gehandelt haben.

Eine Schule ist immer gut, um jemanden für eine gewisse Zeit aus der Schusslinie zu nehmen. Außerdem eine gute Möglichkeit zur Erholung, zur Umstellung, Eingewöhnung. Isolierung auch.

Ein Schulbesuch spricht dafür, dass man ihn wieder einsetzen will, in einem anderen Land.

Diese Schule soll sich auf den Leninbergen bei Moskau befunden haben, sie wurde bewacht. Ohne Erlaubnisschein kam man weder hinein noch hinaus. Eine Enklave soll das gewesen sein, wieder mal ein utopischer Ort, wo noch internationalistischer Geist wehte, denn hier lernten Menschen aus der ganzen Welt, eine internationale Gruppe überzeugter Kommunisten. Nicht gerade die normale Sowjetbevölkerung.

Dass Herrnstadt hier zum ersten Mal offen ein Kommunist sein kann, ist klar, dass er dabei keine Angst haben musste, weniger.

Es sind immer noch Jahre der Verfolgungen in der Sowjetunion.

Was hinter ihm liegt, wird hier jeder besser für sich behalten, die Identität auch, wahrscheinlich sogar seinen echten Namen.

Das muss eine merkwürdig verhaltene Atmosphäre gewesen sein. Und Herrnstadt war nicht mehr zwanzig. Er sah, dass er isoliert war. Wenn er in ein anderes Land gehen soll, wird er auch die Leute nicht treffen dürfen, die er im Sommer 1933 kennengelernt hat, und Lothar auch nicht.

Lothar Bolz hat inzwischen in Leningrad an der Marx-Engels-Gesamtausgabe als Lektor gearbeitet. Im kritischen Jahr 1937 ist er weit in die russische Provinz entwichen. Dort hat er wieder geheiratet, eine Russin. Es ist also aus mit Elsbeth, obwohl die immer gewartet hat.

Und Ilse? Wie oft schreibt sie Rudi, und auf welchen Wegen? Sind das noch private Briefe? Es ist zu bezweifeln. Ilse ist nun oft in der Schweiz. Sie hat dort einen wohlhabenden Freund, den Verleger Rudolf Huber. Eigentlich könnte sie auch dort bleiben, aber ihr Auftrag ist wohl, in Berlin zu sein.

Die Eltern? Wir haben gesehen, wie die Nachrichten aussehen, die er ihnen schicken darf.

Der Bruder? Dessen Frau? Herrnstadt weiß nichts von ihnen. Nichts von allen den Freunden und allen Bekannten aus Gleiwitz.

Rudolf Herrnstadt lernt Russisch.

Und er begegnet einer neuen Frau: Valentina. Valja mit dem dunklen Pony bis auf die Augen. Unbeeinflussbar.

Sie treffen sich immer irgendwo in der Stadt. Valentina studiert Germanistik, sie kommt aus Sibirien, ist vierzehn Jahre jünger als Rudolf und wird im Frühjahr 1940 ihr Examen machen, dann soll sie Deutschlehrerin in ihrer Heimatstadt werden – Tschita, das ist hinter dem Baikalsee. Und so beginnt ein Brief dorthin:

»Mein Mädchen! Mein geliebtes, kleines, feines Mädchen! Mein dummes Mädchen! Meine Walinka! Mein unglücklich-glückliches Mädchen! Mein glücklich-unglückliches Mädchen! Mein Kälbchen! Mein Pädagoge! Mein geliebter, parteiloser Bolschewik! Meine liebe, liebe Walja – ich bin ganz glücklich mit Deinem Brief.«

Später wird er sagen, er habe nie einen zuverlässigeren Menschen gekannt, und sie wird sagen, sie sei nie wieder einem Menschen begegnet, der eine fremde Sprache einfach beim Blättern im Wörterbuch lernt. Er schlägt einmal nach und dann weiß er schon wieder zehn Wörter – ihm ist das dann klar.

Sie wird auch sagen, er sei sehr eifersüchtig gewesen, und er konnte nicht tanzen! Und sie wird ihn verblüffen mit Desinteresse für Politik. Das hatte er niemals gedacht von einem Sowjetmenschen. Auch politisch ist sie nicht korrekt, heimlich sagt sie ihm einmal: Stalin hat Kirow ermordet. Er ist sprachlos – wer sagt so was? – Alle sagen es.

Übrigens lernt Valentina ihren Rudolf unter dem Namen Franz kennen. Auch ein schöner Name.

Moskau 1939 ist eine vollkommen andere Stadt als 1929 und 1933. In großen Sprüngen modernisiert sich die Sowjetunion, wer nur Moskau sieht, der muss staunen. Was spürt man in Moskau vom Krieg? Hier gibt es Zeitkinos, das ist der letzte Schrei – rund um die Uhr neueste Nachrichten.

Später werden diese Kinos unvergesslich für jeden. Sie werden Odessa zeigen und Stalingrad, Russland in Flammen werden sie zeigen, Pontonbrücken und Panzer, wie sie versinken im Wasser, und Tag und Nacht werden die Säle voll sein, aber das weiß noch niemand. Jetzt sieht man die deutschen Truppen in Polen. Neutrale Berichte. Nicht unfreundlich. Sowjetische Truppen in Polen, die sieht man auch. Das Polen der Pans geht jetzt unter, na und?

Wie gefällt das Herrnstadt?

Er hat nie darüber gesprochen, nie, und so nehme ich an, er war ziemlich erschrocken. Er musste es sehen – schon was im Vertrag mit Deutschland stand, ging weit über taktische Notwendigkeiten hinaus. Es war eine Absage an die antifaschistische Solidarität mit den Völkern der Welt. Und tatsächlich wurden antifaschistische Bücher aus sowjetischen Bibliotheken herausgenommen, Filme abgesetzt und der Wortschatz der Presse verändert. Wo Europa aufschrie, beim Einmarsch der Deutschen in Holland, in Belgien, Luxemburg, Frankreich – hier kein böses Wort gegen Hitler mehr. Hier ist »das Vaterland aller Proletarier« gerettet durch einen klugen Schachzug. Weiß man in Moskau, dass Krieg ist?

Wenn mein Vater vom Hitler-Stalin-Pakt sprach, dann zeigte er sich überzeugt davon, dass es die Politik der Westmächte war, die Stalin zu diesem Entschluss gebracht hatte. Er schreibt in nachgelassenen Notizen, dass er in Warschau Schritt für Schritt aus den Akten hatte verfolgen können, wie das dominierende Ziel Hitlers wie der westlichen Regierungen der gemeinsame Feldzug gegen die Sowjetunion war. Wie viele Kommunisten sah er im Hitler-Stalin-Pakt damals nur eine Verzögerung des deutsch-sowjetischen Krieges.

Aber als er genug Zeit zum Nachdenken hatte, in Merseburg und in Halle, muss er sich das, was er wusste, zu einem anderen Bild zusammengesetzt haben, zu einem, das er kaum glauben mochte, so wahnwitzig war es. Denn sah man genau hin, dann wäre ein Bündnis mit Hitler, so wie Stalin es abgeschlossen hatte, ohne die Kommunistenverfolgungen des Großen Terrors wahrscheinlich unmöglich gewesen. Das hörte ich ihn sagen, auf den Spaziergängen dieser Jahre.

Und doch – an seinem Verhalten hätte diese Einsicht auch damals nichts geändert. Denn der Kampf gegen den Faschismus stand bevor und er war nur mit der Sowjetunion zu gewinnen.

In seinem Buch »Die Wahrheit« schreibt Leopold Trepper:

»Zwischen dem Hitlerschen Hammer und dem Stalinschen Amboss war der Weg schmal für uns, die wir noch immer an die Revolution glaubten. Doch obwohl die Sowjetunion aufgehört hatte, jenes Vaterland des Sozialismus zu sein, dass wir uns wünschten, musste sie verteidigt werden, ungeachtet unserer Verwirrung und trotz unserer Ängste.« Und später: »... daher klammerten wir, die den ursprünglichen Kern der Roten Kapelle bildeten, uns an einen einzigen Gedanken: welche Windungen Stalin auch vollführen mochte, der Krieg gegen Deutschland war unausweichlich.«

Ob Herrnstadt zu dem »ursprünglichen Kern der Roten Kapelle« gehört hat, ist unklar. Im Unterschied zu Trepper, der in den Jahren 1935, 1936 und 1937 mit vielen Gleichgesinnten aus den kommunistischen Bewegungen Polens und Palästinas nach Moskau gekommen war, hatte er den Alltag des Großen Terrors in Moskau nicht erlebt. Nicht den frühen Verrat an den jüdischen und palästinensischen Kommunisten, der Trepper alle Illusionen genommen hatte. Das jüdische Leben war ihm niemals ein Anliegen, und ein arrivierter Journalist aus dem Westen, der wieder in den Westen geschickt werden sollte, bekam weniger zu sehen als ein armer Student. Für Herrnstadt konnte die Sowjetunion im Jahr 1939 immer noch »jenes Vaterland des Sozialismus« bleiben.

Als Auslandskorrespondent hatte er sich ohnehin schon

lange diese ganz große Weltübersicht angewöhnt, mit der das Einzelne so klein wird, so unendlich klein. Und was klein ist, ist unwichtig? Muss ja so sein.

Und wofür brauchte Stalin auch noch einen Freundschaftsvertrag mit Hitler? Diese Frage hatte ich niemals gestellt, weil ich von diesem Vertrag nichts gewusst hatte. Er wusste davon, es hatte ja in der Zeitung gestanden. Dagegen ist unwahrscheinlich, dass er wissen konnte, dass im Rahmen dieses Vertrages fast tausend deutsche Kommunisten an Hitler ausgeliefert wurden. Deutsche Kommunisten kennt er gar nicht in Moskau und soll sie nicht kennen, solange man vorhat, ihn wieder ins Ausland zu schicken. Kein Gerücht also kann ihn erreichen.

Auch das Hotel »Lux«, in dem alle kommunistischen Emigranten in Moskau wohnen müssen und von wo Ende der dreißiger Jahre täglich Menschen verschwanden, lernt er erst im Frühjahr 1943 als Besucher kennen. Erst im Juni 1944 bekommt er dort mit Valentina ein Zimmer.

Aber am Anfang? Seine Umgebung war russisch. Es ist unwahrscheinlich, dass er an sowjetischen Parteiversammlungen teilgenommen hat. Er war doch Mitglied der KPD.

Und die großen Säle, in denen Menschen sich die Hände wund geklatscht haben, wenn von Stalins genialem Schachzug die Rede war, hat er darin gesessen? Möglicherweise gar nicht. Möglicherweise war er von seiner Ankunft an bis zur Enttarnung der Berliner Gruppe ziemlich isoliert. Alle, die ich fragen konnte, berichten von wechselnden einzelnen Zimmern irgendwo in Moskau, in denen er lebte. Ein Gast.

Ein Gast in Moskau, ein Gast der Mächtigen, auch wenn sie arm waren und Tag und Nacht arbeiten mussten. Es war die Oberklasse, bei der er zu Gast war.

Die Sklavenarbeit in den Lagern, die Rechtlosigkeit der Arbeiter, die Wertlosigkeit eines Soldaten – er lernt sie nicht kennen.

Und wenn er davon etwas sieht, wie ordnet er sich das ein? So wie er es später auch schreiben wird: Überbleibsel aus der Vergangenheit, Nebenumstände eines schweren Aufbaus.

Und wenn er etwas von den Verfolgungen sieht?

Dann hat er wahrscheinlich Angst.

Im Dezember 1940 arbeitet Herrnstadt offensichtlich in der Zentrale oder für sie, das sagt das Datum des Briefes. Wahrscheinlich war die GRU damals so dezimiert, dass man es sich kaum noch leisten konnte, die letzten Experten ums Leben zu bringen. Denn Nachrichten müssen eingeschätzt werden. Oder bringt er auch Nachrichten? Nur ein Mensch, der das Umfeld kennt, kann das so erledigen, dass die Nachricht auch einen Sinn ergibt.

Was Herrnstadt von der Welt weiß, wird davon abhängen, wann er wo arbeitet und mit wem.

Da sind viele Fragen offen. Was berichten die Informanten der GRU in den Gebieten des Baltikums, Polens und Rumäniens, die die Sowjetunion inzwischen besetzt hat? Berichten die überhaupt? Der falsche Pass, mit dem er aus Warschau floh, enthält für das Jahr 1940 Stempel aus Riga und Vilnius. Was hat er dort gemacht?

Wie viel Kontakt hatte Herrnstadt zu seiner eigenen ehemaligen Gruppe? Auf jeden Fall keine Weisungsbefugnis. Das zeigt sein Brief an den Oberst.

In der Zentrale wird jeder an Fakten nur das erfahren, was er unbedingt wissen muss, das ist Methode im Sowjetsystem.

Herrnstadts Bild von der Welt muss sich verzerren. Hier beginnt es.

In diesen Jahren, die zwischen dem freien Journalisten liegen, der er in Warschau war, und dem Parteijournalisten, der er später wurde. In der von Stalin veränderten, neuen Zentrale.

Keiner dort hat je die Welt draußen gesehen. Und doch hält sie die Fäden zur Welt da draußen in ihren Händen. Darum gibt es hier immer noch einen Unterschied zu den übrigen Funktionären: Die Zentrale weiß es, dass Krieg ist.

In Berlin übernimmt Rudolf von Scheliha derweil eine Stelle in der Informationsabteilung des Auswärtigen Amtes. Diese Abteilung soll die Politik und die Kriegsführung Deutschlands im Ausland positiv darstellen und erhält daher viele Informationen.

Ilse Stöbe hält Verbindung zu Scheliha und zur Zentrale, ist aber oft in der Schweiz bei ihrem neuen Freund Rudolf Huber, den sie seit 1936 kennt. Im Januar 1940 stirbt der in Locarno und vermacht ihr sein gesamtes Vermögen. Sie bleibt nicht in der Schweiz, sondern will aus gesundheitlichen Gründen nach Eger ziehen, tut es aber offenbar nicht.

Gerhard Kegel arbeitet weiter in der handelspolitischen Abteilung des Auswärtigen Amtes, aber er lernt nun intensiv Russisch, und tatsächlich werden Leute mit Russischkenntnissen in Moskau gebraucht, wo man die Handelsbeziehungen seit dem Nichtangriffsvertrag enorm ausbaut.

Schon im Dezember 1939 ist Kegel Mitglied der deutschen Handelsdelegation, und kaum ist er eine Woche in Moskau, da meldet sich eine bekannte Stimme am Telefon – Rudolf.

Mit dem geht Kegel dann spazieren in der Stadt, er schreibt, dass Herrnstadt damals ein Zimmer in einem kleinen Hotel hatte, fährt aber auch nach Riga, wo ebenfalls Verhandlungen stattfinden. Die Verbindung besteht nur zwei Monate, danach ist ein gewisser Iwanow der Verbindungsmann zur Zentrale.

Was damals zwischen Deutschland und der Sowjetunion ausgearbeitet wurde, war einer der größten Handelsverträge aller Zeiten. Am 11. Februar 1940 wurde der Vertrag in Moskau unterzeichnet. Er ermöglichte Deutschland, nun auch ökonomisch Kriege zu führen, die länger dauerten als ein Blitzkrieg. Nun rollten die Güterzüge mit den für die deutsche Rüstung unentbehrlichen Metallen Chrom, Mangan, Platin, mit Erdöl und Getreide nach Westen, und Kriegsgeräte und Industriegüter rollten nach Osten. Schon als Hitler im Mai 1940 die Niederlande angriff, musste er keine Versorgungsängste mehr haben.

In Moskau erreicht Gerhard Kegel, dass er ab März zur Beschäftigung im Bürodienst der Wirtschaftsabteilung in der Botschaft bleiben darf. Er fährt nur noch zurück nach Berlin, um seine Sachen zu holen.

Ilse meldet inzwischen bereits 1940, was Scheliha aus Polen erfahren hat: Mord an den Juden im Osten. Hitler macht also wahr, was er angekündigt hat, und die Zentrale erfährt es früh. Hat es auch Herrnstadt erfahren?

Was Ilse ebenfalls mitteilt, ist das Datum des deutschen Überfalls auf die Sowjetunion.

Es sind vor allem ihre Meldungen, die heute gemeint sind, wenn von frühen und genauen Warnungen an die Sowjetunion die Rede ist. Aber sie erreichen eine Zentrale, die weiß, dass sie mit solchen Nachrichten nicht kommen darf.

Denn Stalin eine unbequeme Nachricht zu überbringen, das kann den Kopf kosten, und die unbequemste Nachricht in diesen Jahren ist Hitlers Kriegsvorbereitung nach Osten.

Stalin will es nicht wissen. Im Januar 1941 hat Hitler die Lieferungen in die Sowjetunion noch aufgestockt, das ist schon Teil eines Täuschungsmanövers – die Güterzüge sollen rollen bis zur letzten Minute.

Tatsächlich glaubt Stalin diesen Zügen mehr als den Nachrichten aus der GRU. Hitler braucht Russlands Schätze doch!

Aber nein – er will sie jetzt selber besitzen.

Ilse weiß es. Sie wird es sein, die als Erste den Plan »Barbarossa« an die Zentrale schickt. Das war der Befehl zum Angriff auf die Sowjetunion. Hitler hatte ihn am 18. Dezember 1940 unterschrieben, schon am 29. Dezember lag er in Moskau. So steht es in dem Artikel des Generals Iwaschutin.

Unter den erdrückend vielen Meldungen über Angriffspläne und Angriffstermine auf die Sowjetunion, die von da an aus allen Himmelsrichtungen nach Moskau gelangten – und alle waren unter Lebensgefahr ermittelt und weitergegeben –, seien bis zum 16. Juni 1941 noch drei Nachrichten aus Berlin gewesen. Sie präzisierten den Angriffstermin.

Hat Herrnstadt davon auch erfahren?

Hatte er erleben müssen, dass man die Nachrichten anzweifelte? Unwillig weitergab oder gar nicht – aus Angst, dann bestraft zu werden? Er muss es erlebt haben: totale Hilflosigkeit.

Denn hier ist Militär. Er darf reden, wenn er gefragt wird.

Und muss zusehen, sich manches zusammenreimen.

Im Zeitraum von Juli 1937 bis zum Juli 1940 sind mehrere Chefs und die Hälfte der Zentrale abgesetzt und umgebracht worden. Der letzte Chef, der den deutschen Überfall erlebte und bis zum Februar 1942 im Amt war, hieß Golikow.

Dieser soll Stalin gegenüber zuletzt folgende Methode benutzt haben, um die Wahrheit zu sagen und dennoch sein Leben zu retten: Er beschrieb ausführlich alle dringenden Warnungen, den ganzen Plan »Barbarossa« zum Beispiel, sowie die Äußerung eines deutschen Offiziers: »Wir gehen nach Osten, gegen die Sowjetunion, wir holen uns dort Getreide, Kohle, Erdöl, dann sind wir unbesiegbar und können so den Krieg mit England und den Vereinigten Staaten fortsetzen«, um dann zu schlussfolgern, dass die Kriegshandlungen gegen die Sowjetunion erst nach einem deutschen Sieg über England beginnen werden.

Am 5. Mai 1941 berichtet Golikow von 107 deutschen und 23 ungarischen und rumänischen Divisionen nahe der sowjetischen Grenze, er berichtet von der Verlegung zusätzlicher Eisenbahnstrecken in Richtung Osten, vom Bau neuer Flugplätze, von der Aufstockung sämtlicher Vorratslager und der Aussiedlung der Bevölkerung entlang der sowjetischen Grenze, also von der Ostseeküste bis Rumänien.

Seine Schlussfolgerung: unklar.

Ilse Stöbe arbeitet seit 1939 unter Lebensgefahr direkt in Berlin. In der sowjetischen Botschaft sitzt ein Verbindungsmann, dem sie Schriftstücke übermittelt, unbezweifelbare Beweise, mehrere Meldungen über den bevorstehenden Überfall auf die Sowjetunion, zuletzt beinahe auf den Tag genau – und es ist alles für den Papierkorb bestimmt.

Dabei pfeifen die Spatzen es schon von den Dächern. Piloten, die mit Herrnstadt im gleichen Hause wohnen, erzählen, vor den sowjetischen Westgrenzen sei alles schwarz von Soldaten, sie seien mit bloßem Auge zu sehen. Es wird Krieg geben, sagen sie.

Die deutsche Botschaft in Moskau erfährt erst spät von der neuen Politik. Moskau ist nicht Warschau, hierhin gelangen bei weitem nicht alle Informationen aus Berlin. Erst ab Januar 1941, so schreibt es Gerhard Kegel, informiert er seinen Verbindungsoffizier über einen möglichen Angriff. Er tut es mehrmals, nennt zuletzt das genaue Datum, verlangt ein Treffen mit höheren GRU-Offizieren, aber sie alle schütteln die Köpfe, nein, das kann nicht sein.

Erst als er verlangt, dass alle in der Zentrale liegenden Unterlagen, aus denen seine eigene Identität hervorgeht, vernichtet werden, weil Moskau den Deutschen in die Hände fallen wird, ist man irritiert.

Und Gerhard Kegel ist verzweifelt – sie glauben ihm nicht. Zum zweiten Mal erlebt er den hastigen Aufbruch einer deutschen Vertretung – Koffer packen!

In der Nacht zum 22. Juni 1941 überschreiten drei Millionen deutscher und eine halbe Million ungarischer, rumänischer, finnischer, slowakischer und italienischer Soldaten die Grenze zur Sowjetunion in ihrer gesamten Länge.

Alle der GRU gemeldeten Divisionen, Kriegsschiffe, Flugzeuggeschwader rollen, fliegen, schwimmen in kaum geschütztes Gelände hinein. Was den Vormarsch der deutschen Wehrmacht am Anfang nur bremst, ist die Höchstgeschwindigkeit eines Panzers, das Gehvermögen eines Infanteristen, der Treibstoffvorrat eines Flugzeugs. Die Grenzen, die den Dingen selbst gesetzt sind, das sind in diesem Sommer die Grenzen der Sowjetunion.

Irgendwo in ihrem Inneren aber fährt langsam, mit Stockungen, wochenlang und auf Umwegen ein Zug mit den Angehörigen der deutschen Botschaft in Richtung Türkei.

Diese Deutschen werden höflich behandelt. Sie sind ein Pfand für die Angehörigen der sowjetischen Botschaft in Berlin, die mit Kriegsbeginn zum größten Teil verhaftet worden waren, jetzt aber ausgetauscht werden sollen.

Und wenn der Zug wieder einmal lange in einem Bahnhof steht – es ist der Bahnhof von Kursk –, sieht Gerhard Kegel seinen Führungsoffizier Iwanow auf dem Bahnsteig stehen.

Kegel schreibt in seinen Erinnerungen »In den Stürmen unseres Jahrhunderts«, der habe ihm einen Zettel mit der Berliner Adresse von Ilse Stöbe zugesteckt. Aber das ergibt keinen Sinn, denn er konnte Ilse ja in der Informationsabteilung jederzeit besuchen. Ist Iwanow deswegen nach Kursk gefahren? Aber etwas wird es gewesen sein, und der Anlass ist klar: Die Verbindung zu Ilse ist abgerissen.

Als im Jahr 2003 der Film über Rudolf Herrnstadt gedreht wurde, besuchten wir in Moskau den letzten noch lebenden Zeugen aus Herrnstadts Zeit beim Auslandsnachrichtendienst der Roten Armee: Viktor Botschkarew.

Wir waren morgens um fünf Uhr am Flughafen angekommen, der Chauffeur, der uns abholen sollte, kam viel zu spät, es war der 2. Mai, und eigentlich würde vom 1. Mai bis zum 9., dem Tag des Sieges, in Moskau nur getrunken, damit entschuldigte er sich. Die Straßen waren tatsächlich leer, die Geschäfte geschlossen, auf den Kremltürmen prangten die zaristischen Doppeladler, und nur auf einem, dem Spasski-Turm, wie früher der rote Stern.

Botschkarew war ein Mann von siebenundachtzig Jahren. Er wohnte in einem alt gewordenen Neubaublock, empfing uns vor der Haustür und lief die vier Stockwerke zu seiner Wohnung leichtfüßig vor uns her.

Drinnen die Zimmerwände voller Schmetterlingssammlungen, in einer Vitrine Fotografien, Porträts. Botschkarew sprach sehr gut Deutsch, er hatte sich einen Orden an das Revers seines Jacketts geheftet und noch sechs oder sieben andere Orden an den unteren Rand vom Lampenschirm einer Stehlampe gehängt. Die sollten mit im Bild sein, und das waren sie auch.

Vor der Kamera sprach Botschkarew zuerst von einer Wohnung in der Straße Bolshaja Kalushskaja, in der er mit Herrnstadt im Juli 1941 gewohnt hatte, er sprach von Bombenangriffen und gemeinsam verbrachten Nächten auf dem Dach, um die Brände zu löschen.

Ansonsten hätte jeder seine eigene Arbeit gemacht.

Herrnstadt habe Einschätzungen der Lage geschrieben, Antworten auf verschiedene Fragen des Generalstabs. Die Zeit sei damals angespannt gewesen, seine Meinung gefragt.

– Warum?

Weil er ein sehr kluger Mensch gewesen sei, sehr, sehr klug, so etwas würde man nur alle dreißig Jahre mal finden, so einen klugen Menschen, und so ging es weiter, er erzählte von anderen Berühmtheiten, die für die GRU gearbeitet hatten, er habe sie alle gekannt, er müsse ihnen ein Kompliment machen, diesen Deutschen, wie gut sie waren, wie außerordentlich gut!

So saß er da unter dem Lampenschirm mit den angeklammerten Orden, ein Mann, der andere in die Gefahren geschickt hatte, und machte Komplimente.

Den Enthaupteten und den Gehängten, den Verschwiegenen und Verleugneten – ein Kompliment!

Aber vielleicht war es nur die fremde Sprache, in der er sich ungeschickt ausdrückte und mich von Minute zu Minute wütender machte. Als die Regisseurin fragte, was Herrnstadt denn in dieser Zeit beschäftigt hatte, sagte er, es habe ihn beschäftigt, wie sein Leben weitergehen sollte. Er habe auf einen neuen Auftrag gewartet und keinen bekommen. Man habe gemeint, es sei vernünftiger, dass er in Moskau bleibe. Schließlich war Europa von Hitler besetzt. Das habe ihn aber gequält: die Untätigkeit.

Und als er erfuhr, dass Ilse Stöbe ermordet war, da sei er zu ihm gekommen. Da habe er, Botschkarew, Herrnstadt weinen sehen. Ein einziges Mal.

Sollte Herrnstadt zu Botschkarew gekommen sein, als Ilse tot war?

Botschkarew war damals fünfundzwanzig Jahre alt, Herrnstadt achtunddreißig.

Müsste es nicht vielleicht heißen: Als ich es ihm gesagt habe? Als ich ihm gesagt habe, dass Ilse tot ist, hat er geweint?

Damals in Moskau glaubte ich ihm nicht. Heute weiß ich, er hat es meinem Vater wirklich nicht gesagt. Niemand hat es ihm gesagt.

– Was stand in Herrnstadts Beurteilungen?, fragte die Regisseurin.

– Was schon? Ein ehrlicher Mensch, ein zuverlässiger Kommunist, weiter nichts.

Nach der Regisseurin durfte ich einige Fragen stellen, aber schon meine erste Frage kam schlecht an: Warum hat er die Sowjetunion so geliebt?

Botschkarew wurde laut. Alle hätten sie geliebt, alle!

– Sie taten es eben. Er rief Namen aus, die ich nicht kannte und nicht verstand, Namen von Menschen, Namen von Lagern, und Jahre, so viele Jahre hätten sie dort verbracht, und trotzdem: Als sie wieder entlassen wurden, sie haben die Sowjetunion geliebt!, ruft er. – So! So war es!!

– Aber warum, frage ich wieder, warum?

Da wird er ganz knapp.

– Es hatte politische Gründe.

Ich fragte nach den Chefs der GRU, ob Herrnstadt sie gekannt hatte und wen, und wer sein Führungsoffizier gewesen war, und da sagte er es: Ich.

Herrnstadt hat also im Juli 1941 mit seinem Führungsoffizier zusammengewohnt. War er nicht vollkommen schockiert von dem Kriegsanfang?

– Ja, wir alle.

Das war echt. Der Schock über den Vormarsch der Deutschen.

– Sie stellen gute Fragen, sagte Botschkarew zornig, sehr gute Fragen!

Ich war ebenfalls zornig, sehr zornig sogar, und wusste nicht, warum. Ich wollte jetzt wissen, ob Herrnstadt für seine Arbeit ausgezeichnet worden war.

– Dass er ein großartiger Mensch war, das war seine Auszeichnung.

Wir fuhren zu der Adresse, die Botschkarew genannt hatte: Bolshaja Kalushskaja 25. Jetzt Lenin-Prospekt.

Das Haus Nummer 25 war ein Neubau der Stalinzeit, mit Sowjetemblemen verziert, ein massiver Block. Die überbreite Straße davor lief direkt in den Horizont. Kälte wehte mich an. Einsamkeit. Dieser Häuserblock vor der gigantischen Straße. Die Nächte dort oben!

Ich stellte sie mir schrecklich vor, zumal in den ersten Wochen des Krieges. Ein Ort, um sich aus dem Fenster zu stürzen.

Hat er aber nicht. Hat gearbeitet, geschrieben und wach gelegen. Mit Sicherheit hatte er hier wach gelegen in der Nacht.

Lastwagen werden vorbeigedonnert sein, vor allem Lastwagen.

Er wartete auf seinen Einsatz im Krieg.

Warten, und das Dach brennt. Botschkarew sagte es ja. Schon im Juli 1941 brannte Moskau unter den deutschen Bombenangriffen! Und die, die gewarnt hatten, waren wie Idioten behandelt worden, mussten die nicht den Verstand verlieren? Ich hielt es kaum aus, hier. Er hat es ausgehalten. Solche Gefühle wie ich hat er sich niemals gestattet. Warum?

Weil er solche riesigen Straßen gut fand, solche Mietshäuser, solche Staatswappen, gut? Weil Militär ihm so sehr imponierte, Befehle, Gehorsam und Obrigkeit? Nein – weil Krieg war. Jetzt war endgültig Krieg. In Moskau nun auch.

Umso erstaunlicher, dass Herrnstadt bei Kriegsanfang mit seinem Führungsoffizier zusammenziehen muss. Das ist eine klare Überwachung. Warum? Hat er die Beherrschung verloren? Hat er gebrüllt und geschrien, gesagt, was er dachte? Oder ist er zusammengebrochen, damals schon?

1945 in Berlin ist Rudolf Herrnstadt zusammengebrochen.

An einem schönen Tag im Mai, und danach zwei Jahre krank gewesen, operiert und vom Tode gerettet.

Ziemlich spät fällt mir die simpelste aller Begründungen ein: Arbeiten. Was kamen für Informationen, wer lebte noch wo von den Informanten? Das Netz musste neu geknüpft werden. Vielleicht war es einfach das: Arbeiten.

Immerhin – von jetzt an wird die Zentrale ihren Leuten glauben, auch Ilse glauben. Zumindest das wird er dort oben gedacht haben, in den schlaflosen Nächten in der Bolshaja Kalushskaja 25.

Der wichtigste Posten war jetzt in Berlin. Aber von dort kam nichts mehr. Die sowjetische Botschaft war geschlossen. Moskau hatte nicht vorgesorgt. Ein Wahnsinn. Solange eine Verbindung nach Moskau bestand, landeten die Nachrichten im Papierkorb. Nun, wo neue Informationen dringend gebraucht wurden, gab es keine Verbindung mehr. Es gab keine, weil die Warnungen sich als richtig herausgestellt hatten.

Und nun werden die Informanten eben aus diesen Gründen extrem gefährdet.

DAS GROSSE STERBEN BEGINNT

Im Oktober 1941 beginnt das schlimmste Jahr in Herrnstadts Leben. Es endet Weihnachten 1942. Wenn überhaupt.

Und so geht es los: Moskau wird evakuiert.

Alles Löschen von Brandbomben hat nichts genutzt. Moskau wird aufgegeben. Erst die Menschen raus und die kriegswichtigen Betriebe, dann alle Ministerien und zuletzt der Generalstab der Roten Armee.

Hitlers Heere ziehen heran. Wer im Spasski-Kremlturm die Uhr stellt, der wird sie bald sehen – die grauen Scharen.

Unvorstellbar im Mai, war das im Oktober schon Wahrheit für Moskau, wo die Zentrale diesmal ihre Informanten für die Zeit der deutschen Besatzung zurückgelassen hat.

Diesmal also hat sie sich eingestellt auf die Situation. Nur Stalin ist noch geblieben. Mit seinem kleinen Beraterstab sitzt er im Kreml und fährt nicht.

Zwar steht Tag und Nacht im Belorussischen Bahnhof ein Zug für ihn da, aber der wird niemals benutzt werden. Stalin bleibt.

Für alle Verwaltungen aber rollen die Züge südostwärts nach Kuibyschew, das vorher Samara hieß.

Im Irak heißt eine Stadt genauso: Samarra.

In einer Erzählung, die vielleicht tausend Jahre alt ist, hat ein Mann auf dem Markt den Tod gesehen, und der winkt ihm zu. Der Mann flieht so weit weg, wie er nur kann, er flieht nach Samarra. Der Tod aber hatte aus Verwunderung gewinkt: Was macht er denn hier, wo wir doch in Samarra verabredet sind?

So alt ist das Gleichnis, so verwunderlich der alte Name der russischen Stadt Samara, in der die Zentrale nun stationiert wird. Die ganze Regierung der Sowjetunion, verabredet mit dem Tod.

Bis Ende 1941 hat allein die Rote Armee drei Millionen Soldaten und Offiziere verloren. Die Wehrmacht führte im Osten einen anderen Krieg als im Westen Europas. Hier wurde gebrandschatzt wie zuletzt vor dreihundert Jahren. Deutschland wollte eine Großmacht zu Lande werden, es wollte Boden und Rohstoffe, keine Menschen. Den Slawen hatte Hitler das Menschsein abgesprochen.

An den sowjetischen Fronten aber war nichts vorbereitet, die Menschen allein gelassen, die Armee verraten, und am 15. Oktober steht die deutsche Armee hundert Kilometer vor Moskau.

Erst am 16. Oktober erfahren die noch nicht evakuierten Einwohner von der wahren Situation. Bahnhöfe werden gestürmt, Panik bricht aus, zwei Tage lang. Die letzten Züge sollen Moskau am 17. Oktober verlassen haben. Auch der Nachrichtendienst der Roten Armee saß drin. Auch Rudolf Herrnstadt.

Es sind diese Tage im Oktober, wo in Prag ebenfalls Züge bereitstehen. Ludwig, Maria, Ernst und Lydia Herrnstadt haben die Aufforderung zur Deportation erhalten. »Euer Rudi« – der das Wörtchen »treu« auf zwei Buchstaben zusammengekürzt hat, weiß es nicht, im Oktober. Spürt er, dass Fürchterliches geschieht?

Was nutzt es? Was nutzten die Nachrichten, die Ilse schickte, auch wenn der Judenmord drinstand?

Für die Sowjetunion im Herbst 1941 zählt jetzt nur das, was die Front betrifft, das eigene Überleben.

Ilse arbeitet inzwischen für die Dresdner Lingner-Werke. Sie leitet dort die Werbeabteilung und fährt dafür häufig nach Prag und nach Pressburg. Seit Gerhard Kegel aus Moskau zurück ist, scheint sie zu ihm Kontakt zu haben. Vor allem aber nach wie vor zu Scheliha und zu einem neuen Mitarbeiter der Informationsabteilung, den Scheliha eingestellt hat: Carl Helfrich. Mit ihm lebt sie neuerdings auch zusammen. Sie liebt ihn.

Seit der Erbschaft von Rudolf Huber muss sie eine reiche Frau gewesen sein. An ihrer Tätigkeit gegen Hitler hat das nichts geändert, aber nun war die Verbindung unterbrochen.

Nur zu Trepper in Brüssel hat die Zentrale offenbar noch Kontakt.

Der hatte Bersins Anweisung befolgt und für den Fall einer deutschen Besatzung vorgesorgt. Dort in Brüssel arbeitet auch noch ein Funker.

Also sendet die Zentrale ihre Wünsche für Berlin eben nach Brüssel. Sie lauten: Kontakte erneuern zu folgenden Leuten – und nun wird Harro Schulze-Boysen genannt, ein Mann, der ein eigenes Informantennetz aufgebaut hat, und andere. Dazu ein Funker für Berlin. Zwar ist alles codiert, aber die Namen und Adressen sind echt. Das ist nicht üblich, das ist das Verbotenste überhaupt, aber das Datum des Funkspruchs sagt alles: 26. August 1941.

Seit zehn Wochen rollt die deutsche Armee in die Sowjetunion hinein. Und wie soll ein Mann aus Brüssel in Berlin die Kontaktpersonen finden, wenn jetzt Decknamen genannt werden? Es würde nichts nutzen! Wenn man keine Zeit hat, dann geht es nur so.

Brüssel reagiert erst im Oktober 1941. Da fährt jemand nach Berlin, trifft Schulze-Boysen, trifft Ilse Stöbe nicht, fährt zurück und funkt nach Moskau, was Schulze-Boysen ihm sagen konnte.

Den Funker hat er auch gesucht und nicht gefunden. Es wird

bis zur Verhaftung aller Beteiligten keine Funkverbindung von Berlin nach Moskau geben.

Der Funkspruch vom 26. August ist von der Gestapo aufgezeichnet worden, nur lesen kann sie ihn nicht. Lesen kann sie ihn erst Mitte 1942. Da hat sie bereits in Brüssel Leute aus Treppers Netz festgenommen, die aussagen. Darum beginnen die Verhaftungen in Berlin erst 1942, und obwohl Ilse Stöbe und Harro Schulze-Boysen nichts miteinander zu tun haben, ist es für die Gestapo ein Vorgang.

Trepper schreibt, er hätte der Zentrale bereits im April 1942 berichtet, dass die Gestapo die russischen Funksprüche kennt, und im August 1942 noch einmal. Wenn das stimmt, dann wäre noch Zeit gewesen, um Ilse zu warnen, auch Scheliha, Kegel und Helfrich.

Aber als die Gestapo den Moskauer Code entschlüsselt hatte, funkte sie selber an die Zentrale, um die zu verwirren, und die wusste offensichtlich nicht mehr, wem sie glauben sollte.

»Solange ich die Gruppe leitete, ist niemandem etwas geschehen.« Diesen Satz hörte ich meinen Vater mehrmals sagen.

Herrnstadt leitet die Gruppe in dem entscheidenden Jahr 1941/42 ganz offensichtlich nicht.

Ende November 1941 bringen Schlamm und Frost die deutschen Truppen vor Moskau zum Halten, sie sind erschöpft und schlecht ausgerüstet. Am 5. Dezember beginnt die Sowjetunion ihre Gegenoffensive. Es wird der erste empfindliche Schlag, den die deutsche Wehrmacht erleidet. Der Effekt ist so groß, dass der britische Außenminister Eden mit dem sowjetischen Botschafter in London, Maiski, nach Moskau reist. Zusammen mit Molotow und Stalin besichtigen sie das Frontgebiet dieser Winterschlacht.

Molotow! Stalin! – die sich strahlend mit Ribbentrop fotografieren ließen – jetzt stampfen sie finster über das Schlachtfeld.

Was folgt, sind Verhandlungen zwischen den beiden Staaten, wie sie zuvor nicht zustande kamen.

Wie wir heute wissen, beginnt nach der Schlacht um Moskau kein Umdenken in der deutschen Generalität. Die Zweifler dringen nicht durch. Wie viele sind es überhaupt? Ist es die Haltung zur Sowjetunion, die eine Opposition gegen Hitler verzögert? Was weiß Herrnstadt darüber? Hat er dort, in Kuibyschew, bereits Wege gesucht, Kontakte herzustellen? Gibt es überhaupt noch Kontakt nach Deutschland?

Gerhard Kegel schreibt in seinen Erinnerungen immer wieder von der verlorenen Verbindung zur Zentrale und der Unmöglichkeit, Nachrichten von Berlin aus weiterzugeben.

Er schreibt von einem lange vorbereiteten Treffen mit dem Verbindungsmann der GRU in Bukarest. Aber als der im Februar 1942 endlich nach Berlin kam, erzählte er, er hätte seine Verbindung zur Zentrale in den ersten Wochen nach dem deutschen Überfall abbrechen lassen. Seit beinahe einem Jahr also schon. Er glaubte nicht mehr an einen Sieg der Sowjetunion.

Zu dieser Zeit ist die Sowjetunion noch ein ganzes Jahr entfernt von der Wende bei Stalingrad. Ihre Armee immer noch in einer schweren Lage. Also wartet sie immer noch dringend auf Nachrichten aus Berlin, und da der Versuch über Brüssel erfolglos war, versucht man das Äußerste, dort in der Zentrale – man lässt Funker über Deutschland abspringen.

Dieser Einsatz geschieht in Absprache mit den emigrierten deutschen Kommunisten, denn es sind Deutsche, die fliegen sollen.

Sowohl die Zentrale wie die Emigranten wissen offenbar nicht, wie sehr das Land sich seit 1933 verändert hat. Die große, lebendige Arbeiterkultur der zwanziger Jahre mit Solidarität und spontaner Hilfsbereitschaft gibt es nicht mehr. 1942 kann ein Fremder in Deutschland auf Hilfe nicht zählen.

Vier junge Leute aus der deutschen kommunistischen Emigration werden so geopfert.

Die Gestapo hat sie alle von Anfang an im Visier, lässt sie laufen, bis sie an ihr Ziel kommen, und erfährt so von anderen, die sich verdächtig machen, und auch diese verdächtigen Personen werden noch wochenlang beobachtet.

Die erste Verhaftung erfolgt am 31. August 1942: Harro Schulze-Boysen. Danach zieht die Gestapo ihr Netz zu.

Über hundert Menschen werden in Berlin verhaftet. Nun sind es sowohl Unbeteiligte, Menschen aus dem kommunistischen Widerstand und aus dem sowjetischen Agentennetz, die fortan zur »Roten Kapelle« gezählt werden, was deren Struktur für alle Zeiten so verwirrend machen wird. Wer ist wer und warum? Aber ist das tatsächlich wichtig? Alle sind Gegner Hitlers.

Ilse Stöbe muss von Verhaftungen erfahren haben. Sie versucht Scheliha zu warnen, der sich gerade in der Schweiz befindet, aber Scheliha versteht die Botschaft nicht oder nimmt sie nicht ernst. Er wird jetzt bereits observiert, aber das weiß er nicht. Ilse selber sucht eine Möglichkeit, Berlin zu verlassen, und wenn's an die Front ist. Sie spricht deswegen mit Helmut Kindler, und er wird der Letzte sein, der von ihr erzählen kann und erfährt, dass sie in Not ist. Kindler ist in einer anderen Widerstandsgruppe organisiert, er kann ihr nicht helfen.

Am 12. September 1942 wird Ilse Stöbe zusammen mit Carl Helfrich in ihrer gemeinsamen Wohnung verhaftet.

Auch Gerhard Kegel wird observiert und verhört, aber nicht verhaftet. Er arbeitet inzwischen wieder in der handelspolitischen Abteilung des Auswärtigen Amtes, hat aber auch Beziehungen zur Informationsabteilung. Die will er nutzen und Scheliha ausrichten, dass er in der Schweiz bleiben soll. Aber da kommt der ihm selber entgegen in seinem Arbeitszimmer – er ist schon wieder zurück aus der Schweiz.

Am 29. Oktober verhaftet die Gestapo Rudolf von Scheliha an seinem Arbeitsplatz im Auswärtigen Amt.

Auch Schelihas Frau Marie-Louise wird verhaftet und verbringt Wochen im Untersuchungsgefängnis Kantstraße.

Gerhard Kegel wird monatelang beschattet. Einmal bestellt ihn jemand an eine Straßenecke, an der man Ilse Stöbe im offenen Wagen vorbeifährt, rechts und links von ihr Gestapo. Man will wohl beobachten, ob die beiden sich erkennen, aber Ilse reagiert nicht, wenn sie vorbeifährt. Sie sieht blass aus.

Die Geschichte der »Roten Kapelle«, das ist die Geschichte der größten deutschen Widerstandsgruppe gegen Nationalsozialismus und Krieg. Eine Geschichte mutiger Menschen. Eine Geschichte von Verhören, Folter und Mord. Alles nachzulesen.

Kaum beschrieben ist die Teilung des deutschen Widerstandes nach 1945. Menschen, die ihr Leben einsetzten, um dem Faschismus ein Ende zu machen, wurden in beiden deutschen Staaten nach ihrer politischen Einstellung eingeteilt und ihre Schicksale verwertet.

Entweder vereinnahmt und idealisiert oder abgewertet und verschwiegen, und das setzt sich bis heute fort. Eine beständige Neudeutung und Umbewertung, ein nicht endender Kampf um die Ehre.

Die Gestapo war auch nach 1945 noch erfolgreich. Ihre Verhörprotokolle wurden von vielen, die darüber schrieben, als zitierbare, ernst zu nehmende Beweise angeführt. Autoren, die einer Aussage des gefolterten Radek oder Bucharin niemals glauben würden, hielten es mit der Gestapo offenbar ganz anders.

Die meisten Gestapo-Leute, Richter und Funkspezialisten überleben die Wende von 1945, einige nehmen Teil am Aufbau der Nachrichtendienste der Bundesrepublik Deutschland, einige befassen sich weiter mit dieser länderübergreifenden Widerstandsgruppe.

Ende Oktober 1942 sind die Ermittlungen und Verhöre der Gestapo abgeschlossen. Sie werden nicht überprüft. Oberkriegsgerichtsrat Dr. Manfred Roeder verfasst auf dieser Grundlage in etwa vier Wochen mehr als dreißig Anklageschriften. Als Vertreter der Anklage fordert er in über vierzig Fällen den Tod.

Das geschieht im Dezember 1942 im Reichskriegsgericht in der Witzlebenstraße unter Ausschluss der Öffentlichkeit.

Die Anklagen gegen Ilse Stöbe und Rudolf von Scheliha werden am selben Tag verhandelt. Es ist der 14. Dezember.

Hitler persönlich hat sich das endgültige Urteil vorbehalten. Am 21. Dezember bestätigt er die Todesurteile von Ilse Stöbe und Rudolf von Scheliha.

Ilse Stöbe wird am 22. Dezember 1942 in Berlin-Plötzensee geköpft.

Rudolf von Scheliha wird am gleichen Tag in Plötzensee gehängt.

Ein Pfarrer begleitet die zum Tode Verurteilten und spricht später achtungsvoll über sie.

Wahrscheinlich im Januar 1943 wird Ilse Stöbes Mutter verhaftet und ins KZ Ravensbrück gebracht, wo sie im Januar 1944 stirbt.

Ilse Stöbes Bruder Kurt Müller ist als Mitglied des Widerstandskreises »Europäische Union« 1943 von der Gestapo verhaftet worden und wird im Juni 1944 im Zuchthaus Brandenburg hingerichtet.

Carl Helfrich entkommt dem Tode. Er wird zuerst in das

KZ Sachsenhausen, dann nach Mauthausen eingewiesen und erlebt dort die Befreiung.

In Madrid stirbt der ehemalige deutsche Botschafter in Warschau Hans von Moltke am 22. März 1943 angeblich an einer Blinddarmoperation.

Nachzutragen zu den Toten dieses Jahres, die in Herrnstadts Leben gehören, sind für 1942 auch zwei alte Damen, die Rudolf noch gut gekannt haben: Meta und Klara Herrnstadt. Zwei Cousinen von Ludwig Herrnstadt und Tanten von Rudolf und Ernst. Sie sind 68 und 69 Jahre alt.

Bereits am 20. Mai dieses Jahres trugen sie ihre Koffer zum Stellplatz der Gleiwitzer Juden. Meta war nicht alleine – ihr Mann Wilhelm begleitete sie. Wilhelm Leipziger aus Gleiwitz. Auch er bestieg den Transport nach Auschwitz, und das war eine Reise von vierzig Minuten.

Die Warschauer Bruchscholle im Gedächtnis meines Vaters, das Gleiwitzer Stück – da schwammen sie hin.

NOCH EINMAL ÜBER ILSE

Nachdem ich so weit recherchiert hatte, suchte ich das Buch von Theodor Wolff, in dem er Ilse Stöbe beschrieben haben soll. Es dauerte eine Weile, bis ich mir in der Berliner Chausseestraße ein Päckchen von der Post abholen konnte. Aber schon Ecke Invalidenstraße hielt ich es nicht mehr aus, setzte mich in ein Café und öffnete das Kuvert. Es lag ein hellblauer Leineneinband mit zitronengelber Schrift darin: »Die Schwimmerin. Roman aus der Gegenwart.« Beinahe festlich sah das aus – wie ein Geschenk.

Erscheinungsdatum 1937 in Zürich. Geschrieben also 1935 oder 1936, und sie hatte es noch gelesen. Er vielleicht auch – Rudi.

Und jetzt durfte ich es lesen: im August 2005.

Ich hatte geglaubt, Ilse wäre eine von vielen Figuren in diesem Buch, denn wo immer ich etwas daraus zitiert fand, war es die gleiche Stelle im Text. Aber so war es nicht. Es war ein ganzes Buch über sie. Dreihundert Seiten Faszination Ilse Stöbe.

Was da stand – ein leicht verwischter Klartext. Warum sollte sich ein alter Mann in der Emigration auch Geschichten ausdenken, wenn es so viel zum Nach-Denken gab? Ich las es als beinahe wahr, und da sah manches anders aus als in den Berichten aus dritter und vierter Hand

Hier im Buch war es keineswegs so, dass sie ihm im Verlag durch »herausragende Intelligenz« auffällt, denn so steht es überall.

Hier bei Theodor Wolff, da spricht sie ihn an, und zwar ganz direkt, auf der Straße. Sie weiß, wer er ist, und sie will eine

Arbeit in seinem Betrieb. Er will sie als Geliebte, denn sie ist auffallend schön, und das weiß sie auch. Diese erste Begegnung: Im Roman ist es ein sonniger, leichter Oktobertag Unter den Linden, Ecke Wilhelmstraße, das innerste Berlin also, und sie ist nicht allein, sondern drei junge Männer begleiten sie. Dieses Zusammentreffen hat sie sorgfältig vorbereitet.

Alles, was der Verfasser später an ihr bewundert, ist in dieser ersten Begegnung enthalten: Ihr »rastloser Wille zum Vorwärtskommen«, das Naive und Klare, und dass immer viele Männer um sie herum sind. – »Ich brauche Arbeit. Sie könnten das für mich einrichten. Warum geht das nicht?«

Es ist Mittag, vielleicht gerade Pause in der Handelsschule, in der sie lernte, und natürlich brauchte sie Arbeit, es gab keine in Berlin.

Von Anfang an verpflichtet die Romanfigur Gerda ihren alten Verehrer, sich um sie zu kümmern. Annäherungsversuche wehrt sie ab, aber die Beziehung baut sie aus.

Was Theodor Wolff dann zu erzählen hat, ist die Geschichte der Eliza Doolittle. Die Erziehung einer ungebildeten Schönheit zur Dame, der Schliff eines Rohdiamanten, aber der misslingt.

Die Grenze zwischen ihnen ist nicht nur die sexuelle – sie will ihn nicht als Mann –, sondern auch eine Klassengrenze. Er ist der Bürger, er gehört einer Schicht an, die untergeht, sie aber fühlt sich jung und aufsteigend. Das will sie ihm immer wieder beibringen – es gibt Klassenunterschiede. Da muss man sich um Verständnis nicht mühen – es geht nicht. Ende.

So, so – andere haben das auch erlebt, nicht nur ich, dieses: Das verstehst du nicht, weil du bürgerlich bist. Hat sie mit Rudolf auch so gesprochen?

Ansonsten will sie in allem die Beste sein, und das ist sie auch. Keine Streberin, sondern ein Mensch, der die Welt mit seiner Hilfe entdeckt! Das ist für beide ein reines Glück.

Ob er ihr die ersten Austern ihres Lebens im Restaurant bestellt oder ein Auto schenkt – sie weiß die Austern formvollendet zu essen und Auto fährt sie bald wie eine Rennfahrerin, Ilse liebt die Gefahr und sie lacht dabei. Ilse kann alles. Man muss es ihr nur zeigen.

Sie singt Schumann und Brahms und ihre Stimme soll wunderbar sein, sie schwimmt gern, besteigt hohe Berge, wild und von sich selber begeistert, sie kleidet sich nach dem letzten Schick und trägt kostbare Nachtkleider und Morgenmäntel. Eine berauschende Frau.

Eine Frau, von der jeder Mann, der auch nur kurz mit ihr bekannt war, bis ans Lebensende schwärmen wird.

Das steht auch bei anderen, nicht nur bei Theodor Wolff.

Wiederum hat sie Angst vor Männern. Das steht nur bei ihm. Er ist nicht der Einzige, dem sie »nie ganz angehört«, wie sie es selber verschiedentlich ausdrückt.

Theodor Wolff soll sich sehr darum bemüht haben, seinen Roman in Hollywood verfilmen zu lassen. Er dachte an Greta Garbo in der Hauptrolle, heißt es. Wie er sie beschrieben hat, denkt man eher an Marlene Dietrich. Diese Berlinerin, deren Erotik aus der Nüchternheit kam, der Ironie. Unbeeinflussbar.

Letztlich leider unbeeinflussbar – das muss der Verfasser feststellen, wenn er ihre politischen Meinungen kolportiert.

Er tut das vorsichtig, schließlich lebt sie noch, und zwar in Deutschland, aber der Leser versteht: Das ist eine überzeugte Kommunistin.

Aber weil sie weiß, dass er ihr da nicht folgen kann, will sie ihn nicht agitieren. Seine Welt wird sowieso untergehen.

Theodor Wolff beschreibt es belustigt. Seine männliche Hauptfigur im Roman lässt sich von dieser so jungen Frau belehren und macht ziemlich oft, was sie will.

Hier im Buch ist es ein privater Rahmen, in dem sich das abspielt, der Verfasser will den Redaktionsbetrieb ganz heraushalten aus der Beschreibung, aber im Leben war sie seine rechte Hand bis 1933. Sie muss viel Einfluss gehabt haben.

Gemeinsam haben sie die letzten Wochen der Weimarer Republik in Berlin erlebt, die Fackelzüge der Nazis am 31. Januar, das Verbot der Zeitung.

War sie es, die die massive Berichterstattung über die Sowjetunion noch im Februar ins Blatt geschoben hat? Und seinen letzten Artikel »Geht hin und wählt!« – hat sie ihn getippt?

Am Ende des Buches sitzt der männliche Held in Nizza – er wartet. Sie soll kommen, sie hat es versprochen, aber sie kommt nicht. Im Gegenteil – sie treibt ein seltsames Spiel mit ihm.

Sie ist nicht mehr echt.

Sie ist jetzt eine gehetzte Frau, immer auf Reisen quer durch Europa. Eine Frau, die ihn foppt, weil sie gleichzeitig beschwörende Briefe schreibt. Er sei der Einzige für sie, der Einzige, den sie liebt, er soll auf sie warten! Und doch wird sie dorthin gehen, wohin sie geschickt wird.

Es sieht so aus, als ob sie sich einer gefährlichen politischen Gruppierung angeschlossen hat, das begreift der Mann, und dass er sie idealisiert hat. Sie ist viel verletzlicher, als er wahrhaben wollte. In einer letzten Begegnung sieht er ein Todesmal an ihrer Schläfe. Das Buch endet mit besorgten, guten Wünschen. Tatsächlich ein Geschenk.

Da Theodor Wolff in Hollywood keinen Interessenten für eine Verfilmung fand, schickte er das Manuskript der »Schwimmerin« später an Elisabeth Bergner. Die hat es gelesen und abgelehnt.

Wenn – so soll sie Theodor Wolff geschrieben haben – wenn diese junge Frau einem politischen Auftrag folge, dann müsse sie doch eine große Berufung oder Mission in sich fühlen, aber das sei im Buch nicht enthalten. Daher könne sie die Rolle nicht spielen.

Sie hatte Recht.

Theodor Wolff verstand die lebensfrohe und am Ende überanstrengte Frau. Die politische Kämpferin verstand er nicht. Genauso wie seine Hauptfigur es ihm auch vorwarf.

Aber verstand sie sich selber, am Ende?

Es muss ein unglaublich gefährliches Leben gewesen sein, dass sie führte. Sie war Chef einer Gruppe, verantwortlich für andere Menschen, und dazu noch in der Hauptstadt des europäischen Faschismus – Berlin. In der Wilhelmstraße.

Die Gestapo hat zu ihren Verhören bemerkt, Ilse Stöbe sei »voll geständig« gewesen.

Gerade das war sie nicht, sie hat nur klug geantwortet.

Sie hat diejenigen belastet, die in Sicherheit waren wie Herrnstadt oder nicht mehr zu retten wie Scheliha, und sie hat denen genau das nachgesagt, was in das Denken von NS-Spießern dieser Jahre passte. Dem Juden Herrnstadt sei sie sexuell hörig gewesen, und der Adlige Scheliha habe Geld gebraucht für seinen dekadenten Lebenswandel. Das saß, das wurde ihr abgenommen, damit galt sie als »voll geständig«.

Als die Verhöre vorüber waren und das Todesurteil ausgesprochen, soll sie einer Mitgefangenen gesagt haben, sie habe mindestens drei Männern und einer Frau das Leben gerettet.

In ihrem langen Abschiedsbrief, gerichtet an Carl Helfrich, schreibt sie, dass sie gerne noch ein Buch geschrieben hätte.

Es hätte handeln sollen vom Niedergang einer Idee am Beispiel einer Frau.

Ilse Stöbe hat die Zeit nach dem Hitler-Stalin-Pakt in Berlin erlebt. Sie hat andere Zeitungen lesen können als Herrnstadt in Moskau, sie hat andere Fotos gesehen. Wie die meisten, die für die GRU arbeiteten, wird sie gedacht haben wie Trepper: »… war der Weg schmal für uns, die wir noch immer an die Revolution glaubten …«. Und auch sie kam wohl zu demselben Ergebnis: Die Sowjetunion muss gestärkt werden.

Aber wenn sie so klug war, wie alle erzählen, dann wird sie ihre Meinung darüber gehabt haben, wie die Panne zustande kam, der so viele Menschen zum Opfer fielen. Denn die Warschauer wie die Berliner Gruppe hatten niemals funken dürfen, aus Sicherheitsgründen. So hatte es Bersin bestimmt.

Von Ilses schrecklichem Tod wird Theodor Wolff nichts erfahren haben. In der Diktion der Gestapo waren im Auswärtigen Amt ein Legationsrat und eine Sekretärin verhaftet worden.

»Eine Sekretärin« ist keine Radiomeldung wert. So konnte er nicht wissen, dass es nur wenige Monate waren, die sein Sterben von ihrem trennten.

Am 23. Mai 1943 standen zwei italienische Zivilbeamte vor der Tür seines Hauses in Nizza, von denen er sich ahnungslos in eine Villa begleiten lässt, wo die Gestapo schon auf ihn wartet.

Es beginnt eine Verschleppung des alten Mannes durch viele Lager und Gefängnisse. Sie endet in Berlin, in der Iranischen Straße, wo er krank, verletzt und verwirrt am 23. September 1943 stirbt.

Er ist fünfundsiebzig Jahre alt.

Rudolf Herrnstadt wird Ende des Jahres 1942 ohne Erklärung aus der GRU ausgegliedert und den deutschen kommunistischen Emigranten in der Komintern überstellt. An einem Tag im März 1943, wenn er wie üblich das tägliche Informationsbulletin der abgehörten Nachrichten liest, entdeckt er darin eine Meldung des Senders BBC, bei der ihm schwarz vor Augen wird.

Das steht in Erinnerungen meines Vaters an die Zeit in Moskau, die er 1964 zu schreiben begann. Es steht darin auch, dass er die Nachricht wörtlich wiedergeben kann, »... denn ich habe das Blatt herausgerissen und besitze es heute noch«.

Es ist da von der Aufdeckung einer weitverzweigten Widerstandsgruppe in Berlin die Rede und von einem Diplomaten Tschelila, der mit fünfzig anderen Verhafteten hingerichtet worden wäre.

Herrnstadt schreibt, dass ihm sofort klar war, dass es sich nur um Rudolf von Scheliha habe handeln können und dass – wenn Scheliha entdeckt war – auch Ilse entdeckt war, und dass auch Ilse tot sein musste. Wenn aber Ilse tot war, so glaubt er, dann waren wegen der »Sippenhaft« seine Eltern auch tot, auch der Bruder.

Das war der zweite Mord an Menschen, die ihm am nächsten standen. Der zweite Schlag.

Jetzt verstand er auch, warum er in die Komintern abgeschoben war: Seine Identität war aufgedeckt.

Er war als Spion für die Sowjetunion unbrauchbar geworden.

Hätte er nicht zufällig diese Meldung gelesen, dann hätte er bis zum Kriegsende nichts vom Tod seiner Gefährten erfahren.

Das wirft ein Licht auf den Kontakt, den er zu ihnen zuletzt gehabt haben muss – vermutlich gar keinen mehr.

Herrnstadt schreibt, er habe nach dem Lesen der Meldung sofort Verbindung zur Zentrale gesucht, er habe zuerst einen General Iljitschow angerufen, dann einen General Bolschakow, beide seien nicht zu sprechen gewesen. Herrnstadt habe jedes Mal dringend um Rückruf gebeten, der ihm zugesagt worden sei, aber der Rückruf sei niemals gekommen.

Sogar, wenn er den besagten Generälen begegnet, nicken sie kurz und gehen an ihm vorbei. Kein Mitleid, kein Beileid, kein Wort.

»Ich war halt an die Komintern abgegeben und interessierte nicht mehr.« Es ist die einzige Stelle in diesen Erinnerungen, wo Herrnstadt bitter gegen die Russen wird. In einem Nachrichtendienst, so schreibt er, kann man sich viel erlauben, wenn die Kontrolle versagt.

Von den Russen erfährt er erst 1945 in Berlin auf Nachfrage einen einzigen Satz über Ilse: »Sie starb den Tod der Tapferen. Kein einziger Genosse hat Schaden durch sie genommen.«

Da fügt Herrnstadt in seinem Text auch nur einen Satz hinzu: »Nichts anderes war von Ilse zu erwarten.«

Mit dem Satz: »Nichts anderes war von Ilse zu erwarten.«, endet in seinem Manuskript das Kapitel »Die Nachricht«. Auf den drei Seiten, die dann folgen, stehen jeweils nur drei Zeilen. Der gesamte Platz darunter ist frei gelassen für Fußnoten. Drei Seiten Platz für Fußnoten, und dieser Platz ist leer. Drei leere Seiten.

Auf diesen Seiten – Rudi, was sollte da stehen?

Wie ihr euch getrennt habt, dass es ein Befehl war?

Oder schon vorher – das Ende der Liebe?

Oder die Verzweiflung des Mannes in Moskau in der Zentrale, der alles mit ansah und ahnte, das konnte nicht gut gehen? Leopold Treppers Text also aus dem Jahr 1974?

Herrnstadt begann mit der Niederschrift seiner Erinnerungen im Jahre 1964. Als er sie beendet hatte, hatte er noch ein Jahr zu leben. Er wusste es nicht und zögerte immer noch, all die heiklen Fußnoten reinzusetzen in seinen Text. Mit der Hand und nicht von der Schreibkraft geschrieben, die in seinem Betrieb für ihn zuständig war.

Diese Disziplin, diese leeren Seiten. Könnte es sein, dass Herrnstadt einen militärischen Rang gehabt hatte?

Bei Trepper war es mir aufgefallen. Die Zentrale hatte Trepper losgeschickt mit den Worten, er sei jetzt Oberst. Er hätte geantwortet, er wolle keinen militärischen Rang, er sei einfach ein Kämpfer gegen den Faschismus, und die Antwort wäre gewesen, das könne er halten, wie er wolle – »Für uns sind Sie Oberst«.

Ein solches Gespräch auch mit Herrnstadt?

– Natürlich!, sagt mir ein alter Sozialist, den ich immer frage, wenn es um die Sowjetunion geht.

– Mein Vater ein Offizier?!

– Ja, was denn sonst? Er versteht nicht, was mich da so fassungslos macht. Kein Militär in dem Sinne, aber eben ein Offizier des Geheimdienstes, das sei doch logisch. Der Mann müsste geschützt werden. Einen Offizier könnte man jederzeit austauschen. Was denn daran so schlimm sei?

– Unvorstellbar, sage ich.

– Normal. Es war der Auslandsnachrichtendienst einer Armee. Mit militärischer Disziplin. Und Parteidisziplin natürlich. Wer sich da verpflichtet hat, der war dann eben auch ein Armeeangehöriger.

– Und dann musste er alles mit ansehen? Er liefert die Daten und nichts wird befolgt?!

– Canaris musste das auch mit ansehen. Die meisten Nachrichten haben Hitler nicht erreicht.

– Warum?

– Es ist so. Du arbeitest, aber entschieden wird woanders.

– Und da schmeißt du nicht alles hin?

– Wofür denn? Was soll dabei rauskommen? Man fängt von vorne an.

– Wer?

– Ein Sozialist.

– Er war Kommunist.

– Der erst recht. Die Kommunisten waren immer unsere interessanteren Gegner. Willst du aufgeben im Kampf gegen den Faschismus?

Ich versuche, ihm mit »ja, aber« und »wenn doch« in die Parade zu fahren, aber es ist zu schwach, ich merke es selber.

– Im Apparat fängt man immer wieder von vorne an.

– Darum will ich ja keinen.

– Dann wirst du gar nichts erreichen.

– Aber die Menschen! Sie hätten nicht sterben müssen!

– Ja, sagt er, ja.

Und nichts weiter. Eine kleine Pause schenkt er ihnen, aber dann:

– Sie wussten, worauf sie sich einließen.

– John Sieg und Walter Husemann haben sich nach der Folter das Leben genommen, um nicht schwach zu werden, sage ich.

Er nickt, mein achtzigjähriger Freund.

– Das haben viele getan. Die Abrechnung mit den eigenen Genossen, die kommt irgendwann auch noch.

– Dann hört das ja nie auf, sage ich, dann muss man sich ja ewig für ein und dieselbe Sache einsetzen! Voll einsetzen für einen winzigen Fortschritt etwa!?

– Natürlich, sagt er, und nach einer Pause: Wir hatten immer drei Meinungen: eine in der Partei, eine unter uns, eine für die anderen.

– Drei Meinungen?! So lebt man in einer Partei?

– Natürlich.

– Ein Leben lang?!

– Ja.

So leicht, beinah piepsend ist es aus ihm entwichen, dieses »Ja«.

Wie eine Note in der Musik, gesungen als Luftzug aus dem Mund eines Achtzigjährigen, der sich gerade zwei neue Hüften hat einsetzen lassen, der von einer Konferenz zur anderen reist und im Urlaub dazwischen noch vor vier Tagen mit seiner Tochter ums Nordkap fuhr. Das liegt an der Spitze von Norwegen. Auf einem extrakleinen Dampfer natürlich, um in der Kajüte den Seegang zu spüren.

Rudolf Herrnstadt – ein Oberst? Ilse Stöbe – Major?

Ohne Uniform, ohne Schulterstücke, und doch – wie ich ihn kannte, es passt. Die Haltung.

Und wiederum passt es auch nicht, denn niemand hat Ilse ausgetauscht. Oder hat sie es nicht gesagt? Hätte es nichts mehr genutzt?

Das Drama nimmt seinen Lauf. Die Zentrale braucht Rudolf Herrnstadt Ende 1942 nicht mehr. Jetzt lernt er die Menschen kennen, mit denen er die nächsten zehn Jahre sein Leben teilen wird – die »deutschen Genossen«.

Bei der Wiedergabe dieser Begegnungen und aller folgenden Ereignisse bis zum Kriegsende folge ich den erwähnten Erinnerungen meines Vaters. Und so beginnen sie:

Rudolf Herrnstadt soll seinen Lebenslauf schreiben und wird Walter Ulbricht vorgestellt. Ulbricht stellt ihm den Redakteur der deutschen Emigrantenzeitung vor: Anton Ackermann. Er kränkt Ackermann damit, denn der ist ebenso wie Ulbricht eines der fünf Mitglieder des Zentralkomitees der KPD, aber das erfährt Herrnstadt erst später. Beide sind distanziert gegeneinander und gegen ihn auch. »Wir sagen hier ›Du‹« – wird er angefahren.

Er kannte das nicht. Die sowjetischen Kommunisten sagten »Sie« zueinander. Und schon darf er wieder gehen. Zwar gehört er nun zur Presseabteilung der Komintern, aber es hat niemand Arbeit für ihn oder Interesse.

»Soll man«, so fragt Wilhelm Pieck den ihm unbekannten Herrnstadt bei der ersten Begegnung in einem Flur, ohne diesen neuen »Genossen« überhaupt zu begrüßen, »soll man im Kampf gegen Hitler auch mit dem rheinischen Industriellen Zangen zusammenarbeiten?«

Herrnstadt ist überrumpelt. Der berühmte Pieck! Und wiederum – diese unsinnige Frage! Seine Antwort: »In der Illegalität haben wir mit allen Gegnern Hitlers zusammengearbeitet.«

»Na logisch muss man das«, sagt der Alte und geht grußlos weiter – ganz das Haupt einer ruhmreichen, großen Partei.

Kurz darauf die erste Parteiversammlung, und hier wird die Frage, die Pieck so beiläufig stellte, lange und erbittert debattiert. Neun Jahre nach 1933. Und wiederum ist es nur eine Scheindebatte, denn die Leitung hat alles bereits entschieden.

Es ist Herrnstadts erste Parteiversammlung überhaupt – wie lange hat er darauf gewartet? Er meldet sich, sagt seine Meinung. Was dann folgt, hat er noch nie erlebt – er wird angegriffen, abgewertet, beschimpft.

Einige unter den Anwesenden behandeln ihn höhnisch, belehren ihn – er verstehe nichts vom Marxismus! – und er solle sich vor den Genossen schämen, die in Deutschland im Widerstand arbeiten.

Schon allein dieser Vorwurf macht Herrnstadt so zornig, dass er Ulbricht am nächsten Tag um eine Erklärung bittet, aber der wischt den Vorfall einfach vom Tisch. Erklärt wird hier gar nichts.

Herrnstadt hat bemerkt, dass hier Sprachregelungen gelten, und vermutet, dass er die falschen Wörter benutzt hat, und dennoch – da war doch Hass. Warum? Was hat er denen getan?

Später will er das alles vergessen, aber wie es aufgeschrieben ist, am Ende seines Lebens, daran sieht man – das war ein Tritt in den Bauch. Und es passt zu dem Übrigen. Niemand spricht mit ihm. Er soll Zeitungen lesen und kommentieren.

Der Ort, wo das alles spielt, ist das Gebäude der Komintern, ein Haus am Stadtrand von Moskau, bevölkert von Emigranten, deutschen, tschechischen, österreichischen, ungarischen, rumänischen Emigranten. Es ist der zweite Kriegswinter in Moskau, der Winter von Stalingrad.

Im August 1942 hatte die Rote Armee das deutsche Heer vor dieser Stadt zum Stehen gebracht und nach drei Monaten blutigster Stellungskämpfe hatte sie am 19. November ihre Winteroffensive begonnen. Es war das Thema aller Gespräche von Oslo bis Marseille, von Paris bis Wladiwostock. Die Welt hielt damals den Atem an, man kann es durchaus so sagen. Anne Frank in Amsterdam hat es noch erlebt, Theodor Wolff in Nizza, Ilse Stöbe in Berlin. Wie in einer Arena kämpften die beiden Giganten ein weiteres Vierteljahr, aber hier, wo einmal das Zentrum einer Weltrevolution sein sollte, in der Komintern, erlebt Herrnstadt in diesem Hause vor allem Stille.

Wir sehen ihn allein in der Bibliothek sitzen, im Archiv, in der Kantine, an wechselnden Tischen – er sucht Anschluss und findet keinen. Was hat er erwartet?

Genossen! Rudolf Herrnstadt hatte Genossen erwartet, wahrscheinlich so etwas wie eine Familie. Offene Arme, herzliche Freude und menschliche Wärme, Gespräche. Endlich mit Gleichgesinnten reden zu können über alles, was geschehen war und was geschah!

»Ergreifender Unrealismus!« – so müsste man ihn zitieren.

Denn die Partei, nach der er sich immer gesehnt hat, er kannte sie gar nicht!

Herrnstadt lebte seit 1930 im Ausland, unter Polen, unter Russen – zwölf Jahre in slawischer Umgebung! Wenn er mit Deutschen verkehrte, dann waren es Journalisten, Diplomaten, Offiziere.

Die jetzt vor ihm saßen, waren Parteifunktionäre. Niemand von ihnen hatte sich die Herrschaft der NSDAP so brutal vorgestellt. Niemand von ihnen hatte geglaubt, dass auch Moskau kein sicherer Ort werden würde. Mord und Totschlag sind hier schon passiert, viele deutsche Kommunisten verhaftet, verschwunden, und niemand redet darüber. Dazu die Risiken der illegalen Tätigkeit in Deutschland, die sie ihren eigenen Leuten abverlangen. Nur daraus ziehen sie nach ihrer großen Niederlage noch etwas Selbstvertrauen. Rudolf Herrnstadt ist ihnen unbekannt. Sie sehen es gleich: Keiner von uns.

Ob einer hier weiß, dass er aus dem Auslandsnachrichtendienst kommt, ist fraglich. Klar jedoch: Der kommt aus der Roten Armee. Ein Intellektueller.

Wer aus der Roten Armee kommt, ist nicht zurechtgeschliffen im deutschen Parteiapparat, und Intellektuelle waren aus der KPD-Spitze immer rausgeflogen. Ausgerechnet in Moskau steht so einer wieder vor ihnen.

Ja, einer ist durchgekommen von all den radikalen Idealisten, ein »reiner Linker«, nicht aus ihrem Stall, er ist durchgekommen, weil die Russen ihn ausgesucht haben. Ein Komödienstoff eigentlich. Tragikomödie.

Denn die, die ihn hier am schärfsten angreifen, sind Schüler Moskaus: Paul Wandel, Fred Oelßner, sie haben hier Marxismus studiert, politische Ökonomie, andere sind von Beruf Funktionär – Hermann Matern, Otto Winzer, Walter Ulbricht. Die haben in zahllosen Anleitungen gelernt, wachsam zu sein, jeden Feind zu entlarven, und was richtig ist, richtig und falsch, gerade in Moskau. Welche Russen kannten die? Andere.

Damals tröstet sich Herrnstadt damit. Es wären eben die verschiedenen Arbeitsweisen einer Armee und einer Partei, die zu den Konflikten führen. Er ist es gewöhnt, Befehle auszuführen, sie sind es gewöhnt zu debattieren. Er musste wahrheitsgemäße Analysen liefern, sie hantieren mit Theorie und ihrer berühmten Vergangenheit.

Dass ein Argwohn gegen ihn bestehen könnte, weil es die Sowjets sind, die ihn schicken, versteht er erst viel später als eine Ursache mancher Zusammenstöße. Er kennt die Geschichte der Deutschen hier nicht.

Und er ist, wie er ist. Kein Mann, der still in der Ecke sitzt und zuhört, sondern einer, der klar seine Meinung äußert, und die auch begründen kann.

Die KPD-Führung behauptet, sie habe um Herrnstadt gekämpft, und doch wird die Herkunft aus der Roten Armee ein Handikap für Herrnstadt bleiben. Seine Person auch. Hier in Moskau sitzen keine Leser des »Berliner Tageblattes«.

So geht es los, und so bleibt es für ihn. Sein Auftreten, seine Anzüge, seine Ansprüche – das haben seine Genossen bis heute zuerst von seinem leidenschaftlichen Einsatz für ihre Partei zu berichten. Das zuerst. Oft nur das.

Warum ist er bei denen geblieben? Zehn Jahre lang!

Er wäre gern länger geblieben. Das ist die Wahrheit. Weil es eben doch seine Genossen waren.

Wie oft hatte ich mich gefragt, warum er nicht ein Zuckmayer geworden ist, ein Tucholsky, warum er auf all die schönen, witzigen Texte verzichtet hat, die er auch hätte schreiben können, aber er ist in den Kommunismus nicht reingerutscht. Er wollte kämpfen. So effektiv wie möglich. Und die hier saßen, waren in dem Punkt genauso wie er. Jeder von ihnen hatte schon sein Leben eingesetzt gegen den Faschismus. Aus ebendem Grund schreibt Herrnstadt achtungsvoll über sie.

Achtungsvoll, aber genau, denn das sieht er jetzt auch: Es gibt Widersprüche. Nicht nur zu »Klassenfeinden«.

Schon dort in Moskau fällt ihm an der deutschen Führung das Kreisen nur um sich selber auf. Wenig Gefühl für das, was ringsum geschieht. Zum Beispiel pocht man darauf, dass es wichtiger ist, für die Komintern zu arbeiten als für die Rote Armee.

Absurd, meint Herrnstadt. Wenn die Rote Armee den Krieg verliert, wird es keine Komintern mehr geben!

Was sagen die Russen dazu? Zucken die Schultern.

Herrnstadt wohnte damals mit Valentina in einem Zimmer einer an mehrere Familien aufgeteilten Wohnung in der Oktjabrskaja Uliza. Oktoberstraße. Beide lebten von den winzigen Rationen, die jedem in Moskau pro Kopf und Tag zustanden, denn Moskau hungerte. Nur kleine Kinder und Arbeiter in der Produktion bekamen etwas mehr. Verfroren und hungrig wie alle anderen, kam er morgens ins Haus der Komintern.

In Moskau befanden sich in den Kriegsjahren fast nur Menschen, die in kriegswichtigen Betrieben arbeiteten. Jeder voll Sorge um Angehörige, die evakuiert waren oder an der Front. Den Ernst der Menschen, mit denen er täglich in der Metro zur Arbeit fuhr, ihre konzentrierte Energie, das hat er niemals vergessen.

Die deutschen Emigranten, die in der Komintern arbeiteten, wurden mit dem Bus vom gut geheizten Hotel »Lux« abgeholt. Ihre Rationen waren größer als die der gewöhnlichen Russen. Es waren die Privilegien, die die Sowjetunion allen führenden Kommunisten anbot – aber warum nahmen die so was an? Als Deutsche zumal. Dazu noch verdrossen und mit der größten Selbstverständlichkeit. Mitten in diesem Krieg.

Hier zeigt sich seine Ahnungslosigkeit gegenüber den Lebensbedingungen der deutschen Emigranten. Sie leben abgeschirmt und bevorzugt und haben Jahre ständiger Bedrohung hinter sich. Wer überlebt hat, hat sich eingerichtet.

Und warum beherrschte fast keiner von ihnen die russische Sprache?

Das hatte schon Lothar Bolz 1933 abgestoßen, als er ihnen in Moskau begegnete: Sie seien vollkommen isoliert gewesen, nur beschäftigt mit ihren Intrigen, und keiner hätte russisch gesprochen! Bolz war über dieses Verhalten so ärgerlich gewesen, dass er das Weite gesucht hatte – Leningrad. Ebenso verdutzt war Herrnstadt. Wer lebt neun Jahre in der Emigration und ist der Sprache des Gastlands nicht mächtig? Waren sie sich ihrer Lage gar nicht bewusst? Es war doch Deutschland, an dem die Sowjetunion gerade verblutete!

Er sieht auch anderes. Oft fahren deutsche, österreichische, rumänische Kommunisten mit Lautsprecherwagen an die vorderste Front. Sie wollen die Soldaten und Offiziere zur Übergabe bewegen, einige sterben dort an der Frontlinie, beschossen von deutschen Soldaten. Auch Parteifunktionäre fahren an die Front, immerzu, diesen Mut haben sie alle, aber als Führung einer Partei scheinen sie erstarrt in alten Feindschaften, alten Parolen.

Sie nennen sich Partei der Arbeiterklasse, aber die deutsche Arbeiterklasse steht in der Uniform der deutschen Wehrmacht vor Moskau, vor Stalingrad, sieht das keiner?

Herrnstadt in Moskau 1942 eckt an mit seiner Verblüffung. Also werden hier keine Fragen an die Partei gestellt? Doch, heißt es, es gäbe hier irgendwo einen Karl Maron, der würde ähnlich reden. Herrnstadt fragt nach Lothar Bolz.

Zur Antwort erfährt er, es habe sich jemand mit Namen Bolz mehrmals aus Sibirien gemeldet. Aber da man nicht wüsste, wer das sei, hätte man niemals geantwortet.

Herrnstadt wird einsam hier. Erst wenn dem Österreicher Ernst Fischer ein gut formulierter Text von ihm auffällt, ist ein Mensch gefunden, der ihn überhaupt anschaut. Von da an gewinnt er Freunde unter den Tschechen und Österreichern. Dort kritisiert man die deutsche Partei schon lange. Die wichtigen Fragen würden nicht gestellt, stattdessen würde mit Theorie herumgefuchtelt und andere Parteien belehrt und zurechtgewiesen.

Das Paradox, dass deutscher Nationalismus auch deutschen Kommunisten zu eigen sein könnte, wird ausgesprochen. Warum sonst nähmen sie anderen gegenüber immer wieder eine überhebliche Haltung ein?

Für deutsche Überheblichkeit ist Herrnstadt empfindlich. Er hat sie in Prag und in Warschau erlebt. So ist sein erstes Fazit schnell getroffen: Ich hatte die bürgerliche Welt verlassen und in der kleinbürgerlichen war ich angekommen.

Im Februar 1943 flackert der brennende Hintergrund von Stalingrad dann doch hinein in das Haus dort am Stadtrand. Dimitroff lässt Herrnstadt rufen und bietet ihm an, an Ackermanns Stelle die deutsche Zeitung für die Emigranten und Kriegsgefangenen zu übernehmen. Sie sei nicht gut genug, und nach dem Sieg von Stalingrad wären Massen von Kriegsgefangenen zu erwarten. Das wären von nun an diejenigen Deutschen, auf die es ankommt. Herrnstadt will nicht.

Er hat zwölf Jahre getrennt von der KPD gearbeitet und sieht, dass es schlecht für ihn ist. Was er nicht wissen kann – die Rote Armee hat festgestellt, dass die Texte der deutschen Kommunisten von den deutschen Soldaten als phrasenhaft ausgelacht werden. Der Ruf nach Herrnstadt ist vor allem der Ruf nach einem Mann, der nicht in klassenkämpferischen Formeln schreibt, denn die Sowjetunion wendet sich gerade einer breiten Volksfrontpolitik zu. Sie will jetzt alle Menschen ansprechen, nicht nur Linke. Also bleibt Dimitroff dabei – die Zeitung muss besser werden. Herrnstadt hätte hier Gelegenheit, seiner Partei Ehre zu machen, und »die könnte Ehre gebrauchen«. Mit diesem Appell an sein Gefühl ist mein Vater gewonnen, und so verlässt er den Raum als Chefredakteur. Zum ersten Mal.

Und schon ist er wieder bei der Roten Armee. Denn im Krieg unterstehen ihr alle Presseorgane der Emigranten, die Abteilung heißt PUR. Politische Hauptverwaltung. Hier ist es laut, hier schlagen die Türen, hier läuten die Telefone mit Stimmen direkt aus dem Chaos der Front, und die Schreie von dort hört man auch – hier ist Krieg.

Es gibt keine abgegrenzte Arbeitszeit, nur Befehle und ihre Ausführung. Das Haus der PUR steht mitten in Moskau, und in einem Zimmer mit acht Schreibtischen und zwei Feldbetten wird auch Herrnstadt noch Platz gemacht.

Wie überall wird auch in der PUR vor allem nachts gearbeitet, denn Stalin arbeitet nachts, und wenn eine seiner Anweisungen kommt, müssen alle arbeitsfähig sein. Deswegen die Feldbetten.

In dem Zimmer mit den acht Schreibtischen lernt Herrnstadt den Hauptmann der Roten Armee Arthur Pieck kennen, Sohn von Wilhelm Pieck. Zusammen erarbeiten sie eine neue Konzeption für die deutsche Zeitung. Sie heißt »Freies Wort«.

Absurd, dass die Kommunisten alle ihre gar nicht freien Zeitungen immer so nannten. Als ob sie immer noch gegen eine Mehrheit anzukämpfen hätten. Aber so sieht Herrnstadt das sicher nicht.

Der erste Punkt der neuen Konzeption: »Es wird scharf unterschieden zwischen den Deutschen und den deutschen Faschisten … Die falsche Gleichsetzung aller Deutschen entfällt.«

Ein anderer Punkt: »Die Redaktion kennt in Sachen der deutschen Sprache und in Dingen der Prägnanz des Ausdrucks keinen Scherz; Sprachschluderei, Russizismen und Phrasengetöne verschwinden.«

Der Leiter der PUR heißt Oberst Burzew, es gibt auch noch einen Oberst Braginski, und die deutsche Sekretärin ist aus der Komintern. Sie ist auch die Einzige, die pünktlich Feierabend macht und am Sonntag nicht kommen will. Für Herrnstadt wieder ein Beweis für die eigene Welt, in der die dort leben.

In der PUR trifft Herrnstadt endlich Menschen, die ihm verständlich sind. Alfred Kurella, ein Arztsohn aus Breslau, der viele Jahre Sekretär Dimitroffs in der Komintern in Paris war, und Arthur Pieck. Wenn es so spät geworden ist, dass die Metro nachts nicht mehr fährt, übernachtet Herrnstadt nun häufig bei Arthur und dessen Frau Grete Lode im Hotel »Lux«. Der Weg dorthin ist nicht weit, sie laufen zu Fuß.

Kurella kennt die deutsche Parteigeschichte seit 1919 und offenbart Herrnstadt einiges von Verhaftungen im »Lux« und vom verlorenen Einfluss der KPD in der Komintern. Er erklärt ihm Personen – Ulbricht vor allem, der immer wieder Intrigen so spinnt, dass keiner gegen ihn ankommt.

Aber ist das nicht Emigrantengezänk?

Das einzig Konkrete, was Herrnstadt die allgemeine Abneigung gegen Ulbricht verständlich macht: Der hätte keinem der deutschen Kommunisten geholfen, als es Verhaftungen gegeben habe. Von den Verhaftungen selber, schreibt er, hätten sie alle damals geglaubt, sie müssten ja einen Grund haben, nur seien »reichlich viele ›Fehlgriffe‹ unterlaufen«.

Die wichtigen Männer der KPD sind Wilhelm Pieck und Wilhelm Florin. Aber sogar die schweigen und weichen vor Ulbricht zurück, während Ackermann und Ulbricht sich unentwegt bekämpfen. Also sind in der Parteiführung drei gegen Ulbricht, aber der setzt sich durch. Er hat auch eine gute Hausmacht. Ackermann gelingt es nicht, sich so etwas aufzubauen.

In der PUR lernt Herrnstadt auch Dimitri Manuilski kennen, den Führer der Komintern, der auch zuständig ist für die deutsche Pressearbeit. Hier muss geschehen sein, was mein Vater später in seinen Erinnerungen nur unklar benennt: Er habe den Journalismus neu lernen müssen.

In seinen Erinnerungen folgen an dieser Stelle Schlagworte, – marxistisch, historisch, parteilich – also alles, was die Zeitungen im Osten von denen im Westen so unterschied. Einseitigkeit. Realitätsverlust. Parteipolitik.

In der DDR hatte ich viele zornige Wörter dafür, aber ich verstand nicht, was da geschah. Jetzt weiß ich, was es gewesen ist: Heinz Siemsens Entdeckung im »Berliner Tageblatt« von 1929!

Die Dinge sollten etwas anderes bedeuten, als sie waren, beziehungsweise – sie hatten andere Namen bekommen, und das waren Bewertungen, nicht mehr Funktionen.

Ein Lastwagen, der in der Sowjetunion hergestellt war, war ein besonderer Lastwagen, denn er war in Betrieben hergestellt worden, die von ehemaligen Arbeitern oder Bauern geleitet wurden und dessen Erlös der Gemeinschaft zugutekommen sollte. Also war das nicht nur ein Lastwagen, sondern ein Ergebnis des historischen Fortschritts, ein Meilenstein auf dem Weg in die Zukunft, ein Sieg der Arbeiterklasse und so weiter.

Dort in Moskau, als er das »Freie Wort« redigierte, hatte mein Vater die Welt der Bewertungen betreten. Eine ganz neue Sprache also, die jedem Ding seinen Platz in der Geschichte zuwies und eine neue Weltgeschichte erschaffen sollte, und zwar so, wie sie »richtig« war.

Es war nicht einfach, er schreibt es selber, und wiederum, es war im Winter von Stalingrad, in diesem unvergesslichen Winter. Sie siegten gerade mit dieser Sprache.

Manuilski ist in Herrnstadts Beschreibung ein zugänglicher und emotionaler Mensch. Kritisch und behutsam. Gar nicht passend zu dem Bild des »Säuberungspolitikers«, das wir heute haben.

Hier eine Episode, die Österreich betrifft. Manuilski zu Herrnstadt:

»›Übrigens könnten Sie in Ihrer Zeitung gelegentlich die österreichischen Genossen zu Wort kommen lassen. Sie haben doch bei uns kein eigenes Organ.‹ Ich erwiderte, das sei schon der Fall und wir würden die österreichischen Interessen auch weiterhin mitvertreten. ›Nicht mitvertreten‹, korrigierte Manuilski, ›Gastgeber sein.‹«

Arthur Pieck erklärt Herrnstadt das Problem: Die Führung der KPÖ meint, dass die Annexion Österreichs durch Hitlerdeutschland nicht anerkannt werden darf, die KPdSU unterstützt diesen Standpunkt, die Führung der KPD greift ihn nicht an, aber sie unterstützt ihn auch nicht.

Herrnstadt: »Die Vorstellung eines – da ja der Anschluss nun einmal erfolgt sei – fortschrittlichen oder sozialistischen Großdeutschlands spukte in einigen Köpfen. Ich konnte ... nur staunen.«

Herrnstadt und Arthur Pieck beschließen, den österreichischen Kommunisten nicht nur Gastrecht zu geben, sondern »eine Breitseite für die Selbständigkeit Österreichs abzufeuern«.

Am 13. Juni 1943 erscheint eine ganze Österreich-Nummer des »Freien Worts«. Titelzeile: »Für ein freies unabhängiges Österreich!« Herrnstadt erwartet ein Donnerwetter der deutschen Parteiführung, aber nichts geschieht. Man schweigt.

»Was sie nicht hören wollen, das hören sie nicht«, sagt Arthur Pieck.

Herrnstadt als Chef handelt also von Anfang an ziemlich selbständig und kontrovers, wenn er auf die Zustimmung der Sowjets rechnen kann und seine Meinung von der der KPD abweicht. Jedes Mal will er etwas voranbringen, hofft auf Debatten in der KPD und erntet Schweigen und Vorurteile. Logisch bekommt er niemals ein Lob für seine Arbeit und ist also doppelt enttäuscht. Die Zeitung ist doch um so vieles besser geworden! Freut sich niemand darüber?

Enttäuscht ist er auch von dem mangelnden Eifer der deutschen Genossen, für die Zeitung zu schreiben.

Der Einzige, der dazu immer bereit ist, ist Erich Weinert. Der ist immer da, wenn er gebraucht wird.

Nur das zählt für Herrnstadt. Leute, die ihn in der Arbeit nicht überzeugen können, sind schnell wieder draußen. Und immer wird er sich ärgern, wenn die berühmten Dichter für die Zeitungsarbeit nicht ansprechbar sind. Johannes R. Becher zum Beispiel. Friedrich Wolf.

Hier eine Szene, in der Friedrich Wolf direkt von der Front in das Redaktionszimmer kommt und so interessant erzählt, dass Braginski ihn bitten lässt, es aufzuschreiben für ein Flugblatt der Roten Armee. Folgt ein ewiges Hin und Her – nein, Wolf hat dafür schon eine Idee, es wird etwas Literarisches, und »viel, viel schöner als ein Flugblatt«, und es würde auch viel zu lange dauern, so einen Text zu schreiben. Schließlich bietet ihm ein sowjetischer Hauptmann Konstantinow an, den Text nach Wolfs Notizen sofort hier in der Redaktion zu schreiben, das will der erst recht nicht.

»Auf Konstantinows Bemerkung, selbst wenn im Ergebnis dieses Flugblattes nur *ein* Rotarmist weniger falle, sei die Arbeit gerechtfertigt, antwortete Wolf unglücklich: ›Ihr setzt mir die Pistole auf die Brust. Das ist doch nicht richtig.‹ So blieb das Flugblatt ungeschrieben. Als Manuilski am Abend davon erfuhr, bekam er einen Wutausbruch: ›Wot wam gospoda pisatelji! … Da haben Sie die Herren Schriftsteller! Ich werde Ihnen sagen, wo der Hund begraben liegt! Was ist schon für diese Genossen ein Flugblatt der Roten Armee! Ja, wenn darunter stünde Friedrich Wolf, Willi Bredel … – das ist etwas anderes. Für Ruhm machen sie viel. Da fahren sie sogar an die Front. Aber anonym? Anonym fällt Petrow, Iwanow, Kusnezow, das ist nichts für sie …‹«

Es gibt einige solcher Wutanfälle von Manuilski in Herrnstadts Text, aber nichts von daraus folgenden Strafexpeditionen des NKWD, die der heutige Leser erwarten würde.

Herrnstadt schreibt von Vorwürfen, Rechtfertigungen, Widerspruch, Eingeschnapptsein und Dienst nach Vorschrift, aber die handelnden Personen sind da und bleiben da, sie werden leben und uns, den Betrachtern, immer wieder begegnen.

Es sind diese ersten Wochen der Zeitungsarbeit, in denen Manuilski Herrnstadt eines Tages fragt: »Wo hat man Sie so lange versteckt?« Vielleicht ein Schlüsselsatz für Herrnstadts Aufstieg in die Führung der KPD.

Denn eigentlich hatte hier niemand Verwendung für ihn, er saß rum, dann kam die Wende von Stalingrad, die Kriegsgefangenen, die neue Wichtigkeit einer deutschen Zeitung, dabei lernt er Manuilski kennen. Manuilski sprudelt immer nur so von neuen Ideen, die deutschen Emigranten kennt er alle, aber plötzlich ist da einer, der noch begeisterungsfähig ist, unbelastet von alten Geschichten. Der Mann will arbeiten und er kann schreiben – wunderbar! Er kann sogar Russisch – eine Entdeckung!

Die mächtigen Männer sind gerne Entdecker.

Für Herrnstadt wieder eine Vaterfigur. Wieder ein Held, der durch das Feuer ging, und nach Antonow-Owseenko und Bersin der Dritte, den er kennenlernt aus der Garde der Revolutionäre, die den Winterpalais stürmten und mit Lenin und Trotzki zusammen Weltgeschichte geschrieben haben. Die neuen Heiligengestalten. Nur dass die Heiligkeit nicht sehr lange gehalten hat.

Damals aber – sie noch persönlich getroffen zu haben, von ihnen geschätzt zu werden – wenn das nicht stark machte im Glauben, was dann? Herrnstadt ist hingerissen.

Ganz unverständlich dagegen bleibt ihm Anton Ackermann, der Chef des deutschen Radiosenders, und dazu tragen die Russen ihren Teil bei.

Rückblickend fällt es auch Herrnstadt auf, wenn Oberst Braginski, im Zivilleben ein bekannter Orientalist, äußert: »Der beste Mann in der Führung Ihrer Partei ist nach meiner Einschätzung Wilhelm Florin. Ihn würde ich an Ihrer Stelle für die Zeitung zu gewinnen versuchen. Über die anderen kann ich weniger sagen. Ackermann hasst uns.« Herrnstadt schreibt, dass er über diese Worte erschrak. »So etwas war nicht üblich.«

Für lange Zeit habe diese Bemerkung seine Haltung gegenüber Ackermann bestimmt, allerdings auch Ackermanns Verhalten gegen Herrnstadt, das von Anfang an feindselig gewesen sei. Eine Spannung, die ihre Spuren bis in die Memoiren auch anderer Beteiligter hinterlassen hat: Ackermann, der verständnisvolle, offene Leiter einer lustigen Rundfunkredaktion, Herrnstadt der strenge Chef, der Artikel zusammenstreicht und nicht drucken lässt, ohne sie abzuzeichnen.

Aber in diesen Erinnerungen spiegelt sich auch die Distanz, die viele zu Herrnstadt hatten, und vor allem: Er streicht! Er ist anspruchsvoll! Er kritisiert! Harte Kritik am Kumpel ist in der Partei nicht üblich. Gerade Anton Ackermann ist beliebt als der nachgiebige und gefällige Mensch. Es ist seine Art, sich ein Netz aufzubauen. Von dem, was wir heute soziale Kompetenz nennen, hat er offenbar viel mehr als Herrnstadt, aber legt man die Texte der beiden nebeneinander, weiß man, dass er auf diesem Feld nicht gewinnen kann.

Vergleicht man die Sendezeiten des Rundfunksenders »Freies Deutschland« (bis Mitte 1944 täglich 15 Minuten Nachrichten, 15 Minuten Verlesen von Namen Kriegsgefangener, 30 Minuten eigener Text, also etwa 10 Manuskriptseiten) mit der Zeitung »Freies Deutschland« (vier Seiten im Format 60 x 42 cm, fast ohne Fotos alle sieben Tage, etwa 60 Manuskriptseiten), erkennt man den größeren Arbeitsaufwand der Zeitung, die ja auch gesetzt, umbrochen und korrigiert werden muss.

Zufall oder nicht – alle Mitglieder der Radioredaktion gehörten zur Komintern. Die Männer der Zeitungsredaktion dagegen waren bis auf Karl Maron vorher bei der Roten Armee gewesen. Auch hier zeigen sich die üblichen Unterschiede in den Arbeitsgewohnheiten. Die einen arbeiten täglich bis zu vierzehn Stunden, die anderen sind wie in Friedenszeiten schon nach acht oder zehn Stunden mit der Arbeit fertig. Die Radioredaktion hat fast doppelt so viel Leute, man kommt und man geht, und lustig ist es auch.

Herrnstadt: »Das einträchtige Gelächter über die temperamentvollen Schilderungen Bredels oder die kuriosen Geschichten Wangenheims drang immer wieder über den Korridor zu uns. Auch wir waren große Freunde des Humors, nur fragten wir uns, woher die Genossen jenseits des Korridors die Zeit für diese ›Einlagen‹ nahmen.«

Die Radiosendungen werden in der PUR häufiger kritisiert als die Zeitung. Ackermann sagt schließlich einmal öffentlich, Herrnstadt wolle besser sein als »diese deutschen Genossen«. Der ist tief verletzt. So entsteht eine Feindseligkeit, die jahrelang andauert. Erst ganz zuletzt erkennt Herrnstadt, dass sie besser zusammengestanden hätten. Aber da ist es zu spät.

Wenn ich es mir vorstelle: Herrnstadt im März 1943 – der Mord an der eigenen Gruppe, die schlimmste aller denkbaren Möglichkeiten, reden darf er nicht darüber, und dazu diese Feindseligkeit, woher nimmt er die Kraft?

Seine Frau. Valentina. Vor ihrem Staatsexamen hatten sie geheiratet, aber er wollte, dass sie dorthin geht, wo sie als Lehrerin eingesetzt werden sollte. Das war in ihrer Heimatstadt, weit in Sibirien. Erst Ende 1941 bittet er darum, dass sie zu ihm kommen darf, und da kommt sie. Sechs Tage stehend in einem überfüllten Zug, in dem nur fährt, wer an die Front will oder zu Verwandten im Westen der Sowjetunion, in einem Zug voller ernster, verzweifelter Menschen also. Mutter und Schwester hatten sie zum Bahnhof gebracht, sie hatte einen Koffer dabei und ein Brot. So fuhr sie. Nach zwei Tagen ist sie ohnmächtig geworden, da wurde Platz gemacht für sie und sie durfte etwas liegen. Valentina – das Mädchen mit der Lauren-Bacall-Frisur, dem dunklen Pony bis auf die Augen. Von jetzt an ist sie da. Gar nichts wissend von deutschen Querelen. Das Deutsche – das kommt ihr nur da entgegen, wo Russen sie fragen, wie könnte sie nur! Einen Deutschen heiraten! Mit einem Deutschen leben!!

Sagt sie ihm das? Tut sie nicht.

Erzählt Herrnstadt ihr etwas? Wenig.

Der Rest wird unter Bergen von Arbeit verschüttet.

Ackermann wird kurz gegrüßt auf dem Flur – das war's dann, so stelle ich mir das vor. Wiederum – was trägt Ackermann selber mit sich herum?

Dunkel. Aquarium.

Jeder arbeitet so gut, wie er kann, weiß vom anderen nichts oder das Falsche oder zu wenig und kann nicht und will nicht sich gehen lassen, so schwimmen sie alle, auf engem Raum, ernste, verstummte Gestalten.

Und ist es da ein Wunder, wenn die Fotografin Eva Kemlein von den ihr so schwärmerisch angekündigten Moskauer Emigranten sagte: »Als sie kamen, da waren sie wie Eisblöcke.«

Nur einmal erscheint persönliches Glück in dem Text, das ist in der Nacht nach der Geburt seiner Tochter. Nach meiner Geburt.

Es ist Sommer in Moskau, Manuilski schickt ihn nach Hause, aber Valentina ist ja im Krankenhaus, und da lädt Kurella ihn zu sich ein. Der hat in Moskau mit Frau und zwei Kindern eine eigene Wohnung mit Badezimmer. Kurella bereitet ein Abendbrot.

»Mit der einen Hand holte er Teller aus einem Schrank, mit der anderen ließ er Wasser in die Wanne laufen – ›Du musst baden, bei uns läuft gerade heißes Wasser!‹, und im Wohnzimmer stand er bald mit einem Band Herzen, bald mit einem Band Belinski in der Hand und zitierte deren vernichtende Einschätzungen des deutschen Kleinbürgertums, dass auch wir beide so sehr hassten … dabei griff er alle Weile mit kundiger Hand hinter oder über sich – alle Wände standen voller Bücher – und machte mich anhand des jeweiligen Originals mit philologischen oder politischen Feinheiten bekannt.«

Da ist ein Aufatmen.

»Eines Nachts gegen zehn Uhr, es muss Anfang Juni 1943 gewesen sein«, schreibt Herrnstadt, habe Manuilski den Oberst Braginski sowie die Redakteure Herrnstadt und Kurella zu sich gerufen und sie mit folgender Ansprache überrascht:

»Heute habe ich Ihnen eine große Nachricht mitzuteilen. Soeben habe ich die Genehmigung zur Gründung eines deutschen Nationalkomitees erhalten … Stellen Sie sich vor! Das deutsche Volk hat bisher *eine* Repräsentation, das ist Hitler. Demnächst wird es eine zweite haben, die Repräsentation des fortschrittlichen Deutschland …«

Denn nach dem Sieg von Stalingrad befänden sich in der Sowjetunion Massen von Deutschen, und deren Stimme sollte von nun an den deutschen Widerstand beschleunigen.

In drei Stunden sollen die drei einen Aufruf schreiben. Der Inhalt ist sensationell: Die Deutschen an den Fronten und in der Heimat sollen Hitler stürzen, ihre Truppen kampflos an die Reichsgrenzen zurückziehen und unter Verzicht auf alle eroberten Gebiete Friedensverhandlungen einleiten.

Das eindrucksvoll zu formulieren dauert dann drei Tage und Herrnstadt wird es sein, der den brauchbarsten Text liefert: »Manifest an die Wehrmacht und an das deutsche Volk«.

Sein erster Satz: »Die Ereignisse fordern von uns Deutschen unverzügliche Entscheidung. In dieser Stunde höchster Gefahr für Deutschlands Bestand und Zukunft hat sich das Nationalkomitee ›Freies Deutschland‹ gebildet.«

Wie Schlagzeilen folgen Sätze wie: »Die Niederlagen seit 7 Monaten sind ohne Beispiel in der deutschen Geschichte. –

Der Krieg ist verloren. – Mit Hitler schließt niemand Frieden. Niemand wird auch nur mit ihm verhandeln. – Die Bildung einer wahrhaft deutschen Regierung ist die dringendste Aufgabe unseres Volkes.«

Diese neue Regierung soll den Krieg sofort abbrechen, die deutschen Truppen an die Reichsgrenzen zurückführen und Friedensverhandlungen einleiten.

Eine Forderung, die sich natürlich vor allem an das Heer und die Generalität hinter der Front wendet. Ihnen wird keine Kapitulation vorgeschlagen, sondern: »Deutsche Soldaten und Offiziere an allen Fronten: Ihr habt die Waffen! Bleibt unter Waffen! Bahnt Euch mutig unter verantwortungsbewussten Führern, die eins sind mit Euch im Kampf gegen Hitler, den Weg zur Heimat, zum Frieden.«

Das Manifest enthält zusätzlich die Skizze eines neuen Anfangs in Deutschland: Freigabe aller eroberten Gebiete, Wiederherstellung aller bürgerlichen Freiheiten, Beseitigung aller gegen die Freiheit und Menschenwürde gerichteten Zwangsgesetze der Hitlerzeit, die Sicherung des Rechts auf Arbeit und des rechtmäßig erworbenen Eigentums, Freiheit der Wirtschaft und des Handels und so weiter. Dieses Programm ist auf eine breite Volksbewegung ausgerichtet.

Die deutsche Zeitung soll nun ein anderes Gesicht bekommen. Auch wird sie nicht mehr Organ der KPD sein, sondern des Nationalkomitees, und dessen Mitglieder sollen die Texte schreiben. Auch die Zeitung wird »Freies Deutschland« heißen. Militärangehörige der Sowjetunion dürfen ab sofort nicht mehr mitarbeiten. Tatsächlich scheidet Arthur Pieck aus, Herrnstadt arbeitet weiter. Und das heißt wohl, er hatte doch keinen militärischen Rang.

Der Name der Zeitung, die Aufmachung, alles wird gemeinsam erarbeitet, debattiert, nur bei einem Vorschlag lässt sich Manuilski nicht umstimmen: Die Farben des zukünftigen Nationalkomitees sollen Schwarz-Weiß-Rot sein. Auch die Zeitung soll oben und unten einen schwarz-weiß-roten Rand haben. Obwohl die deutschen Redakteure dem heftig widersprechen, bleibt es dabei.

Heute sind gerade diese Farben Schwarz-Weiß-Rot Gegenstand äußersten Hohnes. Aber diese Wahl der Farben zeigt, an wen sich der Aufruf im Juli 1943 richtete – an das deutsche Offizierskorps. Vor allem diejenigen Stabsoffiziere, die noch im Ersten Weltkrieg gekämpft hatten, wollte man an den Zeitpunkt erinnern, als sie noch hätten Frieden schließen können. Dieses sowjetische Angebot war offensichtlich auf Wirkung aus, nicht auf Selbstdarstellung. Ein schwarz-weiß-rotes Deutschland durfte es wohl sein, wenn es nur Frieden machte!

Kein anderes von den kriegführenden Ländern hat so etwas gewagt. Aber kein anderes von den kriegführenden Ländern hatte auch so zu leiden unter dem Krieg.

Herrnstadts Resümee: In den Augen der Sowjetunion ist Deutschland durch Hitler historisch tief zurückgefallen.

Interessant auch der weitere Ablauf.

Wenn der Entwurf des Manifestes fertig geschrieben ist, wird er Stalin vorgelegt, der zeichnet ihn ab. Dann soll der Text mit Vertretern der KPD und der KPÖ durchgesprochen werden, die können Änderungen anbringen, alles muss schnell gehen.

Für die KPÖ wird Ernst Fischer eingeladen, für die KPD Anton Ackermann. Beide kommen gemeinsam in die PUR, aber an der Passierscheinausgabe müssen sie lange warten – Ackermann geht wieder.

Er verzichtet also darauf, den Text für die KPD zu begutachten, die sich später rühmen wird, für Idee, Ausführung und sämtliche Texte des Nationalkomitees verantwortlich zu sein.

Von der undemokratischen Verfahrensweise einmal abgesehen, weist das Verfahren auf eines hin: Die Sowjetunion meinte es ernst.

Die kurze Zeit, in der Manuilski den Text verlangt, ist ein Hinweis darauf, ebenso die Auswahl der Verfasser Braginski, Herrnstadt, Kurella und Fischer. Ein kleiner, intellektueller Thinktank. Die KPD-Führung wurde erst später hinzugezogen, eben weil es die Sowjetunion war, die diesen Krieg führte.

Gerade das wird das stärkste Argument der Gegner des Nationalkomitees werden: dessen sowjetischer Ursprung, die sowjetische Führung.

Aber gerade, dass es eine sowjetische Initiative war, lässt vermuten: Für wenige Monate hat es eine Offerte gegeben. Ein Angebot an die deutsche Wehrmacht: Rückzug auf deutsches Gebiet.

Eine Offerte, die Moskau nur versteckt machen konnte, denn mit den Alliierten war eine gemeinsame Politik vereinbart. Wiederum hatten bis zum Dezember 1943 nur die USA und Großbritannien die bedingungslose Kapitulation Deutschlands beschlossen, und das Verhältnis zwischen den drei Alliierten war im Sommer 1943 auf einem Tiefpunkt.

Gründe dafür waren unter anderem der Anspruch der Sowjetunion auf die polnischen Ostgebiete, die Entdeckung der vom KGB in Katyn ermordeten polnischen Offiziere und die Verschiebung der zweiten Front in Europa auf das Jahr 1944.

Im Sommer 1943 stand die Sowjetunion das dritte Jahr allein in ihrem grausamen Landkrieg. Genau in diese Zeit fällt die Gründung des Nationalkomitees.

Die »Prawda« hat das »Manifest« am 21. Juli 1943 vollständig abgedruckt. Damit war es weltweit verbreitet und Teil der sowjetischen Außenpolitik geworden.

Die Alliierten sahen das sofort. Warum nicht die Deutschen?

Es ging um das deutsche Schicksal.

Aus Sicht der Hitler-Regierung galt der Übertritt zum Nationalkomitee »Freies Deutschland« als Landesverrat, wer ihm beitrat, wurde zum Tode verurteilt. Diese Bewertung des Nationalkomitees, die ausdrückliche Betonung seiner Propagandafunktion und der kommunistischen Urheberschaft wurden auch in der Bundesrepublik lange beibehalten.

Aber kommunistisch war die Sowjetunion nun einmal. Alle ihre Handlungen aus diesem Grunde abzuwehren – das war gerade die Reaktion der deutschen Generalität im Sommer 1943.

Dabei wusste sie doch seit Stalingrad, dass sie den Krieg im Osten nicht mehr gewinnen konnte.

Die Alliierten dagegen befürchteten einen Separatfrieden.

Aus Herrnstadts Erinnerungen lässt sich eine solche Absicht nicht herauslesen. Er beschreibt allerdings die große Eile, in der das Nationalkomitee entstand, und die hohen Erwartungen der ersten Monate. Er spricht von »ernsten, inneren Erschütterungen in der Wehrmacht«, die angestrebt waren, beschreibt die Enttäuschung im Winter 1943, als sich in Deutschland nichts rührte, und benutzt die Formulierung von einer nur kurzen »zur Verfügung stehenden Zeit«.

Diese Zeit wird verstreichen.

Der Inhalt des Manifestes ist heute nur Spezialisten bekannt. Die deutsche Generalität hält zu Hitler.

Am 19. Juli 1943 erscheint das Manifest des Nationalkomitees »Freies Deutschland« in der ersten Nummer der neuen Zeitung.

Am 20. Juli 1944 scheitert das Attentat auf Hitler. Genau ein Jahr danach.

Betrachtet man die Titelseite der ersten Nummer von »Freies Deutschland«, bleibt das Auge immer wieder auf diesem Datum stehen: 19. Juli 1943.

Herrnstadt hat gleich nach der Gründungsversammlung seinen ersten Tiefpunkt in der Sache. »Ich sah nicht die Kräfte, die ausreichen würden, um in der zur Verfügung stehenden Zeit Hitler zu stürzen. Im besonderen sah ich nicht, woher plötzlich die Reserven an demokratischer Gesinnung, an politischer Klarheit und vor allem an Zivilcourage kommen sollten, die zum Sturze Hitlers durch die Wehrmacht nötig waren ...«

Und doch: Hier bot sich eine Gelegenheit, den Widerstand in Deutschland zu unterstützen.

Im Juni 1943 stürzt sich Herrnstadt wieder mal in die Arbeit.

Wenn über die künftige Redaktion der neuen Zeitung entschieden wird, ist Ulbricht dabei, er ist damals in der KPD zuständig für Kaderfragen.

Zuerst wünscht Herrnstadt sich Kurella, dann wünscht er sich Maron, der damals im deutschen Sender arbeitet. Das verbietet Ulbricht mit den Worten, der Mann sei zu schwach dafür, Herrnstadt besteht darauf, obwohl ihm dabei nicht wohl ist, denn er kennt Maron nicht. Manuilski vermittelt.

Da er noch einen zweiten Redakteur vorschlagen darf, nennt er Lothar Bolz. Der arbeitet zu diesem Zeitpunkt als Politinstrukteur in einem Kriegsgefangenenlager, und Ulbricht wird »ernsthaft böse ... Der Mann kann das nicht!« – Herrnstadt wird auch böse, denn Ulbricht kennt Bolz ja gar nicht. »Der Mann kann das. Der kann noch mehr.« Herrnstadt hatte längst Suchanfragen durch ganz Russland geschickt, er sorgte sich um Lothar, fand ihn im Gebiet von Saratow. Dorthin wird nun ein Telegramm geschickt. Meine Mutter erzählte später, es sei eine »ganz unwahrscheinliche Sache« gewesen, Bolz dort rauszuholen, und hätte Monate gedauert.

Aber es gelingt. Eines Abends sitzt Freund Lothar in Rudolfs Zimmer und erwartet ihn »in der schulterstücklosen Uniform eines Rotarmisten, mager, durchgeistigt und mit einem Schiffchen auf dem Kopf«.

Zehn Jahre sind vergangen seit Warschau.

Am 12. Juli 1943 rollen mehrere Busse zum Marktplatz der kleinen Stadt Krasnogorsk bei Moskau. Es sind Busse mit Abgesandten aus verschiedenen Kriegsgefangenenlagern und Busse mit deutschen Kommunisten aus Moskau. Die Gefangenen aus dem Lager 27 in Krasnogorsk kommen zu Fuß.

Ich zitiere aus Herrnstadts Erinnerungen:

»Das Erscheinen großer Gruppen deutscher Soldaten und Offiziere, die sich mitten im Kriege in Hitleruniformen und teils noch mit Hitleremblemen behangen frei durch eine sowjetische Stadt bewegten, weckte das Staunen der Bevölkerung. Aber sie nahm das Schauspiel diszipliniert hin.

Im Sitzungssaal herrschte bald eine bewegte, aufgeschlossene Atmosphäre. An der Stirnseite des Saales stand auf weißer Leinwand von der Decke bis zum Fußboden: ›Für ein freies, unabhängiges Deutschland.‹ Die weitere Drapierung ergab zusammen mit dieser Leinwand ›die Fahnen der Reichsgründung‹, wie wir uns später schamhaft ausdrückten.«

Kurz vor der Eröffnung »ging eine unvorbereitete Bewegung durch den Saal. Durch eine der Türen erschien, geführt von Oberst Steidle, der demonstrativ das Ritterkreuz trug, eine Gruppe höherer Offiziere und setzte sich, in Distanzierung vom Parkett der Delegierten, auf Stühle an der linken Seitenwand. Diese ›Herren‹ hatten beschlossen, als Beobachter an der Gründungsversammlung teilzunehmen.«

So erlebte Rudolf Herrnstadt den Morgen der Gründung des Nationalkomitees »Freies Deutschland«, er erlebte ihn als Chefredakteur der Zeitung »Freies Deutschland«.

Von allen Zeitungen, die Herrnstadt zu verantworten hatte, ist das die erstaunlichste. So paradox es klingt: Vielleicht ist er als Journalist nie wieder so frei gewesen, so identisch mit sich selbst wie hier.

Was sie damals schaffen: eine deutsche patriotische Zeitung.

Eine deutsche patriotische Zeitung aus der Roten Armee.

Ich war sprachlos, als ich den Pappdeckel aufschlug. Da steht es in drei breiten Spalten auf Seite eins: MANIFEST.

Eingefasst oben und unten mit den Farbstreifen schwarz, weiß und rot, und was mir da entgegenschlug, war wie ein Windstoß aus einer anderen Zeit. Echt.

Aus Herrnstadts Aufzeichnungen wusste ich, die Zeitung war im Flachdruck hergestellt, jedes einzelne Exemplar von Hand abgezogen. War es das, was mir Eindruck machte?

Die Schriften, die Raumaufteilung, der auffallend große Auftritt? Nichts davon hatte ich in Erinnerung.

Dabei hatte ich die Zeitung als Studentin schon einmal gelesen. Ich musste im Fach »Gesellschaftswissenschaften« eine Abschlussarbeit schreiben. Aus einer Liste mit Themen wählte ich »Nationalkomitee Freies Deutschland«. Damals genügte mir ein Blick und ich wusste, wie diese Zeitung tickt. Wie bei uns.

Mein Vater dagegen blätterte hier, blätterte da, erzählte mir von den Menschen – ich habe alles vergessen, es hat mich nicht interessiert. In Erinnerung geblieben ist mir nur seine verwunderliche Freude.

Er war tatsächlich stolz auf diese Propaganda-Postille!

Noch dazu eine unter Ausschluss der Öffentlichkeit. An wen wandte sich das Blättchen schon? Kriegsgefangene.

Niemand sonst in der Welt hatte diese Zeitung je gelesen

und niemand würde sie lesen. Das sagte mir mein DDR-Verstand.

Im Jahr 2005 sah ich in die Zeitung wie in eine Kiste mit Flaschenpost. Genau so: Flaschenpost.

Unter dem Text des Manifestes stehen Fotoseiten mit den Unterschriften der Unterzeichner. Die Kriegsgefangenen unterzeichneten nach Rang, die Kommunisten nach Alphabet. Demnach war Major Karl Hetz der erste Unterzeichner der deutschen Soldaten und Anton Ackermann der erste Unterzeichner der deutschen Kommunisten.

Präsident des Komitees wird der Dichter Erich Weinert, Vizepräsident der Soldat Max Emendörfer, ein Schuhmacher aus Frankfurt am Main. Herrnstadts Name fehlte. Erst beim Lesen der Faksimiles fiel es mir auf. Warum hatten sie ihn nicht aufgenommen?

Schließlich war er in Deutschland ein bekannter Journalist gewesen, eine öffentliche Person. Zumal, wenn es sein Text war, zum größten Teil?

Manuilski soll wütend gewesen sein deswegen und Herrnstadt darauf hingewiesen haben, schließlich sei er der Chef der Zeitung, und für die Russen gehören die Medien in die Leitung, und der? Dachte gar nicht an so was. Später wird er noch kooptiert, aber es ist nicht dasselbe.

Hätten sie es damals getan, er wäre sichtbar geworden, anerkannt, aufgenommen unter die wichtigen Leute sozusagen – aber so?

Von seinen Genossen in den Hintergrund geschoben, für den er nicht klein genug ist. Oder standen da nur die Namen der Parteiführung?

Nein, ich lese: Friedrich Wolf, Arzt und Schriftsteller, Stuttgart.

Johannes R. Becher, Schriftsteller, München.

Genauso hätte da stehen können: Rudolf Herrnstadt, Journalist, Berlin. Aber es steht nicht da.

Angeschissen wieder mal. Sie haben dich angeschissen, Papa.

Die erste Nummer besteht fast nur aus den Reden, die zur Gründung gehalten wurden. Verständlich, dass ich die als Studentin nicht lesen wollte. In der DDR genügte ein Blick auf eine in einer Zeitung abgedruckte Rede und man blätterte um – was sollte da anderes stehen als »einverstanden«, »begeistert« und »weiter so«!? Diesmal las ich.

Der Oberleutnant Eberhard Charisius erzählt, wie er mit seinem 6. Fliegerkorps Liverpool anflog, die Bomben aber 50 Kilometer vor der Stadt abwarf, während die deutschen Nachrichten meldeten, dass Liverpool zerstört sei.

Major Karl Hetz erinnert sich an den Hunger der Soldaten in Stalingrad, wo die Heeresleitung wusste, es führte nur eine eingleisige Bahn in Richtung Stalingrad und diese brach auch noch vor dem Don ab.

Der Gefreite Hans Zippel spricht über den Zustand des deutschen Heeres im Osten, wo der Soldat »... selbst nach Stalingrad noch sagte: ›Es geht alles vorüber, es geht alles vorbei, auf jeden Dezember folgt wieder ein Mai.‹«

Der Gefreite Leonhard Helmschrott erzählt, dass den Bauern die Gespanne schon in den ersten Tagen dieses Krieges weggenommen wurden, abgeschätzt und zu Schundpreisen gekauft.

Major Herbert Stößlein will, dass die deutsche Wehrmacht erhalten bleibt, er lehnt es ab, eine Zersetzung der deutschen Wehrmacht vorzubereiten!

Der Gefreite Jakob Eschborn bezeichnet die katholische Kirche in Deutschland als einen unerschütterlichen Wall gegen die Sturmflut der Zersetzung und nennt Namen aus der katholischen Widerstandsbewegung: Erich Klausener, Adalbert Probst, Fritz Beck, Pfarrer Mühler, Pfarrer Stempfle und andere.

Leutnant Bernt von Kügelgen erinnert sich daran, wie er in Krakau auf dem Marienplatz stand, als Deutsche das Denkmal von Mickiewicz in Trümmer schlugen.

Nur ein Kriegsgefangener spricht als links organisierter Arbeiter, der Gefreite Otto Sinz. Kommunist? Sozialdemokrat?

Es ist eine der kürzesten Reden:

»Ihnen allen ist die große Tradition der deutschen Arbeiterklasse bekannt ... das deutsche Organisationstalent hat sich auch hier ausgewirkt und war ein Musterbeispiel für die ganze Welt ... Auf uns hat die ganze Welt gesehen. Wir haben uns aus eigener Kraft ein Wirtschafts- und Kulturleben erobert ... und was ist aus alledem geworden? ... Heute ist der deutsche Arbeiter eine Null. Hat gar nichts mehr zu sagen ... Die Arbeiter an der Front wissen nicht mehr, was zu tun ist.«

Wie hört sich das an für die anwesenden »Führer der Arbeiterklasse«? Weinert, Pieck und Bredel halten hier wieder mal die längsten Reden.

Pieck vergleicht die Lage 1943 mit dem Jahr 1918, als die Heeresleitung es versäumte, den Krieg zu einem Zeitpunkt zu beenden, als ein ehrenhafter Frieden noch möglich war.

Tatsächlich sind die Parallelen verblüffend.

Darüber, dass das Nationalkomitee eine sowjetische Idee ist, sagt er nichts, also auch nichts darüber, dass das Gründungsmanifest ein sowjetisches Angebot enthält. Auch auf Otto Sinz geht er nicht ein.

Wie bei den anderen Kommunisten ist seine Rede unpersönlich. Keine Erlebnisse, keine Begegnungen.

Niemand sagt: »Als ich Münzenberg zuletzt traf, war er vollkommen niedergeschlagen ...« oder: »Wie konnte es geschehen, dass wir so viel Ansehen in Deutschland verloren haben?«

Übrigens nennt keiner der drei Redner sich einen Kommunisten. Keiner sagt etwas über den Weg, der ihn hierher nach Moskau führte. So persönlich reden nur die anderen, die Verlierer, die Ratlosen. Kommunisten sind die, die den Durchblick haben. Schon hier. Sie wissen Bescheid, und sie verfolgen eine in der Partei abgesprochene Linie. Logisch sind ihre Texte allgemein gehalten.

Weinerts Worte allerdings kommen von Herzen. Was er sagt, bewegt die Zuhörer, wie man später in Erinnerungsbüchern lesen kann.

Zweiundzwanzig Reden. In der Zeitung eng gesetzt und manchmal gekürzt. Fast jede beginnt mit der Doppelanrede: »Meine Herren! Kameraden!« Die Kommunisten wiederum sagen nur: »Meine Herren!« Willi Bredel sagt: »Meine Landsleute!«

Jeder Redner endet mit einem Ausruf in einer uns heute unbekannten Ausdrucksweise – anrührend und befremdlich.

Schon das macht »Freies Deutschland« zu einer Fundgrube. Herrnstadt hat die Sprache nicht glattgebügelt.

Wir lesen, wie gesprochen wurde im Jahr 1943, 1944, aber wir lesen es ohne faschistischen Inhalt. Auch ohne Diktion der KPD.

»Soldat, denn du bist ein Mensch und du sollst den Menschen nicht ausziehen, wenn du die Montur anziehst ... Ihr habt es in der Hand, auf dem vorgezeichneten Weg den Krieg zu beenden, Kameraden, tut eure Pflicht!«

»Wartet nicht, bis der andere vorangeht, ihr Zögernden. Wartet nicht, bis der Erfolg sich zeigt. Unser armes, gequältes Deutschland ruft uns. Deutschland, wir kommen! Es lebe Deutschland!«

Man spürt noch heute die Aufregung jedes Einzelnen, im Juli 1943 vor vielen Menschen hitlerfeindliche Sätze laut auszusprechen. Man spürt, dass das Mut kostet, dass das jetzt eine Festlegung ist, eine Handlung, nicht einfach so dahingesagt.

Wiederum: Mit jedem Auftritt haben die Veranstalter Schwerpunkte gesetzt. Wer in der DDR aufgewachsen ist, erkennt es sofort, das Strickmuster der Volksversammlung.

Der Arbeiter, der Bauer, der Gelehrte, Soldat – alles sortiert und durchdacht, aber noch ist es auch echt. Das sieht man am Text.

Denn diese Deutschen hier sind gestern vielleicht in Hamburg oder Köln gewesen, sie kommen aus Gefangenenlagern, aus zerbombten Städten, und ausgerechnet hier in Moskau, zu einem Zeitpunkt, wo noch keiner wissen kann, was aus Deutschland wird, sagen sie, worüber zu reden wäre. Nirgendwo in der Welt gab es im Jahr 1943 eine solche Versammlung.

Keine Phrasen. Die Phrasen sind einfach noch nicht gestanzt, es ist zu früh. Es ist nicht zu früh. Auch das ist an den Texten zu sehen.

Die sich damals äußerten, dachten wahrscheinlich, es sei erst ein Anfang, aber wo war die Fortsetzung dieser deutschen Debatte?

Ich weiß von keiner.

Auch in den folgenden Nummern ist die wöchentlich erscheinende großformatige Zeitung offen für ein breites Spektrum von Menschen und Gedanken, und das bis zur Mitte des Jahres 1944 etwa.

Das ist die Zeit, in der das Nationalkomitee seine Bedeutung verliert, die es für die Sowjetunion möglicherweise hatte. Da es keinen nennenswerten Widerstand in Deutschland auslösen konnte, hatten sich auch keine Gesprächspartner dort gezeigt.

Die Schwerpunkte, die Herrnstadt in der Zeitung gesetzt sind:

Erstens – Die deutschen Soldaten und Offiziere sollen sich gegen Hitler erheben.

Zweitens – Lob der Sowjetunion.

Ungewöhnlich wiederum: Beinahe alle Beiträge sind von Kriegsgefangenen selbst geschrieben, und darum gibt es neben der Komintern und der PUR noch einen dritten Schauplatz in Herrnstadts Moskauer Zeit: die Kriegsgefangenenlager.

Eines vor allem: Kriegsgefangenenlager Nr. 27, Krasnogorsk. Sieben Baracken im Kiefernwald, Stacheldraht, Hochstände, ein großes Tor, an zwei Seiten ein Fluss als Begrenzung.

Auf einem Foto sieht man den kommunistischen Parteivorsitzenden Wilhelm Pieck neben dem Marschall der Hitlerarmee Friedrich Paulus in der Sonne stehen. Pieck im dunklen Anzug, Paulus in Schaftstiefeln und Uniform. Ein Fluss schimmert zwischen den Bäumen. Wo ist das? Absurdistan?

Nein, Sowjetunion. Krasnogorsk.

Ein besonderes Lager, mit besonderen Insassen. Hier war die Elite der Kriegsgefangenen untergebracht, darunter alle deutschen Generäle, hier wurde der letzte chinesische Kaiser auf den Kriegsverbrecherprozess gegen Japan vorbereitet und Konrad Lorenz vollendete hier seinen Bestseller über das Verhalten der Graugänse und schenkte der Lagerleitung ein Exemplar. Hier wurden auch Sowjetbürger beschäftigt, die nach Stalins Willen längst nicht mehr leben sollten. Diese Russen waren keine Gefangenen, sie waren Versteckte.

»Wo hat man Sie so lange versteckt?«

War das nicht Manuilskis Frage an Herrnstadt gewesen?

Alles da, alles nebeneinander. Optionen – vorläufig wuchsen hier nur Optionen, sie wuchsen wie Pilze im Kiefernwald.

Die vielleicht wichtigste aller Optionen war die »Zentrale Antifa-Schule«. Überall in den Staaten der Anti-Hitler-Koalition machte man damals Pläne zur Umerziehung der Deutschen. Die Sowjetunion hatte zu diesem Zweck in jedem Kriegsgefangenenlager eine »Antifaschistische Schule« eingerichtet, und die dort zu Hoffnungen berechtigenden Schüler durften nach Krasnogorsk.

Die Erziehung zum Antifaschismus bestand aus den Fächern Marxismus, Dialektik, Geschichte, und besseren Verpflegungsrationen. Besonders das machte die Umerziehung in den Augen der so Erzogenen fragwürdig, denn sie sahen es genau – sie sollten bestochen werden. Jede Lagerleitung brauchte Erfolge. Aber es gab Soldaten, die ihr bisheriges Weltbild auch ohne Bestechung in Frage stellten.

Die sowjetische Umerziehung stand unter der Losung: Deutschland wird besiegt, aber es wird nicht untergehen. Es war die Losung dieser Jahre in Moskau, und sie wurde von allen Russen vertreten, die Herrnstadt bei der 7. Abteilung kennenlernte.

Mein Vater sah darin eine moralische Leistung: Der deutsche Angriff dauerte nun schon das dritte Jahr, das dritte Jahr kämpfte die Sowjetunion im eigenen Land gegen Hitlerdeutschland, die täglichen Verluste an Menschen waren so hoch, dass es nie eine Zahl gab, und dennoch dieses Motto: Deutschland wird leben.

Es war vor allem das Kriegsgefangenenlager Krasnogorsk, wo die deutschen Kommunisten Soldaten und Offiziere suchten, die bereit waren, sich öffentlich gegen Hitler zu stellen. Bereit, sich im Rundfunk und in der Zeitung nach Deutschland zu wenden oder an die Front zu fahren und die oft hoffnungslos eingeschlossene deutsche Truppe zur Kampfaufgabe zu bewegen.

Die wenigen, die sich zuerst zum Eintritt in das Nationalkomitee entschließen, werden von den anderen so heftig attackiert, dass dem Nationalkomitee schon bald ein gesonderter

Aufenthaltsort zugewiesen wird – das verwaiste Eisenbahner-Erholungsheim in Lunjowo. Es war leer, weil in diesem Krieg kein Eisenbahner mehr zur Erholung fuhr.

In Lunjowo arbeitet von da an die »Kriegsgefangenen-Redaktion« des »Freien Deutschland« parallel zu der Redaktion in Moskau.

Jeder Artikel wird vielfach besprochen, bearbeitet, manchmal auch von seinem Verfasser zurückgezogen oder von der Zensur verboten. Die beteiligten Offiziere schreiben später über diese Zeitungsarbeit, dass sie korrekt ablief.

Da fand unter Laborbedingungen eine Annäherung statt, die absurd war, und doch war es eine Annäherung. Herrnstadts Erinnerungen enthalten erstaunliche Porträts deutscher Offiziere in dieser Ausnahmesituation. Was sie alle verbindet, ist die Sorge um Deutschland.

Überblickt man die Zeitung im Ganzen – es ist ein einziger Schrei.

Auch das hatte ich nicht erwartet. Diese Welle von Gefühl, Gefühl für Deutschland und diese Traurigkeit.

Hier in der Zeitung ist es zu finden, das deutsche Unglück dieser Tage. Daher mein Eindruck der Flaschenpost, der Entdeckung. Ich kannte bisher nur deutsche Texte *über* den Schmerz und hatte immer gemeint, dass etwas fehlt in der Überlieferung dieser Zeit.

Hier war der Schmerz zugelassen und aufgeschrieben, und das geschah, um einen Widerstand in Deutschland zu wecken.

Möglich gemacht hatte es wahrscheinlich Manuilski, den Herrnstadt immer wieder als einen ausgesprochen emotionalen Menschen beschreibt. Schmerz war aber auch in der Sowjetunion während des Krieges kein Tabu. Man muss nur sowjetische Kriegslieder aus diesen Jahren hören – wie traurig sie sind. Diese Trauer war offenbar auch den Deutschen hier zugestanden. Auch deswegen so wenig Phrasen in allen Texten, auch daher die vielen überraschenden Details, die man so nicht mehr finden wird, sobald der Krieg vorbei ist.

Man sieht es den Artikeln an, dass immer einer der Redakteure vom Verfasser verlangt hat: Konkreter bitte! Was, wann, wo, wie – aufschreiben! So ist es ihnen gelungen, einen Windhauch der Zeit einzufangen: Wir trauern um Deutschland.

Patrioten dürfen das offenbar sagen, jedenfalls bei den Russen mitten im Krieg.

Das deutsche Unglück erscheint in den aktuellen Fotos der erfrorenen Soldaten, in den Bildern der zerbombten deutschen Städte, in den flehentlichen Aufrufen der deutschen Offiziere und Soldaten an ihre Kameraden, die Waffen endlich niederzulegen, und in Briefen, Tagebüchern, Faksimiles.

Ganze Seiten sind voll davon. Briefe aus Deutschland, Briefe nach Deutschland, Briefe von Toten, Briefe von Lebenden. Meist werden sie fotografiert und das Foto so groß abgedruckt, dass man noch Schriftzeilen lesen kann. Die Redaktion weiß, wie wenig ihr geglaubt wird. Auch deswegen steht neben den Namen der kriegsgefangenen Autoren jedes Mal auch ihr militärischer Rang und die Nummer des Regiments.

Was aus Briefen zitiert ist, wird sofort kommentiert. Auch diese Kommentare sind ohne Phrasen, ohne scheinheilige Betroffenheit.

»Laßt Deutschland nicht zugrunde gehen!« steht zum Beispiel am 12. Dezember 1943 groß über der ganzen Seite drei.

Heinrich von Einsiedel schreibt über das Tagebuch des jungen Soldaten Wolfgang Heinz, das »auf dem Kampffeld« gefunden wurde, der Mann selbst ist vermisst.

Wolfgang Heinz hatte geschrieben: »... es ist oft furchtbar schwer, gehorsam zu sein und einen Befehl auszuführen. Wir mussten jetzt ein Dorf völlig niederbrennen. Die armen Leute, die sich doch mühselig alles zusammengebaut hatten, waren ganz fassungslos. ›Ihr seid doch ein Kulturvolk‹ – sagte die eine zu mir, und man kann nur die Achseln zucken. Sie flehten einen auf den Knien an, es nicht zu tun, boten ihr ganzes Geld an. Heiligenbilder hielten sie uns entgegen! Aber was half das! Befehl.«

Einsiedel in seinem Kommentar bedauert den jungen Soldaten, aber er gibt ihm nichts nach: »… achselzuckend brennt er ihr Dorf nieder. ›Befehl ist Befehl!‹ Morgen wird er auf sie schießen … – ›Befehl ist Befehl!‹ … wie konnte es dahin kommen? … Wir hören es immer wieder aus dem Munde der Gefangenen in den letzten Monaten: ›Der Krieg ist verloren.‹ – Nun, und? – ›Deutschland geht zugrunde.‹ – Und, und? – ›Was kann man machen, es geht halt zugrunde.‹ Es ist dasselbe gleichmütige Achselzucken.«

Einsiedel nennt es Resignation und ruft: »Heraus aus der Starre! Fort mit der lähmenden Untergangsstimmung!«

Die Redaktion besteht anfangs nur aus vier Leuten: Karl Maron, Lothar Bolz, Alfred Kurella und Rudolf Herrnstadt. Später kommt Ernst Held dazu und für kurze Zeit der junge Wolfgang Leonhard.

Karl Maron schreibt wöchentlich über die Lage an den Fronten und unterzeichnet alle seine Beiträge mit seinem Namen. Die anderen unterzeichnen eigene Texte selten oder gar nicht.

Hier ein Zitat aus »Eigenheim« von Lothar Bolz, einem Artikel über den Häuschenbauer, der zum Soldaten geworden ist.

»… Wenn wir es mal zu etwas bringen … dann muss alles weit und luftig und sonnig sein, große Fenster, hellgestrichene Wände, sogar der Fußboden hellgrau …, und wie erbittert haben sie gespart, und wie viel entbehrt! … Dann war es endlich da! … Aber dafür soll es mir auch niemand nehmen, mein Eigenheim! … Weib und Kind, Volk und Heimat hat er verlassen, aber seinen Traum vom Eigenheim hat er über Hunderte und aber Hunderte Kilometer mit sich geschleppt, über endlose Steppen, durch weggeknickte Wälder, durch weglose Ebenen, durch zerstörte Städte und niedergebrannte Dörfer ... ja seid denn ihr Männer ganz von Gott verlassen? Wofür stürzt ihr in den Dreck? Wofür verblutet ihr? Für euer Heim?«

Wo ist Herrnstadt zu finden? In der Achtung vor dem sprachlichen Ausdruck der Verfasser? In der strengen Form? In dem sehnsüchtigen Interesse an Berlin?

Berlin kommt immer auf Seite eins: Berlin – am Knie, Berlin – das Schloss, Berlin – der Wittenbergplatz. Kaputt, alles kaputt.

In einer Textzeile erkenne ich ihn: Sie steht unter dem Foto einer Hauswand, auf die mit Kreide die Namen von Überlebenden geschrieben sind. Bildunterschrift: »Und wo stehen die Namen der Toten?«

Auch Gleiwitz kommt häufiger vor als jede andere deutsche Stadt. Gleiwitz – der Bahnhof befreit; Gleiwitz – sowjetische Panzer in der Stadt; Gleiwitz – man hört dort den Sender des Nationalkomitees. Rudi und Lothar denken an ihre Heimatstadt.

Die Rubrik »Außenpolitische Umschau« hat Herrnstadt wahrscheinlich geschrieben, auch aus manchem Leitartikel hört man seine Stimme heraus. Und natürlich hat er mit den Offizieren gesprochen, sie waren die wichtigsten Autoren.

Den ersten kriegsgefangenen deutschen Offizier hatte Herrnstadt schon in der PUR getroffen. In der Passierscheinstelle war ihm ein Rotarmist aufgefallen, der zu gebildet aussah dafür, dass sein Soldatenmantel ohne Rangabzeichen war und der ein Russisch mit deutschem Akzent sprach. Das war der Hauptmann Dr. Ernst Hadermann, ein Germanist aus Kassel. Er hatte schon im Sommer 1941 die Front gewechselt, weil er an diesem Überfall grundsätzlich nicht teilnehmen wollte.

Dieser wurde ein Freund, bei anderen wird die Annäherung Herrnstadt nach allem, was inzwischen geschehen war, schwergefallen sein.

Sieht man die Fotos aus dieser Zeit, wie sie da stehen, die deutschen Offiziere in Schaftstiefeln und mit allen Rangabzeichen – wären sie Herrnstadt auf der anderen Seite der Front begegnet, er wusste, wie diese Begegnung ausgesehen hätte. In diesem Punkt hatte er keine Illusionen. Entsprechend hielt sich seine Begeisterung in Grenzen. Aber auch die Arbeit im Nationalkomitee ist ein Auftrag seiner Partei: Überzeugen.

Auch hierbei überrascht ihn das Auftreten von Parteifunktionären. Hier eine Szene, in der Herrnstadt zusammen mit Ulbricht in das Lager Woikowo fahren soll, um mit Offizieren zu sprechen, die eventuell bereit wären, dem Nationalkomitee beizutreten. Es sind ein Oberleutnant Bredt, ein Hauptmann Domaschk und der Kriegsgerichtsrat von Knobelsdorff. Vor allem Oberleutnant Bredt hat das echte Bedürfnis zu reden. Für ihn ist Hitler nach dem Blutbad von Stalingrad ein Stümper und ein Lügner.

»Aber Bredt kam nicht weit. Zu seinem Erstaunen nahm ihm Ulbricht nach dem zweiten Satz das Wort mit der Bemerkung ab, das sei zwar alles richtig, aber längst bekannt. Es kam heraus, dass nun er, Ulbricht, das Eigentliche sagen werde.«

Und so redet Ulbricht noch mehrere Stunden weiter, bis die drei Offiziere erbost und erschöpft den Raum verlassen.

Wenn Manuilski abends nach den Argumenten der Offiziere fragt und Herrnstadt keine Antwort weiß, soll er sagen, ob er überhaupt da gewesen wäre. Nun muss er den Sachverhalt genauer erzählen, und Manuilski wird wütend:

»Das habe ich vorausgesehen! Fragen Sie Grigori Michailowitsch (Dimitroff)! Die deutschen Genossen leiden an verdrängten Komplexen! Zehn Jahre lang haben sie keine Volksreden halten können! In der Emigration war keine Zeit dafür! Und jetzt, wo sie ein Stückchen Auditorium spüren, wollen sie sich selber beweisen, was sie für Teufelskerle sind! Aber für diese Beweise danken wir!«

Herrnstadt hat viele solcher Episoden im Text, aus denen hervorgeht, wie verärgert Manuilski immer wieder über das ist, was er »kleinbürgerliche Erscheinungen« nennt. Jedes Mal sind es Dinge, die Herrnstadt ebenfalls aufgefallen sind.

Aus seiner Sicht ist das verständlich, er ist neu in einem Parteiapparat, im deutschen zumal, aber Manuilski? Warum kritisiert Manuilski die Deutschen?

Ist er es nicht gewesen, der als Vorsitzender der Komintern Walter Ulbricht in der KPD an die Macht verholfen hat? So lesen wir es überall. Bedauert er es? War es vielleicht gar nicht sein Wunsch? Will er Herrnstadt manipulieren?

Der gerät Schritt für Schritt tiefer in den Zwiespalt zwischen den unverständlichen deutschen Kommunisten und den verständlichen sowjetischen.

Im August 1943 wird bekannt, dass beim Vormarsch der Roten Armee in Krasnodar Lastwagen entdeckt wurden, in denen Menschen vergast wurden. Es ist die erste Meldung dieser Art in der sowjetischen Presse, sie löst Unruhe unter den kriegsgefangenen Offizieren aus, die bisher nie von Verbrechen gewusst haben wollen, und es gibt einen Zwischenfall mit dem Major Karl Hetz.

Der steht mit einer Gruppe von Offizieren im Flur von Lunjowo und erklärt denen gerade, wie ein Gaswagen funktioniert, wenn Herrnstadt dazukommt. Es entsteht eine peinliche Situation. Karl Hetz sagt, er habe so einen Wagen nie gefahren, sondern nur besichtigt, als er zu Besuch bei einem Regimentskameraden war.

Die Kommunisten im Nationalkomitee sind ratlos, was tun?

Hetz ist Vizepräsident des Nationalkomitees. Das ist gerade erst mühsam gegründet. Man beschließt, dass Hetz öffentlich eine Erklärung abgeben soll, und so erscheint dessen Artikel »Der Todeswagen« im »Freien Deutschland« vom 20. August 1943.

Es ist der weltweit erste deutsche Zeitungsartikel über diese Art von Verbrechen. Aber damals gibt es noch keinen Wettlauf der Erstveröffentlichungen. Damals erschrecken die kommunistischen Emigranten.

Wer sitzt da wirklich im Nationalkomitee?

Und trotzdem – zwischen Juli und September 1943 besuchen die deutschen Emigranten unentwegt die kriegsgefangenen Offiziere in ihren verschiedenen Lagern. Hierhin gehört die Episode mit Ulbricht und dem Oberleutnant Bredt. Es wird tagelang, nächtelang, wochenlang erbittert gestritten, denn die Zeit läuft. Es geht vor allem um die Teilnahme der Generäle am Nationalkomitee. Denn ohne sie wird es bei der kämpfenden Truppe nicht gehört werden, und im Generalstab schon gar nicht.

Noch während in Krasnogorsk das Nationalkomitee gegründet wird, tobt die große Kesselschlacht von Kursk. Hier hat die Rote Armee einen tiefen »Bogen« in die deutsche Frontlinie geschlagen. Hier kommt es auch zur größten Panzerschlacht des Zweiten Weltkrieges. Trotz der aussichtslosen Lage wagen die kommandierenden deutschen Offiziere es wieder nicht, das sowjetische Kapitulationsangebot anzunehmen.

Etwa 20000 deutsche Soldaten fallen, etwa 34000 werden »völlig verwirrt« gefangen genommen, so steht es im »Freien Deutschland«. Seitdem rückt die sowjetische Front mit bisher ungewohnter Geschwindigkeit nach Westen vor.

Jetzt kommt die gesamte deutsche Ostfront ins Wanken, und jetzt geraten die Alliierten ebenso in Eile wie das Offizierskorps in den Lagern. Beide hatten abgewartet, ob der sowjetische Sieg an der Wolga nicht doch ein Ausnahmefall bleiben würde.

Auch die Stimmung unter den Offizieren wandelt sich. Einige wollen ihre ehemaligen Kollegen auf der anderen Seite der Front nun doch zum Rückzug auffordern. Andere zögern weiter.

Herrnstadt: »... Über den Baracken lag eine Atmosphäre der Unruhe und gespenstischen Betriebsamkeit. Gruppen halblaut diskutierender Offiziere standen und saßen herum, verstummten, wenn Angehörige anderer, ›feindlicher‹ Gruppen deutscher Offiziere herantraten, und nahmen die Diskussion gierig wieder auf, wenn die Horcher verschwunden waren. Überall wurde die Kriegslage analysiert, auf Papier oder im Sande ...«

Noch im Sommer entscheiden sich etliche hohe Offiziere für das Nationalkomitee, wollen aber keinem Verein beitreten, der aus Kommunisten und niederen Chargen besteht. Also wird der »Bund der Offiziere« gegründet und General von Seydlitz übernimmt den Vorsitz. Da ist schon September.

Nun hat ein bekannter deutscher General sich auf die Seite der Sowjetunion geschlagen, eine Stimme, die in Deutschland gehört werden müsste, aber auch die Alliierten haben reagiert, sie fürchten einen sowjetischen Separatfrieden mit Deutschland, und schon im Oktober 1943 reisen die Außenminister der USA und Großbritanniens nach Moskau.

Im Dezember treffen sich Stalin, Churchill und Roosevelt in Teheran.

Die Konferenz von Moskau spricht zum ersten Mal von der gemeinsamen und restlosen Zerschlagung des Hitlerstaates.

Damit ist beschlossen, dass die Rote Armee an den Grenzen der Sowjetunion nicht anhalten wird.

Teheran heißt: Zweite Front in Europa.

Auf der Konferenz von Moskau ist von den politischen Möglichkeiten Deutschlands nur noch am Rande die Rede, in Teheran gar nicht mehr.

Die Würfel sind gefallen. Soweit es deutschen Widerstand überhaupt gibt, wird er bei Friedensverhandlungen nicht mit am Tisch sitzen.

ZWISCHENZEIT

Wenn die Beschlüsse der Alliierten gefasst sind, verliert das Nationalkomitee seine Bedeutung, und es beginnt eine Zwischenzeit. Solche Zeiten können unheimlich sein, denn in ihnen wird sichtbar, was kommen wird, aber wer will es wissen?

Zuerst fällt allen die Stille auf, in die sie nun wieder zurückfallen aus ihrer euphorischen Stimmung. Diese Stille, die Herrnstadt schon in der Komintern gestört hat. Die Offiziere nennen ihren »Standort Lunjowo« von jetzt an den »Zauberberg«. Er notiert es zustimmend:

»Im Speisesaal wurde gegessen, im Gelände promeniert. In den wohltemperierten Zimmern und Korridoren fiepte diskret die Zentralheizung, denn inzwischen war es kalt geworden. Ordonnanzen sorgten für musterhafte Sauberkeit. Die Verpflegung war, legt man Friedensmaßstäbe an, ausreichend, aber bescheiden. Vergleicht man sie mit den damaligen Verpflegungssätzen der sowjetischen Bevölkerung, so war sie luxuriös. (In Moskau gab es zur gleichen Zeit für nichtberufstätige Personen pro Kopf und Tag 150 g Brot, in Lunjowo 600 g. In ähnlicher Proportion bewegte sich die Zuteilung der anderen Nahrungsmittel.)«

Die Kriegsgefangenenredaktion arbeitet, die Offiziere schreiben Aufrufe, fahren an die Front, aber es ist nicht mehr dasselbe, sie wissen es. Jetzt geht es nur noch um Schadensbegrenzung. Deutsche werden über den Kriegsausgang nicht mitbestimmen, es sei denn, es gibt doch noch einen Aufstand gegen Hitler.

Das fällt besonders auf in dieser Zwischenzeit: Deutschland scheint gelähmt.

Die ganze Welt wartet auf einen Aufstand, aber er kommt nicht. Nicht im Inland und nicht an den Fronten. Im Kessel von Korsun opfern deutsche Generäle im Februar 1944 wieder zehntausende deutsche Soldaten. Das Nationalkomitee hat sich gerade hier enorm angestrengt, sie angesichts ihrer aussichtslosen Lage zur kampflosen Übergabe zu bewegen, und bleibt erfolglos.

Es ist die Nazipropaganda, die hier wirkt, denn es heißt in Deutschland, die Rote Armee mache keine Gefangenen. Aber es ist auch noch etwas anderes: Furcht. Die deutschen Soldaten im Osten wissen, was sie angerichtet haben. Was die Rote Armee auf sowjetischem Gebiet vorfindet, wenn sie nach Westen vorrückt, das ist ein einziger, großer Friedhof.

In seinem Text von 1964 vergleicht Herrnstadt das zur Zeit der Niederschrift seiner Erinnerungen täglich ansteigende Entsetzen über die Verbrechen des Kommunismus mit der Stimmung dieser Zwischenzeit in Moskau: »... Wie gegenwärtig die denkende Menschheit seit 1956 in Abständen feststellt, dass die Auswirkungen des sogenannten Personenkultes *noch* vielgestaltiger, *noch* umfassender, verzahnter und der Begriff Personenkult für das, was ausgedrückt werden soll, *noch* unzulänglicher ist, als sie das bereits vor drei Monaten erkannte, so erzwang damals die ständig sich weitende Kenntnis vom Umfang der Massenverbrechen Hitlerdeutschlands immer wieder eine veränderte Bewertung ihrer Qualität.«

Herrnstadt löst hier wieder einen Konflikt aus.

Es ist nach dem Kriegsverbrecherprozess von Charkow im Dezember 1943, dem ersten öffentlichen Kriegsverbrecherprozess des Zweiten Weltkriegs überhaupt. Sowjetische Zeitungen hatten tagelang und ausführlich darüber berichtet. Hier wurde die Bevölkerung der Sowjetunion zum ersten Mal mit dem deutschen Massenmord an Zivilisten konfrontiert, der in den besetzten Gebieten seit Kriegsanfang geschah. Seit über zwei Jahren also.

Herrnstadt schreibt, dass die Menschen damals »förmlich erstarrten«, weil beinahe jeder Verwandte im Westen des Landes hatte oder von dort evakuiert worden war. Im Nationalkomitee aber sei schieres Entsetzen ausgebrochen, denn die verhandelten Verbrechen wären im Bereich der 6. Armee begangen worden, und genau zu dieser Armee gehörten die meisten der kriegsgefangenen Mitglieder des Nationalkomitees.

Nun wiederholt sich der Fall Karl Hetz in größerem Maßstab.

Das Nationalkomitee gibt eine Erklärung ab, Offiziere äußern Abscheu und Überraschung. Man muss es glauben, wenn man das Komitee nicht auflösen will.

Wenn der Prozess von Charkow endlich zu Ende ist, steht Weihnachten vor der Tür. Wie soll man feiern, angesichts solcher Nachrichten? In der PUR wird beschlossen, Weihnachten zwar zu feiern, sich aber »jeder familiären Geste zu enthalten«.

Es kommt dann anders. Herrnstadt trifft Ackermann unterwegs nach Lunjowo, bepackt mit Geschenken. Es folgt eine Brüllerei, denn Herrnstadt findet das falsch und auch illoyal gegen die Zeitungsredaktion und vor allem typisch wieder mal.

Denn von der ersten Stunde an – so notiert er – habe es in der Rundfunkredaktion einen Unwillen gegeben, die Verbrechen der Wehrmacht ausführlich zu kommentieren.

Man vermied es, man umging es, man fragte: »Müssen diese Meldungen denn so breit gebracht werden? Ist denn das richtig bei unseren spezifischen Aufgaben?«

Und schließlich: »Die Redaktion der Zeitung erschwert die Gewinnung der Offiziere.«

Herrnstadt dagegen sieht es als eine Pflicht, die Berichte

über die Gräuel nicht zu unterdrücken, sondern durch ihren bewussten Abdruck eine Auseinandersetzung mit dem Faschismus zu erzwingen.

Heute ist bekannt, wie sehr die deutschen Kommunisten nach 1945 Verbrechen des deutschen Faschismus möglichst in den Bereich der »westdeutschen Imperialisten« verschoben, um der Bevölkerung der DDR die konkrete Auseinandersetzung mit eigenen Taten zu ersparen. Dass das in der ersten Stunde schon begann, ist in Herrnstadts Erinnerungen zu lesen.

Es unterstreicht Herrnstadts Eindruck, wenn in den Erinnerungen anderer deutscher Kommunisten an die Moskauer Zeit diese Weihnachtsfeier ebenfalls erwähnt wird und Herrnstadt als Spaßverderber. Nichts dagegen über die Gründe seines Verhaltens. Sie haben es wirklich vergessen.

Der Zustand der Roten Armee, ihr Rachefeldzug auf deutschem Gebiet, gehört auch in die Zwischenzeit – und dass das verschwiegen wird. Unbefangen schickt das Nationalkomitee seine *Frontkorrespondenten* mit der Roten Armee nach Ostpreußen. Sie sollen dabei sein, wenn erstmalig deutsches Gebiet betreten wird. Keiner scheint zu ahnen, was jetzt geschieht, die Schüler der »Antifaschulen« nicht und die deutschen Kommunisten auch nicht.

Heinrich von Einsiedel war dabei. In seinen Erinnerungen hat er aufgeschrieben, wie sich der seit drei Jahren aufgestaute Hass auf jeden noch lebenden Deutschen entlädt – Exzesse von erschreckender Grausamkeit. Die Truppe ist nicht mehr lenkbar, sogar sowjetische Offiziere, die bisher freundschaftlich gegen Einsiedel waren, sind wie verwandelt, sehen den Feind in ihm, Pogromstimmung gegen die Deutschen bricht aus, Offiziere, die dagegen auftreten, werden niedergemacht. Und das wird jetzt in der Sowjetunion angefeuert. Rachegefühle.

Wo ist da der Internationalismus, die kommunistische Haltung? Was schreibt man darüber? Nichts.

Schweigen in dieser Zeitung.

Jetzt taucht Polen auf, in der Zwischenzeit, die sowjetische Politik gegen Polen. Seit der Entdeckung der Massengräber von Katyn klagt die polnische Londoner Exilregierung Moskau dieses Verbrechens an, das hat den Vorwurf zurückgewiesen und die diplomatischen Beziehungen abgebrochen. Die polnische Untergrundbewegung will Warschau noch vor der Roten Armee befreien, dabei rechnet sie auf deren Vormarsch. Umsonst. Sie hilft nicht, und der Warschauer Aufstand vom Herbst 1944 endet mit einer Niederlage und der völligen Zerstörung der Stadt.

Auch dazu muss Herrnstadt schweigen. Vier Artikel über Gleiwitz im »Freien Deutschland« und nicht einer über Warschau – das war seine Freiheit damals. Plötzlich auf einer Titelseite ein Breitband-Ruinenfoto von Warschau. Das erste Foto danach. Kein Kommentar.

Etwas anderes aber taucht auf in dieser Zwischenzeit und wird zugelassen: die »deutsche Frage«.

Herrnstadt in der PUR erlebt Manuilski im Gespräch mit Burzew und dem ungarischen Mitglied der Komintern, Ernö Gerö, kurz nach der Konferenz von Teheran. Die Neuigkeit, die sie gerade besprechen: Die Westalliierten wollen Deutschland als Staat auslöschen.

Herrnstadt zitiert den erregten Manuilski: »… das Vorgehen der beiden Westmächte entspreche vollkommen der Logik des Kapitalismus. Liege der Gegner am Boden, so müsse er ausgeweidet werden. Im vorliegenden Fall sei der Gegner Deutschland, ein hochentwickelter Klassenbruder – ›nicht schlecht, nicht schlecht, man zergliedert ihn, übernimmt seine Anlagen, seine Märkte, frißt die in Generationen akkumulierte Arbeitsleistung‹. Und an mich gewandt in einem neuen Anfall von Wut und Schmerz: ›Ausweiden will man Euch wie eine Stopfgans! …‹ Und wieder zu Gerö und Burzew: ›Für solche Zwecke sollen jetzt die Hitlerschen Verbrechen dienen … Aber falsch gerechnet, Gospoda! Daraus wird nichts. Deutschland bleibt! Und wenn unsere geschworenen Freunde die Frage *so* stellen, nun, dann werden wir halt alle zu deutschen Patrioten. Sie stutzen? Ja, auch jetzt, auch wenn man aus tausend Wunden blutet. Schließlich – wenn es leicht wäre, wäre es nicht kommunistisch.‹ Und wieder zu mir gewandt: ›Genosse H.! Propagieren Sie in Ihrer Zeitung Goethe, Heine, Menzel, Liebermann. Bringen Sie Bilder von Rothenburg und Meißen. Haben Sie die Aprikosenblüte an der Bergstrasse vergessen? Mein Gott, sind Sie begriffsstutzig. Sie haben es nicht nötig, den Kopf einzuziehen! Das deutsche Volk ist ein großes Volk! Es hat Hitler gehabt? Na, was denn – den hätten auch andere haben können. Es wird auch andere haben! Sie stehen ja noch immer herum, Genosse Burzew. Geben Sie Anweisung, dass jetzt auch in der Propaganda der Roten Armee immer deutlicher hörbar wird: Für ein neues, starkes Deutschland! Sie meinen, das hätten wir immer gesagt? Das zählt jetzt nicht. Daß wir es *jetzt* sagen, das zählt! Daß unsere Jungens den deutschen Faschismus erwürgen und im gleichen Atemzug den Kummer im eigenen Herzen und dazu noch die Pläne unserer geschworenen Freunde – das zählt! Genosse Gerö! Warum schweigen Sie? Sie sehen doch, Deutschland ist in Gefahr. Wer soll es denn retten, wenn nicht wir? Haben die Ungarn dazu gar nichts zu sagen?‹«

Rudolf Herrnstadt sieht in solchen Erlebnissen eine kommunistische Haltung. Also formuliert er später im Text: »… Es war ein Glück für die deutsche Nation, dass es im Höhepunkt des Zweiten Weltkriegs ein ZK der KPdSU gab, das unbeirrt durch die schwersten Opfer und Beleidigungen die Vertretung der nationalen Interessen des deutschen Volkes im Geiste des proletarischen Internationalismus auf sich nahm.«

Bis zuletzt will Herrnstadt das glauben: Es gab neben allen Verbrechen auch eine Linie der neuen, der kommunistischen Werte in der Sowjetunion. Er hat es ja selbst erlebt!

Inzwischen gilt es als Tatsache, dass durch den Einspruch der Sowjetunion Deutschland damals nicht unwiederbringlich zerteilt wurde.

Hätte sie es getan, fragt Herrnstadt, wenn es in diesen entscheidenden Jahren keine deutschen Kommunisten gegeben hätte, die die sowjetischen Hoffnungen auf ein anderes Deutschland bestätigten? Wenn es die Arbeit des Nationalkomitees nicht gegeben hätte, diese Möglichkeit für die kriegsgefangenen Deutschen, sich in großer Zahl gegen Hitler zu stellen?

Das ist möglich.

Irrtum aber wahrscheinlich, dass es kommunistische Ideale waren, die Stalins Sowjetunion für Deutschland optieren ließen.

Hatte sie nicht gerade erst auf Schwarz-Weiß-Rot gesetzt? Hatte sie sich mit Hitler nicht großzügig arrangiert? Hatte sie nicht auch zur deutschen Bourgeoisie in den zwanziger Jahren die besten Beziehungen gehabt?

Es gibt viele Beispiele dafür, dass Russland und später die Sowjetunion Deutschland brauchte. Als Damm gegen die Westmächte und als Brücke zu ihnen. Mit Deutschland verstand man sich. Vielleicht hat das eine Rolle gespielt bei der Gründung des Nationalkomitees und seiner so großzügigen Unterstützung – die Bismarck'sche Vision eines Deutschland als Vermittler zwischen Ost und West.

Der riesige Trauerartikel jedenfalls, der nach dem Attentat vom 20. Juli mit erstaunlichen Details in der Zeitung erscheint, kommt nicht aus der KPD, das sieht man am Text. Später folgen ausführliche Porträts der hingerichteten Offiziere, geschrieben von deutschen Offizieren, die die Toten kannten. Hier ist noch einmal die breite Öffnung des Nationalkomitees zu erkennen, die Zweigleisigkeit sowjetischer Politik, die auch andere Führungskräfte in der deutschen Bevölkerung für möglich hält als die Kommunisten, und hier endet sie vorläufig erst einmal. Im Sommer 1944.

Von jetzt an wird die Sowjetunion wieder eindeutig auf die KPD setzen, auch das tritt nun deutlich hervor, in der Zwischenzeit.

Im Juli 1944 wird Manuilski von seiner Verantwortung für die deutsche Partei und das Nationalkomitee plötzlich abgelöst und in die neu zu gründende UNO verschoben. Ebenso unerwartet stirbt Wilhelm Florin. Dieser Verlust schwächt auch die Position Piecks gegenüber Walter Ulbricht.

Die deutschen Kommunisten sind nicht wirklich vorbereitet auf das Kriegsende. Immer noch nicht. Aber der Zusammenbruch Hitlerdeutschlands steht vor der Tür. Schon ab 6. März 1944 finden in Wilhelm Piecks Wohnung im Hotel »Lux« Beratungen über die künftige Politik der KPD statt. Acht Referate werden vergeben und über Wochen diskutiert.

Herrnstadt ist eingeladen, eines davon zu halten, und kann sich auch im Jahr 1964 bei der Niederschrift seiner Erinnerungen noch nicht erklären, warum eigentlich.

Das Thema deutet aber auf die Gründe hin, die Wilhelm Pieck bewogen haben müssen, ihn einzuladen: »Die Rolle der Sowjetunion in der Nachkriegszeit und die nationale Frage«. Seine vermutete enge Verbindung zu den Russen wird es gewesen sein.

Herrnstadt fühlt sich geehrt, denn hier sitzen nur ranghohe Genossen, und er hat noch niemals ein Referat gehalten, schon gar nicht in solchem Kreis. Für dieses Thema kann er sich auf keine bereits vorhandenen Parteibeschlüsse stützen, er weiß es. Er soll also der Erste sein, der über die Kriegsfolgen spricht, aber wie?

Es geht ja um die Politik, die der KPD in dieser Lage zu empfehlen ist. Herrnstadt kommt schließlich zu dem Ergebnis, »für das Begreifen dessen, was geschah«, muss den zwei Teilen des Themas ein dritter angefügt werden: »... ein frontaler Angriff auf das auch in unseren Reihen nicht völlig überwundene Kleinbürgertum«.

Also erklärt er den Zuhörern, dass sie das Bild der Sowjetunion der zwanziger und dreißiger Jahre vergessen könnten, denn die wäre demnächst die stärkste Macht der Welt – hier entscheide nicht der ökonomische Faktor allein –, das Zentrum des Imperialismus würde in den USA liegen und Deutschland in einer sehr schweren Lage sein – moralisch abgestürzt, militärisch besetzt und um große Gebiete verkleinert. Alle Weltprobleme würden sich künftig in Deutschland überkreuzen.

Die Rettung Deutschlands in dieser Lage, die nationale Aufgabe also, bestünde in der konsequenten Entmachtung von Imperialismus und Militarismus und in der moralischen Aufrichtung des deutschen Volkes. Nur die Sowjetunion könne dabei eine echte Hilfe sein. Ein Kommunist müsse in dieser Lage zu dem Guten in Deutschland halten, das es immer noch gebe. Ein positives Nationalgefühl dürfe nie wieder den Rechten überlassen werden.

Es wäre aber sinnlos, über das alles zu sprechen, wenn nicht auch Folgendes klar wäre: »Wir würden bei der Heimkehr ... von allen anderen Klassen ... Einkehr und Selbstkritik verlangen. Wir handelten pharisäisch, würden wir nicht mit der Einkehr und Selbstkritik bei uns selbst beginnen ...«

Viele Fragen seien immer noch nicht ernsthaft gestellt und

in ihrer Tragweite erkannt worden. Wie konnte der Faschismus überhaupt so stark werden?

Warum gibt es bis heute in Deutschland keine Erhebung gegen Hitler? Bereits hier in Moskau seien Überheblichkeit und Selbstzufriedenheit der deutschen Genossen von anderen Parteien mehrfach kritisiert worden. Glaubten die Genossen »... dass diese Überheblichkeit und Selbstzufriedenheit nach der Rückkehr in die Heimat ohne Auswirkungen bleiben werde? Dann sei ich anderer Meinung.«

Nach der Rückkehr in die Heimat sei Bescheidenheit gefragt, »Entsagung« sogar, Zurückstehen hinter anderen, wenn die Menschen auf sie hören sollten. Was er hier aber in den anderthalb Jahren gesehen habe, grenze manchmal an kleinbürgerlichen Nationalismus, und als Beispiel führt er an, dass die meisten die russische Sprache nicht lernten.

»... damit übernähmen sie mit ihrer Person die bürgerlich-nationalistische Auffassung vom europäischen Kulturgefälle, das von Westen nach Osten abfalle. Nie hätten sie sich erlaubt, zehn Jahre in England und Frankreich zu leben, ohne die Sprache zu lernen ...« und so weiter. Über alle diese Dinge müsse nun dringend gesprochen werden.

Es folgen Aufruhr und zwei Abende Diskussion. Um die russische Sprache geht es da gar nicht. Herrnstadt wird niedergemacht wegen der politischen Thesen. Er habe alles übertrieben – die Bedeutung der Sowjetunion, die Fehler der KPD und die Lage in Deutschland –, völlig unbrauchbar, dieser Vortrag!

Nachts weint er im Bett, auch das hat er aufgeschrieben. Er sei vollkommen verzweifelt gewesen, denn er dachte, sein Bestes gegeben zu haben, er dachte, sie wollten alle dasselbe. Nur Kurella und Wilhelm Zaisser stehen ihm bei.

Herrnstadt kennt Zaisser nicht. Weiß nur, dass der ein Militär ist und im Spanienkrieg als General Gomez bekannt war. Zaisser löst Tumult aus mit der Bemerkung: »Selbst wenn die Erhebung in Deutschland jetzt käme, käme sie zu spät.«

Wilhelm Pieck ist außer sich: »Wir werden nicht zu spät kommen!«. Aber Zaisser wiederholt seine Meinung und fügt hinzu, dass die Partei der Wirklichkeit endlich ins Auge sehen muss.

Sein Ausruf »Nach dem Krieg wird Deutschland nicht mehr der Nabel der Welt sein, Gott sei Dank!«, und dass Gebietsverluste im Osten den deutschen Militarismus empfindlich schwächen würden, was nur gut sei, trägt ihm den Vorwurf des nationalen Verrats ein und noch mehr Wutausbrüche als Herrnstadts Vortrag.

Eine andere Überraschung: Ulbricht sagt seine Meinung erst ganz zuletzt, wenn die Mehrheit sich schon gegen Herrnstadts Thesen verwahrt hat.

Er stimmt Herrnstadt zu, und nun sind es dessen schärfste Kritiker – Fred Oelßner, Paul Wandel und Otto Winzer –, die sich wieder melden, um zu sagen, wie sie es eigentlich gemeint hätten, nämlich anders. Wer nicht so schnell seine Ansicht wechseln will, der schweigt.

Herrnstadts Thesen sind nun plötzlich angenommen, aber die Stimmung ist katastrophal, was er erlebt hat, ist genau das Gegenteil von dem, was er wollte – eine offene Aussprache.

Diese Versammlungen schildert Herrnstadt in seinen Erinnerungen bereits als eine frühe Spiegelung der letzten Auseinandersetzung der Genossen der SED mit Herrnstadt und Zaisser im Juli 1953.

Seltsam, seltsam, aber es ist ja derselbe Personenkreis, der sich bald nach Deutschland bewegen wird, wo die Themen der Zwischenzeit sich auswachsen werden zu lebenslänglichen Bedrückungen und vielfachem menschlichem Unglück:

Verbrechen gegen die Menschlichkeit, deutsche Teilung und kommunistische Parteipolitik.

Herrnstadt wird bis 1953 dabei sein. Acht Jahre bleiben ihm noch von den zehn, die 1943 begonnen haben. Acht Jahre, in denen er zur Sowjetunion halten wird. Sie wird sein Halt sein.

Warum?

Herrnstadt hat in Moskau zwischen 1942 und 1945 zweifellos etwas Ideales erlebt, etwas, was stärker war als Zensur und Kleingeistigkeit. Er konnte das so erleben, weil er in der Abteilung für Ideologie gelandet war, bei intellektuellen Internationalisten. Sie hatten ihm etwas zugetraut, hatten ihn ernst genommen und seine Arbeit geschätzt. Sie unterstützten die Deutschen im Nationalkomitee.

Aber lebten die intellektuellen deutschen Emigranten, die damals in den britischen, amerikanischen Medien arbeiten durften, nicht in ebenso hochfliegenden Sphären? War es nicht vielleicht diese weltumspannende Atmosphäre des Kampfes gegen das Böse, die diese Jahre so besonders machte?

Die Russen jedenfalls, mit denen Herrnstadt arbeitet, zerstören ihm seine Ideale nicht, ganz im Gegenteil – sie bauen sie auf.

Das ist viel, in einer Zeit, in der er alles verloren hat.

Auch dafür liebt er sie. Darum behält er die Kraft. Darum kommt er ungebrochen heraus und rettungslos idealistisch. Der »reine Linke« eben. Immer noch.

Anyway, ich war stolz auf ihn, als ich von der Debatte las.

Er hat also nicht nur im Nachhinein seine Kritik aufgeschrieben, er hat sie schon damals ausgesprochen, genau in der Zwischenzeit.

Es hat ihm geschadet. Dabei wollte er sich einfügen. Beweisen, dass er dazugehörte, auch wenn er von außen kam.

In der Zeit danach kann Herrnstadt die ständigen Kopfschmerzen, Fieber und Husten nicht länger unterdrücken. Er wird »durchleuchtet«, wie es damals hieß, dann kann er sie selber betrachten – die Schatten auf seiner Lunge. Sofort ins Krankenhaus.

Den Tod vor Augen zu haben, das kennt er schon, aber ausgerechnet jetzt? Jetzt, wo der Krieg endlich zu Ende geht und alle anderen sich schon auf die Zeit danach vorbereiten, soll er sterben?

Zwei Tage lang ist er völlig verzweifelt, auf einem kleinen Stückchen Papier, das ist Mangelware, macht er auch mal einen Plan für sich selber. Es steht darauf: 1. Gegner zum Stehen bringen, 2. Reserven heranziehen, 3. zum Gegenangriff übergehen.

»Die, denen ich das vortrug, lachten. Wir haben auch andere Heilmethoden.« Also doch Krankenhaus.

Aber bald kommt er wieder zurück.

Er will nicht alleine zurückgelassen werden, ist es das?

Kraft sammeln in der Arbeit? Schließlich werden jetzt die Pläne gemacht für die Zukunft! Berlin!

In einem kleinen russischen Schulheft fand ich Skizzen für neue Zeitungen in Deutschland, und wer dort arbeiten soll.

Die Namen: Lothar, zuerst immer Lothar, dann Maron, Gerhard Kegel, Günther Stein – wo will er den herholen? –, Erpenbeck, Kügelgen, Wangenheim.

Man spürt es im Herbst 1944 schon an allen Notizen, der Krieg geht zu Ende. Auch, dass die KPD in Wirklichkeit keine Führung hat, steht da, keine wirklich starken Leute. »Es war ziemlich viel ausgearbeitet worden. Aber das war ja alles nur palliativ.«

Auch in der Zeitung herrschen längst die schiefen, falschen Töne. Das steht nicht in seinen Notizen, das empfinde ich so beim Lesen.

Plötzlich ist viel von dem Aufbau eines neuen Deutschland die Rede, eines neuen Ungarn, Rumänien, Polen, aber die Sprache ist leer, es kommt auch zunehmend das Wort »Volk« ins Spiel und klingt immer sehr unangenehm.

Wer nennt hier wen »das Volk«? Und warum berechtigt »das Volk« immer zu neuen Hoffnungen? Es klingt aufgesetzt, wie überhaupt die neue, optimistische Färbung der Zeitung unglaubwürdig ist und verblasst gegen die Schwärze der immer noch vorhandenen wahren Sätze. Einer davon: »Deutschland bleibt allein.« Geschrieben, als die Verbündeten Deutschlands die Seiten wechselten.

Und immer neue Lager werden entdeckt. Bald müssen die Seiten für Auschwitz, für Lodz, für Dachau gesetzt werden.

»Freies Deutschland« wird die erste deutschsprachige Zeitung der Welt sein, die darüber berichtet. In einigen Fällen wahrscheinlich die weltweit erste Zeitung. Diese ersten Berichte kann man noch heute als adäquat bezeichnen. Und sie sind sämtlich von kriegsgefangenen deutschen Offizieren geschrieben. Herrnstadt hat sie als Reporter geschickt.

Von da an, wenn es nur noch wenige Wochen sind bis zum 8. Mai 1945, wird die Zeitung von Nummer zu Nummer schwerer und ernster.

»Deutschland bleibt allein.« Da versteht man es erst.

Die Welt atmet auf, liegt sich in den Armen, wenn Deutschland geschlagen ist. Aber deutsche Kommunisten und deutsche Soldaten, wie sollen sie jubeln? Es ist ihr Land. Und es geht wirklich zugrunde. Keine Freude in dieser Zeitung.

Diese letzten Monate des Krieges müssen Herrnstadt endgültig verändert haben. Aus manchen Bemerkungen später war es zu spüren. Sie standen nun alle auf einem Gebirge von Toten.

Genau das war damals die Höhe der Zeit.

Und wer war es, der dort oben stand?

In Herrnstadts Erinnerungen an die eigene innere Verfassung schon im Jahr 1944 fand ich Sätze von einer Härte gegen sich selbst, die ich kaum glauben konnte.

»Auch für uns, die deutschen Kommunisten in der Sowjetunion, schuf der ›Charkower Prozess‹ eine neue Lage. Wir hatten uns nie von der Kollektivschuld des deutschen Volkes am Hitlerkrieg ausgenommen, denn wir gehörten zum deutschen Volk und hätten es als verächtlich angesehen, uns von ihm im Augenblick des Unglücks loszusagen. Also mussten wir auch die Mitverantwortung für die im ›Charkower Prozess‹ zutage getretenen Verbrechen übernehmen, ungeachtet des Umstands, dass sich unsere eigenen Genossen und Angehörigen unter den vom Hitlerregime Ermordeten befanden.

Wir hatten ferner als Kommunisten den Glauben an die gesunden Kräfte des deutschen wie jedes anderen Volkes nicht nur hochzuhalten, sondern zu betätigen – und die konkrete Möglichkeit ihn zu betätigen, bestand unter den gegebenen Umständen in der politischen Gemeinschaft mit Offizieren *eben* der 6. Armee, in deren Rahmen und Befehlsbereich die im ›Charkower Prozess‹ aufgedeckten Bestialitäten erfolgt waren.«

– Was sagst du dazu, fragte ich einen meiner achtzigjährigen Freunde, der als Österreicher in der fraglichen Zeit in einem Konzentrationslager gesessen hatte.

– Das gehört auch nach Absurdistan.

– Wie habt ihr denn die deutschen Soldaten betrachtet?

– Verbrecher. Für uns waren sie Verbrecher.

– Dann hat er eine Traumzeitung für Verbrecher gemacht?

– Ja.

Nein. Mit dem Zitat kann man ganze Seminare bestreiten, und gewiss ist es ein Text aus dem Raumschiff, das nun schon so lange verschwunden ist, aber es ist auch die völlige Konzentration auf das Weiterleben, die darin steckt. Und genau so war sie, die Zeitung des Nationalkomitees. Genau aus diesem Geist war sie entstanden.

Herrnstadts letzter Artikel darin erscheint am 4. Mai. Bereits am 31. Mai sieht man ein Foto aus Berlin auf der Seite eins. Es sitzen da als Vertreter des neu gewählten Magistrats von Berlin: der Berliner Stadtkommandant General Bersarin, der erste Oberbürgermeister Dr. Werner und als sein Stellvertreter ein etwas abgemagerter junger Mann mit Schlips und Seitenscheitel: Karl Maron.

Und Herrnstadt? Auch er hat die Zeitgrenze von 1945 erreicht, und jetzt überschreitet er sie.

Er schreibt in seinen Erinnerungen:

Es mag gegen den 20. April (1945) gewesen sein, als Walter Ulbricht in mein Zimmer kam und sagte: »Wir stellen drei Gruppen zusammen, die als erste in Deutschland zum Einsatz kommen. Jede wird etwa zehn Mann stark sein. Zuerst fliegt eine Gruppe in den Bereich der I. Bjelorussischen Front, das ist die mittlere Gruppe, die ich leite. Die südliche Gruppe wird in die Nähe von Dresden fliegen, Leitung Ackermann, die nördliche Gruppe in die Nähe von Stettin, Leiter Sobottka.

Ich habe dich auf die Liste der ersten gesetzt, unter der Voraussetzung, daß du gesundheitlich dazu in der Lage bist. Kläre das.«

Am Abend trug ich in der Poliklinik des »Lux« dem Konsultanten, Professor Manutsch die Angelegenheit vor. Nach umständlicher Untersuchung und Vergleichung der Röntgenfilme gab er eine gewundene Antwort: »Warum wollen Sie nicht noch bleiben? Kurieren Sie sich noch anderthalb Jahre bei uns aus, dann fahren Sie stabilisiert nach Hause.« Auf meine Frage: »Aber Sie erheben keine Einwendungen dagegen, daß ich jetzt fahre?« erwiderte er: »Wenn Sie es sich zutrauen?!«

Daraufhin teilte ich Ulbricht mit, daß medizinischerseits keine Einwendungen erhoben werden, und wurde auf die Liste der ersten zehn gesetzt. Von nun an warteten wir jeden Tag und jede Stunde auf den genauen Termin des Abflugs.

Etwa zwei Tage später erschien Ulbricht wieder in meinem

Zimmer, setzte sich mit einer Gesäßhälfte auf den Schreibtisch und sagte: »Du kannst nicht mitfliegen. Leider. Wir waren bei Schtscherbatow zur Verabschiedung. Dabei fragte er unter anderem: ›Sind unter den Mitgliedern der Gruppe Juden?‹ Als ich sagte: Einer, H., fragte er: ›Muß das sein? Bei diesem Antisemitismus in Deutschland? Sie erschweren sich die Arbeit zusätzlich.‹ Daraufhin haben wir dich streichen müssen. Wie gesagt: *Unsere* Auffassung ist das nicht.« Offenbar, weil er mein betroffenes Gesicht sah, fügte Ulbricht hinzu: »Diesmal sind wir wirklich nicht die Karnickel.« (Gemeint war: Diesmal geht der Schuß wirklich nicht auf die deutsche Parteiführung, genauer gesagt, auf die Aversion Piecks und Ackermanns gegen mich, zurück.)

Also packte ich den Koffer wieder aus. Die Perspektive, die sich vor mir eröffnete, war wenig tröstlich. Wenn sich die Führung der KPdSU *jetzt* auf den Standpunkt stellte, es sei für die KPD unzweckmäßig, mit Juden als Funktionären in Deutschland zu arbeiten, warum sollte sie nicht auch in ein oder zwei Jahren auf diesem Standpunkt stehen?

Mit einem gewissen Gefühl der Trauer sah ich zu, wie sich die anderen Mitglieder der ersten Gruppe, unter ihnen Maron, für den Abflug vorbereiteten. Am 30. April erfuhr ich denn auch, daß sie früh am Morgen abgeflogen waren.

Es folgte der 1. Mai, der diesmal in Moskau ein besonderes Gepräge trug. Zwar war der Krieg formell noch nicht zu Ende, denn nur noch wenige Widerstandszentren des Gegners kämpften, und auch sie befanden sich im Zustand der Liquidierung. Also herrschte in den Straßen Moskaus zum ersten Mal seit langen Jahren eine entspannte, festliche Atmosphäre. […]

Ähnlich vergingen drei weitere Tage. Aber der vierte brachte eine jähe Veränderung der Lage. Gegen Mittag bat mich Oberst Braginski zu sich und teilte folgendes mit: Das Oberkommando der Roten Armee habe beschlossen, in Berlin eine deutschsprachige Zeitung herauszugeben. Gegenwärtig sei die deutsche Bevölkerung vollständig uninformiert, in Berlin, das noch raucht, und erst recht in den anderen Städten und Dörfern. Gedruckte Handzettel der Roten Armee, die an die Wände geklebt würden, seien zur Zeit die einzige Informationsquelle. Die Zeitung werde den Titel »Tägliche Rundschau« tragen. Als Erscheinungstermin der 1. Nummer bezeichne der Befehl den 15. Mai. Die Redaktion werde ausschließlich aus sowjetischen Offizieren bestehen, zum Chefredakteur sei Oberst Sotolow ernannt worden, bisher Chef der 7. Abteilung einer der Fronten. Da es sich um eine sehr spezifische Zeitung handele – um eine Zeitung der Roten Armee für die deutsche Bevölkerung –, werde für nötig gehalten, dem Chefredakteur bei der Führung der Redaktion einen geeigneten Genossen der KPD als Konsultanten an die Seite zu stellen. Die Wahl sei auf mich gefallen. Ob ich bereit sei, morgen mit Oberst Sotolow nach Deutschland zu fliegen.

Natürlich sei ich bereit, erwiderte ich, nur müsse ich der Loyalität halber davon Mitteilung machen, daß ich soeben als Jude zurückgestellt worden sei.

Braginski hörte meine Schilderung mit erstauntem Gesicht und erwiderte wörtlich: »Solche Erwägungen mögen vielleicht mit Bezug auf die Arbeit der KPD angebracht sein, das kann und will ich nicht beurteilen. Was die Rote Armee anlangt, so hat sie mit Russen, Ukrainern, Weißrussen, Grusiniern, Armeniern, Juden, Tataren usw. Berlin gestürmt und zieht mit Russen, Ukrainern, Weißrussen, Grusiniern, Armeniern, Juden, Tataren usw. in Berlin ein!

Also wenn Sie einverstanden sind, dann seien Sie heute nachmittag um 4.00 Uhr bei Genosse Dimitroff, der die nördliche Gruppe und zugleich Oberst Sotolow und Sie verabschieden wird.«

Am Nachmittag setzten sich im Zimmer Dimitroffs im Gebäude des ZK am Ploschtschad Nogina zu beiden Seiten eines langen Tisches: Gustav Sobottka, Karl Raab, Willi Bredel, Anton Switalla und einige weitere deutsche Genossen sowie Generalmajor Burzew, der soeben im Flugzeug aus Berlin zurückgekehrt war, ein zweiter sowjetischer General, die Obersten Braginski, Sotolow und ich. Dimitroff begrüßte uns – er war nach einer Kur, die er durchgemacht hatte, ein zierliches Männchen geworden, kaum wiederzuerkennen. (Als ich später zu Ulbricht sagte: ›Er war ja nur noch die Hälfte‹, sagte Ulbricht mit der ihm eigenen Nüchternheit: ›Die Hälfte ist übertrieben, zwei Drittel.‹) Die Pfeife in der Hand musterte er zunächst einen nach dem andern, stellte ein paar Fragen (so an mich: »Sdorowje?« (»Gesundheit?«) Antwort: »Danke, Genosse Dimitroff.« – Kurzer, kritischer Blick) und bat dann Generalmajor Burzew um eine Schilderung seiner Eindrücke von Berlin.

Aus Burzews Worten erhielten wir zum ersten Mal eine Vorstellung vom Ausmaß der Zerstörung Berlins. Burzew selbst verbarg eine gewisse Erschütterung nicht. [...]

Der Abflug war für den anderen Morgen um drei Uhr vorgesehen. Zehn Minuten vor einhalb drei sollten wir uns vor dem Seitenportal des »Lux« versammeln und den Autobus erwarten. Mich litt es nicht in der Wohnung, daher war ich schon um halb zwei vor dem Seitenportal. Kurz nach mir kam Bredel, begleitet von einem etwa 16jährigen Sohn, der ihm den Koffer trug. Dann kamen die übrigen, um drei Uhr setzte sich der Autobus in Bewegung.

Eine knappe halbe Stunde später bot sich uns auf dem in der Stadt gelegenen Flugbahnhof Aeroport ein neuartiges Bild.

Wir hatten Zeit genug, es zu studieren, denn statt um drei Uhr flogen wir erst gegen neun Uhr morgens. In dem geräumigen Wartesaal des Flugbahnhofs standen, saßen oder lagen auf ihren Koffern Dutzende von Offizieren und Generalen in Erwartung »ihrer« Maschine. Es gab ja noch keinen geregelten

Flugverkehr. Das Tor nach Europa war soeben erst aufgestoßen worden, man spürte förmlich seinen Windzug – jedes Mal, wenn sich die Tür zum Flugfeld öffnete und ein Soldat in den Raum rief: »Die Passagiere zur Maschine nach Wien!« »Die Passagiere zur Maschine nach Belgrad!« »Die Passagiere zur Maschine nach Bratislava!« »Eine Maschine nach Warschau wird für 7.30 Uhr zusätzlich eingesetzt!«

Mit der Gleichmütigkeit des Kriegs- und Weltgewohnten schüttelten jeweils die Generale und Offiziere, die es anging, ihre Schultern zurecht, hingen sich den Militärmantel über, griffen ihren Koffer und schritten auf das Flugfeld hinaus.

Oberst Sotolow und ich saßen auf zwei Militärsäcken, die jemand zum Verladen abgestellt hatte, zusammen mit Oberst Braginski, der uns auch auf diesem Weg begleitete und es sich nicht nehmen ließ, bis zum Abflug an unserer Seite zu bleiben.

Als schließlich unser Flugzeug aufgerufen wurde (»Die Passagiere zum Flug nach Stettin!«), bestiegen wir, Sobottka voran, die Transportmaschine und setzten uns längsseits in die metallenen Vertiefungen, die die Sitze markierten. Unmittelbar vor dem Abflug gab es noch ein für das Kriegsende typisches Intermezzo. »Toni!«, rief ein reisefertig bepackter Leutnant unserem Piloten, einem Oberleutnant, zu. »Du nimmst mich doch mit nach Landsberg !?« – »Ich fliegen nicht nach Landsberg, sondern nach Stettin!« – »Na was denn, auch ein Unterschied! Die paar Kilometer! Auf mich wartet ein Mädchen in Landsberg, verstehst Du? Setz mich in Landsberg ab!« – Und schon hievte der Leutnant seinen Sack in die Maschine, kletterte hinterher und das Flugzeug flog ab.

Auf einem Felde bei Insterburg landeten wir gegen 12.00 Uhr Mittag. Bei Nebel und diesigem Regen sahen wir Kolonnen ehemaliger deutscher Soldaten, den Spaten geschultert, mit gesenktem Kopf über das Feld ziehen, offenbar zu Planierungsarbeiten an diesem Behelfsflugplatz, wie denn die meisten Flugplätze Behelfsflugplätze waren. (Wenn es hieß: »Zur Maschine nach Berlin!«, »Zur Maschine nach Stettin!«, so bedeutete das: Zur Landung *bei* Berlin, *bei* Stettin – denn die ausgebauten Flugplätze waren zumeist zerstört.)

Etwa zwei Stunden später – nach einer kurzen Zwischenlandung in Landsberg, wo der Leutnant mit vielem Dank seinen Sack herauswarf und hinterhersprang – landeten wir erneut auf einem freien Feld und warteten, bis eine Kolonne von Personenwagen sich näherte. Sobottka und Sotolow wurden von einigen Offizieren begrüßt, dann fuhren wir gemeinsam in unbekannter Richtung davon.

Es ging teils über Straßen, teils in langsamer Fahrt über Behelfsfurten, die sich durch Felder zogen. Links und rechts von ihnen steckten im Boden Schilder mit der Aufschrift »Achtung Minen!« oder »Geprüft. Keine Minen«.

Zerschossene Panzer lagen hier und da am Wegrand und immer wieder tote Kühe und Pferde mit aufgeblähten Leibern. Mehrfach überquerten wir von Pionieren errichtete Notbrücken und kamen schließlich in das wie ausgestorben daliegende, zum Teil zerstörte Stettin. Wir fuhren durch die Stadt hindurch nach einem hochgelegenen, dörflichen Vorort Warsow.

Dort war in einem mehrflügeligen Bauernhaus, Bredower Straße 4 bei Ziehm, Quartier für uns besorgt worden. Wir vertraten uns, noch ungeschickt auf heimatlichem Boden, die Beine und gingen ein Stück die Dorfstraße entlang bis zu einem menschenleeren Gutsgehöft, vor dem ein etwa 50 Jahre alter Sowjetsoldat Wache hielt. Wir sprachen ihn an, und als er erfahren hatte, woher wir kamen, sagte er: »Arbeitet gut, damit wir bald nach Hause können.« Nachts schliefen Sobottka, Raab und ich in einem Zimmer.

Am anderen Morgen schien die Sonne, der Obstgarten hinterm Haus stand in voller Blüte, und wir, noch ohne weitere Marschbestimmung, empfanden auf sonderbare Weise das Wort Heimat.

Während wir noch im Hof herumstanden, sprach sich herum, daß Sobottka auf der Dorfstraße eine Bekannte getroffen habe. Die Vorstellung, man könne, eben aus Moskau angekommen, auf der menschenleeren Dorfstraße von Warsow Bekannte treffen, war abenteuerlich – aber da erschien Sobottka auch schon mit der Bekannten, einer grauhaarigen Frau, die einen etwa 10jährigen Jungen namens Peter bei sich hatte.

Er stellte sie uns als eine alte Genossin namens Herta Geffke vor. Nie hätte ich damals für möglich gehalten, daß diese ohne Zweifel verdiente Genossin einmal unter der Anleitung von Hermann Matern alles daransetzen würde, um mich zu einem Feinde der Partei und der Arbeiterklasse zu stempeln.

Damals interessierte mich an ihr vornehmlich Peter. Denn das war der erste deutsche Junge, den ich nach vielen Jahren wieder zu Gesicht bekam, ein im Faschismus aufgewachsener und – zu meiner Verblüffung – dennoch natürlicher, normaler, dazu sogar bescheidener Junge. Wir schenkten ihm Kuchen, Wurst oder was wir sonst hatten und sahen im Lichte seiner unsere politische Aufgabe als wahrscheinlich gar nicht einmal so überschwer an.

Später wurde ich abgeholt und zu Sotolow gefahren, mit dem ich die nächste Nacht im Zimmer eines Neubaus verbrachte. Diese Nacht ist mir dadurch in Erinnerung, daß gegen 2 Uhr morgens ein Hauptmann namens Mulin die Tür mehr eintrat als öffnete, mich aus dem Bett zog und mir ein Blatt Papier vor die Nase hielt, das ich sofort übersetzen sollte. Ich las zunächst die beiden Unterschriften, sie lauteten: Rokossowski. Montgomery. Es handelte sich um das Original, wenn ich mich recht erinnere, der Kapitulationsurkunde der Nordgruppe der Wehrmacht.

Am nächsten Tag erklärte Oberstleutnant Sabaschtansky,

der Chef der 7. Abteilung der 2. Bjelorussischen Front, Sotolow und mir, daß wir in seinem Bereich fehl am Platze seien. Das war uns ohnehin klar. Er stellte uns einen 1 ½-Tonner in Aussicht, der uns in die Nähe von Berlin, zum Stab der 1. Bjelorussischen Front bringen sollte.

Mit diesem Lastwagen fuhren wir am nächsten Morgen gegen sieben Uhr los. Es war sehr kühl, und um mich nicht zu erkälten, hüllte ich mich in einen Teppich, der merkwürdigerweise auf dem Wagen lag. Sotolow hüllte sich in den zweiten, mehr Teppiche waren nicht da. Zunächst waren links und rechts nur Felder, gelegentlich Waldstücke. Aber dann begegneten wir plötzlich einem Demonstrationszug mit Musik. Wir hielten an und erfuhren, daß es sich keineswegs um einen Demonstrationszug handelte. Es handelte sich um etwa 500 verschleppte Polen, die mit Musik und Tänzen auf eigene Faust als Befreite aus Mitteldeutschland nach Hause zogen. In den folgenden Stunden sahen wir viele solcher Züge über die deutschen Straßen ziehen, teils nach Osten, teils nach Westen, die meisten mit nationalen Fahnen und Musik. Züge mit der Trikolore zogen nach Westen, ebenso die Züge verschleppter Italiener. Es gab Züge von Tschechen und immer wieder von Polen. Dazu gab es noch eine andere Art von Chausseebewohnern. Das waren Deutsche, vereinzelt oder in kleinen Gruppen, die sich am Wegrand entlangdrückten. Was sie bewogen hatte, auf Wanderschaft zu gehen, wußten wir nicht. Wir sahen nur, daß sie ebenso arm geworden waren wie die, die sie als Knechte nach Deutschland geholt hatten. Eine Droschke ist mir in Erinnerung, gezogen von einer alten Mähre, die auszuspannen niemand mehr ein Interesse haben konnte. Auf dem Bock zwei alte Männer, in der Droschke drei Frauen und mehrere Kinder, Hausrat obenauf, an der Seite eine baumelnde Bratpfanne – das ganze ein Bild des Grauens und Angst. Denn Angst war das hervorstechendste Merkmal aller Deutschen, die in diesen Tagen und Stunden auf der Chaussee lagen, Angst vor den Zügen mit den nationalen Fahnen, Angst vor der Roten Armee, vor einander.

Unser Weg führte über Gartz – Schwedt – Angermünde – Eberswalde – Bernau – Altlandsberg nach Bruchmühle. Einen erschlagenden Eindruck machte Schwedt: wir fuhren durch enge Straßen, deren Häuser, was die Höhe anlangt, nicht über die Kellerfenster hinausreichten, in den Kellerruinen spielte sich ein gewisses Leben ab. Bei Angermünde durchfuhren wir eine von Einheiten der neuen polnischen Armee besetzte Zone. Mit lässigen zwei Fingern an der Konfederatka wurde unser Wagen kontrolliert und zur Weiterfahrt verstattet.

Um 12½ Uhr waren wir in Bruchmühle. Der Wagen fuhr in den Hof eines geräumigen Gehöfts, ich dehnte meine Knochen, schwang mich über die Kante und sprang – dem Hauptmann Konstantinow auf die Füße, mit dem ich eben noch am Arbat an einem Tisch gesessen hatte. »Da hinauf«, sagte er, und deutete auf einen der rückwärtigen Eingänge des Hauses, »Parterre, linker Korridor, letzte Tür rechts.« Also ging ich ins Parterre, in den linken Korridor, zur letzten Tür rechts. Ich klopfte und trat ein – zur Verblüffung der Anwesenden und zu meiner eigenen. Auf einem Sofa saß Ulbricht, um sich die neun Mann seiner Gruppe. »Wo kommst du denn her?« fragte er. Ich schilderte kurz, worauf er sagte: »Setz dich her und hör zu, wir sind gerade in einer Lagebesprechung.« Ich setzte mich auf einen Stuhl am Fenster neben Maron, der mir zuflüsterte: »Berlin sieht aus, das stellst du dir nicht vor.« Kurz nach meiner Ankunft wurde die Sitzung ein zweites Mal unterbrochen. Von einem sowjetischen Offizier wurden zwei Greise in Sträflingsuniform hineingeführt. Der eine war Ottomar Geschke, der andere Alfred (?) Opitz, beide führende kommunistische Funktionäre. Die Rote Armee hatte sie nach ihrer Befreiung aufgelesen und nach Bruchmühle gebracht.

TRÜMMERBILD

Bild auf Seite 225: Erste Aufbau-Schicht in der Stalinallee 1952.
Foto: bpk, Abraham Pisarek

40 GRAD FIEBER

So kam er. Der Mann, an den Eva Kemlein sich immer erinnern wird. Es ist der 7. Mai.

Gerade hat das Schicksal Rudi Herrnstadt die deutsche Kapitulationsurkunde vor die Nase gehalten, und schon wird er abgeholt nach Karolinenhof bei Berlin, wo die Politverwaltung der 1. Bjelorussischen Front ab 15. Mai eine Zeitung der Roten Armee für die deutsche Bevölkerung herausgeben soll, die »Tägliche Rundschau«, und einen deutschen Experten braucht: Herrnstadt.

Gleichzeitig soll er eine zweite Zeitung aufbauen, eine Zeitung für Berlin. Als Chefredakteur ist anfangs ein Hauptmann Kirsanow eingesetzt, der aber erst am 18. Mai in Berlin eintreffen wird. Erscheinungstermin: 21. Mai.

Herrnstadt bekommt also jetzt eine riesige Chance: die erste deutsche Zeitung nach Hitler.

Er darf sie machen. Wie nennt er sie? »Berliner Zeitung«. Logisch. Und zuerst fährt er zum »Berliner Tageblatt«. Auch logisch.

Am Abend der Rückkehr aber hat er schon Fieber, das steht nicht in dem Text für die Erinnerungen, das steht auf den Blättern mit seinen Notizen. Die kreisen nur um Berlin, Berlin und Fieber.

Denn am nächsten Tag wurden in Karolinenhof die genauen Befehle erteilt, und danach ging es zum ersten Mal rein in die Stadt.

Zum ersten Mal – nach allem, was war.

Berlin bleibt doch Berlin.

Du meine alte Liebe, so heißt es ja auch in dem Lied. Denkt er daran? Sie fahren rein über die Prenzlauer Allee. Dann der Alexanderplatz. Der U-Bahnhof raucht noch. Dann irgendwie quer durch zum Mosse-Haus. Wie war ihm, als er da näher kam?

Es war der 8. Mai.

Wie würde es aussehen, na wie schon – das Mosse-Haus steht bis zum Hochparterre im Schutt. Still und kaputt, alles kaputt. Über Gehwegplatten führt ein Mann sie in den Raum mit den Druckmaschinen, alles ist unbrauchbar. Ein Toter liegt auf dem Hof.

So die Stichpunkte auf den Notizblättern, dazwischen Sätze: »Sotolow verläßt sich auf mich.«, »Die Dienstbeflissenheit der Menschen.«, und: »Die Zeitung muss ja auch noch einen Inhalt haben.«

Wie Eva Kemlein es erzählte, suchte Herrnstadt damals mit Fritz Erpenbeck alles, was man für eine Zeitung braucht – Druckmaschinen, Papier, Setzer, Journalisten, Fotografen – alles. Es war ein Befehl.

Helmut Kindler erinnert sich, dass zwei Jeeps vor dem Haus in Zehlendorf hielten, in das er gerade eingezogen war, und zwei Männer ausstiegen, die er kannte: Herrnstadt und Erpenbeck.

Fritz Erpenbeck war Assistent bei Piscator an der Volksbühne gewesen.

»Ich freue mich, wir haben Sie gefunden!«, sagt Herrnstadt, bietet Kindler die Mitarbeit bei der neuen Zeitung an, der ist begeistert, steigt ein, fährt noch bei dem Journalisten Gerhard Grindel vorbei, der auch mitmachen will, und schon werden sie dorthin gebracht, wo auch Eva Kemlein sich wiederfand, es sind Räume in Kreuzberg, und die Arbeit beginnt.

Der Termin wird gehalten. Am 21. Mai wird das vierseitige Blatt mit der inzwischen legendären Schlagzeile »Berlin lebt auf« den Verkäufern aus den Händen gerissen, und die ersten Fotos vom Straßenverkauf zeigen für alle Zeiten genau das: Berlin lebt auf!

Der Satz war ein Vorschlag von Helmut Kindler.

100 000 Exemplare sind sofort ausverkauft. Die »Berliner Zeitung« wird nicht nur die erste sein, sie wird auch lange die größte Zeitung ganz Berlins bleiben. Und sie lebt heute noch.

Am 21. Mai ist der Befehl also erfüllt, aber eine Zeitung ist kein Flugblatt, sie muss nun täglich erscheinen, und dafür fehlt es an Technik, an Nachrichten und an Menschen.

Herrnstadt ruft nach Lothar, aber der soll in Moskau »Freies Deutschland« leiten. Herrnstadt ruft nach Kegel. Der war im Januar 1945 als Wehrmachtsdolmetscher an der Weichselfront gefangen genommen worden und hatte wie einst Herrnstadt eine Weile irgendwo im Gefängnis gesessen, ehe ihm geglaubt wurde, dass er für die Rote Armee gearbeitet hatte. Am 21. Juni ist Kegel in Berlin.

Herrnstadt erinnert die Sowjets an die »Kriegsgefangenen-Redaktion« und General Shukow kommandiert sie alle nach Berlin: Günther Kertzscher, Bernt von Kügelgen, Friedrich Rücker, Gerhard Dengler, die Wehrmachtsgeistlichen Krummacher, Schröder und Kayser – am 9. August sind sie da.

Herrnstadt freut sich – die Arbeit mit den Offizieren in Moskau war nicht umsonst. Einige gehen nach Sachsen, wo auch eine Zeitung erscheinen soll, Kertzscher, Kügelgen, Rücker kommen zur »Berliner Zeitung«. Herrnstadt bittet um Grete Lode, Arthur Pieck – es ist wieder das alte Muster: Menschen, denen er traut und die arbeiten wollen.

Es sind die ersten Tage, die schwersten Bedingungen. Eva Kemlein entwickelt ihre Filme in einem Kleiderschrank. Fritz Erpenbeck schreibt genau ein Jahr später in der Zeitung vom 21. Mai: »... Der vierte Tag, früh um sechs Uhr: es ist geschafft! … Unsere Augen sind entzündet vor Übermüdung, der Magen rumort, der Kopf schwindelt vom vielen Rauchen und völlig unregelmäßigen Essen. Die Rotationsmaschine wirft Stück und Stück heraus: ›Berliner Zeitung‹, ›Berliner Zeitung‹, … es flimmert vor den Augen, zehn Stück, ein Ruck und wieder zehn Stück. Eine fette Schlagzeile, rot unterstrichen, unser Stolz!«

Herrnstadts Notizen aus diesen Tagen sind nur Datum und Fiebertemperatur.

12. Mai: abends 37,2, schwere Nacht, 13. Mai abends 37,3, verzweifelte Nacht, 14. Mai 1. Nummer fertig gemacht, abends 37,3, beim Arzt, 15. Mai 1./2. Nummer fertig gemacht, abends 37,2, nachts Ulbricht: in 4 Tagen die nächste Zeitung.

Liege bis 10, arbeite 10 bis 1, Essen, von 2–4 Liegen, 4–8 arbeiten, Temp. 38 Grad, 24. Mai Prof. Koch bestreitet Kaverne. 10 Tage liegen, abends 37.4.

Auch hier manchmal ganze Sätze dazwischen. »Jedes Kind hat das Recht auf eine glückliche Kindheit. Auch das deutsche Kind hat das Recht auf eine glückliche Kindheit.«

Irgendwann bricht er zusammen, spuckt Blut, wenn Kegel in Berlin ist, kann Herrnstadt ganze Tage im Bett bleiben, leitet aber die Zeitung weiter, Kegel kommt täglich zu ihm nach Hause, und am 15. August steht er auch wieder auf. Das sind die ersten Tage meines Vaters in Deutschland.

Auf einem kleinen Ausweis des Magistrats von Berlin fand ich ein Foto, dem Stempel nach im Juni 1945 entstanden: das Gesicht so traurig, wie ich ihn niemals gesehen habe. Düster, geradezu schwarz.

Das soll die glückliche Stunde Null gewesen sein?!

Ein kurzes Ausatmen genügt, einfach mal ganz entspannt dastehen für ein Passbild, und da sieht man es: So sieht der Rudolf Herrnstadt aus, der seit zwei Jahren den Zettel mit der

Nachricht des BBC in seiner Brieftasche trägt – Rudolf von Scheliha tot. Alle tot. Beinahe die ganze verzweigte Familie Herrnstadt, für die er sich kaum interessiert hat, als sie noch lebte, ermordet. Er sucht noch, aber er weiß es bereits. Der Mann auf dem Foto ist selber wie tot.

Und während er seine Zeit in den Redaktionsräumen verbringt, oder mit Fieber im Bett, wird in Berlin geraubt und vergewaltigt, gemordet sogar, es herrscht Gesetzlosigkeit auf den Straßen – für Monate, nicht nur für Tage. Das ist auch seine wunderbare Rote Armee, die das anrichtet, und bleibt eine Hypothek bis in unsere Zeit.

Hier zeigt sich das andere Gesicht der Roten Armee. Ihre Soldaten sind schwer unterdrückte Menschen. Soldaten eines völlig verarmten Landes, in dem ein Menschenleben nicht viel zählt. Rücksichtslos waren sie vorwärts getrieben worden, vier Jahre lang, ohne einen Tag Urlaub und ausreichende Versorgung, viele hatten längst Familie und Verwandte verloren, vorbei an verbrannten Dörfern und Massengräbern waren sie gezogen, es war der ungeheuerlichste Landkrieg der Weltgeschichte gewesen, und von den Millionen, die einmal losgegangen waren, waren sie die wenigen, die es erlebten: Berlin. Endlich Berlin! Endlich Hitler kaputt!

Nun wurden sie nicht mehr angefeuert, die Deutschen zu töten, nun wurde ihnen das Gegenteil gepredigt. Täglich wurde den Soldaten ein Befehl Stalins vorgelesen, wonach sie Disziplin und Haltung zu bewahren hätten, täglich wurde dagegen verstoßen, täglich gab es Hinrichtungen deswegen, aber es nutzte nicht viel. Sie wussten, dass sie von diesem Sieg nur bekommen würden, was sie sich nehmen.

Die britischen, amerikanischen und französischen Soldaten kamen als Bürger freier Republiken nach einem Jahr Bodenkrieg gegen eine geschwächte deutsche Wehrmacht in Deutschland an. Wie hätten sie sich aber verhalten, wenn sie die Brutalität des Vernichtungskrieges im Osten auf eigenem Territorium erlebt hätten?

Diese Soldaten und Offiziere aus Ost und aus West, wenn sie vom Krieg sprachen, sie sprachen von zwei verschiedenen Kriegen, sie redeten von Anfang an aneinander vorbei.

Aber für die, die aus dem Osten kamen, blieb immer Krieg.

Der NKWD ist unterwegs in den Straßen Berlins. Er hat seine eigenen Listen von deutschen Tätern, und wer da etwas befürchtet, der flieht in diesen Tagen in die Westzonen oder ist längst weg. Man weiß voneinander. Aber auch viele Unschuldige verschwinden ohne Anklagen, ohne Prozesse und kommen nie mehr zurück. Das ist nicht nur Kriegsende, hier beginnt eine neue Rechtlosigkeit, und die Stunde der Denunzianten ist es auch.

»Smersch« ist unterwegs, die Abteilung des NKWD, die sich die kriegsgefangenen sowjetischen Soldaten vornehmen oder Russen, die mit der deutschen Wehrmacht gingen. Die Leute von »Smersch« betrachten Sowjetbürger als ihr Eigentum, so wie Stalins Staat es gewohnt ist. Hart und endgültig schlagen sie zu, keiner soll es merken, und – oh Wunder – es merkt auch keiner.

Auch SS ist noch da, wenn auch nicht mehr in Uniformen, auch sie begleicht letzte Rechnungen, Quittung mit Kopfschuss an mancher Ecke, in manchem Wald, und schon wird geschrieben an Zeugnissen, die einer dem anderen schenkt oder abpresst: »Ich war immer ein Gegner Hitlers.«

Wir sind hier in Nazideutschland.

Aber aufgebaut werden muss auch, dafür sind die anderen zuständig, die Leute der politischen 7. Abteilung, die Herrnstadt schon in Moskau beeindruckt haben. In Ostberlin heißen diese Politoffiziere künftig »Kulturoffiziere«.

Viele sind Kenner der deutschen Kultur, und alle sind überzeugt davon, dass das deutsche Volk eine Zukunft hat.

Die Deutschen in der Depression ihrer Niederlage können das nicht nachvollziehen, berichten aber alle davon. Keine Feindschaft, keine Verachtung, kein Befehl, die Deutschen zu meiden.

In den Trümmern, auf denen sie stehen, sehen diese Offiziere die Trümmer des Hitlerfaschismus. Der Ort aber – das ist Berlin, die Hauptstadt der deutschen Kultur, mit der Russland über Jahrhunderte tief verbunden gewesen war. Der russische Hof ebenso wie die russischen Revolutionäre.

Die Sowjetunion wäre am liebsten als Kulturnation in Berlin eingezogen, adäquat zu der alten russischen Vorstellung von der deutschen Kultur, adäquat auch zum »Westen«, denn es war ihre erste, echte Begegnung mit ihm. Auch deswegen hatten sich Teile der 7. Abteilung auf diesen Einzug vorbereitet, aber er war in einer Katastrophe geendet. Um so angestrengter jetzt ihre Bemühung. Die Lebensmittelversorgung, die ersten Parteien, die ersten Verlage, die ersten Theateraufführungen, als jeder Zuschauer Briketts mitbrachte und schon am 26. Mai die Berliner Philharmoniker unter Leo Borchard im Titania-Palast ihr erstes Konzert gaben. Und genau hier beginnt sie bereits – die zensierte Erinnerung. Der Osten verschwieg die Barbarei, der Westen die Kultur, die die Sowjets brachten.

Alle »Kulturoffiziere«, die 1945 in Berlin so viel Erstaunen auslösten, sind später reglementiert worden, zurückbeordert, manche verhaftet. Diejenigen, die Erinnerungen geschrieben haben, nennen die Jahre in Berlin die schönste Zeit ihres Lebens.

Warum wohl?

Für einen Augenblick ihres Lebens konnten sie das aufbauen, was in der Sowjetunion nicht mehr möglich war, sie hofften auf das Ende der sowjetischen Isolierung, und sie waren Sieger gewesen. Herrnstadts Idealfiguren.

Mit denen zusammen baut er die »Berliner Zeitung« auf.

Im Unterschied zu den Zeitungen der schon bald gegründeten Parteien soll sie »überparteilich« sein, populär. Eine Zeitung für ganz Berlin.

Die Aufgabe, die sich alle Besatzungsmächte am Anfang stellen: Umerziehung.

Entsprechend der Einsatz der Redakteure. Sie arbeiten rund um die Uhr, auch die Russen – Major Alexander Kirsanow als Chef, Hauptmann Feldmann als Stellvertreter. Was sie dann alle zusammen in der Eile zustande bringen, wird auf dem langen Weg der Manuskripte in die einzige Setzerei (und das ist die Herrnstadt gut bekannte Setzerei des »Berliner Tageblattes« im Keller des Mosse-Hauses) zu Teilen oft auch noch verboten. Denn von der Setzerei geht es weiter in die Krausenstraße zum Zensor der Besatzungsmacht, hier ein sowjetischer Politoffizier, zurück in die Setzerei und ändern, dann zur einzigen Druckerei in der Urbanstraße, warten, dass eine Maschine frei ist, dann zurück in die Redaktion. Über Trampelpfade, bei Stromsperren, ohne Essen und auch ohne Schlaf.

So angestrengt arbeiteten sie alle, die Gegner der Nazis, die nun aus den Lagern kommen, der Emigration. Sie liefen täglich viele Kilometer zu Fuß zu ihren Arbeitsstellen oder verließen sie tagelang nicht. Später erzählten sie, dass sie ans Ausruhen nicht mal gedacht hatten, denn sie seien glücklich gewesen. Aber oft mussten sie auch gedrängt werden, Verantwortung zu übernehmen, die Personaldecke der deutschen Antifaschisten ist dünn.

Von jetzt an verschwimmen auch die Gegensätze zwischen den Moskauer Kommunisten, und es treten die Gemeinsamkeiten hervor, denn was treibt diese Funktionäre an? Was ist es, wofür sie ihr ganzes Leben geben, bisher schon und fortan auch?

Sie wollten die Welt reparieren, nach allem, was schon geschehen war – zwei Weltkriege und 50 Millionen Tote.

Sie hatten dafür ein Patentrezept: den Imperialismus abschaffen. Dessen Jagd nach Profit. Die Arbeiterklasse soll herrschen.

Bei Wahlen in Deutschland hätten sie keine Mehrheit bekommen. Ihre Chance war der Sieg der Roten Armee.

Und so standen sie da, gemeinsam und einsam in einem riesigen Trümmerbild.

Die Trümmerlandschaft ist auch für mich ein unvergessliches Bild, weil es die Friedrichstraße ist, die ich in Erinnerung habe. Wir fahren im Auto auf ihr in der Mitte, sie ist vollkommen leer, ihr Asphalt ist glatt, rechts und links diese Hügel aus Ziegelsteinen.

Wenn das Auto links um die Ecke bog, in die Jägerstraße, stand dort ein Haus, das war nicht kaputt, und dort saß mein Vater.

Seine Sekretärin war ein Fräulein Klemm, das bald an Tuberkulose gestorben ist. Es war häufig von ihr die Rede und wie traurig das sei, und dann jedes Mal auch von einer Grete. Grete Lode, die auch an Tuberkulose gestorben war, nach dem schweren Anfang in der Redaktion, aber ich hatte keine Vorstellung davon, wie diese Grete ausgesehen hat. Wahrscheinlich wie sie alle aussahen, die Frauen der Emigranten – grau und unscheinbar. Meine Mutter nicht. So kommt es mir vor. Meine Mutter war unversehrt und sie war wunderschön.

Ich hörte, wie mein Vater einmal sagte, er habe sie von der chinesischen Grenze geholt. Er hat gern übertrieben, wenn der Satz davon besser wurde. Dabei war es ihre Klarheit, auf die er stolz war.

Einmal hörte ich, wie sie ihm erzählte, sie hätte nach Brot angestanden, und die deutschen Frauen hätten sie immer wieder aus der Warteschlange geschubst. Man würde sie hassen als

Russin. Sie lachte nur, als er fragte: »Wie kann man dich hassen?!«

Dieses Lachen ist eine meiner ersten Erinnerungen. Das Lachen einer Realistin. Eine Realistin an König Wahnsinns Hof. Ob die »Kulturoffiziere« von damals auch einfach nur Realisten gewesen sind?

Was konnte ich davon wissen, mit drei und mit vier Lebensjahren? Mir bleiben sie in Erinnerung wie die Schönheit selber, das Glück in Person!

Ich sehe einen Jeep halten vor unserem Haus und diese Leute einen großen Tisch einfach aufbauen – aus Kisten? Aus Brettern? Herbeigezaubert eine Märchentafel in einer Minute, ein Tisch und Getränke und Essen, und gleich war das ganze Zimmer voll von ihrem Lachen und dem Goldschimmer ihrer Uniformen, und ich sah, dass immerzu etwas wie bunte Funken auf uns heruntersprüht, etwas wie Regenbogen im Sonnenlicht. Mystischer Augenblick, Nachmittagsstunde, dann sind sie weg.

Die aus dem Raumschiff. Nie wieder so etwas erlebt. Aber schon wegen dieser Erinnerung verstehe ich meinen Vater. Genau darum war er ihnen verfallen, den Rittern aus Absurdistan, wegen dem Glücksmoment.

Das Haus, in dem diese Szene stattfand, stand in Biesdorf am östlichen Stadtrand Berlins. Dort hatte die Rote Armee etliche Siedlungshäuser beschlagnahmt, ringsherum wohnten sie alle, die Moskauer Emigranten.

In diesen Nachkriegsjahren gaben andere Kommunisten ihre Kinder in Heime, das war normal, sie arbeiteten Tag und Nacht, wo soll da ein Kind hin, es wird gut betreut, hieß es ja. Kein Gedanke daran bei Herrnstadt, er engagierte eine Haushaltshilfe, und die hieß Ilse.

Dass er sich unbeliebt machte mit Personal, Außenseiter und unproletarisch, war ihm völlig egal. »Gehässigkeiten bin ich gewohnt«, steht manchmal als Nachsatz in Briefen an Valentina, und die kommen aus Sanatorien, Krankenhäusern oder durchgearbeiteten Nächten in der Redaktion. Mehr aber schreibt er über den Garten, die Pflanzen, die Kinder. Im Herbst 1946 wird ein zweites geboren, Valentina wird krank, Rudolf im Sanatorium, Freunde helfen, die Kegels, die Stibis, die Apelts, die Piecks, sie wohnen ja alle ringsherum, es wird Winter, es gibt keine Kohlen, Herrnstadt unterbricht die Kur, fährt wieder zurück, schickt Essen, ist verzweifelt, dass er so wenig tun kann, und doch immer zuversichtlich: »Haben die Kürbisse schon angesetzt? Oder wie Irina sagen würde: ›Sind die Kürbisse schon rausgekommen?‹ Und wie stehen die Tomaten? ... schreib Karten, das ist doch nicht viel Arbeit!«

Aus der ganzen Welt ruft Herrnstadt seit 1945 Journalisten nach Berlin. Die Auswahl, die er da trifft, ist ein Beweis dafür, dass die Kommunisten in der Anfangszeit eine Vielfalt der Meinungen und Personen in der Presse wollen, und so steht es auch in seinen Einladungsbriefen: demokratisch.

Demokratisch wird die Presse sein, die sie hier aufbauen.

Die Sowjetunion sagt es ebenso. Solange die deutsche Frage noch offen ist, sagt sie es, wiederum versteht sie von Anfang an etwas anderes unter Demokratie als die Westalliierten, und überall sitzen bereits ihre Leute und dominieren. Herrnstadt gehört selber dazu.

Wenn sie einen anderen Kurs wählen, wird er dem auch folgen müssen. Das weiß er, das wissen andere auch.

Schon ab 1. Juli, als amerikanische Truppen nach Berlin hereinrollen, zeigte sich ein Umschwung des allgemeinen Verhaltens zu den Russen, und auch Redakteure blieben auf einmal weg. Friedrich Rücker bleibt weg, der als kriegsgefangener Oberleutnant in Moskau auf der Gründungskonferenz des Nationalkomitees als Einziger über deutsche Demokratie referiert hatte. Egon Bahr bleibt weg, ein junger Mann von dreiundzwanzig Jahren, der als Lokalreporter gerade erst angefangen hatte, und auch Helmut Kindler will gehen.

Kindler stört sich vor allem an der Zensur, und er sieht, dass Herrnstadt ebenso darunter leidet, der kann auch oft nur den Kopf schütteln.

Wenn Kindler das aber als Kündigungsgrund nennt, erinnert Herrnstadt ihn an ein Gespräch in Warschau, das die beiden – wohl Mitte der dreißiger Jahre – schon einmal führten. Damals wollte Kindler nicht Kommunist werden. Er hatte gesagt, Diktatur des Proletariats sei ja auch eine Diktatur, und Herrnstadt hatte geantwortet: »Aber doch nur für eine kurze Zeit.«

Auch jetzt nennt Herrnstadt die Diktatur eine vorübergehende Notmaßnahme. Ziel sei dagegen eine freie, kommunistische Gesellschaft. Das nennt Kindler eine Utopie, und damit ist das Gespräch beendet. Herrnstadt verabschiedet ihn mit den Worten: »Unser Ziel mag eine Utopie sein. Aber was wäre das Leben ohne Utopie?«

Welche Utopie meint er denn im Jahr '45? Mitten im Trümmerbild?

Aber das fragt er sich vielleicht gar nicht. Er erlebt ja eine!

Im August hat er den ersten Verlag in Berlin gegründet, den Allgemeinen Deutschen Verlag. Geschäftsführer sind Rudolf Herrnstadt, Gerhard Kegel, Friedrich Notz. Schon im Oktober gründet er den nächsten: Berliner Verlag. Gründungsdatum: 11. Oktober.

Das alles hat er natürlich nicht alleine gemacht, aber einer der bestimmenden Leute muss er gewesen sein, denn er wird auch Verlagsleiter. Und schon vorher hat er eine neue Zeitung kreiert: »Neue Berliner Illustrierte«. Mit ihr setzt er die berühmte »Berliner Illustrierte Zeitung« fort. Er will also die alte Zeitungsstadt Berlin wieder zum Leben erwecken. Die erste Nummer erscheint am 1. Oktober und wird ein großer Erfolg.

Diese erste Nummer liegt zweifach im Nachlass. Herrnstadt musste sie vollständig ändern. Der Fortsetzungsroman »Mister Bunting und der Krieg« von Robert Greenwood muss raus, er zeigt das Leben in London im Krieg und ist in Zürich 1944 erschienen. Der Roman sollte dem Verständnis zwischen den Völkern nutzen, so hieß es in einer Einführung. Kommentarlos ausgetauscht gegen den Roman »Wiedersehen im Nebel« von Edmund Sabott.

Auch das Titelfoto gefiel der Zensur nicht: Heimkehrer mit Kind. Jetzt ist der neue Oberbürgermeister Werner mit Kind drauf, aber die Fotos von der Kochtopfproduktion statt Wehrmachtsgeschirr bleiben, die Ratschläge zur Umarbeitung von Uniformen zu Damenkostümen auch und die Doppelseite über die Konzentrationslager. So ist es eben. Zensur gehört zu den »gegebenen Umständen«.

Für Herrnstadt überwiegt das Positive. In einem Brief vom 2. Oktober 1947 kann er schon schreiben:

»Wir haben – und sind sehr stolz darauf – einen großen Verlag aufgebaut, der gegenwärtig 1700 Menschen beschäftigt, und neben der ›Berliner Zeitung‹ und der ›Neuen Berliner Illustrierten‹ eine Frauenzeitschrift ›Die Frau von Heute‹, eine Jugendzeitschrift ›Start‹, eine kommunalpolitische Zeitschrift ›Demokratischer Aufbau‹ und im eigenen Buchverlag historische und politische Literatur herausgibt. Jedes der genannten Objekte erscheint in einer Auflage, die hoch in die Hunderttausende geht. Im ganzen sind wir, was die Auflagenhöhe anlangt, mindestens so gross wie Ullstein, natürlich nicht, was die Profite anlangt, da wir die Preise bewusst niedrig halten, und nur soviel verdienen wollen, wie zur Aufrechterhaltung und Erweiterung der Betriebe nötig ist.«

Da ist sie, die Utopie: Kein Profit!

Kein Profit auch beim Gut Theresienhof, dass Herrnstadt noch im Herbst 1945 als Erholungsheim für den Berliner Verlag von der sowjetischen Militäradministration erwirbt. Dort sollten alle, wirklich alle Beschäftigten kostenlos Urlaub machen können. Dort wird auch eine kleine Landwirtschaft eingerichtet, aus der die Betriebsangehörigen in den Notzeiten Lebensmittel erhalten. Bereits im Januar 1947 wird der Bau einer Druckerei begonnen und ein Jahr später schon abgeschlossen. Herrnstadt will auch eine Volontärszeitung herausgeben als Journalistenschule für junge Leute, sein Arbeitspensum ist unfassbar groß – »... ich redigiere täglich fünf Zeitungen ...« –, aber für einen Mann mit Pioniergeist muss es auch fantastisch gewesen sein, aus dem Nichts einen Zeitungskonzern »mindestens so wie Ullstein« aufzubauen.

Hat er sich selber auch so gesehen – als einen Ullstein, da oben in dem Riesenhaus in der Jägerstraße 10 bis 11? Lässt er sich in diesem Gefühl täglich Kuchen bringen, aus der Französischen Straße, wenn dort tatsächlich ein Café wieder geöffnet wird, das Borchardt, und zwar als HO, also ohne Lebensmittelmarken. Drei Mohrenköpfe für unseren Chef! Er aß gerne Süßes.

Für einen Mann aus dem Mosse-Haus liegt der Vergleich mit Ullstein nahe, wenn er einen ähnlichen Verlag aufbaut. Dabei müsste er sich eher mit Willi Münzenberg vergleichen, dem Mann, der den kommunistischen Zeitungskonzern der Weimarer Zeit aufbaute. Münzenberg wurde immer unabhängiger, kritischer gegen die KPD, griff schließlich Stalin an und wurde wahrscheinlich von dessen Jägern ermordet.

Aber an Münzenberg darf Herrnstadt im Jahr 1947 gar nicht denken, der ist eine Unperson. Ermordet, verschwiegen, und schon gar nicht bedankt. Ähnlich soll es Herrnstadt ergehen.

Eben weil er kein Ullstein war, sondern ein kommunistischer Journalist, der Popularität gewann, wird er als eine Gründerfigur der Presse der Nachkriegszeit vollständig ausgelöscht. Dafür sorgt besonders seine Partei. Bis auf wenige Menschen haben alle seine Zöglinge und Kollegen sich daran beteiligt. Sie schwiegen oder bereicherten die Legende vom unbequemen Chefredakteur. Sie richteten sich darin ein und machten Karriere.

Immerhin müssen alle die Aktenordner mit Briefen, Anordnungen, Zahlen noch lange vorhanden gewesen sein, aus denen Genaueres zu rekonstruieren wäre. Aber nach dem Zusammenbruch der DDR hat der neue Besitzer des Berliner Verlages die Verlagsgeschichte »entsorgt«. So sieht die Niederlage aus.

Die Pressegeschichte nach 1945 wird für die sowjetische Besatzungszone mit wenigen Sätzen auskommen müssen, und das tut sie bereits. Auch von Herrnstadts Tätigkeit in ihrem wirklichen Umfang bleibt ein weißer Fleck, der schwer auszufüllen sein wird. Die Anfangszeit der Presse in Berlin, wie sie wirklich war.

Wenn Herrnstadt das damals gewusst hätte – wäre er Helmut Kindler gefolgt?

Nein. Es geschieht ja etwas unter der Sowjetbesatzung.

Die ersten sowjetischen Befehle zur Normalisierung des Alltags in Berlin, die so mühsam für die Bevölkerung beschafften Lebensmittel, der halbe Liter Milch für jedes Kind, die Entlassung von Nazibeamten, die sofortige Zulassung der politischen Parteien, die forcierte Enttrümmerung, die Einstellung von Neu-Lehrern, die teilweise abends noch lernten, was sie morgens schon unterrichten mussten, das alles geschah, um den Nazigeist auszulöschen, es geschah für: »Berlin lebt auf«.

Es war das, was er wollte, und er war dabei. Das konnten sie ihm nicht nehmen.

Die »Berliner Zeitung« liegt in den Regalen der Berliner Stadtbibliothek gleich neben dem »Berliner Tageblatt«.

Mit großen Erwartungen schraubte ich die Filme ins Lesegerät und dann – totale Enttäuschung. Das sollte es nun sein? Zuerst dieser Aufbruch: »Freies Deutschland« – und nun?

Ich erlebte offenbar das Gleiche, was die selber erlebten, die Rückkehrer aus der Kriegsgefangenen-Redaktion, und die Neuen, die bald gegangen sind.

Natürlich, die Nummer eins hatte den Charme eines allerersten Anfangs, und in der Nummer zwei stand zum ersten Mal der berühmte Satz: »Die Hitler kommen und gehen, aber das deutsche Volk, der deutsche Staat bleiben bestehen. J. W. Stalin«, und das geschah in Vorbereitung der Potsdamer Konferenz, die im Juli begann, und in dieser zweiten Nummer bereits gibt's auch das unwiderruflich erste Foto einer deutschen Zeitung nach dem Kriege: »Soldaten der Roten Armee legen einen Kranz am Grabmal des Komponisten Johann Strauss nieder.«

Das muss in Wien gewesen sein.

In der Nummer zwei finde ich auch den Namen Ottomar Geschke, den Herrnstadt in seinen Erinnerungen an die Heimkehr für den 6. Mai noch als Sträfling beschreibt. Am 22. Mai schreibt der schon einen Leitartikel als Leiter der Abteilung für Sozialfürsorge beim Magistrat von Berlin. Was für eine Anstrengung!

Wie früher im »Berliner Tageblatt« füllt Außenpolitik die Titelseite, dazu regelmäßig Berichte über Verbrechen des Naziregimes. Am 20. Juli eine ganze Seite zum ersten Jahrestag des Attentats auf Hitler. Täglich Berichte vom Leben in Deutschland und aus der Sowjetunion und was in Berlin so passiert.

Das Bärenwappen der Stadt Berlin wird in den Titel gesetzt, seine Berechtigung mit der Verbindung zum Magistrat erst behauptet und dann bestritten. Wer denkt an die Verbindung zum »Berliner Tageblatt«? Herrnstadt.

Er war immer stolz darauf, dass er im Kopf dieser Zeitung den Kopf des »Berliner Tageblattes« gerettet hatte. Alles tot? – Nein, nicht alles.

Ja, von weitem sieht die »Berliner Zeitung« der ersten Jahre dem »Berliner Tageblatt« nicht ganz unähnlich, und manchmal ist sie auch unterhaltend, lebhaft sogar, aber eben – es ist das »Berliner Tageblatt« nach 1933, dem diese Zeitung nachscheint.

Die Kulturberichte, die Witzvignetten – das ganze brave Korsett, da ist es wieder, unfassbar, warum? Jetzt ist doch wirklich die Stunde Null.

Wo ist das Prinzip des »Freien Deutschland«, die Betroffenen selber schreiben zu lassen? Der Form nach ein Schatten des Tageblattes, im Inhalt führt sich das »Freie Deutschland« fort mit Autoren und Themen, aber ohne den Atem der Zeit.

Also suche ich mir die Konkurrenz aus den Regalen der Stadtbibliothek, und das ist ab 27. September 1945 »Der Tagesspiegel« der amerikanischen Militärverwaltung. Aber da erfahre ich noch viel weniger über Zeit und Menschen als in der »Berliner Zeitung«. Das hatte ich nicht erwartet.

Dafür viel Außenpolitik und viel über die Vereinigten Staaten. Zensur ist in beiden Hälften der Stadt.

Mit der Debatte um die Vereinigung SPD-KPD kommen dort Stellungnahmen von SPD-Funktionären ins Blatt. Am 7. März 1946 zum Beispiel der zornige Brief eines Klaus-Peter Schulz an Wilhelm Pieck. Schulz ist der Kreisjugendleiter der Charlottenburger SPD.

Sein Vater war zur Jahrhundertwende Chefredakteur der sozialdemokratischen »Bremer Bürgerzeitung« gewesen und hatte dort mit Pieck zusammengearbeitet. 1928 trafen die beiden sich in Berlin als Reichstagsabgeordnete wieder, und der KPD-Mann Pieck hatte gezögert, dem SPD-Mann Schulz die Hand zu geben. Nun also, wo der Händedruck Symbol der neuen Partei werden soll, fragt der Sohn nach den vergangenen zwölf Jahren. Pieck hätte in der Emigration gesessen, er aber in Deutschland. Er hätte in diesen zwölf Jahren nichts tun können, aber ein Gefühl bekommen für Zwang und große Worte. Hoffnungslos veraltet nennt er so was.

So ungefähr hätte ich mir Artikel vorgestellt, die bei Herrnstadt erscheinen könnten. Politisch anders, aber der Ton, die Wahrhaftigkeit eines Textes – ich hatte geglaubt, dass Herrnstadt die durchaus erkennen konnte – aber nein, es war der »Tagesspiegel«, wo ich einen Satz wie diesen gelesen habe: »Wir kommen uns vor wie Objekte und wir wollen Persönlichkeiten bleiben!«

Die Frage unseres Lebens – so war sie gestellt worden, schon damals, im Jahr 1946?!

Keine Antwort kommt auf diesen Brief. Ich habe jedenfalls keine gefunden. 1946 sind Ost und West bereits völlig im Selbstgespräch.

Der eine sagt »ich«, der andere »wir«.

Wer »ich« sagt, redet von seiner Schwäche. Das fällt mir auf einmal sehr auf. Wer »wir« sagt, der will um keinen Preis schwach sein, denn wer schwach ist, verliert, und dann wird er getötet – das ist vor allem die Erfahrung der Kommunisten, und überwintert und erlitten ist etwas anderes als verfolgt und getötet.

Denn auch das ist eine Tatsache: Eine Volkspartei verschwindet bei politischem Druck und zeigt sich erst wieder, wenn die Verhältnisse es zulassen. Eine Kaderpartei nimmt im Idealfall den Kampf auf. Wenn auch das Ausmaß des Widerstands deutscher Kommunisten in zwölf Jahren Faschismus umstritten ist – 20000 ermordete KPD-Mitglieder lassen sich nicht wegreden, 150000 Häftlingserfahrungen auch nicht. Wer kämpfen will, muss sich stark zeigen, immer stark. Sagt ein Kommunist deswegen »wir«?

Oder will er grundsätzlich kein Einzelner sein?

Sie waren doch immer die Minderheit. Eigentlich sind sie doch die »Ichs« in dem Meer von »Wir«, aber diese Mehrheit sagt: »Ich«.

Ich, ich, ich kann nicht mehr!!!

Ich lasse mich nicht mehr zwingen!

Die Vereinigung der beiden Arbeiterparteien, schreibt Schulz, die meisten wollen sie ja, aber sie wollen es selber entscheiden, von unten und nicht von oben.

Das geht nicht. Nicht mit dem sowjetischen System. Die wollen alles unter Kontrolle haben. Überall an den Schaltstellen sitzen jetzt ihre Leute, sie waren die Ersten, sie sollen es bleiben. Macht wird nicht abgegeben.

Und mein Vater – warum macht er so was mit?

Weil er gestalten darf. Nicht sein Satz ist es, den Klaus-Peter Schulz schrieb: »Wir kommen uns vor wie Objekte und wir wollen Persönlichkeiten bleiben!«

Aber ich kann mich irren. Es kann sein, dass er dagegen war, dass die Kommunisten alles dominieren. In den Beratungen in Moskau sprach er ja für »Entsagung«, Bescheidenheit. Aber das waren seine Gedanken, jetzt bestimmt die Sowjetunion das Tempo.

In der »Berliner Zeitung« finde ich zu dem Thema der Vereinigung von KPD und SPD, die im April 1946 im Osten übereilt und mit Druck durchgesetzt wird, nur einen eher vermittelnden Text von ihm: »Fürchtet Euch nicht!« im Dezember 1946.

Er richtet sich an die neu gewählten Mitglieder des Berliner Magistrates, in dem entgegen den Wünschen der Sowjetunion neben der SED auch die SPD saß.

Herrnstadt schreibt kaum eigene Beiträge in dieser Zeit, wenn er aber schreibt, schreibt er »wir«. Er auch. Das ist neu in seinen Artikeln.

Wer ist dieses: »Wir, Rudolf Herrnstadt«? Chefredakteur. Chef des Berliner Verlages. Ein Mann, dem die Sowjets völlig vertrauen und umgekehrt auch. Ein Mann, der nichts mehr vorgefunden hat aus seinem Leben der Vorkriegszeit und von der Berliner Zeitungslandschaft auch nicht. Ein Mann, der leidet am Tod der Leute aus seiner Gruppe und der schon deshalb Tag und Nacht arbeitet. Sie sollen nicht sinnlos gestorben sein. Kranker Mann.

Aus den Schatten auf seiner Lunge sind Löcher geworden. Nur eine Operation kann ihn retten, er ist zu schwach dafür – kein Grund, nicht zu arbeiten! –, wird im Sommer 1946 endlich zur Kur geschickt, kommt früher zurück. Kurz vor der Operation will er im Februar 1947 doch noch einmal raus aus dem Trümmerbild, er will in die Tatra fahren, aber er kommt nur bis Prag.

Das dunkle Prag stand da wie immer.

Das Panorama der Stadt unversehrt, die Geschäfte gefüllt mit Lebensmitteln, und die Stimmung düster, gereizt, ja gehässig sogar. Ludwig Freund heißt jetzt »Frejka«. Deutsch darf nirgendwo gesprochen werden. Herrnstadt im Februar 1947 ist ein Mann mit offener TBC, so einer ist schwach, und ein schwacher Mann spürt alles. Armee der Hexen und der Denunzianten, hier bemerkt er sie zum ersten Mal.

Für seine Genossen der KPD war der Argwohn gegen die eigenen Leute schon lange vorher losgegangen, in Moskau und in Paris, aber für Herrnstadt geht es erst hier los, in Prag, wo er ja auch die Eltern nicht mehr finden wird, den Bruder, hier, wo alles noch dasteht wie früher einmal. Er kehrt um, fährt zurück nach Berlin. Ein Dankesbrief an einen ihm vorher unbekannten Genossen der SED in Pirna, der ihn nachts aufgenommen haben muss, zeugt davon, wie froh er war, wieder in Deutschland zu sein.

Fühlt er sich hier weniger einsam? Kaum.

Kegels Frau Charlotte ist wieder da, wohnt gegenüber im Gerstenweg. Die hat Ilse gekannt, die hat Warschau gekannt, schöne Frau, oft bei uns zu Gast. Auch Lothars erste Frau Elsbeth aus der Schnapka-Clique mitsamt Tochter Christiane ist in Berlin. Rudolf hat »alles in Bewegung gesetzt«, für ihre vorzeitige Ausreise aus Gleiwitz nach Ostberlin schon im Jahr 1947, und auch Lothars Eltern hat er geholt, nur reden kann er mit ihnen nicht und besucht sie auch nie. Er erträgt es nicht, dieses Gleiwitz so nahe, denn für sich selber konnte er niemanden nachkommen lassen.

Im Mai endlich die Operation, sie geht schief. Es folgen Entzündungen und wieder Operationen. Der letzte Chirurg ist Ferdinand Sauerbruch. Sauerbruch rettet Herrnstadt das Leben und sitzt dann selber nächtelang bei dem am Bett und erzählt von seiner Verstrickung mit den Nazis und wer weiß, was noch. Er soll Vertrauen zu Herrnstadt gehabt haben, wie der auch zu ihm.

Die großen Operationen mussten bei lokaler Betäubung durchgeführt werden, ein Absägen der Rippen, damit das Rippenfell sich über den zerfressenen Lungenflügel legt und eine Ausbreitung des Krankheitsherdes verhindert. Es hatte die Ärzte verwundert, wie beherrscht Herrnstadt diese Folter ausgehalten hatte. Nach allem, was ich inzwischen weiß, wundert es mich nicht mehr. Er wird es als Folter betrachtet haben, und sich selber dabei – ob er standhielt.

Die Wundfläche reichte von der Schulter bis zur Hüfte, eiterte monatelang und musste täglich verbunden werden, aber Herrnstadt erlaubte das nur meiner Mutter. Valentina fuhr täglich nach Berlin-Buch, wo Rudolf lag, 40 Grad Fieber. Nachts am Fenster starrte immer ein Käuzchen herein. Im Fiebertraum glaubte er jedes Mal, es hole ihn zu den Toten.

Aber schon im Krankenhaus von Buch hat er auch wieder gearbeitet, viele der Briefe, die ich fand, sind dort diktiert, manche mit der Entschuldigung dafür, dass er nicht unterschreiben kann. Er kann den rechten Arm nicht bewegen.

Im Oktober 1947 wird er entlassen, soll wieder zur Kur. Es wird August 1948, bis er losfährt, und wieder in die Tatra, diesmal begleitet ihn Valentina, und wieder ist die Stimmung in Prag grässlich. Gerade war die Kommunistische Partei mit einem Putsch an die Macht gekommen. Keiner will reden. Nur der Bruder von Egon Erwin Kisch, den sie besuchen, erzählt von Depressionen ringsherum – was hier geschieht, das ist nicht das, was wir wollten. Es fällt auf, dass von jetzt an in den verschiedenen Zeitungen, die Herrnstadt verantwortet, die Tschechoslowakei kaum noch vorkommen wird.

Valentina blieb eine Woche in der Tatra bei Rudolf im Sanatorium, auf der Rückreise nach Berlin machte sie wieder Station in Prag.

Es war die erste Auslandsreise ihres Lebens, und zum ersten Mal war sie auch ganz allein. Sie sprach das Personal im Hotel auf Deutsch an. Niemand antwortete ihr. Sie verstand es nicht. Nicht einmal mitten im Krieg war es der Sowjetunion eingefallen, den Deutschunterricht abzuschaffen, es war ja ihr Fach, sie hatte es selbst unterrichtet, und hier?

»Ich bin überzeugt, dass ihr mich versteht!«, rief sie. »Warum antwortet ihr nicht? Die Sprache kann nichts dafür!«

»Die Sprache kann nichts dafür!« – So kämpfte sie für das Deutsche, meine Mama in Prag.

Es war diese Reise, auf der mein Vater die Schwiegermutter seines Bruders besuchte, denn die hatte ihm nach Berlin geschrieben. Vom Bahnhof sofort zu ihr, und dann wieder zum Zug und weiter. Valentina war bei ihm. Sie trafen eine wortkarge Überlebende des KZ Theresienstadt, von der sie nur erfuhren, dass seine Eltern zu den Ersten gehört hatten, die eine Aufforderung zum Transport in die Todeslager bekommen hatten. Sein Bruder Ernst und dessen Ehefrau hätten daraufhin beschlossen, mit den Eltern zu gehen. Das hätten sie auch durchsetzen können. Auch würde sich in einer Prager Sammelstelle von Sachen Ermordeter ein Päckchen mit der Aufschrift: »Marie Herrnstadt« befinden.

In seinen Erinnerungen schreibt Herrnstadt: »Marie Herrnstadt war meine Mutter … Ich sagte, ich würde hingehen, aber ich ging nicht. Ich hatte einfach Angst vor dem Päckchen und vor mir selber. Statt dessen spürte ich eine in Worten nicht auszudrückende Verbundenheit mit der Sowjetunion, die mir Gelegenheit gegeben hatte, den Imperialismus mit allen in mir vorhandenen Kräften zu bekämpfen …«

Den Imperialismus. Die Jagd nach Profit. Ursache für Krieg und Völkermord. Daran glaubt er. Mit dieser Formel hält er das aus, was er gerade erlebt. Hält er es weg von sich selber. Nur das Päckchen, das hätte er nicht ausgehalten.

Denn das kam noch dazu: Er selber, die Entdeckung seiner Arbeit für die Rote Armee durch die Gestapo, hatte den Anlass geliefert für das Datum des frühen Transportes. In dieser Überzeugung verließ Herrnstadt Prag Ende Oktober 1948.

ABSTURZ IN DEN KALTEN KRIEG

Als mein Vater die Krankheit besiegt hatte und sein Leben also wieder vor ihm lag, da war wieder Krieg in Europa.

Pech gehabt, Rudi, zum zweiten Mal. Es wird nichts mit schönen Zeitschriften und Artikeln. Es ist Krieg. Kalter Krieg.

1945 befürchtet, 1946 ausgesprochen, 1947 benannt und 1948 am Dampfen.

Denn Ost und West passten nicht zusammen, sie verstanden sich nicht, sie misstrauten einander. Nun standen sie sich gegenüber.

Tücke des Sieges: Deutschland war weg.

Nie zuvor in der Geschichte hatten die Westmächte so dichte Berührung mit Russland gehabt, das nun schon lange »Sowjetunion« hieß. Nie zuvor hatte die Sowjetunion so weit westlich gestanden. Für ein Miteinander hätten beide Seiten sich aufeinander einlassen müssen. Aber wie und warum?

Zwei einander fremde Systeme, noch warm von den letzten Schlachten. Ihre herrschenden Klassen hatten gerade gesiegt, warum sollten die ihre Überzeugungen ändern?

Also Vollbremsung. Das gelingt. Die Welt wird klar aufgeteilt, wie es in Jalta vereinbart war – aber Deutschland? Was wird aus Deutschland?

Hier läuft die Grenze direkt durch ein Land – also wird dieses Land auch das Spielfeld des neuen Krieges, und die Hauptstadt des Kalten Krieges, das wird Berlin.

Wie groß war die Kriegsgefahr wirklich? »Sehr groß.«

Das sagte, ja raunte mein Vater manchmal halblaut, als ob es eine eigentlich der Geheimhaltung unterliegende Information sei. Es besagt nur, dass er in diesem Bewusstsein gelebt hat und seine Artikel geschrieben: Dritter Weltkrieg. Die Kriegsgefahr.

Kalter Krieg.

Ich stehe davor wie vor den Resten des Pergamon-Altars in Berlin. Hier werden Schlachten geschlagen, Köpfe aneinandergerammt – dort ein Messer im Bauch eines Kriegers, da ein Engel, der tröstet, dort ein Pferdehintern im vollen Galopp – und das meiste ist leer. Leere Stellen.

Ein dicker Nebel von Propaganda liegt über diesen Jahren. Propaganda in Ost, Propaganda in West, und mein Vater ist einer derjenigen, die ihr Schwert in der ersten Reihe schlagen, verknotet in fremde Arme und Beine. Ich bin die Letzte, die das entwirren kann. Worum geht es denn eigentlich?

Um den Arbeiterstaat? Um die befestigte Grenzprovinz? Um das besetzte, faschistische Deutschland? Um ganz Europa, das in Trümmern lag?

Es hätte Abrüstung und Verständigung gebraucht.

Das Gegenteil geschah: Stützpunktsysteme und Aufrüstung auf beiden Seiten. Es begann mit dem Abwurf der amerikanischen Atombombe vier Tage nach der Potsdamer Konferenz 1945. Die Sowjetunion hatte die Bombe nicht, und auch dort behielt militärisches Denken den Vorrang.

Dabei hätte zu den Konsequenzen aus dem Zweiten Weltkrieg auch eine Erneuerung der Sowjetunion gehört. Die Berliner »Kulturoffiziere« müssen so gedacht haben, aber sie alle erlebten das Gegenteil. Im Osten Deutschlands wiederum hatten sie sich bemüht, Konsequenzen aus Faschismus und Krieg zu ziehen. Deswegen waren inzwischen NSDAP-Mitglieder aus den Verwaltungen, der Justiz und den Schulen entfernt worden, deswegen waren zwei Millionen Hektar Land aus Landbesitz, der größer war als 100 Hektar entschädigungslos an 500 000 Personen verteilt worden, denn die Großagrarier sollten entmachtet werden, sie galten als Stützen des Hitlerregimes. Ebenso war alles Eigentum des ehemaligen Deutschen Reiches, der NSDAP und der Wehrmacht verstaatlicht worden oder in sowjetisches Eigentum überführt, das später der DDR abgetreten wurde. Banken und Sparkassen enteignet, ein einheitliches Sozial-und Rentenversicherungssystem geschaffen, ein einheitliches Schulsystem auch, den Kindern von Arbeitern und Bauern wurde der Zugang zu höherer Bildung besonders erleichtert, Frauen sollten gleichberechtigt sein – das und noch einiges mehr wurde von jetzt an im Osten die »Errungenschaften« genannt.

Es waren Eingriffe, radikal wie niemals zuvor in der deutschen Geschichte. Die meisten der von den Umwälzungen geschädigten Menschen saßen inzwischen bereits auf der Westseite und erzählten, was ihnen geschehen war: Zwang. Rechtlosigkeit. Oft auch Brutalität.

Ihr Zorn begleitete den Osten Deutschlands von Anfang an, denn die wichtigste Erneuerung blieb aus: Demokratie.

Demokratie war im Westen Deutschlands eingeführt, die Institutionen des Naziregimes entmachtet, Konzerne entflochten, aber die Eigentumsverhältnisse blieben weitgehend unangetastet. Den westlichen Alliierten lag eine Zerstörung der kapitalistischen Strukturen nicht nur fern, nein, sie war bedrohlich. Sie sahen, die Sowjetunion hielt ihre Zusagen von Jalta nicht ein. Statt das Selbstbestimmungsrecht der Völker in ihrem Einflussgebiet zu respektieren, formte sie diese Länder nach ihrem Muster, dehnte ihr Machtgebiet also aus. Im März 1947 wurde es US-Politik, den Einfluss der Sowjetunion in der Welt einzudämmen. Als Antwort kam aus Moskau das Wort von den zwei Weltlagern, die sich feindlich gegenüberstünden.

Das war ernst gemeint. Die Zeit des »Lagerdenkens« begann, die Zeit der gefährlichen »Grenzbegradigungen« zwischen den »Lagern«, und jetzt stehen wir vor dem Jahr 1948.

In der Presse hatte das große Kofferpacken längst begonnen. Wozu sollte man sich auch auf der einen Seite Berlins mit Texten Ärger machen, für die man auf der anderen belohnt wurde? Die meisten Kollegen, die Herrnstadt an die »Berliner Zeitung« geholt hatte, waren bereits wieder weg. Victor Klages war zum RIAS gegangen, Wolfgang Parth wurde Chefredakteur der »Revue«, Hans Borgelt und Georg Holmsten gingen auch. Musste das sein?

Warum so viel Einengung, so viel Zwang?

– Weil es nicht anders geht.

So antwortete mir einer meiner achtzigjährigen Bekannten. Kommunist seit 1945, 1989 ausgetreten aus der SED.

Ich hatte gedacht, er würde von der Atombombe reden, dem militärischen Gleichgewicht und dem Krieg in Korea. Nein: Weil es nicht anders geht!

Als er sah, wie sprachlos ich war, sprach er es geradezu nachsichtig mit leiser Stimme noch einmal aus:

– Es ist alles mit etwas Zwang gemacht worden. Aber solange Sie die Terminologie des Klassenfeindes verwenden, werden Sie nicht ernst genommen.

– Von wem?

– Von denen, die wissen, worum es geht, die Leute, die es erlebt haben. Nein, mit lauter Details finden Sie den Schalter nicht, Sie tappen im Dunkeln.

Ja, ich tappte im Dunkeln an dieser Stelle. Die Methoden, die simple Ideologie, die Maßnahmen ohne Konsens – ja, ich verstand meinen Vater nicht. Und weil ich ihn nicht mehr fragen konnte, fragte ich diesen, aber ihn hier verstand ich auch nicht. Warum war er dabei?

Er erzählte mir davon, wie er bei Kriegsende über Leichen gestiegen war, und dass er dachte, wer, wenn nicht die Kommunisten, wird eine gerechtere Welt aufbauen, denn sie sind durch die Hölle des Faschismus gegangen.

Kommunisten überzeugten ihn, auf der neu eingerichteten Arbeiter-und-Bauern-Fakultät das Abitur abzulegen, weil er Arbeiter war. Die Studenten im Hörsaal in Halle hatten hasserfüllt mit den Füßen gescharrt, als die Arbeiter-Abiturienten vorgestellt wurden.

– Sie wissen doch, wie es im Kapitalismus ist. Da heißt es: Gebildet werden unsere Kinder. Die Kinder der Oberklasse.

– In der Bundesrepublik kann jeder studieren.

– Haben Sie Pisa nicht gelesen? Es heißt immer, der Kapitalismus hat sich entwickelt. Er hat sich überhaupt nicht entwickelt! Die Technik hat sich entwickelt! Und warum lief das im Sozialismus nicht so? Weil der Zwang nicht da war.

– Der Sozialismus war voller Zwang.

– Wir drehen uns im Kreis. Noch einmal: Ohne Zwang geht es nicht. Der Zwang muss von den Sozialisten ausgehen, von Menschen, die im Interesse der Gesellschaft denken. Das waren zu wenige.

– Wozu dann der ganze Versuch?

– Wer nicht anfängt, wird niemals fertig. Das war richtig. Es war eine historische Chance. Hat gelehrt, dass es so nicht geht.

– Wegen dem Zwang.

– Nein, es muss sein, wie es heißt: Diktatur des Proletariats – das heißt doch Arbeitermacht, und das ist es nicht gewesen!

Und dann sprach er von seiner Tochter, die irgendwo in Kanada arbeitet und die heutige Zeit gut findet. Er sage immer zu ihr, es könne ja alles so sein, wie es ist, aber es sei nur eine Frage, die er stellen will, eine Frage: Es darf keinen Krieg geben!

– Aber es wird Krieg geben, sagte er. Kapitalismus bedeutet Krieg. Und das wollten wir damals verhindern.

So dachten sie also. Sie wollten erzwingen, was sie für richtig hielten. Es waren viele. 1948 hatte die SED beinahe zwei Millionen Mitglieder. Heute kaum zu glauben: 18 Millionen Einwohner und 1 800 000 SED-Mitglieder. Gelenkt von der Sowjetunion.

Wenn die Westzonen eine eigene Währung für ihre Zonen beschließen, scheint die deutsche Teilung unwiderruflich. Jetzt geht es nur noch um Westberlin. Denn wenn Deutschland auf lange Zeit geteilt bleibt, will die Sowjetunion keinen Stützpunkt des Westens im eigenen Gebiet. Am 23. Juni 1948 sperrt sie den Alliierten die Zufahrtswege aus den Westzonen nach Westberlin. Die Westberliner Einwohner sollen in Ostberlin einkaufen.

Ein gefährlicher Schritt. Jetzt könnte es krachen. Was sollen die Westalliierten tun? Panzerdurchbruch? Berlin aufgeben?

Die Entscheidung: Luftbrücke. Die Bevölkerung tut den Sowjets nicht den Gefallen, gegen ihren Inselstatus zu protestieren, sondern empfindet die Vereinigten Staaten von jetzt an als ihre Befreier.

Ein Jahr lang dauert der Ausnahmezustand, dann ist das neue Klima zwischen den Blöcken installiert, klare Feindbilder aufgestellt. Man kann sie heute noch besichtigen am Checkpoint Charly: ein sowjetischer Soldat, ein amerikanischer.

Da stehen sie. Fotografien.

Im Herrschaftsgebiet der Sowjetunion wird nun auch nach innen ein Kampf begonnen gegen alles, was »westlich« ist oder sein könnte. Dasselbe geschieht in den USA gegen alles als kommunistisch Verdächtigte. Hysterie in Ost, Hysterie in West. Das ist die Zeit, in der mein Vater aus der Tatra zurückkommt.

Was wird er gedacht haben? Kriegsgefahr.

Und dass der Kampf gegen den Faschismus nur im Osten ehrlich geführt wird. So wie der alte Mann in unserem Gespräch, so wird er gedacht haben. Und dass der nächste Schritt ja dann auch noch kommt: Demokratie.

Übrigens darf Anfang 1948 endlich auch Lothar aus Moskau zurück, und zwar mit einem Auftrag: eine Partei für unbescholtene ehemalige Mitglieder der NSDAP zu gründen, die NDPD. Schließlich ist er mit deutschen Soldaten seit fünf Jahren bestens vertraut. Keiner soll wissen, dass Bolz eigentlich Kommunist ist. Auch diese neue »Blockpartei« ist ein Zeichen für die Verhärtung der Lage. Mit einem Kommunisten als Chef ist sie besser lenkbar als die ursprünglich eigenständigen Parteien CDU und LDP.

Herrnstadt aber bekommt inzwischen auch Aufträge von der SED. Aber vielleicht bekam er die immer schon und jetzt fällt es erst auf: Er soll einen Text schreiben über das abtrünnige Jugoslawien. Es ginge den falschen Weg.

Das wird ihm schwergefallen sein, denn bisher sah er gerade dort die vorbildlichsten Kommunisten außer in der Sowjetunion – sie hatten sich selber befreit! Aber gerade deswegen wird er es auch nötig haben, sich zu distanzieren, er schreibt also.

Kurz vor seiner Reise zur Kur in die Tatra hat er den Artikel fertig und schickt ihn an die Redaktion mit der Bemerkung, dass Ulbricht ändern soll, wenn er will. Mit einem Text, der einem am Herzen liegt, geht man anders um.

Herrnstadts Tenor: Ohne die Sowjetunion geht es nicht.

Das allerdings ist seine ehrliche Meinung, er sagt es immer wieder: Ohne die Sowjetunion geht der Aufbau der neuen Gesellschaft nicht.

Mit ihr geht er auch nicht. Das wird er noch merken. Und die Jugoslawen werden noch etwas ganz anderes merken – ob mit oder ohne Sowjetunion –, was sie wollten, geht gar nicht. Aber das kommt später, viel später.

Mit dem Artikel über Jugoslawien betritt Herrnstadt zum ersten Mal den heiligen »theoretischen« Raum der Interpretationen. Dieser Raum ist den wichtigen Leuten vorbehalten, was die da schreiben, sind Ableitungen der kommunistischen Theorie, um politische Wendungen zu begründen oder auch nicht – schon dass man theoretisieren darf, zählt.

Herrnstadts Name steht aber nicht über dem Artikel. Er hat den Raum also nicht betreten. Es war ein Parteiauftrag, und er war die Schreibfeder seiner Genossen.

Ganz anders steht es mit dem Artikel, den er schreibt, wenn er zurück ist: »Über die ›Russen‹ und über uns«.

Dieser Artikel war seine Idee, und da steht sein Name auch drüber. Veröffentlicht im November 1948, aber nicht in der »Berliner Zeitung«, sondern in der Parteizeitung der SED »Neues Deutschland«, denn er ist vor allem an die Mitglieder dieser Partei gerichtet. Das ist einem Brief an Jürgen Kuczynski vom 28. Oktober 1948 zu entnehmen – er schriebe gerade an einem Artikel »über das Verhältnis unserer Partei zur Sowjetunion«.

Warum? »Er konnte die ständigen Bemerkungen gegen die Russen nicht mehr ertragen«, sagte mir sein Redakteur Gerhard Dengler. Wenn das auf die SED gemünzt ist, dann setzt Herrnstadt hier seine Kritik aus Moskau fort, aber so wird der Artikel nicht gelesen. Er wird aus einem ganz anderen Grunde zur Sensation.

Herrnstadt bricht hier das offizielle Schweigen über die Barbarei der Roten Armee, und er sagt: Russen, nicht Sowjetsoldaten, wie die offizielle Sprachregelung im Osten lautet.

Es ist der größte Tabubruch in der Linken seit 1945, sie wollten alle darüber schweigen. Herrnstadt stößt eine Tür auf, die verriegelt war, und er kann es, weil er offensiv ist: hundert Prozent pro Sowjetunion.

Heute als ein emphatischer Propagandaartikel zu lesen,

dessen damalige Wirkung zeigt, wie ratlos die Leute gewesen sein müssen, die der Sowjetunion folgen wollten, aber keine Argumente für sie mehr finden konnten. Das will Herrnstadt ändern. Die Vergewaltigungen erwähnt er nicht. Das ist ihm wohl nicht erlaubt worden, oder es war ihm zu schwer.

Sein Beispiel wird der Schwager, der am Straßenrand stand und verprügelt wurde, des Fahrrads beraubt, und dabei hatte der nun gerade immer die KPD gewählt!

Herrnstadt: Woran sollte der Russe das erkennen?

Hätte der Russe es gewusst, dann hätte er anders gehandelt, meint Herrnstadt das ernst? Nein, meint er nicht, insistiert aber weiter auf diesen Schwager. »Der Schwager stand am Straßenrand...«, schreibt er wieder, ja und? Dort, wo der russische Soldat hergekommen wäre, da hätte es gar keine Straßenränder mehr gegeben, da hätte es gar nichts mehr gegeben, und darum sei dieser Soldat sehr wohl auch »verwahrlost, verkommen, vertiert – ja vertiert!« – in Berlin angekommen, und was hätte der Schwager denn nun tun sollen, um anders behandelt zu werden?

Und wieder geht es von vorne los: »Der Schwager stand also am Straßenrand...« ja verdammt, was hätte er tun können, damit der Russe sein Verhalten nun ändert? Man kommt selber ins Grübeln beim Lesen. – Nun, er hätte die Nazis bekämpfen sollen, dann hätte der Russe wohl erkannt, dass der Schwager auf seiner Seite steht – so ungefähr steht's in dem alten Artikel und wirft diese Frage auf, der alle deutschen Parteien seit 1945 ausweichen: Warum hat das deutsche Volk so beharrlich zu Hitler gehalten?

Wer genau hinsieht, kann es noch anders lesen: Die Partei, die hier herrscht, hat sich die Macht nicht erobert, sie hat sie geschenkt bekommen. Denn der Schwager, der am Straßenrand stand – hatte er nicht kommunistisch gewählt?

Was Herrnstadt hier ausspricht, ist die Passion seines Lebens – ein ehrliches Verhältnis zu den Russen. Er muss es wohl oft bei seinen Genossen beobachtet haben, die Tendenz, vor den Sowjets zu buckeln und ihnen wiederum alles Nichtgelingende anzulasten. Immer mit dem Gestus, dass eine Auseinandersetzung ohnehin nicht möglich wäre. Es ärgert ihn, weil er es schäbig findet. Was wären die ohne die Russen?

Wüsste er, wie die Geschichte ausging, er würde sich bestätigt fühlen. Eine Auseinandersetzung der SED mit der Sowjetunion hat es bis heute nicht gegeben.

1948 ist Herrnstadt noch unerhört überschwänglich in dieser Frage. Die Sowjetunion ist es, die die grundlegenden Veränderungen nach Deutschland bringt, das entscheidet alles für ihn, das ist das Wichtige. Er lehnt sich weit aus dem Fenster für sie.

Herrnstadt kann sich nicht retten vor Leserbriefen. Man räumte Regale frei, Schränke, schließlich holte man Waschkörbe. Ein Flur stand voll davon. Waschkörbe voller Leserbriefe.

Es soll das erste Mal in der deutschen Pressegeschichte gewesen sein, dass eine Veröffentlichung so eine Wirkung hatte.

Bis in den Januar 1949 liest man von öffentlichen Diskussionen in der ganzen sowjetisch besetzten Zone, die so viel Zulauf haben, dass Räume verlegt, Lautsprecher für die draußen Zuhörenden angebracht werden mussten. Auch sowjetische Offiziere stehen da Rede und Antwort, so heißt es im »Neuen Deutschland«.

Der Artikel muss tatsächlich das Thema dieser Tage gewesen sein, denn die zwei Zeitungsseiten erreichen sogar meinen Freund Manfred Barg, damals Bergarbeiter in Frankreich, später Bauingenieur. Manfred Barg ist wegen dieses Artikels noch 1948 aus Frankreich nach Deutschland zurückgekehrt. Warum?

Er dachte, jetzt sagen wir uns die Wahrheit, jetzt wird ernst gemacht mit einem neuen Deutschland.

Rudolf Herrnstadt ist auf einen Schlag in ganz Ostdeutschland bekannt, und das Verhältnis der Bevölkerung zu den Russen soll sich seitdem verbessert haben durch das, was er immer wieder versuchen wird – eine öffentliche Debatte.

Es wird die erste und vielleicht einzige öffentlich geführte Aussprache über Faschismus und Kriegsende in Ostdeutschland.

Ich meine hier das Gespräch der an den Ereignissen wirklich beteiligten Menschen zu ihrer Zeit.

Gewiss eingeschränkt von den herrschenden Tabus, und doch ein erstes Gespräch zwischen Russen und Deutschen nach allem, was war. Von denen, die es erlebten, wird es als bewegend beschrieben. In Westberlin wiederum weicht die Distanz gegen die Sieger seit der amerikanischen Luftbrücke einer echten Begeisterung, die brauchen so einen Artikel jetzt nicht.

In diesen glücklichen Tagen – denn glücklich wird Herrnstadt gewesen sein, aber er ist schon wieder krank, kann die großen Versammlungen nicht erleben – erreicht ihn ein Brief von einem der Redakteure der »Berliner Zeitung«, Harald Laeuen. Der nutzt den Artikel zu einem erstaunlichen Exkurs: Er analysiert die Seele seines Chefredakteurs. »Sie legen in einer manchmal gesteigerten Sprache ein Glaubensbekenntnis ab … Ich müsste Sie nicht kennen, um nicht zu wissen, wie stark Sie mit Ihren tiefsten Gefühlsregungen an diesen Worten beteiligt sind …«

Herrnstadts Glaube sei ein Glauben an die Überwindung des Schlechten durch das Gute, die frohe Botschaft, dass es die Sowjetunion ist, die der Menschheit den Frieden bringt und ein besseres Zeitalter.

Laeuen jedoch findet jede Gegenüberstellung von Gut und Böse unerträglich und falsch, den Artikel nennt er ein »Zwielicht der Halbwahrheiten« und warnt: »Der Kampf mit dem

Schlechten ist ansteckend, man bedient sich seiner Methoden ...« Wiederum kenne er den Verfasser als einen »ehrlich Gläubigen ... Deswegen fand ich einen Zugang zu ihm als Menschen ... aber ich sehe eine Zwiespältigkeit seines Wesens. Die Härte, die Sie sich in der Theorie schuldig zu sein glauben, fehlt Ihnen im persönlichen Umgang – erfreulicherweise ... In der Wertschätzung, die ich Ihnen unverändert entgegenbringe, bleibe ich Ihr Harry Laeuen.«

Datum: 1.12.1948. Absender: Im Hause.

Harald Laeuen ist ein Journalist, der in Warschau für die »Münchener Neusten Nachrichten« schrieb, Herrnstadt hatte ihm eine Wohnung in Berlin verschafft, ihn an die Zeitung geholt, und dort sind die Verhältnisse offenbar immer noch so, dass man diesem Chef so etwas schreiben kann. Glaubensbekenntnis. Halbwahrheiten. Zwiespältigkeit seines Wesens. Kann Herrnstadt das ernst nehmen?

Gelegenheit dazu hätte er. Denn der nächste Auftrag der Partei an Herrnstadt kommt schon im Dezember. Die SED soll eine »Partei neuen Typus« werden. Das ist eine Partei ohne Fraktionsbildung, in der alle Entscheidungen in der Führung getroffen werden. Gleichschaltung kann man es besser nennen. Die Partei der Sowjets ist das Vorbild, und Herrnstadt soll das erklären. Er erklärt es mit ihren großen Siegen im Krieg.

Aber ist nicht Frieden?

Nein, es ist kein Frieden. Es ist Friedenskampf. Und darum sollen die verschiedenen Erwartungen an Parteiarbeit und Sozialismus jetzt gebündelt werden, vereinheitlicht. Es sind ja in dieser Partei bunt durcheinander Sozialdemokraten, Kommunisten, ehemalige Nazis und Jugendliche, und von jetzt an werden auch hier Lebensläufe geschrieben, aufbewahrt und verglichen, dann beginnen die »Mitgliederüberprüfungen«, die Wachsamkeit und die strengen Fragen, aber davon steht nichts in Herrnstadts Artikel. Nichts darüber, dass die selbständigen

Zwischenleitungen in der Partei abgeschafft werden und die paritätische Besetzung aller Posten mit je einem KPD- und einem SPD-Mann auch. Nur an der Parteispitze bleibt Parität als ein leerer Schein.

Und so wird die »Partei neuen Typus« als lenkbare Obrigkeitspartei genau das produzieren, wogegen Herrnstadt sich bald richten wird, den »unerwünschten Funktionärstyp«. Sieht er das nicht?

Noch während er an diesem Text schreibt, geschieht etwas: Georg Stibi ist zusammengebrochen, sein Stellvertreter und Freund. Liegt im Krankenhaus.

Es ist nicht nur die beständige Überforderung, sondern Stibi wird seit einiger Zeit wegen einer früheren Meinungsabweichung in der KPD massiv unter Druck gesetzt. Herrnstadt war deswegen schon erfolglos bei Wilhelm Pieck, nichts ist geschehen, zornig schreibt Herrnstadt jetzt also an Pieck: »Man verordnet ihm Strophantinspritzen und Ruhe. Keine Strophantinspritze und keine Ruhe wird ihm helfen ... wenn er nicht rehabilitiert wird.«

Herrnstadt schlägt Pieck vor, dass »... wir ... im Laufe dieser Woche gemeinsam ... den Genossen Stibi im Krankenhaus ... besuchen und sprechen ihm den Dank der Partei für seine Arbeit aus.«

Einen Dank soll Stibi bekommen!

Das ist der ahnungslose bürgerliche Herrnstadt, der so was vorschlägt, aber der Genosse in ihm schreibt weiter an einem Artikel, der eine »Reform« begründet, in der künftig geschehen darf, was Stibi geschieht: »Abweichungen« dürfen rückwirkend verfolgt werden.

Da ist der Zwiespalt. Er ist da, wo das Entsetzen erscheint, wenn es die eigenen Leute trifft. Die Selbstdarstellung der Kommunisten ist bis heute davon geprägt.

Bis heute erleben wir das ergriffene Kopfschütteln, wenn

kommunistische Verfolgung Kommunisten getroffen hat, und bis heute kaum Mitgefühl mit den übrigen Opfern der eigenen Herrschaft. Warum?

Herrnstadt hat sich immer für Menschen eingesetzt, die Hilfe brauchten, gerade die Schwachen, die ungerecht Behandelten konnten auf ihn zählen, nur eines durften sie nicht sein: Feind.

Hätte jemand behaupten können, dass Stibi ein »Feind« war, hätte Herrnstadt seine »Remington« zugeklappt.

Da war der Zwiespalt, da wo die Grenze erschien – der »Feind«.

In der kommunistischen Welt konnte es schon früh ein Todesurteil bedeuten, ein »Feind« zu sein, aber seit Stalin darin die Macht übernommen hatte, mussten auch im inneren Kreis »Feinde« gesucht werden, und gerade im innersten Kreis konnten die innersten »Feinde« sein.

Die Welt der Bewertungen – hier zeigt sie ihre tödliche Seite.

Jede Bewertung kann Urteil werden: richtig und falsch, oben und unten, Freund oder Feind und so weiter.

Genau das machte die Agitation der Kommunisten für einen sachlichen Menschen an sich schon qualvoll. Ab 1948 aber wird der Feindbegriff noch mal aufpoliert.

Wie kann man so leben?

Was waren das für Beziehungen zwischen diesen Menschen?

Der bewunderte Manuilski zum Beispiel ist schon so lange verschwunden aus Herrnstadts Leben. Warum ruft er ihn niemals mehr an aus Berlin und umgekehrt auch nicht, oder die anderen Kollegen, wenn das alles so ideal war, so unvergesslich?

In Notizen kommt es vor, er habe sich erkundigt nach dem oder jenem, keine Antwort bekommen oder eine ausweichende – nein, bis zuletzt weiß er nicht, was aus ihnen geworden ist. Nicht üblich.

Später, wenn er viel Zeit hat, denkt Herrnstadt darüber

nach. Er schreibt: »Ein gewisser Schleier des Geheimnisses umgab damals alle Personalfragen; man empfand es als schmerzlich, letzten Endes aber in Ordnung, dass persönliche Bindungen in der Luft hängen blieben.«

Hält er deswegen so treu an seinen Freunden fest? Macht sie zu Arbeitsfreunden? In der Anfangszeit in Biesdorf hat es auch neue Freundschaften gegeben, in der Zeitungsredaktion ebenfalls, und oft gingen die Eltern irgendwohin zu Besuch. Das waren dann meistens die Emigrantenfamilien, die in der Nähe wohnten, kleine Wohnungen, Bücherregale, Fotos und Zeichnungen an den Wänden – wie bei Eva Kemlein. Aber langsam zogen sie alle weg aus Biesdorf, die Kegels, die Stibis, die Apelts, die Piecks. Die beschlagnahmten Häuser wurden ihren Besitzern zurückgegeben.

Einige Straßen entfernt von dem Haus, in dem wir gewohnt hatten, stockte der Berliner Verlag 1947 eine Bombenruine auf, dort zogen wir ein. Andere zogen weiter weg, und diese Gemeinschaft zerfiel, denn wo sollten diese mit Arbeit und mit Funktionen überladenen Menschen sich nun privat noch begegnen? Und vor unüberlegten Geselligkeiten warnten die Schreckbilder, die gerade in Umlauf gesetzt wurden: Gruppenbildung, Verschwörung, Fraktion.

Herrnstadt hat grade hier, in Berlin, früher anders gelebt, und zuerst macht er auch so weiter: Besuchen Sie mich, wenn Sie in der Nähe sind! Kommen Sie noch mit, einen Kaffee trinken? Dürfen wir uns an Ihren Tisch setzen?

Es sind alte Kollegen, die er so anspricht, P. A. Otte zum Beispiel aus der Zeit beim »Berliner Tageblatt«, John Ahlers aus der Warschauer Zeit, aber das ist nur am Anfang so. Dann versteht er – es könnte ihm jetzt zum Verhängnis werden: bürgerlicher Journalist.

Logisch ist er besonders kühl, wenn ihn frühere Kollegen besuchen, die im Krieg für deutsche Zeitungen geschrieben haben, Margret Boveri zum Beispiel. Sie findet ihn distanziert und abweisend und meint, »die bösen Jahre« müssten ihn so verändert haben.

Ein Mensch mit klaren Bildern von Richtig und Falsch wird die Bodenhaftung verlieren. Interessant die Episode, die für Egon Bahr der Anlass war, die »Berliner Zeitung« zu verlassen. Herrnstadt rief ihn zu sich. Er habe von ihm immer noch keinen Eindruck. Zu verschwommen scheint ihm, was der so schreibt, zu zögerlich. Er soll mal zeigen, was er kann, Herrnstadt gibt ihm drei Tage frei. »Schreiben Sie eine Aufbau-Reportage!«

Egon Bahr ärgert sich, geht zum Alexanderplatz, dort wird die zerstörte U-Bahn repariert, er lehnt sich an eine Brüstung, sieht eine Weile zu, geht nach Hause und zeigt, was er kann – »ich habe so fett aufgetragen, es dampfte richtig!«. Die nächsten zwei Tage legt er sich in die Sonne, ist zur festgelegten Zeit wieder da und Herrnstadt ist von dem Text begeistert. »Ja«, sagt er, »so ist das Leben!«

Nein, denkt der dreiundzwanzigjährige Bahr, nein – so ist das Leben eben nicht! Und kommt nicht mehr wieder.

Dass sie aber überhaupt zusammengetroffen sind, ist eine der Seltsamkeiten dieser Geschichte, denn kein anderer Journalist in Deutschland wird so wie Egon Bahr Politik machen, Politik mit den Russen, und es wird um genau die Ziele gehen, für die Herrnstadt Kopf und Kragen riskiert hat.

Egon Bahr sieht den Realitätsverlust seines Chefredakteurs, so wie der hier gleich um die Ecke einmal den Realitätsverlust seines Chefredakteurs erkannt hat und gegangen ist, und sie haben sich niemals mehr wiedergesehen.

Aber es verlassen nicht nur Menschen die Ostzone, es kommen auch immerzu welche. Viele der besten Köpfe der deutschen Emigration setzten nach 1945 Hoffnungen auf einen Neuanfang mit der Sowjetunion, andere wichen den Verfolgungen McCarthys aus oder bekamen nirgendwo sonst die erhofften Arbeitsmöglichkeiten – Hanns Eisler, Bertolt Brecht, Werner Krauss, Gustav Hertz –, und auch aus den Westzonen Deutschlands wechseln Menschen in den Osten, weil die Auseinandersetzung mit dem Faschismus, die sie erwarten, dort ausbleibt.

So jemand ist die Schriftstellerin Susanne Kerckhoff. 1948 wird sie die jüngste Chefin eines deutschen Feuilletons. Herrnstadt bietet ihr diesen Posten bei der »Berliner Zeitung«.

In Westdeutschland konnte Kerckhoff verzweifeln an der unveränderten Dumpfheit der Verhältnisse, aber auch in der Ostzone sieht sie Bedarf zu kämpfen und will überhaupt niemandem in diesen Zeiten ein Ausweichen vor der Wahrheit gestatten. Sie nutzt ihre offenbar unangefochtene Position in der »Berliner Zeitung« ausgiebig, schreibt das ganze Jahr 1948 und 1949 große Artikel, Rezensionen und Porträts, die Aufsehen erregen, dann gerät sie in eine Intrige und nimmt sich am 15. März 1950 das Leben. Diese Intrige hat bereits mit den Hexenjagden des Kalten Krieges zu tun, die in Ost und in West alles Kritische zerstören werden.

Kerckhoff hatte »beim Wiederlesen« eines Buches von Nico Rost – »Goethe in Dachau« – entdeckt, dass die polnischen Häftlinge durchgängig als Schieber, Verbrecher und Denunzianten dargestellt werden, und sah darin ein Ressentiment gegen Polen.

Nico Rost fühlte sich bedroht, andere ehemals Verfolgte reagierten scharf, die Kontroverse zog sich über Monate, verwickelte sich für Susanne Kerckhoff mit privatem Leid und endete in einer Tragödie: Die von den Nazis Verfolgten erkämpften sich den Status der Unangreifbarkeit und verloren das

Recht, die Wahrheit über ihr Leben zu verbreiten, das Buch mit der Wahrheit wurde eingestampft, der Verfasser des Landes verwiesen. Die das Drama auslösende jugendliche Naive drehte den Gashahn auf.

Der Name Susanne Kerckhoff wurde in der DDR vergessen. Das Buch »Goethe in Dachau« ebenfalls. Dabei gehört es neben »Ist das ein Mensch?« von Primo Levi zu den ersten und wahrhaftigsten dokumentarisch-philosophischen Büchern aus den Konzentrationslagern. Es zeigt eine Welt, von der wir, die nachfolgende Generation in der DDR, erst aus dem Buch »Was für ein schöner Sonntag« von Jorge Semprun erfuhren.

Das ist viel später geschrieben worden und wurde ein Welterfolg. Wir in der DDR konnten es nur lesen, wenn unsere Freunde es uns durch die Grenzkontrollen schmuggelten, und wurden auf diese Weise sozusagen die letzten Leser eines wahren Buches aus der Häftlingsperspektive, wo unsere Eltern 1949 doch die ersten Leser gewesen waren!

Das ist die andere Seite der Tragödie – wie weit vorne man in Ostberlin einmal war. Gerade dort, mitten in diesem Trümmerbild.

Denn die Frage überhaupt so zu stellen, dieses Forum zu haben, die große Aufmerksamkeit und das Buch noch dazu – das war 1949 nur in der Ostzone möglich gewesen.

Ein Zufall kann Kerckhoffs Tod im Jahr 1950 nicht sein. Jetzt verlöschen die klarsten Stimmen des neuen Europa: Tadeusz Borowski 1951 in Warschau, 1949 Klaus Mann in Cannes, 1950 Cesare Pavese in Turin, 1952 Jesse Thor in Tirol. Die Lichter gehen aus für die ganze neue tschechische Literatur und unzählige andere Dichter, die es nicht geschafft haben, dass wir von ihrem Werk und ihren Namen überhaupt wissen können, und ihre Themen gehen verloren. Für immer?

Der Fall Susanne Kerckhoff hätte ein Menetekel für Herrnstadt sein können. Für den Rigorismus in seinen Artikeln, für den Furor, der Erste zu sein, der Unbequeme, der es wagt, unbedenklich sich vorwärtszustürzen, den »Gegner« beim Namen zu nennen, ohne Rücksicht darauf, was das für den öffentlich Angeprangerten auch mal bedeuten könnte, und für ihn selber auch. Wie viele Feinde man sich schließlich macht, wo man Freunde braucht, Freunde.

Aber denkt er an so was?

»Mir kann nichts passieren« – das wird er denken. Als Chefredakteur der »Berliner Zeitung« ist Herrnstadt 1948 *der* Chefredakteur überhaupt, seine Zeitung die führende Zeitung ganz Berlins. Das erzählten alte Mitarbeiter, aber was ist richtig?

Es ist ja alles vernichtet.

In der Sache Nico Rost ist Herrnstadts Reaktion interessant. »Neues Deutschland« veröffentlicht in der Zeit der Auseinandersetzung zwei Texte von Susanne Kerckhoff und zwei Texte von Nico Rost. Soll wohl heißen, wir hätten beide gebraucht, Nico Rost und Susanne Kerckhoff.

Denn als Susanne Kerckhoff ihren folgenreichen Angriff gegen Nico Rost schrieb, hatte Herrnstadt die »Berliner Zeitung« schon verlassen und war Chefredakteur des »Neuen Deutschland«. Im Frühjahr 1949 hat er den damaligen Chefredakteur Lex Ende abgelöst, seit 3. Mai steht er im Impressum.

Auch die Absetzung von Lex Ende hat mit der neuen Abgrenzung gegen den Westen zu tun und gegen Emigranten, die aus dem Westen zurückkamen. Walter Ulbricht nutzte die Gelegenheit, um frühere Mitglieder der KPD-Führung von 1933 auszuschalten. Drei waren da zu erledigen: Franz Dahlem, Paul Merker, Lex Ende.

Der Vorwurf gegen Lex Ende: Sozialdemokratismus.

Ich habe mir die letzten Monate des »Neuen Deutschland«

unter Endes Leitung angesehen und nichts in der Art gefunden, aber was soll es auch sein? Ich würde es sowieso nicht verstehen, was die damals gemeint haben.

Was ich fand: einen Leitartikel von Lex Ende im »Neuen Deutschland« vom 18. Mai 1949, und zwar über die Sowjetunion.

Ein Leitartikel über die heilige Sowjetunion, geschrieben von Lex Ende – wenn das nichts bedeutet, mag Herrnstadt gedacht haben. Dass er ihm helfen wollte, ist deutlich.

»Mir kann nichts passieren.« Auch Herrnstadt könnte einer von denen gewesen sein, die mal hier und mal da eine Zeitungsnummer des »Neuen Deutschland« ganz unmöglich finden – so wie eben Susanne Kerckhoff den Nico Rost. Was weiß denn er von den alten Feindschaften in der KPD, von »Versöhnlern« und von KPO? Was weiß er davon, was andere aus der Vergangenheit wissen über Ulbricht und Mielke und Hermann Matern?

Er weiß nichts und will es nicht wissen. »Geschwätz hinter dem Rücken anderer« hat er nie hören wollen, auch hierin galt er als arrogant. Aber wer selber nicht schwatzt, dem wird nichts erzählt. Und ein Selbstschutz ist es natürlich auch. Wer nichts weiß, der weiß wirklich nichts, der muss schweigen.

Sie haben alle geschwiegen, die Kommunisten der dreißiger, vierziger, fünfziger Jahre, wenn einer von ihnen »ein Feind« genannt wurde. Warum?

Angst reicht nicht aus als Begründung. Da sitzen doch Leute, die mutig waren. Freunde sogar!

Es muss mit dieser irrationalen »Lehre« zu tun haben, die ja jedes Mal wie ein Teppich ausgerollt wird, über den man gehen muss, statt einfach von dem zu reden, was dran ist. So ein Teppich kann auch gewendet, verlängert, verkürzt oder weggezogen werden.

So war ja auch Herrnstadts erste Begegnung mit der KPD verlaufen, und verzweifelt hatte er die Versammlung verlassen – ich bin wirklich nicht gut genug!

Die ganz unglaubliche und nie in Frage gestellte Überlastung der Parteifunktionäre der KPD seit den Vorkriegsjahren fällt mir ein. Dabei wurde der Einzelne rücksichtslos als Arbeitstier eingesetzt und bekam nie einen Überblick.

Parteidisziplin. Geradezu ein Synonym für Gehorsam. Und da ist es eben wieder praktisch, dass ein Kommunist geübt ist, sich selber zurückzunehmen – »es geht nicht um mich«.

Dazu die antrainierte Angst vor bestimmten Signalwörtern. »Sozialdemokratismus« war so ein Wort. Es bedeutete: Zurückweichen vor den Wünschen des Kapitals.

Ein weiterer Grund für das Schweigen sind die vielen Opfer, die jeder bereits gebracht hat. Werden sie ihren Sinn verlieren, wenn er erst einmal zweifelt? Und die Opferungen, von denen sie alle wussten, die vielen vermeintlichen Fehler, die man besser Verbrechen nannte? Wie trivial werden sie, fängt man an zu reden!

Meine Generation hat es heute damit zu tun, mit diesen Kassetten am Meeresgrund. Uns haben sie sie hinterlassen mit ihrem Schweigen. Herzlichen Dank auch für diese Erbschaft.

Wie praktisch auch, dass der Einzelne so verschwindend klein war und »die Sache« so groß. Pferdefuß des »Weltprojektes«. Und natürlich das »Weltprojekt« selber, der neue Anfang, er ist ja geschehen – da soll man sich wegdrehen und gehen?

Und so bleibt am Ende nur noch das eiserne Wir. Und die Frage: Warum?

Warum ist das richtig, was ich nicht verstehe?

Lex Ende hatte in Frankreich vielen Emigranten das Leben gerettet, er hat das KZ überlebt, ein charmanter, mutiger Mann. Und auch er hat geschwiegen. Hat keinem etwas erzählt, keinen um Hilfe gebeten. Zwischen der Entlassung und dem Parteiausschluss lag ein ganzes Jahr, in dem er seinen Freunden immerzu begegnete. Aber wenn sie ihn fragten, hatte er es eilig und ging.

»In einem gläsernen Fahrstuhl ist er in die Tiefe gefahren«, schreibt seine Freundin Edith Anderson.

Im September 1950 wird Lex Ende aus der Partei ausgeschlossen, aus Berlin ausgewiesen und aus seinem Beruf auch. Er stirbt vier Monate später an Herzversagen.

Die Sache mit Lex Ende setzt einen Anfang. Wenn Gerüchte von Verhaftung, Grubenarbeit und Selbstmord kursieren, ist mancher erschrocken. Herrnstadt auch. Aber da hat er schon andere Sorgen, und die heißen: »Neues Deutschland«. Parteizeitung der SED seit 1946. Das ist eine Ehre. Ein Parteiauftrag auch. Er ist der vierte Chefredakteur.

ZEITUNG FÜR GENOSSEN

Aus der Jägerstraße in die Mauerstraße also, ein Umzug im Mai.

Paar Schritte, zwei Ecken, und dann stand da zwischen den Trümmerhaufen auch mal wieder ein Haus, darin die Parteizeitung. Von Genossen für Genossen und jeder Angestellte ist auch Genosse. »Wir sagen hier Du!«

In der Mauerstraße 40 ist mein Vater von jetzt an »der Rudi Herrnstadt«.

Und doch wiederholt sich die Sache von Moskau. Er ist kein Kumpel, er verlangt Qualität, er wirft Leute raus oder stellt sie ein, nicht als Genosse, sondern als Chef. Die Redaktion hatte es als Sensation empfunden, dass der berühmte Herrnstadt die Zeitung übernehmen sollte, dass sie ihn nun auch sehen werden, mit ihm arbeiten. Alle, die ich noch fragen konnte, erzählten von dem Weltmann, der dann kam, dem Mann, dessen Kleidung auffiel, das smarte Verhalten, die besondere Person. Von seinem ersten Artikel erzählte mir niemand.

Dabei war das ein Paukenschlag: »Umbau«.

»… zehntausende unserer Genossen warten mit zehntausenden brennenden Fragen seit langem auf die Gelegenheit, vor der breiten Parteiöffentlichkeit zu reden. Hunderttausende von Werktätigen, Mitglieder der Partei und Parteilose, leiden unter hunderttausenden von Sorgen, Beschwerden, Unklarheiten … es kommt darauf an, dass sie auch wirklich das Wort nehmen …«

Herrnstadt verspricht, die Zeitung werde künftig »reif gewordene Fragen unverzüglich aufwerfen« und ohne Ansehen der Person »... den Kampf nicht scheuen, sondern suchen«.

Ich war völlig überrascht, als ich das las, sprachlos dann aber über seinen Vorschlag zur schnellen Verbesserung des geschilderten Zustands: Briefe.

Unfassbar, aber wahr, die neue Redaktion bittet um Briefe.

Jeder soll schreiben, der etwas zu sagen hat, jeder Brief von allgemeinem Interesse soll veröffentlicht werden, jeder Kritik würde nachgegangen.

Was soll einem sonst auch noch einfallen, wenn man Gruppen- und Fraktionsbildung verbietet und doch Offenheit will?

Herrnstadt bietet die Parteizeitung als eine Plattform an.

Aber ein Brief ist ein Dokument. Nur gültig mit Namen und Hausnummer. Wer sich so offenbart, der ist vollkommen ungeschützt.

Zwiespalt wieder mal – Herrnstadt sieht keine Möglichkeit von öffentlicher Kritik und macht sich Illusionen über die Rechtssicherheit in seinem Lande. Und natürlich glaubt er.

Es geht ja, man muss es nur anpacken!

Wie packt er es selber an in der neuen Redaktion?

Die »Berliner Zeitung« war eine überparteiliche Zeitung gewesen, Zeitung für alle, und an seinem ersten Artikel sieht man – Herrnstadt will »Neues Deutschland« von jetzt an auch zu einer Zeitung für alle machen. Das ist wieder er selber, seine eigene Vorstellung von der SED. Das Übrige ist Politik.

Wir sind jetzt an dieser Stelle im Kalten Krieg, wo beide Seiten Deutschlands sich in dem Zustand festigen wollen, den sie nun eben erreicht haben.

Für den Osten heißt das, er muss nun mit Westberlin leben, denn die Blockade hat ihr Ziel verfehlt und wird im Mai beendet werden, die SED wird zu zentralistischer Geschlossenheit umgebaut, und es wird ein ostdeutscher Staat gegründet. Dann wird »Neues Deutschland« die maßgebende Zeitung im Osten sein.

Herrnstadt als der wichtigste Pressemann hat also einfach die entsprechend wichtigste Aufgabe bekommen.

Ob es ihm gefallen hat? Schon die »Berliner Zeitung« musste politisch korrekt sein und war deshalb nur eingeschränkt lesbar, und nun? In die Parteizeitung wird die Parteiführung immerzu reinreden. Ihre Sprache, ihre Texte werden alles beherrschen. Wiederum ist Herrnstadts Einfluss gewachsen. Hier ist er nicht nur ein wichtiger Pressemann, hier ist er ein wichtiger Mann der Partei.

Er hatte seine eigenen Leute mitgebracht und mit denen sei er durch die Flure gegangen wie ein Chefarzt bei seiner Visite, so heißt es. Schon diese Beschreibung zeigt die Distanz. »Herrnstadt war immer ein Thema.« Seine Selbständigkeit, seine Kompetenz, sein Verhalten. Er hätte nie irgendwo angerufen und sich rückversichert, was er geschrieben oder vorgeschlagen hätte, sei sakrosankt gewesen, und einen der Redakteure habe er sogar mit »Sie« angeredet, obwohl der Parteimitglied war.

Die Wohlwollenden erzählten, er sei eine Respektsperson gewesen, kühl, aber auch sehr herzlich, andere, er hätte sich wohl eingebildet, etwas Besonderes zu sein, wieder andere fühlten sich herausgefordert. Einer soll Herrnstadt vor versammelter Parteigruppe angeboten haben, er wolle ihm helfen, die Mauer um sich herum einzureißen.

Wer hätte gewagt, das zu Theodor Wolff zu sagen?!

Aber das ist es eben, sie wollen ja gerade die neue Gesellschaft, besonders hier im »Zentralorgan«, die Gleichheit mit jedem, der Zwiespalt schon wieder – er hält das nicht aus.

Herrnstadt: Wenn ich die Mauer einreißen will, werde ich das schon selber tun.

Dieser hoch empfindsame Mensch ist schon viel zu lange über sich selber hinweggegangen, und so erscheint er nun in den Räumen des »Neuen Deutschland« als ein Mann, der sich schützt mit Sympathisanten und Abstand und der andere auch mal verletzen kann. Das war anders in der »Berliner Zeitung«.

Aber da war noch Neuanfang, Fantasie, freies Feld, jetzt war Kalter Krieg, Misstrauen, Minenfeld überall. Die Freunde des Neuanfangs sind in seiner Mannschaft, und Gerhard Kegel ist wieder dabei, auch hier sein Stellvertreter. Es ist wieder das alte Muster – Menschen, denen er vertraut und die arbeiten können.

Oder weiß Herrnstadt, dass von jetzt an, wo er zum SED-Apparat gehört, in diesem Apparat abwertende Meinungen über ihn verbreitet werden?

Redakteure haben es mir mehrfach erzählt: Man hat sie bedauert, wenn sie zu Herrnstadt geschickt wurden: das Auftreten, die Ansprüche, die Anzüge! Eine der Quellen bleiben die Leute aus der Moskauer Rundfunkredaktion. Eine andere der Kreis um Ulbricht.

Außer Kritik an der SED enthält Herrnstadts programmatischer, erster Artikel noch zwei andere Punkte: Freundschaft zur Sowjetunion und Kampf um ein einiges Deutschland.

Diese drei Themen wird man nun regelmäßig in der Zeitung finden: Freundschaft zur Sowjetunion, ein neues und einiges Deutschland und Kritik an den eigenen Leuten.

Kritik sollen auch die »Volkskorrespondenten« ins Blatt bringen. Schreibende Arbeiter aus den Betrieben. Deren Texte stehen in ihrem Rang von jetzt an höher als die Texte von Redaktionsmitgliedern. Diese Arbeiterkorrespondenten sollen die Parteipresse langfristig zu einer Volkspresse machen, so steht es auch bald in einer Resolution des Parteivorstandes der SED zur Entwicklung der Presse, die deutlich Herrnstadts Handschrift trägt.

Kritik ist auch das: Herrnstadt begrenzt sein Gehalt auf tausend Mark. Das bringt ihm die Feindseligkeit einiger Redakteure ein, die mehr verdienen und daran nichts ändern werden.

Herrnstadt wiederum bleibt bis zum Lebensende der Ansicht, der Funktionär einer herrschenden Partei dürfe nicht einmal in den Verdacht kommen, dass er einen Posten des Geldes wegen anstrebe. Idealerweise sollte so einer den aktuellen Durchschnittsverdienst eines Landesbürgers erhalten – so Rudi. 1949 immer noch ein reiner Linker.

Bei der Gestaltung greift Herrnstadt zurück auf die Anfangsgestaltung im Jahr 1946, wo auf Seite eins direkt neben der Titelzeile ein Foto stand. Hier erscheint nun immer eine Überraschung – zum Beispiel der moderne Umschlag eines polnischen Kinderbuches oder das Porträt von Thomas Mann, jedes Mal, wenn der Geburtstag hat.

Auf der täglichen Mittagssitzung der Abteilungsleiter soll von jetzt an jeder Ideen vortragen. Das Thema ist immer dasselbe: Wie können wir die Menschen zu Wort kommen lassen?

Hier wird übrigens auch oft gelacht und Herrnstadt ein Sinn für Humor attestiert. Ironie.

Ansonsten bleibt »Neues Deutschland« eine Zeitung der SED.

Fortschritt, Feind und *Friedenskampf* sind die Schlagzeilen alle Tage und reimen sich täglich neu auf die Frage: Warum?

Warum ist das richtig, was wir sagen?

Es ödet die Leser an. Weiß er das? Keine Ahnung.

Die Abschiede seiner Redakteure werden nicht spurlos an ihm vorbeigegangen sein. Aber er betrachtet ja alles von einer »historischen« Warte aus, und da heißt es jetzt immerzu: Krieg oder Frieden. Dafür ist er eingestellt. Er hat nur die Chance aus dem Gleis zu springen, wenn eine Gelegenheit da ist. So bleibt es zuerst einmal bei seinen drei Schwerpunkten: Freundschaft zur Sowjetunion, ein neues und einiges Deutschland und Kritik an den eigenen Leuten.

Die jungen Arbeiterkorrespondenten sind eingeladen zum Chef in die Mauerstraße, und auch wer von den Journalisten des Hauses von einer Reportage zurückkommt, muss zuerst zu ihm: »Erzähle!« So erfährt er immer mehr von der wirklichen Lage und dass sie beschönigt wird. Die Wahrheit der Ostzone ist schwierig im Jahr 1949.

Dieses halbe Deutschland ist die ärmere Hälfte, die weniger Industrie hatte, und die wird für Reparationsleistungen auch noch abgebaut von der Sowjetunion und bekommt keine Marshallplan-Hilfe. In dieser Hälfte sind die alten Eliten verdrängt oder geflohen, und die fehlen nun, es sind Arbeiter, die die Sessel in den Werkleitungen besetzen, Mitglieder der SED, sie haben Verantwortung übernommen, sie arbeiten über ihre Kräfte, sie brauchen Orientierung.

Gerade dafür ist »Neues Deutschland« zuständig, für die geistige Welt der Parteimitglieder. So verstehe ich Herrnstadt – auch er fühlt sich verantwortlich.

So sehe ich ihn die Gründung der DDR kommentieren, so sehe ich ihn Stalins Glückwunschtelegramm dazu als Extrablatt veröffentlichen, so sehe ich ihn den nächsten Schritt tun in seinem Leben – den Schritt in das Haus an der Lothringer Straße, Berlin. In das Zimmer, wo das Politbüro tagt. Gewiss hängt ein Stalinbild an der Wand, oder Marx oder beide.

Im Sommer 1950 wird Herrnstadt das Zimmer betreten. Es ist der 25. Juli. Dann ist er dem Politbüro hinzugewählt als Kandidat. Dann ist er im mächtigsten Kreis dieser Zone. Die heißt da schon Republik. Deutsche Demokratische Republik.

Wer sitzt noch in dem Zimmer? Vierzehn Leute.

Eine Frau dabei, Elli Schmidt. Die übrigen sind Männer: Wilhelm Pieck, Otto Grotewohl, Walter Ulbricht, Franz

Dahlem, Heinrich Rau, Friedrich Ebert, Wilhelm Zaisser, Fred Oelßner, Hermann Matern, dazu die Kandidaten Anton Ackermann, Erich Honecker, Elli Schmidt, Erich Mückenberger, Hans Jendretzky.

Fast alle sind sie um die fünfzig Jahre alt. Wilhelm Pieck mit sechsundsiebzig Jahren der älteste, Erich Honecker mit achtunddreißig Jahren der jüngste.

Zwölf Kommunisten, drei Sozialdemokraten.

Von den Nationalsozialisten verfolgt gewesen waren sie alle. Überlebt hatten sie entweder in deutschen Gefängnissen und KZ oder in der Emigration. Auch die Sozialdemokraten Friedrich Ebert und Erich Mückenberger hatten Lagerhaft hinter sich.

Auch das Zentralkomitee ist neu gewählt, und »Neues Deutschland« zeigt es am 26. Juli 1950 in einer großen Fotografie: Ein Saal mit zwei langen, glänzenden Tischreihen, viele Menschen sitzen daran, mit ernsten, gesetzten Gesichtern. Jeder hat ein Blatt Papier vor sich liegen. So ein Foto wird es nie wieder geben, den Blick hinein in den Raum, wo die Politik der SED gemacht werden sollte. Arbeiterpolitik genannt. Da sah man sie also sitzen.

Arbeiter. Fast alle sind Arbeiter. Das ist die große Beißhemmung für Herrnstadt. Ein Arbeiter soll ganz andere schöpferische Kräfte haben als so ein Mensch wie er, der nur schreiben kann. Arbeiter dagegen konnten die Welt anhalten. Herrnstadt dachte tatsächlich so.

Apparatschiks. Die meisten übriggeblieben aus der strengen Zucht der KPD, wo Mitglieder und Funktionäre sich den Anweisungen der Moskauer Führung unterwarfen, und das lange bevor sie als Emigranten in Moskau ankamen.

Überlebende. Dem Tode oft ins Auge gesehen, oft auch entronnen durch Solidarität. Keine Feiglinge. Das gewiss nicht.

Sieht man in die so verschiedenen, ernsten Gesichter, versteht man Herrnstadts Problem: Ist das nun die »organisierte Arbeiterklasse«, oder ist sie es nicht?

Anyway – jetzt ist er ganz oben. *Es führt kein Weg zurück nach Liverpool*, sangen einst die Beatles. Es führt kein Weg zurück in die Unschuld der Träume und Absichten.

Herrnstadt ist hier Kandidat, und das bleibt er auch bis zum Schluss. Er hat kein Stimmrecht, und doch – was wollte er da überhaupt? Und was wollen andere mit ihm? Umsonst wird man nicht ausgewählt.

Er ist nicht der einzige Neue. Auch Zaisser ist neu, auch Elli Schmidt, Hans Jendretzki, Fred Oelßner, Heinrich Rau. Aus dem vorigen Politbüro fehlt hier bereits Paul Merker.

Von Herrnstadt heißt es, nur die Sowjets könnten ihm diesen Zugang verschafft haben. Das muss nicht sein. Die Position in der Presse ist wichtig genug.

Was er selber notiert hat: Bis 1950 gehörte ich der Sowjetarmee an. Ob das nur noch formal war oder ob er Aufträge bekam oder einfach nur leichter ansprechbar blieb? Jede der Varianten passt in die Nachkriegszeit, wo alle Besatzungsmächte eigene Leute offen oder verdeckt in die neuen Strukturen einfügten.

1950 wiederum ist das Jahr, wo er Kandidat des Politbüros wurde, und für solche Fälle gab es offenbar Spielregeln.

Es wird in diesem Kreis noch andere geben, die sowjetischen Einrichtungen verpflichtet sind oder waren. Das liegt an der Geschichte dieser kommunistischen Parteien, denen die Verteidigung der Sowjetunion seit ihrer Gründung immer eine zentrale Aufgabe war. Nur deswegen war ja auch Herrnstadt 1930 an die GRU vermittelt worden. Manche Kommunisten waren sogar Bürger der Sowjetunion geworden. Das war er nie. Aber beinahe jeder hier wird seine ganz eigenen Fäden zur Sowjetunion haben.

Was ist also das Besondere an Herrnstadt? Das Auftreten und die Ansprüche. Vielleicht ist es ja wirklich das. Er ist offensiv. Er polarisiert.

Warum kann der Mann sich das leisten? Das ist die nächste Frage, und die führt zu der Vermutung: Der muss ja mächtigen Rückhalt haben! Schon diese Vermutung gibt ihm Spielraum.

Ob er hier wirklich sowjetische Ansichten vertreten sollte und welche – die Forschung wird es herausfinden.

Wäre er aber nur das Sprachrohr anderer gewesen, hätte nach dem Juni 1953 auch ein anderer die originellen Vorschläge von politischer Tragweite gemacht, die bis dahin von Herrnstadt kamen.

Aber da kam nichts mehr.

Und die Übrigen? Was wusste man denn von ihnen? Wilhelm Pieck ging gern ins Theater. Ulbricht turnte täglich am Barren. Was wussten sie selbst voneinander?

Die schweigsame Moskauer Gruppe – da saß sie wieder.

Der magenkranke Ackermann saß wieder da, und Fred Oelßner und Hermann Matern. Es ist nicht anzunehmen, dass Herrnstadt denen inzwischen nähergekommen ist. Denn im Unterschied zu Moskau ist gar keine Zeit mehr für so was. Jeder hat viel zu viele Funktionen, aber es wird ja auch keine Verantwortung abgegeben.

Eine zentralistische Partei lässt Eigenbewegung nicht zu, also muss die Spitze alles vorgeben, alles. Und so sehen die Tagesordnungen der Politbürositzungen dann eben auch aus: Ein Auslandsstudium, eine Urlaubsreise, eine Freundschaftsdelegation, ein Fünfjahrplan, ein Ärztekongress – hier wird alles entschieden, alles.

Herrnstadt erlebt es zunehmend fassungslos und beschreibt es später als Chaos. Eine gründliche Arbeit sei gar nicht möglich gewesen, oft hätte man nicht einmal verstehen können, worum es ging, und immer häufiger sei man kopfschüttelnd auseinandergegangen. Hier jedenfalls, im Politbüro, wurde der neue Staat nicht gelenkt. Aber wo?

Übrigens sitzt fast bei jeder Politbürositzung ein Russe auch mit am Tisch, und der redet auch mit.

Politbürositzung ist einmal die Woche. Herrnstadt kommt dann aus der Redaktion und fährt auch dorthin zurück. Er ist Journalist. Verantwortlich für die größte Zeitung des Landes. Wäre der Name Stalin einmal falsch gedruckt, könnte alles vorbei sein. Die Anspannung der Zeitungsarbeit sollte er meiden. Und nicht rauchen, aber das tut er immer noch.

Im Jahr 2005 treffe ich in Warschau den Historiker Feliks Tych. Der hatte Herrnstadt in diesem Sommer 1950 kennengelernt, weil ihn die Kommunistische Partei Polens nach Berlin geschickt hatte, um Akten über Julian Marchlewski zu finden. Damals war es noch etwas Besonderes, wenn ein Pole in Berlin war. Herrnstadt hatte von ihm gehört und ihn aufgesucht. Tych war verdattert, einen hochgestellten Funktionär vor seiner Pensionstür stehen zu sehen, und der sagte: »Erzähle!«

– Ihr Vater war der erste Mensch, der mich ernst nahm. Er hat bei mir Antworten gesucht.

Herrnstadt erzählte damals auch selber. Das beeindruckte Feliks Tych am meisten, er sprach, als ob sie sich lange kannten, er schüttete geradezu sein Herz vor ihm aus: Die Funktionäre! Sie lassen die Menschen nichts machen! Die Partei! Sie versteht die Leute nicht!

– Ihr Vater hatte eine klare Vorstellung davon, was Sozialismus ist.

Herrnstadt war offen zu Feliks Tych, obwohl er ihn gar nicht kannte. Von einer Atmosphäre der Angst unter den Kommunisten, wie es heute geschildert wird, spricht das nicht. Oder war es nur der da, dieser Junge aus Polen, bei dem er alle Vorsicht vergaß?

Weil sie polnisch sprachen? Sie sprachen deutsch. Weil er Sehnsucht hatte nach Warschau? Er hatte immer Sehnsucht nach Warschau. Die Brüche in seinem Leben – vielleicht wollte er sie gar nicht verdrängen, sie waren einfach da.

– Worüber haben Sie gesprochen?

– Über die Zukunft. Ob wir es schaffen. Ich war sehr beeindruckt davon, wie stark die sozialistische Partei in der DDR war. In Polen gab es nur wenige Kommunisten. Aber Ihr Vater war sehr besorgt.

Nur zwei Tage nach der Wahl ins Politbüro schreibt Herrnstadt wieder einen programmatischen Leitartikel, wieder bringt er seine drei Punkte darin unter – Sowjetunion, deutsche Einheit, Kritik –, und wieder ist der Text so verwirrend für mich wie sein erster im Mai 1949.

Das Verhältnis der Genossen der SED zur Sowjetunion müsse sich ändern. Jedes Parteimitglied müsse verstehen, dass es »... Mitglied der Sozialistischen Einheitspartei *Deutschlands* ist und nicht Mitglied einer nicht existierenden Sozialistischen Einheitspartei des gegenwärtigen Gebiets der Deutschen Demokratischen Republik«. Denn man könne die Erfolge des Aufbaus in der DDR nicht sichern, wenn man nicht jene Macht unterstützte, die sich das »einheitliche, unabhängige, friedliebende, demokratische Deutschland auf ihre Fahne geschrieben hat«.

Dass die SED keine SEDDR sein sollte, war mir schon sehr fremd, aber dass die Aufbauerfolge der DDR nur in einem einigen Deutschland bestehen bleiben würden, klang geradezu bizarr.

Völlig unverständlich. Ich blätterte in den Zeitungen zurück bis zu Stalins Telegramm zur Gründung der DDR und fand darin das Wort: »Grundstein«. Sie sollte ein Grundstein sein für ein einheitliches Deutschland. Nie gehört.

Und wie sollten die Aufbauerfolge darin bestehen bleiben?

Wo ergibt das einen Sinn? Wo ergibt dieser Satz von Herrnstadt einen Sinn: »Deutschland ist eben eine Einheit. So ist es nur natürlich, dass jeder Kontakt beide Seiten beflügelt.«

Das macht nur in einem Fall Sinn: Die Sowjetunion wünscht sich ein einiges Deutschland, das ihr nicht feindlich entgegentritt, und Herrnstadt wünscht sich das auch. Er glaubt nicht an einen Sozialismus in einem halben Land.

Ein sowjetisch dominiertes Gesamtdeutschland war 1950 aber vollkommen unrealistisch. Die Konföderation zweier unterschiedlicher Teile wäre das Gegenteil einer stabilen Lösung. Blieb ein Gesamtdeutschland, dessen Grundlagen zwischen den Alliierten neu verhandelt worden wären.

Was würde dann bleiben von allen Prägungen des sowjetischen Neuanfangs?

Das, was echt war. Das, was die Leute wirklich wollten. So würde sich Herrnstadts Kritik an der SED erklären. Sie musste Menschen wirklich vertreten, nicht scheinbar.

Für Herrnstadt wäre eine gesamtdeutsche Lösung kein Aufgeben des Neuanfangs gewesen, sondern eine Herausforderung. Sollte die Sowjetunion im Jahr 1950 auch so gedacht haben?

Ihr Verhalten zwischen 1945 und 1953 bleibt zweideutig, es scheint immer mehrere Optionen zu geben. Herrnstadt wiederum setzt sich in der kurzen Zeit, die ihm bis 1953 bleibt, kontinuierlich für eine Vereinigung ein, sobald er eine Chance dafür sieht. Auch in all seine Vorschläge für die DDR bezieht er jedes Mal ganz Deutschland ein.

Aber er kennt Deutschland nicht mehr. Kein Funktionär der SED darf in den Westteil Berlins oder Deutschlands fahren. Das ist eine der vielen Bestimmungen des Sicherheitsapparates.

Sein Bild von der Ausbeutung der Arbeiterklasse hat Herrnstadt immer noch aus Krappitz, aus Lodz!

Und so schreibt er, schreibt »Neues Deutschland«, munter vom »sterbenden Kapitalismus«, von Elend und Not in Westberlin, wo es dort seit der Währungsreform wirtschaftlich bergauf geht.

So geht ein System seinen Feindbildern auf den Leim.

Spürt Herrnstadt das? Denn er sucht die Bewegung.

Bereits zwei Wochen nachdem Herrnstadt ins Politbüro gewählt ist, veröffentlicht »Neues Deutschland« die Klage des Chefredakteurs der »Hamburger Freien Presse«, Alois Winbauer, dass es in Deutschland schon kaum noch gewagt werden könne, eine »wirkliche Versöhnung« mit dem östlichen Teil Deutschlands auch nur zu denken, und antwortet darauf.

Es ist unverkennbar Herrnstadts Sprache, in der das Redaktionskollegium am 13. August 1950 vorschlägt, der wachsenden Entfremdung etwas entgegenzusetzen, und zwar ein »offenes, ehrliches Gespräch, in dem die Partner nicht das Ziel verfolgen, einander auf den Rücken zu legen … stellen Sie uns Fragen und erlauben Sie uns, Ihnen Fragen zu stellen, und bemühen wir uns, die Fragen … in dem Tone zu beantworten, von dem wir beide wünschen, dass es demnächst der Ton der *ganzen* deutschen Presse werde …«

Tatsächlich antwortet Alois Winbauer. Er wünscht sich die Briefe konkret, ohne die üblichen polemischen Vokabeln und Deklamationen, dazu ihre vollständige Veröffentlichung.

Dass Winbauer antwortet, begeistert das »Neue Deutschland«. Entsprechend feierlich ist die Seite mit Winbauers Brief und der eigenen Antwort darauf gestaltet.

»Neues Deutschland« hat jetzt auch eine Idee dafür, wie sich beide Deutschlands helfen könnten und dabei näherkommen, nämlich durch größeren Warenaustausch. Die DDR könnte der

BRD Aufträge in Höhe von einer Milliarde Mark anbieten, das würde dort die Arbeitslosigkeit senken, hier den Lebensstandard erhöhen und könnte bereits Weihnachten wirksam werden. »Wir hoffen, konkret genug gewesen zu sein.«

Über der Seite mit den zwei Briefen steht in Großbuchstaben: DAS DEUTSCHE GESPRÄCH.

Dem Mann aus Hamburg ist das zu hochtrabend, aber er antwortet ein zweites Mal. Inzwischen steht er schon in der Kritik, man redet nicht mit Kommunisten! Vielleicht verschärft er deshalb seine Fragen: Ostgrenze, Flüchtlinge, Kriegsgefangene. Vielleicht deswegen macht er selber keinen Vorschlag, der aufbauend wäre, was »Neues Deutschland« in seiner Antwort auch tadelt.

Hat er die Hoffnung, es wird nicht gedruckt?

Wird aber gedruckt, Winbauers Brief und die Antwort dazu.

Es ist die Nummer vom 12. September und das Ende des Dialoges.

Winbauer antwortet nicht mehr. »Neues Deutschland« wartet auf Antwort. Veröffentlicht Leserbriefe.

Die kommen wieder mal in großer Zahl und werden unter dem Titel »Zwischenbericht zum DEUTSCHEN GESPRÄCH« zu Doppelseiten zusammengefasst.

Was steht drin? Unterstützung, Erleichterung, Freude. Die Leser begründen ihre Überraschung vor allem mit der Sprache, die »Neues Deutschland« benutzt hat. »... Was fehlt Euch, was fehlt uns – wie können wir uns gegenseitig ... helfen! ... So sollten wir miteinander reden!«

Solche Meinungen sind jedenfalls Schwerpunkt dessen, was abgedruckt ist, und auch das ist eine Aussage.

»Neues Deutschland« kommentiert von Anfang an auch die westlichen Angriffe auf den Briefwechsel und Winbauers Verstummen.

Wollte die Zeitung den Mann also lediglich vorführen?

Aber gerade war der innerdeutsche Warenaustausch ausgelaufen. Die DDR-Wirtschaft braucht ihn dringend, denn noch ist die deutsche Wirtschaft nicht geteilt, Stahl für Ostdeutschland kommt wie früher von Rhein und von Ruhr, jetzt aber verhängte der Westen ein Stahl-Embargo. Das Wirtschaftsangebot schien ernst gemeint. Und selbstverständlich ist das alles abgestimmt mit Parteiführung und ZK, anders ginge es gar nicht. Aber jede eigene Idee in diesem Apparat kann auch Selbstmord sein.

Am 8. September zitiert »Neues Deutschland« folgende Äußerung des RIAS: »… Mir scheint, der Chefredakteur des ›Neuen Deutschland‹ wird bald den Tag verwünschen, an dem er die trotzkistische Idee hatte, diesen öffentlichen Briefaustausch zu beginnen.« Kleiner Tipp von West nach Ost.

Herrnstadt hat ihn drucken lassen, womit dieser Gedanke als feindlich markiert war.

Vier Wochen lang war der Briefwechsel zwischen Ost und West echt, sechs Wochen lang war »Neues Deutschland« damit beschäftigt, dann war die Sache gestoppt, diesmal im Westen.

Sechs große Seiten hat »Neues Deutschland« gestaltet, mit schönen Schriften und alten Fotos – die Wasserkante vor Rügens Steilküste, der Zeuthener See hinter Kiefern, der noch unzerstörte Dresdner Zwinger, der Brunnen auf dem Markt von Erfurt.

Sie gleichen den sorgfältigen großen Seiten des »Freien Deutschland« mit ihren Faksimiles der Briefe und Tagebücher.

Wahrscheinlich hat Herrnstadt hier bis zuletzt mitgearbeitet, denn hier wie da fallen diese Seiten völlig heraus aus dem Übrigen und man erkennt einen anderen Zeitungsmann. Einen ganz altmodischen Menschen auch, im Jahr 1950.

1950 – wenn im Westen Deutschlands Boogie und Bananen entdeckt werden und ein Herr auch schon mal Hemden mit

Blumen drauf trägt. Unvorstellbar banale Welt für Herrnstadt. Wahrscheinlich sogar verantwortungslos.

Hier ist Schmerz. Hier ist Krieg. Kriegsgefahr. Hier ist Vorkrieg sogar. Deutsche Landschaften der Vergangenheit.

Das deutsche Gespräch ist misslungen. Es war der erste und letzte Versuch dieser Art in Deutschland. Wenn nichts mehr zu sagen übrigbleibt, wird das Thema Vereinigung wieder von täglichen Formeln bedient. Aber im November findet sich schon mal wieder ein größerer Artikel: »Heimweh in Deutschland nach Deutschland«. Reportage von Margot Pfannstiel.

Margot Pfannstiel ist eine junge Berlinerin. Arbeiterkind, stolz darauf, nie im BdM gewesen zu sein, weil sie den Mut dazu hatte, und begeistert von den Möglichkeiten der neuen Zeit.

Bald wird sie Herrnstadts Chefreporterin. Und eine neue Liebe. Vielleicht schon bei diesem Deutschland-Artikel, der seinen eigenen Seiten so ähnlich sieht. Für sich selbst dürfte er diese Titelzeile nicht schreiben, die er für Margot geschrieben hat: »Heimweh in Deutschland nach Deutschland«.

Das ist der Mann, an den ich mich vom Sommer 1948 an auch erinnern kann als einen Mann in Hut und Trenchcoat, liebevoll, wenn er nach Hause kam. Aber wann war das?

Spätnachts meistens, morgens schon wieder der Wagen vor unserer Tür, Franz Michel kam dann rein, der Chauffeur, ein Urberliner, der Heinrich George ähnlich sah, und schon waren sie weg. Nur sonntags war es anders.

Sonntags ging mein Vater spazieren, dann durfte ich mitgehen, und als Erstes gingen wir an dem Kiosk vorbei, der in Biesdorf am S-Bahnhof stand, dort kaufte er sich eine frische Zeitung, seine eigene Zeitung natürlich, mit einer sinnlichen Freude nahm er sie in die Hand, schlug sie mit Schwung auseinander und ich sah, dass er stolz war dabei.

Offenbar zufrieden steckte er dann die zusammengefaltete Zeitung in die Manteltasche und los ging's, am Bahndamm entlang zu den Kaulquappenteichen.

Die Angst vor dem Gedruckten, dem eigenen womöglich oder dem, was man zu verantworten hat und es lässt sich nun gar nichts mehr ändern – nie bei ihm gesehen.

Manchmal fuhren wir übers Wochenende in ein Heim an einem der Seen rings um Berlin, und auch dort waren lauter Bekannte. Junge Männer, junge Frauen. Lachende sportliche Schwimmerinnen. Eine besuchte ich kürzlich, ihr Name ist Rosemarie.

Rosemarie Rehahn. Ich sehe sie an einem Badestrand mit ihrem Mann Arne, sie sitzt auf seinen Schultern und kreischt, wenn er ins Wasser rennt, ihre Haare fliegen wie eine blonde Fahne, sie ist atemberaubend schön. Später war sie die elegante Rosemarie aus der »Wochenpost«, die bekannteste Filmkritikerin der DDR, eine Dame mit leiser Stimme, die Haare zum Knoten gedreht.

Im Jahr 2005 geht eine Greisin mit Bubikopf vor mir her, ein Schritt dauert eine halbe Minute, wir bewegen uns durch eine winzige Neubauwohnung, parterre. Irinchen, wiederholt sie andauernd, Irinchen.

Sie freut sich. Sie denkt so viel an Herrnstadt, sagt sie, jetzt, wo sie so alleine ist, und das findet sie eigenartig.

Wo ist sie ihm begegnet?

1946 im Berliner Verlag. Sie schrieb für die »Frau von heute«, und er rief dort an. Sie können ja schreiben, hätte er gesagt, was machen Sie denn bei den Häkeltanten?

Rosemarie sprach immer noch druckreif bei unserem Gespräch, aber langsam, mit großen Pausen.

– Neid. Die meisten waren neidisch auf ihn. Er war ja wirklich eine auffallende Erscheinung. Über die Maßen anziehend. Leise Ironie. Lag nicht jedem. Wir waren damals alle gegen Individualismus, er war aber einer. Wurde als herrisch empfunden. Und er war so stolz auf Valentina.

Es folgen lange Beschreibungen der Schönheit meiner Mutter und davon, wie sehr mein Vater besondere Menschen liebte.

– Er mochte starke Menschen. Stibi. Stibi war Bayer, grob, aber sympathisch. Stibi war Herrnstadt ebenbürtig. Er hatte einen proletarischen Verstand. Rudolf schätzte das mehr als intellektuelles Geschwafel.

– Er fühlte sich echt hingezogen zu einfachen Leuten. Drucker, Setzer, Botenjungen. Und die mochten ihn auch.

Wenn ich wissen will, warum er mit ihr nun gerade gearbeitet hat und mit den anderen jungen Leuten, sagt sie sofort, sie seien anders gewesen als die anderen.

– Insofern, als wir keine Bonzen waren, und doch links. Deswegen hoben wir uns ab.

Das sei damals etwas Besonderes gewesen.

– Wir waren die Herrnstadt-Clique.

Als »Herrnstadt-Clique« seien sie später auch alle entlassen worden. Sie erzählt, dass Herrnstadt sofort bemerkt hätte, dass die Sprache sich in den zwölf Jahren Nazizeit verändert hätte, und er hätte die jungen Leute immer danach gefragt, und von Anfang an hätte er ihnen Verantwortung übertragen.

– Zum Beispiel waren wir alle an einem Sonntag zu ihm in den Verlag bestellt, und er sagt: »Alle, die hier sitzen, werden eine Zeitschrift machen.« Eine Jugendzeitung. Einfach so. Wir waren ganz stumm vor Glück, und er fragt, wie die Zeitung nun heißen soll, alles schwieg. Da sagt er zu mir: »Und Sie, Fräulein Knop, das Land der Griechen mit der Seele suchend, was schlagen Sie vor?« So ein Satz! Ich war beflügelt, ich habe gesagt: Start. Und so hieß die Zeitung dann auch.

Zu meiner Überraschung wollte Rosemarie Rehahn in unseren Gesprächen vor allem über Liebe reden und nannte meinen Vater: der hoch geliebte Rudi.

– Ich erinnere mich an kein Mädchen oder Weib, das nicht verliebt war in Rudi.

Immer wieder kam sie darauf zurück, die Liebe und Rudi, er habe viel von Ilse Stöbe erzählt, immerzu habe er von ihr erzählt, dass er sich schuldig fühlte, und was für ein besonderer Mensch sie gewesen sei, und von Valentina genauso, seine Beziehung zu den Russen sei von Liebe geprägt gewesen, rein emotional, und überhaupt – wer neben ihm war, musste etwas darstellen, die Sekretärinnen sogar.

– Ein Nüscht hätte er nicht geduldet.

– War Liebe für Herrnstadt der Antrieb, fragte ich.

– Unbedingt! Nicht Ehrgeiz, dann wäre er höher gestiegen. Nein: Hingabe eher noch als Liebe. Er hatte das Bedürfnis der Hingabe. In jedem Fall ein ungewöhnlicher Mensch.

Und als sie das gesagt hatte, brach sie in Klagen aus darüber, wie er nur unter so viel Mittelmäßigkeit habe leben können, seufzte und schüttelte den Kopf, sie sprach also gar nicht über die Arbeit, obwohl ich gerade das erwartet hatte.

– Ich dachte, ihr hättet damals immerzu gearbeitet?

– Über die Maßen! Über unsere Kräfte und mit großer Freude. Es war die glücklichste Zeit überhaupt.

AUFBAUZEIT

Die glücklichste Zeit überhaupt. Die Aufbauzeit. Faszination einer Stimmung in Ostdeutschland. Sie ist nicht von alleine entstanden. »Neues Deutschland« unter Rudolf Herrnstadt hat einen großen Anteil daran.

Wenn ich die Zeitung vom 7. Oktober 1950 in der Hand halte, sehe ich, was Rosemarie Rehahn meinte. Das ganze Titelblatt ist eine Collage aus Porträtfotos. Arbeiter bei der Arbeit, verteilt über das Foto einer Menschenmenge. Wahrscheinlich »die Massen«.

»Unsere junge Deutsche Demokratische Republik ist ein Jahr alt!« Tatsächlich strahlten alle diese Gesichter etwas Besonderes aus, aber was war das?

Die Läuterung nach einem Krieg? Erleichterung? Hoffnung?

Alle waren Kandidaten für die erste Volkskammer, die demnächst gewählt werden sollte, auf Einheitslisten und ohne Wahlkabinen sogar, auch wurde damals schon der später übliche Druck ausgeübt, zu dieser Wahl überhaupt zu gehen, und doch – erstaunliche Gesichter.

Die gleiche Nummer enthält einen endlosen Anzeigenteil. Lauter Glückwünsche zum Geburtstag der Republik: »Die Werktätigen der Neptunwerft Rostock grüßen ...«, »Die Belegschaft der Berliner Gaswerke gratuliert ...«, »Tutenfabrik Paul Krüger ...«, »Durch gesteigerte Produktion zu besserem Leben Berlin Chemie ...«, »Der Wunsch der Werktätigen: Das Beste ist gerade gut genug. VEB Kahlbaum«.

Diese Gratulationscour hat etwas Heiteres. Dabei war Papier teuer, diese Anzeigen kosteten die Zeitung mehr, als sie einbrachten, und trotzdem der große Auftritt: Wir haben jetzt unsere eigenen Betriebe. Wir – das neue Deutschland.

Das Deutschland ohne Börsen und Bodenspekulation, ohne Großkapitalisten, aber ohne Bürgertum auch, ohne kritische Presse und freie Wahlen und mit Arbeiterbildern auf allen Plakaten.

Jede Straßenbahnfahrt kostet hier zwanzig Pfennige, jedes Brötchen fünf, jeder Quadratmeter Wohnfläche eine Mark, und mit sechzig Mark zahlt man schon die höchsten Krankenkassen- und Rentenbeiträge, und im Beruf werden Frauen gefördert und verdienen dasselbe wie Männer, und das Studium ist kostenlos und Stipendien müssen nicht zurückgezahlt werden, und das geht auch so weiter und bleibt bis zum Schluss – Utopie wird im Voraus ausgezahlt.

Wenn ich die Seite betrachte, ich war sieben Jahre alt, gerade ein Schulkind. Wenn ich Bilder malte, malte ich Fahnen. Eine Freundin hat es genauso erzählt: Fahnen. Auf meinen Kinderbildern wehen Fahnen. Waren wir so politisiert? Muss so sein.

Wenn ich die »Massen« auf dem Titelbild sehe, erinnere ich mich an Demonstrationen, gewaltige Züge mit wehenden Fahnen.

Jetzt sehe ich sie wieder in den alten Zeitungen, und mir fallen Lieder ein: »Du hast ja ein Ziel vor den Augen, damit du in der Welt dich nicht irrst, damit du weißt, was du machen sollst, damit du einmal besser leben wirst …« – die Aufbauzeit ist musikalisch. Immerzu entstehen neue Lieder, manchmal lässt die Redaktion eine ganze Liedzeile als Überschrift drucken, die Noten stehen gleich drunter. »Fort mit den Trümmern und was Neues hingebaut!«, dichtet Brecht, »Bau auf, bau auf«, singt die FDJ, es gab Lieder für die Deutschlandtreffen der

Jugend, für das erste Hochhaus Berlins, es gab diesen Schwung eines Neuanfangs.

Auch das schwarz verschmierte Gesicht des Bergarbeiters Adolf Hennecke gehört in die Aufbauzeit, ein Genosse der SED, der auf Wunsch der Partei seine eigene Arbeitsnorm um ein Vielfaches überboten hatte. Für den Aufbau, nicht für höheren Verdienst, und andere sollten das nachmachen.

Der Fotograf Herbert Hensky hatte ihn unter Tage mit Pulverblitz fotografiert. Der ganze Schacht hätte explodieren können, aber Hensky wollte es unbedingt so, es sollte echt sein. Das passt zum Enthusiasmus der Zeit.

Es war schon 1948, als die »Neue Berliner Illustrierte« Hennecke auf das Titelbild nahm. Fotos wie dieses prägen auch im »Neuen Deutschland« jetzt die neue Ästhetik des Arbeiterbildes. Arbeiter als Helden – nicht Soldaten wie vorher in Deutschland. Die Redaktion war stolz darauf, und was »Neues Deutschland« unter Herrnstadt ebenfalls einführt, ist Interesse für das, was der Arbeiter tut. Für den Sinn oder Nicht-Sinn seiner Tätigkeit überhaupt. Hier beginnt es.

Die Produktionsreportage, die Brigadeporträts, die Gespräche am Arbeitsplatz und die Fotos dazu. Mit den großen Seiten und engagierten Fragen geht »Neues Deutschland« weit über die sowjetische Betriebsreportage hinaus. Diese Aufmerksamkeit soll die jetzt herrschende Klasse sichtbar machen, aber auch den Baustellen und Hochöfen Gesichter geben, sie vermenschlichen sozusagen, und positiv definieren.

Die Berichterstattung ist von Anfang an verkoppelt mit dem Einfordern von mehr Leistung, denn die wird dringend gebraucht. Später ist es ganz kurz auch Kritik an den Verhältnissen, unter denen gearbeitet wird, und dann ewig nur leere Geste. Denn in Wirklichkeit herrschen die Arbeiter nicht, und irgendwann wollen sie sich auch nicht mehr fotografieren lassen.

Auf dem Titel vom 7. Oktober 1950 sind die Gesichter noch ernst und zugewandt. Ihre Arbeit wird ja mit Sinn aufgepumpt: *Fortschritt, Feind* und *Friedenskampf*.

Dazu *deutsche Einheit*. Die vor allem. Die DDR organisiert dafür Volkskongresse, Abstimmungen und Delegationen, aber Bonn will nicht reden mit Kommunisten.

Will die Sowjetunion die deutsche Einheit wirklich?

Fühlt sie sich schwach nach dem Krieg? Fühlt sie sich stark?

In China hat Mao Tse-tung gesiegt, ein kommunistisches Weltreich ist entstanden und scheint sich auszudehnen. Ab Juni 1950 erobern nordkoreanische Truppen fast ganz Korea. An der östlichen Grenze des kommunistischen Gebietes ist Krieg. Um an seiner westlichen Grenze vor militärischer Expansion sicher zu sein, will die Regierung Adenauer dem westlichen Verteidigungsbündnis beitreten und aufrüsten. Sie will die feste Eingliederung der BRD in das westliche Bündnis.

Der ganze Kampf der DDR um die deutsche Einheit scheint ein Kampf gegen diese Bindung an den Westen zu sein. Ebenso der Kampf für oder gegen die deutsche Wiederbewaffnung.

Geführt wird er auf beiden Seiten als der alte Kampf links gegen rechts in Deutschland. Je weniger sie miteinander reden, um so stärker wenden sich Ost wie West an die Bevölkerung des »Gegners«. In alter Klassenkampfmanier fordert die DDR »das Volk« im Westen zur Rebellion auf. Aber im Unterschied zur Regierung der DDR ist die Regierung Adenauer frei gewählt. Sie könnte auch wieder abgewählt werden, die im Osten nicht. So fühlt sie sich getragen von einer Mehrheit, wenn sie von September 1950 an eine Verfolgung der linken und von der DDR beeinflussten Kräfte einleitet. Es gibt Verbote von Organisationen, Berufsverbote, Entlassungen und tausende von Ermittlungsverfahren.

Gleichzeitig werden Gerichtsverfahren gegen NS-Verbrecher eingestellt und ehemalige Beamte des Naziregimes für nach

1945 erlittenes Unrecht entschädigt. Auch ein Ermittlungsverfahren gegen Manfred Roeder, der die Todesurteile gegen Mitglieder der »Roten Kapelle« beantragte, wird 1951 eingestellt. Es war also falsch gewesen, was ich Eva Kemlein geantwortet hatte: »In der BRD gab es keine politischen Gefangenen«. Es gab sie in diesen Jahren, nur war es höchstens ein Hundertstel derer, die im Osten aus politischen Gründen einsaßen.

Für viele ehemalige Antifaschisten im Osten ist mit dieser Politik jedoch klar – der Faschismus ist nicht besiegt und will sich mit den westlichen Großmächten militärisch verbinden.

Die Bundesrepublik wiederum will sich vor Aggression und undemokratischer Herrschaft im Osten schützen. In Ost und West eskalieren Vorwürfe und Verdächtigungen.

Im Dezember 1950 beschließt die Volkskammer der DDR ein Maulkorbgesetz: »Gesetz zum Schutze des Friedens«.

Als erster von elf Sprechern begründet auch Herrnstadt den Gesetzentwurf. Es ist ein Gesetz gegen Rassen- und Völkerhetze und Hetze gegen den Friedenskampf. In Wahrheit werden die politischen Texte der Gegenseite von jetzt an als »Kriegshetze« einfach verboten. Agententätigkeit für fremde Mächte kann sogar mit dem Tode bestraft werden. Eine Empfehlung des »Weltfriedensrates« für alle Länder des Ostblocks.

Die vielen lachenden, bauenden Menschen auf allen Fotografien haben also damals auch so was im Kopf: Ich darf keine Comics aus Westberlin in den Osten mitbringen, ich soll keinen RIAS hören und so weiter.

Soll ich denken, dass Herrnstadt das nicht gewusst hat?

Nein, er wird es sich mit der aktuellen Lage erklärt haben: Wenn der Imperialismus seinen Teil Deutschlands zum Aufmarschgebiet macht, stehen wir hier vor einem Versuch, die Ergebnisse des Zweiten Weltkriegs rückgängig zu machen. Das wird nicht geduldet, da wird nicht debattiert.

Einer meiner Bekannten wurde nach diesem Gesetz verurteilt: Manfred Bierwisch, Sprachwissenschaftler, damals Student, zweiundzwanzig Jahre alt. Er hatte 1952 im Zug von Berlin nach Leipzig sechs Exemplare der kommunismuskritischen Zeitschrift »Der Monat« versteckt. Es folgten drei Monate Isolationshaft in einem Staatssicherheitsgefängnis in Leipzig und die Verurteilung zu achtzehn Monaten Zuchthaus.

Ich fragte nach der Haftzeit im Stasigefängnis. Wie war es?

– Eingesperrt. Eine Pritsche, auf der man am Tage nicht sitzen durfte. Ein Klapptisch. Einzelzellen. Zu lesen nix. Kein Kontakt mit der Außenwelt. Sie haben meine Eltern nicht benachrichtigt! Keine Ablenkung, kein Besuch, gar nichts. Wiederum – ich hatte TBC, hatte einen Pneumothorax, musste deswegen mehrmals zum Lungenarzt. Das haben sie gemacht. Hätten sie es nicht gemacht, wäre es irreparabel gewesen. Aber sie haben sich an die ärztliche Anweisung gehalten. Daher meine Annahme: Alles Scheiße, aber nicht lebensgefährlich. Über die KZ hatte man gelesen. Das war klar, was ein Vernichtungslager war. Erschreckt hat mich die Rücksichtslosigkeit. Wie da mit Menschen umgegangen wurde. Der Prozess war eine Farce.

– Und danach?

– Ich kam ins Haftkrankenhaus. Fünf Monate TBC-Station. Der Krankensaal für vierzig Patienten, der Facharzt war selber Häftling, aber endlich gab es Bücher.

– Und das Zuchthaus? Musstet ihr schwer arbeiten?

– Überhaupt nicht. Arbeit war eine Art Vergünstigung. Aber es ist viel schlimmer, nichts zu tun. Schachspiel war eine Sache. Irgendwann hieß es: Draußen streiken se! Nachts hörte man Schritte, es kamen viele neue Leute! In Leipzig war eine Vollzugsanstalt gestürmt worden. Aber unsere nicht. Danach wurde ich vorzeitig entlassen und durfte weiterstudieren.

– Bist du schon als Staatsfeind reingegangen oder erst rausgekommen?

– Weder noch. Aber wenn man nicht zum Establishment gehörte, stank einen die Art der Indoktrination natürlich eines Tages an. Ich kam aus dem falschen Elternhaus. Mein Vater war kaufmännischer Angestellter. Katholisch. Kleinbürgertum. Keine Arbeiterklasse. Ich war damals in der CDU.

– Du warst politisch?!

– Habe richtig mitgemacht. Die CDU im Osten war damals einerseits ein Verein von Leuten, die dagegen waren, andererseits noch eine echte Konkurrenz zur SED. Am Anfang war sogar die FDJ ganz interessant.

– Dann hast du auch gesungen: »Bau auf, bau auf ...«?

– Ja, nur dass es für mich schon die zweite Schicht solcher Lieder war. Vorher hatten wir gesungen: »Wir fliegen, wir fliegen gegen Engelland.« Zuerst haben wir in der FDJ richtig Veranstaltungen gemacht, ganz auf eigene Faust. Die straffe Eingemeindung kam Schritt für Schritt.

– Der Zwang.

Bierwisch nickte dazu. Wiederum wollte er etwas klarstellen. Er war kein Reaktionär.

– Unsere Orientierungsmarken waren Brecht und Thomas Mann. Was richtig rechts war, das gab es damals in der DDR ja gar nicht! Die philosophische Fakultät der Uni Leipzig, wo ich studierte, war eine der besten in Europa! Sie waren doch alle in den Osten gekommen, Ernst Bloch hatte im Westen keinen Lehrstuhl gekriegt, Hans Mayer auch nicht. Dazu Besseler, Markov, also erste Garnitur. Wir waren kein Land mit kulturellem Tiefstand, und unsere geistige Orientierung war links.

Am Ende unseres Gesprächs schwieg Bierwisch lange, suchte nach Worten.

– Dieses »Neue Deutschland«, sagte er, es ist diese Frage, die du beantworten musst: Ein Mensch, der solche Artikel schreibt wie damals im »Tageblatt«! So ein Geist, und dann so was! Warum?

Das hatte ich mich selbst oft gefragt. Ich hatte Artikel nebeneinandergelegt: »Berliner Tageblatt« – »Neues Deutschland«.

Dort ironische, präzise Formulierungen, hier »die Massen«, »die Arbeiterklasse« und ähnlich unklares Zeug. Bis mir der Unterschied klar wurde. Im »Berliner Tageblatt« beobachtet er als Journalist, in der »Berliner Zeitung« ist er parteilich, aber immer noch Journalist, im »Neuen Deutschland« aber hat er Verantwortung übernommen, ist reingesprungen in einen Strom, den er von außen nicht sehen kann, er ist eigentlich nur noch Partei.

Wer kommt da schon hin? Wer wagt es, dorthin zu wollen?

Und es klingt ja auch immer wie eine Selbst-Überredung.

1951 beginnt der Osten große Zusammenkünfte zu organisieren, und alle diese Deutschlandtreffen der FDJ und die Weltfestspiele sind eingebunden in den Kampf gegen eine deutsche Bewaffnung, schon fünf Jahre nach Kriegsende.

Die Regierung Adenauer reagiert harsch. Wenn in Ostberlin zu den »Weltfestspielen der Jugend und Studenten« eingeladen wird, werden in der BRD Jugendliche an der Ausreise gehindert, eine Sperrzone vor der Zonengrenze soll damals errichtet worden sein, harte Polizeieinsätze gegen Demonstranten soll es gegeben haben, und einer soll auf der Flucht vor dem Bundesgrenzschutz in der Elbe ertrunken sein. Wie klingt uns das heute?

Kaum vorstellbar, dass es einmal eine Strahlkraft des Ostens gegeben haben soll. 30000 Westdeutsche – auch diese Zahl ist heute umstritten – sollen nach Ostberlin gekommen sein. Das war im August 1951.

Sechs Jahre nach Kriegsende ein großes, internationales Fest in Deutschland zu feiern, in Berlin, das hätte ohne die Konfrontation des Kalten Krieges ein echtes Weltereignis werden können. So aber wird es vor allem eine Demonstration linker

Stärke, ein politischer Auftritt der gewachsenen Macht der Sowjetunion. Im »Neuen Deutschland« schreibt Rosemarie Rehahn von einer unbeschreiblichen Freude, von Trachtenzügen und Tänzerinnen, und vom Glück dieser gigantischen Freundschaft Sowjetunion-China.

Da singen sie wieder. »Lasst heiße Tage im Sommer sein, im August, im August blühn die Rosen, die Jugend der Welt kehrt zu Gast bei uns ein und der Frieden wird gut und uns näher sein, im August, im August blühn die Rosen. Und es singt die Ukraine ihr blühendes Lied und Jungafrika lacht in der Sonne, das siegreiche China ins Stadion zieht und die Warschauer Maurerkolonne.«

1951 war ich acht Jahre alt und sang mit.

Und genauso, wie ich es gesungen hatte, so lernte ich es auch, wir alle, die Kinder im Osten: Alle Menschen der Welt gehören zusammen und es wird nie wieder Krieg geben und keiner sieht auf den anderen herab, wenn sie sich zusammenschließen und es so wollen. Nur die Kriegstreiber müssen verschwinden.

Das war meine heile Welt, und wie man sieht, war sie riesengroß.

Die Kriegstreiber waren übrigens immer die Amerikaner. Bis heute hat sich an dieser Weltsicht für viele nicht viel geändert.

Wer ist Herrnstadt in dieser Zeit, wer sind seine Freunde, mit wem kann er reden? Gerhard Kegel? Lothar Bolz?

Freunde aus der Parteiarbeit vor dem Krieg hat er nicht, seine »bürgerlichen« Freundschaften muss er vergessen, und seine edlen Frontoffiziere, die Ritter aus Absurdistan, sind ersetzt worden durch einen Typus, den er »otrada dla liubowo natschalstva« nennt – »die Augenweide für jede beliebige Obrigkeit«.

Das muss sein größtes Problem gewesen sein in diesen Jahren. Er liebt die Russen, aber nicht diese. Die er liebte, beschreibt er als die »kritischen, einfallsreichen, an eigene Initiative gewohnten Menschen«, inzwischen aber sei der »Typ des widerspruchslos Untergebenen« gekommen.

»... Wir haben am eigenen Leibe den Unterschied erlebt zwischen der alten internationalistischen Leninschen Schule und der ›otrada dla liubowo natschalstva‹, wir haben u.a. mit dem 17. Juni zahlen müssen.« So steht es in seinen Notizen und so bewegt Herrnstadt sich auf die Katastrophe zu.

Nach Währungsreform und Marshallplan wächst im Westen Wohlstand, der Osten dagegen hat keine Hilfe und bleibt zurück, obwohl es auch hier vorwärtsgeht, »aus eigener Kraft«, wie es heißt, aber zu langsam, und die Kommentare dazu liefert der Westen.

Dorthin blickt die große Mehrheit der Bevölkerung.

Die Massenpartei SED dagegen ist erstarrt in der Obrigkeitsstruktur der »Partei neuen Typus«. 1951 beginnen Überprüfungen aller Mitglieder, die früheren Sozialdemokraten werden nun oft aus der Partei herausgedrängt, und das schadet der SED besonders in den Betrieben.

»Das Ende der Parität«, so lautet eine der Kapitelüberschriften, die Herrnstadt für die Erinnerungen notiert hat, die er am Ende seines Lebens noch schreiben wollte. Das klingt kritisch.

Im Jahr 1951 ist er aber einer der schärfsten Gegner des »Sozialdemokratismus«, was immer das heißen mag, vielleicht ist da auch nur die SPD im Westen gemeint.

Zwiespalt wieder mal. Immerzu hängt er da drin. Wie Harry Laeuen schon schrieb – es passt nicht. Mit Feindbildern kann man nichts aufbauen. Sieht er das nicht?

Wenn Herrnstadt in einen Betrieb fährt, findet er »folgende Lage: die Parteigruppe schwach und innerhalb der Belegschaft weitgehend isoliert ... die Parteileitung über diesen Zustand verzweifelt und bemüht, ihn zu ändern … ging man tiefer in die Belegschaft hinein, so verwischte sich der Unterschied zwischen Parteigenossen und Parteilosen und es zeigte sich ein allgemeiner Unmut … Sie hatten das Empfinden … ›Ihr bestimmt ja doch alles ohne uns, auch wenn Ihr formal unsere Zustimmung sucht‹, und antworteten mit der Reaktion: ›dann macht es halt alleine‹.«

Das schreibt er, wenn er schon abgestürzt ist, mit Datum vom 1. Dezember 1953.

Mit wem konnte er vorher über so etwas reden?

Mit Wilhelm Zaisser auf jeden Fall. Dem hat er sich offenbar angenähert, seit sie beide ins Politbüro gewählt sind. Auch er kommt nicht aus dem Kaderstamm der KPD, sondern hat für die Rote Armee gearbeitet. Beides Außenseiter also. Zaissers Meinung: Der Arbeitsstil der SED sei der Arbeitsstil Ulbrichts. Der hätte der ganzen SED seinen Stempel aufgedrückt.

Tatsächlich gibt wie in Moskau auch jetzt in Berlin nur einer den Ton an: Walter Ulbricht.

Ulbricht demütigt Menschen, er hat überall seine Leute, über sie trifft er Entscheidungen, greift in Vorgänge ein, oft entgegen bereits gefassten Beschlüssen, kann nie die Kontrolle abgeben und spielt Menschen gegeneinander aus. Wer zusieht, versteht, wer den neuen Staat lenkt: er.

Hier vertritt ein diktatorischer Vorsitzender eine diktatorisch regierende Partei. Beide müssten weg. Herrnstadt und Zaisser meinen damals allerdings nur die Form des Regierens.

»Den Arbeitsstil verändern« nennt es Herrnstadt und glaubt, dann werden die kreativen Kräfte endlich frei, die die Linken in der neuen Gesellschaft erwarten.

Die neuen Eigentumsformen – sie werden ja gar nicht genutzt!

Walter Ulbricht wiederum sieht jede Kritik an den Zuständen als einen Angriff auf seine Person.

Darum hat er längst eine Hausmacht, das Sekretariat des Zentralkomitees. Darum ist nach Lex Ende auch Paul Merker schon in Verdächtigungen verwickelt und darum wird Franz Dahlem jetzt kaltgestellt durch eine Ermittlung, und darum trifft sich das Sekretariat des Zentralkomitees dreimal die Woche und wird verwaltet von Ulbrichts Frau Lotte.

Jedes Parteimitglied, das dem Politbüro eine Nachricht übermitteln will, muss zuerst zu ihr. Ob diese Nachricht das Politbüro dann erreicht oder nur das Sekretariat, oder keines von beiden – Walter Ulbricht erreicht sie gewiss.

Es sind Einzelne, die aufmerksam werden, sich wehren, aufstehen. Zum Eklat kommt es schon im Oktober 1951, wenn Zaisser, er ist Minister für Staatssicherheit, offenlegt, dass sein Stellvertreter Erich Mielke hinter Zaissers Rücken Ulbrichts Anweisungen ausführt. Mit Mühe kann Ulbricht die Sache vertagen.

Auch andere im Politbüro kritisieren die Arbeit dort, am häufigsten jedoch sind es Zaisser und Herrnstadt.

Man sieht, die kritischen Russen waren längst weg, ihre Schüler waren geblieben. Weil sie das waren, wagten sie es, Ulbricht zu widersprechen. Er wusste es und brachte genau das in Umlauf: Sie wären Leute der Russen. In Wirklichkeit war es vor allem er, den die Sowjets stützten. Aber nur mit den Sowjets konnte man ihn auch stürzen.

Das war das Dilemma, das Herrnstadt später in seinen Erinnerungen beschreibt. Denn es ging nicht um Ulbricht. Es ging um seine Methoden, die längst die Methoden des Parteiapparates waren: Drohung, Zwang und dogmatische Ideologie. Es ging um das Scheitern der SED.

Mit Abstand betrachtet erscheint es naiv. Genau damit hat die SED sich ja durchgesetzt, genau dafür steht ein großer Teil des Funktionärsapparates, darum hatte er die Mehrheit der Bevölkerung gegen sich. Nun also das Gegenteil zu verlangen, heißt zu behaupten, wir brauchen die Diktatur nicht mehr.

Herrnstadt wird aber bis 1953 behaupten, dass ein offener Umgang mit allen Menschen durchaus möglich gewesen wäre. Bis 1953 wäre es möglich gewesen.

»Wir hatten ständig den Eindruck: irgendetwas bei uns reicht nicht, irgendetwas ist zu kurz. Und je mehr sich die internationale Lage zuspitzte, desto mehr beherrschte mich (ich kann nicht sagen uns, denn diese Gedanken hatte vor allem ich ...) der Gedanke: diese Monate sind jetzt unwiederbringlich. Nicht irgendwann einmal, sondern in einer bestimmten, historisch kurzen Frist, praktisch eben jetzt, müssen wir eine qualitative Veränderung, einen Durchbruch erreichen hinsichtlich der Einstellung großer Teile der Arbeiterschaft zu uns ... und hinsichtlich breiter Massen der Werktätigen.«

Liebe und Ahnungen – da ist es wieder. Und in diesem Moment wird Herrnstadt der, den Bersin einmal gefunden hat – der an eigene Initiative gewohnte Mensch.

EIN KAPITEL FÜR SICH – DIE STALINALLEE

Die Stalinallee. Von Anfang an gegen die Zeit gebaut. Gegen die Architekten und gegen die Moderne. Die SED war der Bauherr gewesen, es ist ihr Denkmal geworden. Ein mit Meißner Porzellan gefliestes Denkmal. Von Anfang an fielen die Fliesen ab, von Anfang an lachte alles darüber. Alles, was Bildung hatte und gegen den Staat war, lachte. Diese Straße war uns immer peinlich gewesen.

Wir, das waren die Intellektuellen in der DDR, die mehr Freiheit wollten, kleinteilig, bunt und selber bestimmt. Die Stalinallee war Diktatur. Das war Moskau, Parteitag und hohle Phrasen. Kam die Rede darauf, distanziert sich jeder zuerst einmal davon. Unter Kennern fiel das Wort »Laubengänge«. Die Häuser mit den Laubengängen wären das Einzige, was man gelten lassen könnte.

Im Juni 2006, da ich die alten Zeitungen lese, gehe ich hin. Mit mir kommt Sheila Hancock. In Großbritannien berühmt als Schauspielerin, gerade schreibt sie ein Buch, Reise durch Europa, ich soll ihr Berlin zeigen, und zuletzt gehen wir in die Karl-Marx-Allee, so heißt die Straße jetzt. Wir stehen am Strausberger Platz.

– Hier bitte, die Stalinallee!

– Great, höre ich es neben mir sagen.

Macht sie sich lustig? Nein – wonderful, really wonderful! Diese Breite, das Licht, sie habe so etwas noch niemals gesehen, es sei ganz besonders. Ganz besonders!

– Die erste sozialistische Straße Deutschlands. Auch eine Idee meines Vaters.

Sheila Hancock sagt plötzlich, dass sie früher ebenfalls Kommunistin war und in der Straße hier die Idee erkennt, die Idee von der Zukunft!

– Genauso war es gemeint.

Die meisten Läden, an denen wir vorbeilaufen, sind leer. Öde wie immer, die Straße, obwohl das hier nahe am Alexanderplatz ist. Aber hier wohnen noch die alten Mieter aus dem Osten, die sind sparsam und sitzen nicht in Restaurants. Sheila weiß das nicht.

Es sei doch hier alles gemacht zum Flanieren, und für Tische und Stühle, für große Cafés, und könnte ein wunderbarer Boulevard sein.

– Ja, schöner als die Champs-Élysées. Das war der Plan.

– Ja, und warum ist es nicht so geworden?

Sheila Hancock ist siebzig, strahlt vor Kraft und Begeisterung, in Berlin gefällt ihr alles, überall, wo wir sind, und hier eben auch. Es bedeutet nichts, denke ich, aber wenn wir uns abends verabschieden, ist es unerwartet ihr letzter Satz:

– Es wird nicht so bleiben. Du wirst es sehen! Es wird eine wunderschöne Straße, voller Cafés und Menschen, es wird so sein!

Wenige Tage später ist eine Schweizer Freundin zu Besuch und erzählt von einer Entdeckung: Karl-Marx–Allee!

Und wieder dasselbe: die Weite, das Licht und das freie Gefühl. Restlose Begeisterung. Das sei mal etwas anderes als nur Kisten mit Balkon.

– Eierkisten, sage ich, mein Vater hat sie Eierkisten genannt. Er hat sich mit allen angelegt. Völlig dogmatisch. Diese Eierkisten mit ihren winzigen Wohnungen wären nicht das Richtige für die freien Menschen, die hier künftig leben würden. Die würden viel Licht und viel Raum brauchen, und überhaupt von allem das Beste.

– Ist das wahr? Das heißt doch, er hat dazu gehalten, dass ein Mensch viel freier sein kann? Wunderbar!

Seltsame Erlebnisse 2006.

Dass Herrnstadt etwas mit der Stalinallee zu tun gehabt hatte, hatte ich von Margot Pfannstiel erfahren, als ich noch Reportagen für die Zeitung »Wochenpost« schrieb, wo sie Chefreporterin war. Als ich einmal von einer bevorstehenden Reise nach Warschau erzählte, meinte sie, ich sollte dort in die Straße Nowy Swiat gehen. Es gäbe da oben auf einem Haus einen Sandsteinwürfel, in den sei eingemeißelt: *Das ganze Land baut seine Hauptstadt.*

Sie sei dabei gewesen, als Herrnstadt den Satz dort oben entdeckt hatte. Er sei davon vollkommen begeistert gewesen und hätte sofort nach der Rückkehr aus Warschau einen Leitartikel mit einer ganz besonderen Überschrift geschrieben: »Wäre es schön? Es wäre schön!«

Ich verstand nicht. Wie soll der Artikel geheißen haben?

– Wäre es schön? Es wäre schön!, wiederholte sie mit ihrem manchmal übertrieben ironischen Augenaufschlag, in dem das Berlinische »Du hast ja keine Ahnung!« immer mitschwang, und schloss auch betont berlinisch, was dann sachlich sein sollte: – Tja, det war seine Idee, die Stalinallee. Det war dein Vater.

Unser Gespräch muss in den siebziger Jahren stattgefunden haben. In den siebziger Jahren hatte ich in diesem Moment nur einen Gedanken: Wie peinlich!

Nun scheint sich das Blatt zu wenden. Nicht nur an Sheila Hancock war es zu sehen, ich war ja selber überrascht gewesen, diesmal in dieser Straße. Für einen Augenblick hatte mich etwas wie Optimismus angeweht, etwas wie Zukunftsgewissheit – ausgerechnet heute, wo alles vorbei war.

Ich suchte den Titel, den Margot Pfannstiel mir genannt

hatte im »Neuen Deutschland« vom Sommer 1951 und fand mit Datum 25. Juli eine Seite mit der Überschrift: »Das ganze Volk baut seine Hauptstadt«, aber die war von Margot selbst geschrieben.

Wiederum – vier Tage später schreibt Herrnstadt ebenfalls eine ganze Seite zum Bauen in Berlin. Aber da ist nichts mit »Wäre es schön? ...«, das hier ist knallharte Polemik: »Über den Baustil, den politischen Stil und den Genossen Henselmann«.

Erst Monate später erscheint, wovon Margot Pfannstiel sprach, als Leitartikel auf einer Seite eins: »Wäre es schön? Es wäre schön!«

Ich verstand es nicht. Und überhaupt: Was sollte der Anteil Herrnstadts an der Stalinallee sein? Was kann der Anteil eines Journalisten sein? Öffentlichkeit.

Wir befinden uns immer noch in dem Trümmerbild. Die Trümmer sind drei, vier, fünf Meter hoch, es sind Hügel, Landschaften, kleine Gebirge. Auf den Fotos Menschen dazwischen. Winzig. Sie schlagen den Mörtel von Ziegelsteinen, damit die wieder verbaut werden können. Sie brauchen Wohnungen. Im Osten, wo Geld fehlt, wird jede Investition lange beraten.

Das Neue soll hier immer auch etwas bedeuten. Neuer Staat – neues Haus – neuer Mensch, so etwa ist es gedacht.

Schon beim Bauen werden die Menschen sich selber verändern, sie arbeiten ja für eine neue Zeit, einen neuen Staat, einen Arbeiterstaat. Und natürlich werden zuerst Arbeiterwohnungen gebaut. So ungefähr beschreibt »Neues Deutschland« von Anfang an das Bauen in Berlin. Auf den Fotos die Menschen sind mager und blicken begeistert.

Im Juli 1951 fährt Herrnstadt zum ersten Mal nach dem Krieg wieder nach Warschau. Auch Warschau ein Trümmerbild, aber mit enthusiastischer Aufbaustimmung. Jeder kann mitmachen.

Zurück aus Polen, schlägt Herrnstadt im Politbüro vor: »Sollte man nicht heute auch die Frage des Aufbaus von Berlin stellen?« Schließlich habe es auch an der Stalinallee eine neue Atmosphäre gegeben, als die Sporthalle für die Weltfestspiele gebaut wurde.
Stichpunkte dazu aus Herrnstadts Notizen:

»Ich: ... Wir können diesen Aufschwung nicht verfallen lassen ... die Frage ist in erster Linie eine politische ... gegebenenfalls muss man eine Art Überbrückungsprogramm aufstellen, und wenn wir zunächst einen Monat lang wie der Reiter über den Bodensee auftreten, ... in diesem Monat müssten wir weitere Pläne entwickeln.«

Ulbricht: »Das verstehe ich nicht, ... wie der Reiter über dem Bodensee, ich bin kein Intellektueller, das ist mir zu hoch.«

Auch auf der folgenden Zusammenkunft wehrt Ulbricht mit Recht ab: »... Wir haben derartige Aufgaben auf dem Gebiet der Industriebauten, dass an eine Initiative auf dem Gebiet des Wohnungsbaus bis zum Jahr 1953/54 überhaupt nicht gedacht werden kann.

Ich: 1953/54 kann zu spät sein. Wenn diese Bauten einwirken sollen auf die Frage Krieg oder Frieden, muss man sie jetzt machen.

Er: Eben weil die Frage so steht, können wir sie jetzt nicht machen.

Ich: Ich halte das nicht für richtig, man muss trotzdem Mittel finden.«
Hier taucht zum ersten Mal eine Zahl auf für die kurze Zeit, die Herrnstadt der SED gibt, wenn sich hier nichts ändert: 1953/54.

Er scheint davon völlig überzeugt, denn er gibt nicht nach, trifft sich mit Heinrich Rau und Hans Jendretzky, erarbeitet einen Plan, geht wieder zu Ulbricht.

»Ich: Wer hat eigentlich das Recht, dem Politbüro Vorlagen zu unterbreiten?

Er: Gib sie mir.

Ich: Ich habe einen Entwurf gemacht ›Nationales Aufbauprogramm Berlin 1952‹, aber ich muss es noch überarbeiten.

Er: Nimmt ihn mir aus der Hand und steckt ihn ein.«

Einen Tag später »… frage ich U.: Hast du den Entwurf gelesen?

Er: Ich habe ihn schon zur Vervielfältigung weitergegeben. Er geht an die Politbüro-Mitglieder. Es ist alles in Ordnung, nur die Frage der Auslosung, da bin ich anderer Meinung.

Ich: Alle Einzelheiten kann man verändern, aber im Prinzip bist du einverstanden?

Er: Ja natürlich, warum nicht.

Ich vor ihm zu Jendretzky: Der Walter ist einverstanden! Zu U.: Das ist doch eine große Sache. Du sagst das so leicht hin.

Er (lacht): Wir machen nur große Sachen.«

So ist hier der Umgang. Herrnstadt scheint es gewöhnt. Das war der 13. August 1951, am 14. wird der Entwurf im Politbüro angenommen und am 15. trägt Herrnstadt im Magistrat von Berlin den anwesenden Rumpf, Kerber und Baum, von denen ich die Vornamen nicht weiß, sowie dem Bürgermeister Friedrich Ebert das Projekt vor. Die sind einverstanden. Und sie sind so aufgeregt, dass sie nicht mehr auf ihren Stühlen sitzen bleiben können, jedem fällt sofort eine Möglichkeit ein, wie man Stahl, Zement, Steine auftreiben könnte. Hier, bei denen, die Ostberlin verwalten, hier endlich findet Herrnstadt ehrliche Freude.

Die Vorgeschichte des Ganzen kann nachgelesen werden in der Baugeschichte der Stalinallee. Es ist auch die Geschichte der Hoffnungen und Enttäuschungen der damals besten deutschen

Architekten, die in den Osten gekommen waren, weil sie sich von den neuen Verhältnissen so viel erhofften. Ostberlin hat schon seit 1948 ein umfangreiches Wohnungsbauprogramm in der Planung weit vorangetrieben. Ganz Ostdeutschland verfügt durch Kriegszerstörung, Enteignungen und neue Gesetze über eine Entscheidungsfreiheit, von der Architekten oft geträumt haben: Die Bodenspekulation ist hier außer Kraft gesetzt, das Recht der Allgemeinheit auf ihren Boden gesetzlich gestärkt.

Nun wurden die Architekten sogar eingeladen zu planen, aber fast alle ihre Entwürfe abgelehnt. Es war schon wieder mal der ewige Widerspruch dieses Kommunismus, dass er die Grundlagen für etwas legte, dem er dann sofort das Wachsen verbot.

Warum? Ideologie.

Ideologie steckt hier in allem – in der Auswahl des Ortes: Frankfurter Allee, wo einmal die ärmsten Arbeiterwohnungen standen; in der Ablehnung der Moderne: seit Stalin als westlich und kosmopolitisch verteufelt; in der Art der öffentlichen Debatte. Ulbrichts knappe Forderung an die Architekten auf dem 3. Parteitag der SED: Keine amerikanischen Kästen und keinen hitlerschen Kasernenstil.

Die Architekten wollen freie Sachlichkeit bauen, internationalen Standard. Die Bauherrn wollen das Pathos einer neuen Epoche.

Nirgendwo zugespitzter formuliert als in dem Artikel: »Über den Baustil, den politischen Stil und den Genossen Henselmann«.

Herrnstadt hatte ihn geschrieben, nachdem Ulbricht seinen ersten Anlauf abgeschmettert hatte. Kurz darauf war ein Zusammentreffen der Architekten mit der SED-Bezirksleitung wieder mal so verlaufen, wie sie seit Monaten verliefen: Die

Architekten präsentierten Häuserblöcke, im Fischgrätmuster über die Fläche verteilt oder in Linien neben- und hintereinander, die Genossen lehnten das ab.

Vier Tage danach also Herrnstadts Seite im »Neuen Deutschland« mit langen Passagen über die Rückschrittlichkeit der modernen Bauweise, und das geht so:

»Die imperialistische Philosophie auf dem Gebiet der Architektur hört auf den schönen Namen ›Funktionalismus‹ und beginnt scheinheilig mit der These, man muss von der Funktion des Hauses ausgehen, von den Bedürfnissen des Menschen, der es bewohnt. So weit, so gut. Aber welches sind nach Auffassung der Imperialisten die Bedürfnisse des Menschen?

Die Bedürfnisse des Menschen – erklären die imperialistischen Bauphilosophen mit dem Ausdruck des Erstaunens – sind in allen fünf Erdteilen die gleichen, nämlich Essen, Trinken, Schlafen und das Klosett benutzen. Von diesem Ausgangspunkt aus kommen sie zu allen Schlüssen, die ihre Auftraggeber brauchen: gebaut wird ›von innen nach außen‹, ›von der Wohnzelle aus‹.

Das heißt: Die gesamte Gestaltung des Hauses ist nichts weiter als die funktionell unwichtige Einzäunung des Herdes, des Bettes und der Klosettbrille. Schönheit erübrigt sich, Würde erübrigt sich. Der Bau wird extrem billig, der Profit extrem hoch.

Man sieht unschwer, *welchen* Menschen die imperialistische Bauweise im Auge hat: die zusammengeschlagene, knieweiche Kreatur, zu der der Imperialismus die Menschen machen will ...«

Dann verbindet er die Forderung nach einem neuen Baustil mit einer Fundamentalkritik am profitorientierten Imperialismus, dessen Menschenfeindlichkeit sich auch in der modernen Architektur zeigen würde, und kommt zum Eigentlichen: Nun aber beginne eine völlig neue Zeit ohne Ausbeutung und kulturellen Verfall.

»Am Beginn dieser Zeit bauen wir die zerstörte Hauptstadt Deutschlands wieder auf. Die Häuser, die wir bauen, haben also eine Perspektive, die über Jahrhunderte reicht. Sie werden im einheitlichen, neuen, starken, demokratischen Deutschland stehen ... Denn es ist nicht wahr, dass sich die Bedürfnisse der Menschen im Physischen erschöpfen. Wir sehen täglich, wie in den Menschen bei uns das Bedürfnis nach Kultur und Schönheit wächst ... sie wollen, dass auch die Wohnungen und Häuser, in denen sie einen großen Teil ihres Lebens verbringen, ein Abbild ihrer weiten Perspektive und ihrer eigenen Kraftentfaltung sind ...«

Weiter geht es über die große Bautradition Berlins und darüber, dass die Deutschen »wieder eine nationale Hauptstadt« brauchen, als eine politische Notwendigkeit im Kampf gegen den amerikanischen Imperialismus. Zuletzt greift er Henselmann bedrohlich an, weil der wohl eine abschätzige Bemerkung über den sowjetischen Baustil gemacht hatte.

Es ist ein Text, voll von stalinistischen Vorwürfen gegen die moderne Kunst, hier wird mit Richtig und Falsch argumentiert und das dann gleich noch mal zu Gut und Böse gesteigert, Herrnstadt hat die Wahrheit gefunden. Eine einzige Peinlichkeit eigentlich, nur eben – was er einklagt, das ist genau das, was meine Schweizer Freundin so erfreute: Er hat also daran geglaubt!

Der Mensch. Der Mensch hat Anspruch auf mehr als nur seine dringendsten Bedürfnisse. Und das sollen die neuen Bauten auch ausdrücken.

Genau deswegen soll der Artikel eine enorme Wirkung gehabt haben. Man dachte nur an das einfachste, der Pessimismus war so verbreitet, und er schrieb von Luxus, mitten in den Trümmern, – das erzählte mir einer seiner Redakteure.

Bei Lichte besehen war das Rudis eigener Ritt über den Bodensee. Der provokante Artikel war diesmal nicht abgesprochen mit der Partei, der Architekt so herausgefordert, dass er vor Wut sofort lieferte, aber es hat geklappt. Das war *auch* die Aufbauzeit – man attackierte sich scharf. Auch das haben mir viele erzählt – es flogen die Fetzen, Kritik war Streit, Kritik war Kampf und gehörte dazu.

Und am Ende gewann die Partei – das gehörte auch dazu.

Hermann Henselmann erinnert sich später: »Ich musste in mir einen völlig neuen Menschen gebären, um überhaupt in der Lage zu sein, diese Aufgabe zu schaffen ... und als ich dann wütend, voller Wut im Bauch diesen anderen Entwurf machte, denn ich hatte ja einen modernen Entwurf für die ganze Stalinallee gemacht ... da sagte ich, na, wenn sie das wollen, dann können sie das auch haben; so eine Trotzhaltung, aber auch mit etwas Eitelkeit vielleicht durchsetzt, mindestens mit Selbstbewußtsein, da habe ich dann am nächsten Tag angerufen, mein Entwurf sei fertig, ich habe Jendretzky angerufen, das war damals der erste Sekretär der Bezirksleitung, und dann Herrnstadt, den Chefredakteur des ›Neuen Deutschland‹, der diesen unglaublichen Artikel gegen mich geschrieben hatte, die beiden gingen mit mir zusammen zu Ulbricht, und da waren Stoph und alle versammelt, und dann zeigte ich diesen Entwurf, die anderen waren inzwischen auch eingetroffen, und dann sagte Ulbricht: ›Gut, dann baun wir ihn.‹ Und da kamen Stoph und Jendretzky auf mich zu und umarmten mich ... und freuten sich so ungeheuer ... daß mich das innerlich sehr bewegt und berührt hat ...«

Es war also Herrnstadts Artikel, der Henselmann dazu gebracht hat, ironisch, wie er an anderer Stelle schreibt, auch einen stalinistischen Vorschlag zu machen, und wenn dann Herrnstadts Aufbauplan-Idee so weit fertig ist, dass Ulbricht sie gut findet, dann ist auch das Bauobjekt schon vorhanden: am 30. Juli 1951.

Henselmann nannte nun Schinkels Feilert-Haus als Traditionslinie, auf die er sich berief, obwohl das ganze Moskau viel ähnlicher war, und die geschlossenen Straßenzüge waren nun weniger an Funktionen als an einer Idee orientiert, sie heißt: Wohnpalast.

Diese Idee geistert seit Fouriers utopischen Vorstellungen durch die Architekturgeschichte: Der durch sein Wohnhaus entlastete Mensch. Alles, was er braucht, bietet das Haus. Das Parterre als Sockel edler Geschäfte, in den Kellern die Waschmaschinen und Trockenräume, auf den Dächern Erholung. Dazu geräumige Eingangszonen und Treppenhäuser, großzügige Grundrisse und hinter den Häusern dann Kindergärten und so weiter und so weiter. Wenn Herrnstadt das ausgearbeitete endgültige Projekt am 20. August 1951 bei Ebert vorlegen muss, ist auch das schon klar.

Im November ist alles fertig und mit den Architekten abgesprochen. Herrnstadt schreibt den Leitartikel: »Wäre es schön? Es wäre schön!« Gleich daneben steht auf der ganzen Seite eins sein Aufbauprogramm: »Vorschlag des ZK der SED für den Aufbau Berlins!« Es ist der 25. November 1951. In der Nacht zuvor wird in Prag Rudolf Slansky verhaftet.

Herrnstadt derweil in Berlin ist begeistert von dieser Titelseite. Das Wort VORSCHLAG steht allein und in Großbuchstaben ganz oben. Das war, wie er dachte: Was die Partei will, kann immer nur ein Vorschlag sein. Entscheiden müssen die, denen vorgeschlagen wird.

Die Partei schlug also vor, Berlin als deutsche Hauptstadt in einer großen gesamtdeutschen Aktion wieder aufzubauen, beginnend mit dem Aufbau neuer Wohnhäuser an der Stalinallee. Im Plan der DDR für 1952 seien Mittel und Arbeitskräfte dafür nicht vorgesehen, daher könnte der Aufbau Berlins nur mit Hilfe der Bevölkerung gelingen.

Zur Finanzierung wird eine »Aufbaulotterie« vorgeschlagen, in die man drei Prozent seines Monatseinkommens für ein Jahr zeichnen kann, was man mit drei Prozent Zinsen in einigen Jahren zurückbekommt, man nimmt damit auch an der Verlosung von tausend Wohnungen teil, weitere tausend Wohnungen werden an Leute verlost, die an der Enttrümmerung teilgenommen haben, an der sich jeder völlig unbürokratisch beteiligen kann. Das Ganze soll begleitet werden von Wettbewerben, Kunstaktionen, laufenden Reportagen und einer Bauausstellung, und natürlich soll dieses Aufbauprogramm die Friedlichkeit und den Einheitswillen der DDR zeigen.

Die Antwort kommt. Zuschriften aus ganz Deutschland. Wieder sind Zeitungsseiten voll davon über Wochen.

Menschen geben Geld, schreiben Theaterstücke und Reportagen, gehen nach der Arbeit noch Steine klopfen, ja sie nutzen ihren Urlaub dafür! Ohne Anmeldung kann jeder von jetzt an zur Stalinallee gehen und für ein paar Stunden mithelfen. Bei Beginn der Arbeiten am 2. Januar 1952 sollen 45 000 Personen zum Enttrümmern gekommen sein. Nur mit dieser großen Resonanz ist es zu erklären, dass innerhalb von neun Monaten die gesamte Straße geräumt und die ersten Gebäude im Rohbau errichtet sind.

Es wird eine Erfahrung vieler Berliner, vieler Zugereister, auch vieler Westdeutscher, ein Erlebnis besonderer Art – die Stimmung an der Stalinallee.

So gibt es nun im großen, gemeinsamen Trümmerbild zwei verschiedene Faszinationen gleichzeitig – im Westen die Großzügigkeit der amerikanischen Kultur, den Jazz und die Songs von Frank Sinatra und Marilyn Monroe, und im Osten die Faszination, die mit Liedern und Schwung auf den Schuttbergen Steine klopfte und von etwas ganz Neuem träumte.

Der Westberliner Senat will nachziehen, holt schon im Mai 1952 die Bauausstellung nach Berlin und denkt über eine eigene, programmatische Bauleistung nach – »eindrucksvoller als die Stalinallee«. Das Hansa-Viertel entsteht.

Die enorme Beteiligung macht Herrnstadt Mut, ein ähnliches Konzept für alle 217 Kreise der DDR zu entwerfen, und bestätigt ihn wieder einmal in seinem Glauben an »die Menschen«.

Jeder hat Ideen, ausnahmslos jeder, jeder hat gestalterische Kräfte – heute nennen wir es kreativ. Aber hier endet die Übereinstimmung auch schon. Herrnstadt meint mehr. Er meint, dass es dem Einzelnen besser geht, wenn er für eine »gemeinsame Sache« kreativ sein kann.

Das ist gerade schon mal da gewesen in Deutschland. Nur Herrnstadt war nicht dabei. Er hat nicht erlebt, wie die Massenmobilisierung der Deutschen für große Gesellschaftsprojekte die Nazizeit prägte. Aber als Kommunist missbilligt Herrnstadt ohnehin keineswegs die »Volksbewegung« und den »großen, gemeinsamen Hammerschlag«. Was soll daran schlecht sein, wenn wir so rauskommen aus den Trümmern, wird er gedacht haben.

Im »Neuen Deutschland« werden von jetzt an Baupläne gedruckt, Grundrisse, Entwürfe, doppelseitig und riesengroß – allen Lesern auf den Frühstückstisch geliefert sozusagen, als ob sie die Bauherrn wären. Ganz unglaublich für eine Tageszeitung, aber hier sollen alle dabei sein. Wir bauen Berlin wieder auf.

Mit Abstand betrachtet sieht es so aus, als ob Herrnstadt in der Aufbau-Idee eine Möglichkeit für einen offenen Neuanfang in der DDR überhaupt gesehen hat, auch zum Westen hin offen.

Sein Plan für die 217 Kreise der DDR wurde auch angenommen, aber nur genutzt, um zusätzliche Arbeitskräfte und Baumaterial zu beschaffen. Herrnstadt protestierte gegen diese »formale« Umsetzung, fragte, ob er nicht selber die Verantwortung für den Wohnungsbau übernehmen dürfte.

Ulbrichts Antwort: »Dafür reicht Opitz« (Ressortleiter im Zentralkomitee). Herrnstadt soll seine eigene Arbeit weitermachen, und der führt es später als ein Beispiel dafür an, dass er nicht verstanden wurde. Der Geist! Es ging um den revolutionären Geist bei der Sache – sah das keiner? Nein.

Das »Nationale Aufbauwerk« wird bald eine Pflichtveranstaltung für jeden, der sich dem allgemeinen Zwang nicht entziehen kann. Auch ich habe als Oberschülerin und Studentin später brav meine Spatenstunden irgendwo abgeleistet. Man konnte sogar Marken kleben.

In Herrnstadts Notizen steht, ein »Begräbnis 1. Klasse« habe seine Idee bekommen durch die Funktionäre. Aber sind das keine Arbeiter? Er sieht sie als eine Schicht, die den »Massen« den Zugang zum Aufbau des Neuen versperrt. Aber der inzwischen sehr große Funktionärsapparat besteht fast nur aus Arbeitern. Diese spezielle Art einer Arbeiterherrschaft will er nicht sehen. Was den Funktionären angeordnet wird, kommt aus der Führung der Partei, aber was daraus entsteht, kommt aus ihrer Vorstellung, und zu der gehört Marken kleben und Stunden schreiben viel eher als die ständig neue Erfindung der Zukunft.

Herrnstadt dagegen erfindet. Mit Baubeginn installiert er eine Lokalredaktion an Ort und Stelle. Eine kleine gemauerte Bude, obendrauf die Schrift NEUES DEUTSCHLAND, immer offen für Bauarbeiter, für Besucher, drinnen junge Redakteure. Sie sollen täglich berichten, das Gute, das Schlechte, die Zeitung will den Bau unterstützen.

Diese Lokalredaktion wird noch eine Rolle in Herrnstadts Leben spielen. Denn gerade sein Lieblingsprojekt wird ihn zu Fall bringen, die Stalinallee. Genau hier wird am 16. Juni ein Protestzug der Arbeiter mit Lohnforderungen losmarschieren, hier beginnt der größte landesweite Streik in der Geschichte der DDR.

Kein Zufall. Die Maurer der Stalinallee sind von 1951 bis 1953 Symbolfiguren geworden, ihre Wichtigkeit war zwei Jahre lang aufgebaut worden, und der das tat, das war Herrnstadt mit seiner Zeitung.

So endet das Jahr 1951 in einer aus dem Boden gestampften Aktion, die ins Offene führen soll.

Und nun ist es schon auffallend, wie Herrnstadt sich einmischt, wo es irgend möglich ist, seine Unruhe, seine Ungeduld auch.

Ich vergleiche dieses Jahr vom Frühjahr 1951 bis zum Frühjahr 1952 mit der Zeit, in der er versuchte, in die KPD einzutreten.

Die Zeit läuft. Sie läuft ab, er spürt es.

Noch im Sommer hatte er Besuch von Gewerkschaftsfunktionären, die ihn um Hilfe baten gegen die Art, wie in den Betrieben die neuen Tarifverträge durchgeboxt wurden, die *Betriebskollektivverträge*. Und wieder hat er sich sofort in den Kampf gestürzt. Er fuhr in das Leipziger Büromaschinenwerk »Optima« und schrieb: »Kollege Zschau und Kollege Brumme«.

Mitten auf die Doppelseite setzte er ein Lenin-Zitat: »Wenn die Verbindung zwischen der Kommunistischen Partei und den ›Massen‹ verloren geht, ist die Katastrophe unvermeidlich.«

Der Artikel berichtet auch von rebellischen Arbeitern: »›Sagt, das ist ein Gesetz oder eine Anordnung‹, rief ein junger Dreher empört, ›klebt's ans Schwarze Brett meinetwegen, und wir werden es durchführen. Der Arbeiter ist ja gewohnt, zu gehorchen. Aber sagt nicht, das ist ein Vertrag, den ihr mit uns geschlossen habt. Mit uns wurde kein Vertrag geschlossen!‹«

Diesmal druckt Herrnstadt eine ganze Spalte von Forderungen an SED und Gewerkschaften mit folgenden Überschriften: – »Gegen die Nichtachtung der Initiative der Massen«; – »Gegen die Methode des Kommandierens«; – »Gegen das Ableiern geprägter Formeln«.

Und ein paar griffige Formulierungen liefert er auch: »Das unernste Verhalten der Funktionäre, das Hinwegtändeln über die Interessen der Arbeiter, das Schindludertreiben mit ihrem guten Willen.«

Der Text erscheint am 14. Oktober 1951, sechs Wochen vor dem Aufruf zum Aufbauwerk, und löst Schockwirkung aus beziehungsweise Hoffnung bei vielen.

Zum ersten Mal wird ja auch Schluss damit gemacht, alles Versagen dem »Feind« anzulasten. Das kann er, weil in der Partei gerade die Kampagne »Kritik und Selbstkritik« läuft, aber diese Kampagne hat ihre Regeln: Man darf nur kleine Übel finden und subalterne Schuldige.

Herrnstadt aber hat »eine volle Breitseite« gleich gegen zwei Apparate losgelassen: SED und Gewerkschaften, und das am heiligen Thema der Arbeiterklasse.

Die Arbeiter sind übergangen worden, und sie hatten keine Gelegenheit zu verstehen, warum diese neuen Vereinbarungen besser sind als die alten, denn als es schließlich eine offene Aussprache darüber gab, haben sie dem neuen Vertrag zugestimmt. Sie haben verstanden, dass auch sie erst einmal zurückstecken müssen, weil es ihre Gesellschaft ist, die sie aufbauen, und dass der neue Staat kein Gegner ist.

Herrnstadt kann so offensiv sein, weil er an die Sache glaubt. Der neue Vertrag ist besser als der alte, der neue Staat ist kein Gegner der Arbeiter, es ist ihr Staat. Soll es sein. Oder werden. Oder wie?

Er fährt aus Leipzig ab in der Überzeugung, mit der er kam: Die Leute wollen das Neue, es ist die SED, die Fehler macht.

Hier kann man es sehen: Nicht, dass die »Partei der Arbeiterklasse« über die Arbeiter bestimmt, empört Herrnstadt, sondern, dass sie sich mit denen nicht berät.

Was würde er gesagt haben, hätten die Optima-Leute die Partei- und Gewerkschaftsleitung zum Teufel gejagt und einen Arbeiter-Rat eingesetzt? Der Zwiespalt, da wäre er wieder.

Und während schon im Januar 1952 täglich hunderte Menschen zur Stalinallee gehen, um Steine zu klopfen – und für ihn muss es wie eine Bestätigung sein, man braucht diese Reglementierungen nicht –, greift Herrnstadt weiter den Funktionärsapparat von SED und Gewerkschaft an. Den hat er inzwischen als den Gegner fest ins Visier gefasst, so wie Eva Kemlein es noch sechzig Jahre später sagen wird: »Die Funktionäre haben alles verdorben.«

Ist es so?

Für Herrnstadt sieht es so aus. Er will das System nicht abschaffen, er will es verbessern. Aber langsam kommt er zum Wesentlichen.

Im Oktober 1951 suchte er noch Schuld bei dem Werkleiter Brumme und dem Gewerkschaftsfunktionär Zschau, im Januar schreibt er schon über die fehlende innerparteiliche Demokratie.

Zuerst in dem Artikel »Heraus mit der Sprache!«. Das ist ein Auftrag des Politbüros, aber nur, weil das von der »Täglichen Rundschau«, die immer noch die Zeitung der Sowjetunion in Berlin ist, getadelt wurde, und die Antwort soll als Teil der Kampagne »Kritik und Selbstkritik« geschrieben werden.

Wieder nutzt Herrnstadt hier eine Gelegenheit, geht aber weit über ihren Rahmen hinaus. Am 25. Januar 1952 schreibt er im »Neuen Deutschland«, »die Frage der innerparteilichen Demokratie« sei inzwischen »... die entscheidende innerparteiliche Frage«, und prangert die fehlende Rechtssicherheit in der DDR an:

»Entspricht die Wirklichkeit in der DDR dem demokratischen Charakter unserer Gesetze? Entspricht das Leben in unserer Partei dem Demokratismus unseres Statuts? ... Herrscht bei uns jene Atmosphäre der Aufgeschlossenheit und des freudigen Vorwärtsdrängens aller, die aus der Gewißheit stammt, daß jede nützliche Initiative gefördert wird und daß unfehlbar Recht erhält, wer recht hat? Sie herrscht noch nicht bei uns. Nicht in der Partei, nicht im Staat ...«

Die Parteimitglieder sollen reden, sie sollen sagen, wo Recht gebeugt wird und Kollektivität verletzt.

Am 10. Februar wird er noch dringender. »Jetzt muß gesprungen werden!«, heißt der Artikel, in dem er die Parteimitglieder auffordert, sie sollen endlich öffentlich werden mit Kritik.

»Ihr seid nicht hilflos! Ihr kommt durch! Niemandem, wer es auch sei, ist erlaubt, Unrecht zu tun oder Unrecht gelassen mit anzusehen! ...«

Warum das Ganze? An der Frage der Demokratie in der Partei wird sich entscheiden, was aus dem neuen Staat wird.

Es steht in der Zeitung.

Und das hier: Die SED nutzt »die Untertanentradition der preußisch-deutschen Geschichte« für sich aus, statt sie abzuschaffen. Sie setzt ihre Politik damit durch.

Aber so werden die »Errungenschaften« nie wirksam werden! Also schreibt er, »daß wir alle das bestehende Niveau der Demokratisierung als unzulänglich empfinden und das neue, höhere Niveau fordern ... Damit stehen wir in der Frage der Demokratisierung vor der Notwendigkeit: hic Rhodus, hic salta! Anders. Jetzt muß gesprungen werden!

Jetzt muß der ganze Restbestand entwürdigender, von der Vergangenheit erzeugter Eigenschaften überwunden werden, das bängliche Schwanken in der Vertretung des Rechts, der Zweifel am Sieg des richtigen Standpunkts, die kleinbürgerliche Furcht vor ›dunklen Gewalten‹, die engstirnige Freude am Kommandieren.«

Trotzki hat es schon mal kürzer formuliert – zwischen den Eigentumsverhältnissen und dem Regime besteht ein fundamentaler Widerspruch.

Den dürfte Herrnstadt niemals zitieren. Das Wort »frei« kann er auch nicht benutzen, das ist vom Westen besetzt.

Also fordert Herrnstadt »... Achtung vor der schöpferischen Individualität des Einzelnen und der Initiative der Massen.«

»Der Kern der Sache ist, dass wir ein neues Verhältnis zum Menschen brauchen.« Sonst wird es nichts mit einer fortschrittlichen Gesellschaft. Es steht in der Zeitung.

Im Februar 1952 steht es in der Zeitung, und weiter geht es mit Kritik bis zum März, aber dann tagt das Zentralkomitee, und nun kann man lesen, wie schwach Herrnstadts Position ist. Niemand steht ihm bei. Ganz im Gegenteil – er muss sich verteidigen. Verteidigt sich mit den Beschwerden, die der Redaktion zugeschickt werden, den vielen Beispielen fehlender Demokratie, Berge von Briefen, ganze Aktenbündel besitzt nun die Redaktion – keine Antwort. Herrnstadt verteidigt zuletzt seinen Satz: »Der Kern der Sache ist, dass wir ein neues Verhältnis zum Menschen brauchen.«

An dieser Stelle plötzlich sagt er nicht mehr »wir«, er sagt »ich«: »Ich verstehe nicht, warum der Satz falsch sein soll.«

Es ist März 1952. Auch die Zeit, in der er »wir« gesagt hat, nähert sich ihrem Ende. Herrnstadt hat sich den ganzen Winter über Feinde gemacht. Da weiß er längst, dass Slansky verhaftet ist und mittlerweile auch Ludwig Freund, und andere wissen das auch.

Dennoch legt er sich mit dem Apparat an. Dabei hat er keine Hausmacht in der Partei. Warum tut er das?

Weil er sieht, wie es schiefläuft, was er so laut propagiert hat?

Weil er allein ist mit seiner Kritik und sich Bundesgenossen erst suchen muss?

Oder ist er ahnungslos, gutgläubig, einfach naiv?

Man muss die Artikel mit den dissidentischen Sätzen als Ganzes lesen, um zu verstehen. Diese ernst gemeinte Mischung von Wahrheit, Behauptung und totaler Verklärung.

Der halbe Text über Zschau und Brumme zum Beispiel handelt von der Reise nach Polen, und das erscheint als ein gelobtes Land. Tatsächlich soll Polen Anfang der fünfziger Jahre voller Aufbaustimmung gewesen sein, aber was Herrnstadt beschreibt, sieht nach potemkinschen Dörfern für die Mitglieder von Parteidelegationen aus. Und doch versteht man.

Es kann nämlich gar nicht sein, dass ein Mensch 1951 in Polen ein gelobtes Land vorfindet, in diesem Trümmerbild, wo kein Stein auf dem anderen blieb. Aber es kann sein, dass er Hoffnungsvolles findet. Zumal mit den Augen der Liebe. Man muss zu dem halten, was man will.

Und siehe da – es sind Anfänge zu erkennen und ich erkenne ihn wieder, meinen Vater, den Enthusiasten, der auch in der kleinsten Blüte schon die reife Orange sehen konnte, den kühlen Schatten des großen Baumes, der aus der Orange einmal werden würde oder werden könnte. Nein: Sollte! Darum war es schön, in seiner Nähe zu sein. Die Welt begann zu strahlen.

Vielleicht war es die Verweigerung solcher Art Träumens, was Herrnstadt und den anderen kommunistischen Enthusiasten als »bürgerlich« erschien, »kleinbürgerlich«.

Das Lachen darüber, wenn Fliesen abfallen in der Stalinallee, das Zeigen auf alles, was eben doch nicht gelingt.

Man muss zu dem halten, was man will. Und wenn es auch klein und schwach ist, egal, und wenn man sich fürchtet, erst recht.

Noch etwas hat Herrnstadt in diesen Monaten unterstützt – die Teilnahme der DDR an der *Friedensfahrt*. Vom Mai 1952 an wird »Neues Deutschland« deutscher Veranstalter bei der »Internationalen Radfernfahrt für den Frieden Warschau–Berlin–Prag«. Es war zuerst eine Fahrt zwischen Warschau und Prag gewesen, veranstaltet von den Parteizeitungen der tschechischen und polnischen Kommunisten. Nun also auch Berlin.

Eine internationale Radfahrt hatte es davor noch niemals gegeben und wird zur Sensation. Die Idee: Friedliches Überqueren von Grenzen, die einmal gewaltsam überschritten wurden. Versöhnung mit den Polen und Tschechen. Dazu der sportliche Anspruch dieser neuen Staaten: keine Bezahlung, keine Berufssportler. So konzipiert, wurde die Friedensfahrt bald das größte Amateurradrennen der Welt.

Von Anfang an lässt Herrnstadt eine Sonderredaktion von »Neues Deutschland« direkt mit den Fahrern mitfahren. Auch diese neuartige Berichterstattung trägt zur Popularität des Rennens in der DDR bei, und zu dem Gefühl: Geld ist nicht alles. Wir bauen hier etwas Neues auf.

Wenn ich den Jahrgang 1951 und 1952 des »Neuen Deutschland« durchblättere, die enthusiastischen Berichte über die Baustellen, die Arbeitergesichter, die herausfordernden Artikel, dann wird mir klar, warum Herrnstadt seine eigenen Texte im »Berliner Tageblatt« später nur als »bürgerlichen Journalismus« belächeln kann.

Hat er es nicht erlebt? Es gibt eine andere Möglichkeit des Journalismus, eine, die eingreifen kann, die sich traut, die verändern will und auch Verbündete findet, man sieht es ja.

Und ich sehe noch etwas anderes, etwas Tragisches wird mir jetzt klar: Er hat es nie gewagt, zu seinen Leuten zu gehen.

Denn wenn er mit Arbeitern sprach, dann war da was, die mochten sich und die verstanden sich, er war ja ein reiner Linker geblieben, ein Anarchist eigentlich, und begann populär zu werden, aber er stand da immer ganz oben, und von dort rief er ihnen was zu, und wenn sie es hören konnten, dann riefen sie auch zurück und schrieben und hängten sich seine Artikel ans Schwarze Brett und in die Meisterbude, aber er traute sich nicht. Dabei schreibt er es ja: »Es muss gesprungen werden!«

Zu brav. Sie sind alle zu brav.

Und wiederum – der ganze Unterdrückungsapparat ist ja inzwischen komplett – gegen die Genossen gibt es die Agenten- und Spionageprozesse ebenso wie gegen den einfachen Ladenbesitzer, in der Diktatur kann ein Einzelner nichts mehr bewegen, es geht nur von oben.

Im März 1952 trifft ein Brief in Bonn und Ostberlin ein, ein Brief aus Moskau, die Stalin-Note.

Vorschlag für einen Friedensvertrag mit Deutschland. Stalins Angebot von Wiedervereinigung und freien Wahlen samt Abzug aller Besatzungstruppen. Bedingung: Die Bundesrepublik soll auf ein militärisches Bündnis mit dem Westen verzichten.

Ist das ernst gemeint? Die Meinungen darüber sind bis heute geteilt.

Im Frühjahr 1952 hoffte die Regierung der BRD, die deutsche Einheit als Teil eines westlichen militärischen Bündnisses leichter erreichen zu können. Noch bevor die Westmächte sich äußern, setzt Konrad Adenauer ein Nein.

Auch Walter Ulbricht ist zurückhaltend. Wozu die Karten noch einmal mischen?

Es folgt halbherzige Taktiererei allerorten.

Nur die SED muss den Vorschlag zunächst einmal ernst nehmen. Noch im März beschließt sie für den Juli eine Parteikonferenz, mit dem Kampf um die Einheit Deutschlands als Schwerpunkt.

Aber bald ist die Stalin-Note vom Tisch. Sie war der letzte Versuch, die Einbeziehung der BRD in ein westliches Militärbündnis zu verhindern, das geschieht aber nun.

Damit ist absehbar, dass die Grenze durch Deutschland eine Grenze zweier Militärblöcke werden wird, und das heißt, der Kalte Krieg eskaliert wieder mal. Im November werden die Vereinigten Staaten die Wasserstoffbombe zünden, das wissen sie in Moskau schon, im Juli. Überhastet wird die DDR aufgerüstet als Grenzprovinz.

Beschlossen in elf Punkten auf der eigentlich ganz anders geplanten Parteikonferenz. Die hat nun ein neues Thema: »Aufbau des Sozialismus«. Die Abschlusserklärung liest sich bereits wie eine Mobilmachung. Entsprechend ist auch wieder einmal von der Verschärfung des Klassenkampfes die Rede. Slansky, Tito, Gomulka werden auf dieser Konferenz schon »Verbrecher« genannt.

Und Herrnstadt? Schon im Sommer 1952 finde ich keinen Artikel mehr. Auf der Parteikonferenz 1952 hat er eine große Rede gehalten, sein Thema jedoch blieb die Stalinallee. Auch seine Vorschläge für den Sozialismus, der nun beschlossen war, betrafen nur die Stalinallee: Man sollte das alte Rose-Theater aufbauen und ein Denkmal setzen für Heinrich von Kleist.

In Vernehmungsakten der Zeit hat man neuerdings seinen Namen gefunden. Eine Verwandte von Egon Erwin Kisch wird nach ihm ausgefragt. Weiß er davon?

Irgendwann in dieser Zeit ist unsere Familie in den Teil Berlin-Pankows gezogen, der für hohe Funktionäre der SED abgesperrt war und »das Städtchen« genannt wurde. Wer im Politbüro war, musste jetzt dort wohnen. Es war eine der neuerdings verschärften Sicherheitsbestimmungen, eine zusätzliche Isolierung und Kontrolle auch, aber das verstand ich erst später.

Im »Städtchen« lernte ich für eine kurze Zeit die Kinder all der bekannten Funktionäre kennen, deren Namen man nur in der Zeitung las. Diese Eltern waren nie zu Hause, und so wurde das die freieste Gruppe von Kindern, die ich je kennengelernt habe, denn auch meine Eltern sah ich kaum. In dieser Zeit gab es keine Spaziergänge mehr.

Nach dem Juli 1952 verdunkelt sich die DDR. Denn was hier wirklich geschieht, ist Abschottung und Vorbereitung auf den militärischen Ernstfall. Das verlangt die Sowjetunion.

Familien werden über Nacht aus den Grenzgebieten ausgesiedelt, Interzonenpässe verweigert, eine Armee aufgestellt und eine paramilitärische Jugendorganisation gebildet.

Um von Importen unabhängig zu werden, soll eine eigene Schwerindustrie aus dem Boden gestampft werden, das Geld dafür wird der Konsumgüterindustrie entnommen, denn diese neuen Kosten waren nicht geplant.

Zusätzlich zu diesen Verschärfungen forciert die SED die Kollektivierung der Landwirtschaft und auch selbständige Handwerker sollen sich in Genossenschaften zusammenschließen. Das wird vor allem mit Zwang durchgesetzt und ruft Widerstand, Flucht in den Westen und Hass hervor. Die ohnehin schwache Wirtschaft kommt ins Stottern, nun sollen die Arbeiter einfach mehr leisten, in den überalterten Betrieben arbeiten sie oft unter den schwersten Bedingungen, es geht nicht, was da gefordert wird – nein, es muss aber gehen, und nun werden Sparmaßnahmen angeordnet und Schuldige gesucht, Saboteure benannt.

Das ist die Zeit, in der die »Junge Gemeinde« verfolgt wird und Manfred Bierwisch verhaftet, weil er sechs Hefte der Zeitschrift »Der Monat« auf der Fahrt von Berlin nach Leipzig in einer Zugtoilette versteckt hat – es regiert hier nur noch der Sicherheitsapparat und eine verzweifelte Ökonomie.

Also kommt eine gewaltige Fluchtbewegung in Gang, bis zum Juni 1953 werden 450000 Menschen die DDR verlassen.

Wie sehr ist Herrnstadt an allem beteiligt? Aus den Protokollen des Politbüros geht es kaum hervor, die sind überstopft mit Tagesordnungspunkten und Unwichtigkeiten, wörtliche Stenogramme finden sich nicht, einige der folgenreichen Maßnahmen auch nicht. Nur die Anwesenden sind immer vermerkt, und da war er fast immer dabei. Später stellt er die Frage selber: »Wer ist schuld? Natürlich sind wir alle schuld …«

Dann wird er sagen, dass die Fehler längst bekannt waren, dass auf allen Korridoren der Partei und der Verwaltung über sie gesprochen wurde, er wird die 450000 Flüchtlinge »450000 Vertriebene« nennen, »450000 Propagandisten gegen uns«, aber vorläufig steht davon nichts im »Neuen Deutschland«. Hier erhöhen die Arbeiter freiwillig ihre Normen, die Arbeiter wollen den Sozialismus, nicht wahr?!

Im Oktober fällt dann doch eine ganze Seite Kritik am Ministerium für Aufbau auf. Minister für Aufbau ist Lothar Bolz. Also Kritik an Lothar? Nein, aber der wird behandelt, wie Mitglieder der Blockparteien eben von SED-Funktionären behandelt werden: Man nimmt ihn nicht ernst. Ein Mann Ulbrichts regiert in seinem Ministerium, und das schon lange. Rudolf hat drei Redakteure hingeschickt. Das ist nicht nur ein Freundschaftsdienst, es ist ein Zeichen dafür, dass der Kampf gegen Ulbricht offener wird. Im Vorspann steht auch warum – die Wirtschaft leidet unter den Führungsmethoden. Kann Herrnstadt sich so was leisten?

Er scheint es zu glauben.

Zwei Wochen später, am 11. November 1952, fällt ein Text über den historischen Kölner Kommunistenprozess von 1852 auf. Er sei das erste bestellte Komplott gegen Kommunisten gewesen.

Das ist seltsam. Gerade läuft doch in Prag der Slansky-Prozess, und das ist ein bestelltes Komplott gegen Kommunisten.

Sollte Herrnstadt tatsächlich so viel Ironie aufgebracht haben, so viel Mut? Ich glaube es nicht. Aber was war das dann – Zufall?

Weitere zwei Wochen später hat die Prager Sache Berlin erreicht: Der Führer der tschechischen Kommunisten, Rudolf Slansky, gesteht, ein Trotzkist zu sein, Spion, Zionist, Gestapo-Agent, Helfer des amerikanischen Imperialismus, Saboteur, Verräter, bürgerlicher Herkunft, Intellektueller, Journalist und vor allem: ein Jude.

Im Slansky-Prozess wird es offen gezeigt: Juden waren gut genug, die Kastanien für Moskau aus dem Feuer zu holen, nun sind sie gut genug, Blitzableiter zu sein. Schon gibt es Verhaftungen in den jüdischen Gemeinden der DDR, Juden sollen »ehrlich« sein zur Partei, Juden fliehen in den Westen.

Herrnstadt hält dennoch am 1. Dezember – und das heißt, es war bereits länger geplant – auf einer Tagung des Zentralkomitees eine Rede gegen »Sozialdemokratismus«, und da spricht er vor allem über das geistige Klima in der Partei, über Dogmatismus und Passivität. Wieder die alte Kritik, aber hier bis zur Unkenntlichkeit verschanzt hinter Marx- und Engels-Zitaten.

Und wieder frage ich mich, wann Herrnstadt von den ersten Ermittlungen in Prag erfahren hat.

Sie begannen zu dem Zeitpunkt, als er anfing, sich mit Kritik bemerkbar zu machen: 1951. Warum hat er sich nicht vorgesehen? Blinder Fleck? Dort wurden Juden gejagt.

Auf einem Foto, das ich im Internet fand, sehe ich Rudolf Slansky sitzen wie einst Marinus van der Lubbe beim Prozess um den Reichstagsbrand – gebeugt und mit hängendem Kopf, die Augen sind halb geschlossen. Hat mein Vater das Bild auch gesehen?

Auf jeden Fall hat er die Namen der Angeklagten gelesen, ja drucken müssen, verbreiten. Ein Name leuchtete ihm heraus aus allen anderen: Ludwig Freund! Auch der hat alle Verbrechen gestanden.

Diese November-Nummern des »Neuen Deutschland« 1952. Täglich riesenhafte Berichterstattung aus Prag.

Ganz zuletzt musste auch ein Brief des 16-jährigen Tomas Frejka abgedruckt werden. Er bat das hohe Gericht um die Todesstrafe für seinen Vater Ludwig.

War dieser Brief das Geschoss, das Herrnstadts blinden Fleck zertrümmert hat? Der dritte Schlag?

Tomas war Ludwigs einziger Sohn. Mein Vater hatte ihn kennengelernt, als er 1947 in Prag war. Es war das erste Wiedersehen der Jugendfreunde nach Krieg und Emigration, und als Herrnstadt abends gehen wollte, hatte Tomas ihn zu sich gerufen. Er hatte schon im Bett gelegen und ihm zum Abschied die Hand hingestreckt. Davon hat mein Vater immer wieder erzählt: »Er hat mir noch die Hand gegeben!«

Diese November-Nummern. Blättert man eine Seite mit Geständnissen um, dann leuchten auf der folgenden Seite die Maurer der Stalinallee in ihren weißen Anzügen. Da strahlt der Aufbau Berlins jedes Mal unbeschädigt und planmäßig, wie er versprochen war. Die ersten Wohnungen werden bezogen. Arbeiter ziehen ein.

Tag für Tag die Berichte aus Prag. Tag für Tag die Berichte aus Berlin. Das Aufbauprogramm ist ein Jahr alt geworden.

Und nun – Rudi, wie geht es weiter?

Einen Geheimnisträger der GRU wird man überall finden. Der hat keine Chance. Herrnstadt hat auch keine Absicht zu gehen. Und doch ist alles anders seitdem.

Margot Pfannstiel hat mir folgende Geschichte erzählt. Es muss im April 1953 gewesen sein, als sie wütend in das Chefzimmer stürmte und wissen wollte, warum ihre Tante Friedchen neuerdings keine Lebensmittelkarten bekäme. Rudi wusste nichts von so einem Beschluss. Ein Wort gab das andere, und nun erfuhr er, dass er sowieso von nichts eine Ahnung hätte, weil es im Westen längst besser sei als im Osten, und das wüsste sie aus eigenem Augenschein, weil sie öfter dort hinfährt, jawohl!

Seine Antwort hat sie überrascht: Nimmst du mich mit?

Drei Dinge waren es, die sie erzählte: Erstens – er hat einen »Schatten«. Er zeigt ihr, wie man den abhängt. Das macht ihm immer noch Spaß.

Zweitens – als die S-Bahn, denn sie nahmen die S-Bahn, in den Bahnhof Friedrichstraße einfuhr, kam die damals übliche Ansage: »Letzter Bahnhof im demokratischen Sektor«. Die beiden blieben sitzen, sie wollten ja rüber, aber die anderen!

»Sie steigen nicht aus?!«, fragte Herrnstadt. Er konnte es nicht fassen. Die Fahrgäste blieben sitzen! Und das konnte Margot nicht fassen. Was hatte er denn geglaubt?

Drittens – das Leben dort drüben. Der Unterschied im Luxus, in den Farben, im Angebot der Geschäfte – Herrnstadt konnte nur den Kopf schütteln. »Dann ist ja alles falsch, was wir darüber schreiben!«

Schließlich – er zeigt ihr Berlin, sein Berlin, und das liegt an der Uhlandstraße, am Kurfürstendamm, sucht ein vornehmes Restaurant, das von früher noch steht, und lädt sie zum Essen ein. Margot damals: »So was kennen wir nicht.« Er schon.

Für eine Sekunde seines Lebens sitzt er noch einmal dort, wo alles begann. Die zwanzig Jahre sind um.

Wenn er aufstehen könnte und rausgehen und alles wäre noch da – die Stadt und Ilse und das »Tageblatt« auch –, würde er alles noch einmal tun? Hat er daran gedacht, im April '53?

Angst hätte er jedenfalls keine gehabt, erzählte Margot Pfannstiel.

In Ost und in West wäre es Rudolf Herrnstadt sehr schlecht bekommen, in Westberlin entdeckt zu werden, aber nein – keine Angst. Eher schon: Man hat mich getäuscht.

Und er hat andere getäuscht, dummes Zeug geredet, den Maxen gemacht – ist es das, was er denkt, hier am Kurfürstendamm?

Nein, wahrscheinlich: Es geht nicht um mich.

Es geht um uns. Wir fallen bereits, das hat ja gestimmt, seine Warnungen, diese Sätze waren richtig, aber das Lügengebäude, wenn es erst aus dem Nebel tritt – wie wird es aussehen?

So beginnt das Jahr 1953 mit Entsetzen und Ahnungen. Panikattacken. Neuerdings hört Herrnstadt Radio, heimlich, seine Tochter hat ihn überrascht dabei und war fassungslos – Papa hört RIAS!?

Seine Antwort: Ich kannte mal einen Jungen, der hat seinen Vater für so etwas angezeigt, und der ist dann zum Tode verurteilt worden. – Bei den Nazis?, fragte ich. Er nickte.

Heute weiß man, dass in den Jahren zwischen 1948 und 1953 die kommunistischen Parteien Polens, Bulgariens, Rumäniens, Ungarns, der Tschechoslowakei, die nach dem Krieg so stark geworden waren wie niemals zuvor, von Moskau aus quasi erdrosselt wurden. Eine Dezimierung von Kommunisten wie in den späten dreißiger Jahren in der Sowjetunion, nur diesmal in

Osteuropa, und diesmal mussten nicht alle sterben, die da ausgestoßen wurden.

Zeitgleich laufen in den Vereinigten Staaten McCarthys Verfolgungen und das Todesurteil im Agentenprozess gegen das Ehepaar Rosenberg wird vorbereitet. Zwei Tage nach dem 17. Juni wird es vollstreckt werden. Wir sind am Höhepunkt einer weltweiten Kommunistenjagd angelangt.

Und plötzlich stirbt Stalin. 5. März 1953.

In Moskau regieren seitdem gemeinsam Georgi Malenkow, Nikolai Bulganin, Wjatscheslaw Molotow, Nikita Chruschtschow, Leonid Kaganowitsch und Lawrentij Berija.

Der KGB-Chef Berija ist der bestinformierte, der mächtigste und der gefürchtetste in der Führungsgruppe, zuletzt Atomminister. Er kennt sein Land gut, und er hat die Logik des Wettrüstens begriffen. Berija beginnt, was niemand für möglich hielt – er öffnet die Lager. Schon im März Entlassungen für 1,5 Millionen Häftlinge. Schon im März Ende der neuen Verfolgungen, der Stalinkult wird verboten, und schon im März gibt Moskau Zeichen für eine neue Weltpolitik.

Was bedeutet Stalins Tod in Ostberlin?

Drei Tage Trauermusik im Radio, daran kann ich mich gut erinnern, und sonst? Wahrscheinlich standen sämtliche Truppen in Alarmbereitschaft, und sonst? Armee der Hexen und der Denunzianten, ist sie schon unterwegs?

Anders kann es nicht sein.

Überall im sowjetischen Machtbereich hofft man auf ein Ende der Verdächtigungen und Verfolgungen, und in Ostberlin, da bewegt sich was. Wladimir Semjonow wird abberufen. Er war der bestimmende Vertreter der Sowjetunion in Ostberlin.

Es ist der 22. April, und auch an Ulbricht gibt es Kritik aus Moskau, denn die DDR ist wirtschaftlich am Ende. Überfordert und ausgeblutet. Es war falsch, was seit dem Juli 1952 gefordert wurde, jetzt ist es auch der Sowjetunion klar, so kann es nicht weitergehen in Deutschland.

Wie reagiert Ulbricht? Versucht er, etwas zu korrigieren, stellt er die Ermittlungen gegen Franz Dahlem und andere ein, die seit dem »Fall Slansky« laufen?

Nein, er nimmt sie selbst in die Hand und hält die SED in Atem damit. Und hier verwirrt sich die Sache zum ersten Mal, denn ein Wust von Verdächtigungen gegen Parteimitglieder wird im Januar als Beschluss einer Tagung des Zentralkomitees ausgegeben, die es niemals gegeben hat. Das hat die Historikerin Wilfriede Otto herausgefunden, und dass diese Verdächtigungen bis zum Mai fortwährend erweitert wurden.

Wenn das Zentralkomitee im Mai dann wirklich tagt, wird ihm der Text »noch einmal« zum Beschluss vorgelegt, mit einem neuen verschärft, und die ZK-Mitglieder sind so im Bann der neuen Schauprozesse, die sich da anbahnen, dass sie etwas anderes ganz nebenbei der Regierung empfehlen: Die Normen in allen Großbetrieben werden um zehn Prozent erhöht.

Das ist das Verwirrende in diesen Wochen. Die DDR hat die stärksten Existenzprobleme ihrer kurzen Geschichte, Moskau denkt nach über seine Deutschlandpolitik, aber Ulbricht setzt unbeirrt die begonnenen Verfolgungen fort und verbreitet eine Atmosphäre der Angst. Der Tagesordnungspunkt der Normerhöhung wird den Mitgliedern des Zentralkomitees in dieser Atmosphäre geradezu als ein sachlicher Teil der Debatte erschienen sein, verglichen mit den haarsträubenden Vorwürfen gegen Dahlem zum Beispiel: Während des Krieges in Frankreich hätte er Kontakte mit westlichen Agenten (die damals ja noch Alliierte waren!) gehabt und als Häftling im KZ Mauthausen gegen die Parteilinie verstoßen.

Ein Mann, der das KZ Mauthausen überlebt hat, muss sich also rechtfertigen vor Leuten, die in der Emigration saßen.

Findet das niemand zum Kotzen? Stellt sich da niemand dagegen?

Nein. Ich bin beinahe am Ende dieser Geschichte und habe nicht ein einziges Mal von Solidarität der Genossen untereinander gelesen, und ich werde es auch nicht lesen. Fällt das Wort »Feind«, hebt hier jeder die Hand. Dieses kleine Wort ist der Nasenring, an dem man sie alle durch die Manege ziehen kann, und genau das tut Ulbricht gerade. Er kämpft um sein Überleben. Es ist der 13. und der 14. Mai.

In der DDR fehlen Zucker und Butter, es fehlen Kohle und Strom, täglich verlassen Hunderte das Land, aber die Mitglieder der SED sollen das Verhalten des Genossen Dahlem in Mauthausen diskutieren! Wahnsinn? Ja, aber es hat Methode. Denn schon seit April wurden Maßnahmen beschlossen, so bizarr, wie sie niemand sich ausdenken würde, der Ruhe im Land haben will: Selbständige Geschäftsinhaber bekamen keine Lebensmittelmarken mehr für Fett und für Fleisch, verbilligte Fahrkarten für Arbeiter wurden abgeschafft, Gastwirten wurden aus jeder ausgeschenkten Flasche Schnaps zwei Glas mehr berechnet, als versteuert waren, und dafür rückwirkend bis zur Währungsreform Einkommenssteuer verlangt.

Was geschieht hier?

Hier wird jede Kneipe zum Agitationslokal gegen die SED gemacht.

Noch im April fährt die Sowjetunion dazwischen, die erste Verwirrung nach Stalins Tod hat sich offenbar gelegt, man entdeckt die Krise der DDR, die Fluchtwelle, verbietet Ulbricht im Mai die pompöse Feier des eigenen Geburtstages, und dann kommt der 24. Mai.

In der »Prawda« steht auf einer ganzen Seite eine Moskauer Erklärung zur Außenpolitik. Es ist die Antwort auf eine Rede

Churchills am 11. Mai. Der britische Außenminister hatte eine Gipfelkonferenz mit den Nachfolgern Stalins vorgeschlagen. Thema: Entspannung ist möglich. Antwort aus Moskau: Entspannung ist möglich.

Also Ende des Kalten Krieges? Deutsche Einheit sogar?

Am 27. Mai ist es die volle Titelseite der »Täglichen Rundschau« in Berlin: Entspannung ist möglich.

Das ist der Rahmen für das, was von jetzt an geschieht: Die Möglichkeit eines Arrangements zwischen Ost und West.

Jeder konnte das lesen und mancher las. Mancher sah den Unterschied zu den üblichen Proklamationen. Die meisten interessierte es nicht. Die Bevölkerung der DDR verbringt Stunden in Warteschlangen nach Lebensmitteln, täglich fliehen DDR-Bürger in den Westen, auch Volkspolizisten und Soldaten der neuen Armee, Spargesetze werden sichtbar in Stromabschaltungen und seit April noch all die kleinen Gemeinheiten, die keinen Sinn ergeben, nur Hass.

Am 28. Mai löst die UdSSR ihre Kontrollkommission für Deutschland auf und setzt stattdessen einen Hohen Kommissar ein: Es ist der nach Moskau gerufene Wladimir Semjonow.

Am gleichen Tag beschließt in Berlin der Ministerrat die Forderung von der ZK-Sitzung im Mai: Die Arbeitsnormen in den Betrieben werden überall um zehn Prozent angehoben.

Es ist ein Frühling der Hochspannung in der Welt und die wird erhöht in Berlin.

In zwei oder vier Wochen werden die Arbeiter der Groß- und Schwerindustrie bereits weniger Lohn in der Tüte haben. Das wird sein: Mitte Juni.

Im Juni beginnen die letzten Wochen von Rudolf Herrnstadt im Kreise seiner Genossen. Noch hat er Genossen, Menschen, denen er traut, an die er sich wendet, auf die er hofft – für die er lebt eigentlich, denn was ist es sonst, was hier vor sich geht – ein Scheitern, sie sehen es alle.

Wer politisch denkt, ist elektrisiert, seit Semjonow weg ist, und seit dem 24. Mai erst recht. Die »Tägliche Rundschau« ist das inoffizielle Organ der Sowjets in Deutschland, und die bringt nun ständig Texte zur deutschen Einheit, Vereinigung.

Gleichzeitig ist die Stimmung in der Führung aufs Äußerste gespannt – Walter Ulbricht hatte die Normenerhöhung mit seinem 60. Geburtstag begründet, er treibt den Personenkult auf die Spitze, es geht nicht mehr weiter, es muss was geschehen, so geht der Mai zu Ende.

Später wird gesagt werden, in dieser Situation hätten sich in Berlin Leute bereitgehalten, im Auftrag Moskaus die Macht zu übernehmen. Es wird gesagt werden, das seien Zaisser und Herrnstadt gewesen, es wird gesagt werden, sie hätten es im Auftrag von Berija getan.

Rudolf Herrnstadt hat dem immer widersprochen. »Wir waren in Unkenntnis der großen historischen Zusammenhänge, in denen unser Vorgehen stand … wir tasteten uns vorwärts auf Grund der Erfahrungen, die wir machten.«

Auch Herrnstadt sieht also den 17. Juni 1953 in »großen historischen Zusammenhängen«, aber er meint vor allem den Kampf um mehr Demokratie in den kommunistischen Parteien.

Mein Vater hat im Jahr 1956 seine letzten Wochen im Politbüro der SED aufgezeichnet. Dokumentenfunde haben die Richtigkeit dieser Erinnerungen bestätigt. Im Weiteren halte ich mich an Herrnstadts Bericht. Der beginnt mit der Nacht zum 2. Juni. Die Führung der SED wird dringend nach Moskau gerufen: Walter Ulbricht, Otto Grotewohl, Fred Oelßner.

Am frühen Morgen landet ihr Flugzeug, und im Kreml erwartet sie die gesamte sowjetische Führung. Feindselig.

Auf dem Tisch ein Beschluss des Ministerrats der UdSSR: Alles, was die SED seit dem Sommer 1952 begonnen hat, war schädlich und undemokratisch! Ulbrichts Ende als Parteiführer scheint in Moskau bereits besiegelt. Unfähig wird er genannt, er sei ein Mann, der sein Volk nicht liebt, und zurückrudern, heißt es, sofort zurück!

Heute weiß man, dass Anfang Juni auch die tschechische und die ungarische Parteiführung nach Moskau gerufen wurden. Alle hatten sich für grobe Verstöße gegen die innere Demokratie zu verantworten.

Die deutschen Gäste waren die Ersten, und sie sollten den Richtungswechsel auf der Stelle nach Berlin telegrafieren. Warum so dringend? Weil auch in Moskau ein Drama spielt.

Niemand außer Berija, dem mächtigen Chef des Geheimdienstes, hätte eine Wendung dieser Größenordnung auch nur wagen können, aber aus dem gleichen Grunde wird er auch scheitern. Er ist der Falsche. Armee und Partei wollen nicht unter dem KGB dienen.

Das neue sowjetische Führungskollektiv ist in Wahrheit eine Gruppe von Gegnern, es tobt hier ein Kampf auf Leben und Tod. Und bei so was geht es um Zeit. Zeit gewinnen oder Zeit verlieren.

Drama – nun auch in Berlin. Denn ausgerechnet die DDR wird ein Spielfeld im Moskauer Kampf: Wladimir Semjonow soll der neue Vertreter für Deutschland werden.

In Berlin wundert sich mancher. Ausgerechnet der soll die neue Politik durchsetzen? Der hat doch die alte gemacht. Und das Spiel beginnt.

Hermann Axen, der Ulbricht in Berlin vertritt, bekommt noch am 3. Juni Besuch vom sowjetischen Vertreter Orlow. Axen hat den Mann bisher nur in Zivil gesehen, aber jetzt kommt der in Generalsuniform. Er bringt Axen das Telegramm aus Moskau. Axen trägt es zu Heinrich Rau, weil der das Politbüro und den Ministerrat in Abwesenheit vertritt. Bei Rau sitzt Herrnstadt. Axen zeigt das Telegramm. Es steht darin, dass die Sozialismus-Beschlüsse ab sofort nicht mehr aktuell sind.

Neuer Kurs: Aufbau eines demokratischen Deutschland und Friedenspolitik. Herrnstadt: Großartig! Axen befremdet. So befremdet, dass er das noch vierzig Jahre später als einen Beweis dafür sieht, dass Herrnstadt ein Mann Berijas sein muss. Was denn sonst? Herrnstadt hat sich gefreut!

Der aber geht in die Redaktion und lässt das Wort »sozialistisch« aus allen Artikeln streichen. Auch das hatte das Telegramm befohlen. Diese Losung sei der Vereinigung Deutschlands hinderlich.

6. Juni. Eine verwirrte SED-Führung ist zurückgekehrt und erzählt. Semjonow dabei. Im Politbüro steht nun alles auf dem Prüfstand – die Mangelwirtschaft, die Enteignungen, die Rechtsprechung, die Industriepolitik. Alles soll geändert werden. In einem Punkt widerspricht jemand: Herrnstadt. Die landwirtschaftlichen Genossenschaften. Die unfreiwillig gegründeten sollen sich auflösen, aber wo Leute sie beibehalten wollen, da sollten sie bleiben dürfen. Der Anstand gebietet es, dass man ihnen nicht in den Rücken fällt. Der Vorschlag wird angenommen.

Der Arbeitsstil der Partei ist ein Thema. Es kommt zu Bekenntnissen, wie sie hier niemals geäußert wurden. Hier hält der ehemalige Sozialdemokrat Friedrich Ebert die mutigste Rede. Ulbricht wird so angegriffen, dass auch in Berlin sein Ende als Parteiführer klar zu sein scheint. Herrnstadt nennt als Ursachen für alle Fehler »Abgerissenheit von den Massen«. Vorschläge für Änderungen auf allen Gebieten sollen erarbeitet und die Frage der Leitung neu gestellt werden.

Drei Tage später die nächste Sitzung. Die ausgearbeiteten Änderungen für die DDR müssen beschlossen werden. Herrnstadt soll Entwürfe für alle Texte schreiben, die jetzt gebraucht werden: 1. Die Sofortmaßnahmen, 2. Ursachen der Krise und Schlussfolgerungen, 3. Neue Leitungsstrukturen.

Herrnstadt ist schon lange die Schreibfeder seiner Genossen, da kennen sie gar nichts, aber gleich alle die Texte ihm zu übertragen? Ist das nicht ein bisschen viel? Viel Verantwortung auch?

Es ist der 9. Juni. Herrnstadt übergibt die Chefredaktion des »Neuen Deutschland« seinem Stellvertreter Heinz Friedrich und ist für niemanden mehr zu sprechen.

Zuerst schreibt er den Text über die Sofortmaßnahmen. Die völlige Kehrtwende also. Eine Kehrtwende ohne jede Beratung mit den Parteimitgliedern. Das geht nicht. Deswegen hatte das Politbüro bereits an die sowjetische Parteiführung eine Bitte um acht bis zehn Tage Aufschub formuliert, aber Semjonow hatte sich »kategorisch geweigert ... die dringende Bitte des Politbüros ... weiterzugeben ...« Wenn Herrnstadt mit dem Text fertig ist, wiederholt er diesen Versuch. Er geht zu Ulbricht, er geht zu Semjonow, er protestiert gegen die übereilte Veröffentlichung.

Herrnstadt: »Geben Sie uns zwei Wochen Zeit! Ohne Vorbereitung richten wir nur Verwirrung an.«

Semjonows Antwort ist vieldeutig: »In zwei Wochen werden Sie vielleicht keinen Staat mehr haben.« Er will, dass alles sofort geschieht.

Semjonow als Hoher Kommissar ist jetzt so etwas wie der König der DDR, er hat auch die Liste der Sofortmaßnahmen maßgeblich beeinflußt. In Herrnstadts Erinnerungen eine zwielichtige Figur. Auch Zaisser scheint dem zu misstrauen, ja er vermutet, dass Semjonow falsch nach Moskau berichtet, und erzählt das Herrnstadt.

Am 11. Juni erscheint Text 1: Sofortmaßnahmen. Die SED spricht von ernsten Fehlern, nimmt alle Maßnahmen seit dem Juli 1952 zurück, bietet allen Republikflüchtlingen Rückkehr und Entschädigungen an, gestrichene Lebensmittelkarten werden wieder ausgegeben, Häftlinge entlassen, Interzonenpässe wieder ausgestellt und so weiter. Allen wird etwas geschenkt, die verprellt waren, nur den Arbeitern nicht. Die Normerhöhungen bleiben.

Warum? Die Partei hat die Verbindung zu den Massen weitgehend verloren. Das wird Herrnstadt bald schreiben. Aber auch er hat es offenbar nicht versucht.

Am 11. Juni also wird die Bevölkerung der DDR mit der Absage des Sozialismus ebenso überrumpelt wie ein Jahr zuvor mit der Ansage. Anderthalb Millionen Mitglieder der SED, die ein Jahr lang alles rechtfertigen und durchsetzen mussten, wissen nichts mehr zu sagen. Alle anderen aber, von denen endlich Druck genommen ist, sehen es so: Die SED ist gescheitert.

Weiß man das im Politbüro? Jaja, aber alles ist beschäftigt mit den neuen Maßnahmen, und sie haben noch nicht beschlossen, was sie den Mitgliedern sagen wollen. Da sitzt Herrnstadt ja dran – die Entschlussvorlage.

Man darf es nicht vergessen: Es läuft hier alles von oben nach unten. Die Mitglieder haben bisher keine Rolle gespielt.

Herrnstadt schreibt. Und in dieser Zeit geschehen merkwürdige Dinge in der Redaktion. Von jetzt an werden Artikel erscheinen, die ihm später zum Verhängnis werden sollen.

Er ist ganz abgeschottet, aber mancher behauptet später,

doch zu ihm durchgedrungen zu sein. Käthe Stern zum Beispiel, eine von den jungen Journalisten aus der Sonderredaktion an der Stalinallee. Dort sei der Teufel los, die Arbeiter verstehen nicht, warum die Normerhöhungen geblieben sind. Sollen wir das schreiben?

»Du schreibst das alles auf«, soll Herrnstadt gesagt haben – »man kann die Arbeiter-und-Bauern-Macht nicht gegen die Arbeiter und Bauern durchsetzen«.

Er selber hat dem widersprochen, aber ist das wichtig? Es ist seine Erziehung der jungen Redakteure in der Zeitung, sein Geist, der aus dem Titel ihres Artikels spricht: »Es ist Zeit, den Holzhammer aus der Hand zu legen«. Und so wird er auch gelesen – als Herrnstadts Einspruch. Erschienen am 14. Juni.

Die Gewerkschaftszeitung »Tribüne«, seit den Zeiten von »Kollege Zschau und Kollege Brumme« Herrnstadts verbissener Gegenspieler, schlägt zurück. Am 16. Juni werden die alten Normen in der »Tribüne« verteidigt. Ein für alle Zeiten präsenter Vorgang.

Es heißt, am 16. Juni legten die Maurer der Frühschicht an der Stalinallee die Arbeit nieder, nachdem ihnen dieser »Tribüne«-Artikel bekannt wurde. Aber das stimmt nicht.

Auf den Baustellen der Stalinallee war am 16. Juni Lohnauszahlung. Bisher war der höchste Stundenlohn drei Mark fünfzig gewesen. Das Beste, was man als Bauarbeiter in der DDR verdienen konnte. Ein Witz, sagten die Maurer, aber seit 1. Juni galt die Normerhöhung, und am 16. Juni bekam hier mancher nur noch drei Mark pro Stunde oder zwei Mark fünfzig. Da ist der Ruf gekommen: Streik!

So hat es mir Manfred Barg erzählt, damals Brigadier an der Stalinallee.

Wenn aber die Wirkung des »Tribüne«-Artikels so sehr übertrieben wird, wird die Wirkung des ersten Artikels vielleicht auch übertrieben? Es heißt ja, Arbeiter hätten ihn vor sich hergetragen, als sie die Straße betraten: »Es ist Zeit, den Holzhammer aus der Hand zu legen«.

Sicher ist: Mit der unvorbereiteten Veröffentlichung des neuen Kurses war die SED geschockt worden, nicht mehr bewegungsfähig, erste Streiks flammten auf, die Mitglieder der SED waren alleingelassen von ihrer Führung, und am 16. Juni, als an der Stalinallee die Lohnauszahlung den Ruf »Streik!« auslöste, zogen Bauarbeiter zum Strausberger Platz und weiter zur Leipziger Straße zu den Ministerien und wollten Ulbricht sprechen. Der war nicht da, und er kam auch nicht, obwohl Tausende nach ihm riefen. Grotewohl auch nicht. Fritz Selbmann, Minister für Bergbau, antwortete der riesigen Kundgebung, aber er war den Leuten zu unwichtig.

»Wir kommen wieder!«, rufen sie, und am Abend teilt das Presseamt die Rücknahme der Normerhöhungen mit.

Diese Erklärung wird nicht mehr gehört. Gehört wird ein Aufruf, den das »Radio im amerikanischen Sektor Berlins« immer wieder ausstrahlt: »Heraus auf die Straßen überall im Land! Sucht euch eure Strausberger Plätze!«

Und Herrnstadt sitzt immer noch an dem Entschließungsentwurf. Verständlich. Ursachen der Krise und Schlussfolgerungen – das ist beinahe ein neues Parteiprogramm.

Am 17. Juni fährt keine S-Bahn mehr in Berlin, die Straßen sind voller Menschen, Unruhe, aber hier ist nichts organisiert, und darum ziehen einzelne in Zusammenballungen zur Parteizentrale, es ist alles spontan und steigert sich zu Anschlägen, Bränden, Krawall. Westliche Sender übertragen die neuesten Nachrichten: »Die ganze DDR streikt!« Neugierig, aufgeregt kommen die Menschen aus den Häusern und werden mitgerissen von anderen, solidarisieren sich, fassen den Mut zu Protesten, und die ersten Fotos aus den Arbeiterstädten, aus Halle zum Beispiel, zeigen sie lachend. Sie lachen!

Es ist ja das erste Mal nach Faschismus und Krieg, dass Menschen hier selbstbestimmt protestieren, auf die Straße gehen, etwas sagen wollen, und dass sie stark sind. Es muss befreiend gewesen sein, ein vergessenes Gefühl – man sieht es, sie lachen!

Reden werden gehalten, Fahnen geschwungen, es gibt keinen Plan, aber schnell radikalisiert sich das Ganze, dieses Land ist ein Pulverfass, das ist ein Aufstand.

Am Morgen dieses Tages bekommen alle Mitglieder des Politbüros einen Anruf. Sie sollen sofort nach Berlin-Karlshorst kommen, wo die sowjetische Armee ihren Sitz hat.

Sie fahren – eine Reihe schwarzer Luxus-Limousinen mit zugezogenen Gardinen. Auch Herrnstadt sitzt drin. Menschen laufen ihnen auf der Straße entgegen, schütteln die Fäuste.

Der größte deutsche Streik seit dem Kapp-Putsch 1922 hat begonnen, und Rudi Herrnstadt sitzt hinter den Gardinen.

Dass er auf der falschen Seite steht, wird er immer bestreiten. Hat man je eine bürgerliche Regierung gesehen, die Arbeiterstreiks bejubelt?

Aber das kommt später. Jetzt erreichen sie erst mal Karlshorst, und die Russen lassen sie warten. Erst gegen Mittag gibt's eine Sitzung mit diesen Deutschen. Hinzu kommt ein Marschall, gerade ist er aus Moskau eingetroffen, er heißt Sokolowski und sagt, dass seit ein Uhr mittags der Ausnahmezustand ausgerufen ist, die Sektorengrenzen geschlossen. Das ist ein Bruch der Alliierten Vereinbarungen. Hier riskiert man den Weltkrieg. Und dann sagt er noch was: »Wie konnte diese Sache passieren?« In diesem Moment sehen alle Augen auf Zaisser. Minister für Staatssicherheit.

Sokolowski: »Solche Dinge stellt man doch nicht von einem Tag auf den anderen auf die Beine. Dazu ist doch eine Organisation erforderlich.«

Wenn Herrnstadt Semjonow an die übereilte Veröffentlichung erinnert, schweigt der. Wenn Ulbricht raus will zu den Leuten, verbietet Semjonow das. Er wird es ihm auch am nächsten Tag verbieten, warum eigentlich, und wenn Herrnstadt verlangt, die Parteifunktionäre zusammenzurufen, um Klarheit zu bekommen darüber, was da eigentlich passiert ist, wollen die anwesenden Sowjets das gar nicht.

Hier in Karlshorst wird festgelegt, was in der Zeitung zu stehen hat: Am 17. Juni 1953 sollte ein Krieg provoziert werden.

Was sonst? Die Kriegsgefahr wieder mal.

Churchill hatte Viermächteverhandlungen angeboten, die Sowjetunion war einverstanden, die Vereinigten Staaten wiederum nicht und die Adenauer-Regierung schon gar nicht, also können nur die es gewesen sein. Sie testen die Sowjetunion nach Stalins Tod, sie nutzen die momentane Schwäche der DDR – das ist doch klar, oder?

Die wilden Nachrichten von draußen unterstützen das: »KZ-Kommandeuse aus Gefängnis befreit«, »Bunawerke angezündet«, »Volkspolizisten gelyncht«, »Parteizentralen in Flammen«. Acht Jahre nach Kriegsende – woran erinnert das? Faschismus.

Herrnstadt soll es schreiben. Darum muss er auch bleiben.

Hätte er etwas anderes schreiben können? Nein. Er hat keinen Überblick. Und gefragt wird er hier sowieso nicht.

Also lautet am 19. Juni die Schlagzeile: »Der Zusammenbruch des faschistischen Abenteuers«. Das wird die nächste Enttäuschung in der DDR. Warum haben sie gelogen? Warum nicht die Presse geöffnet für Meinungen, für Berichte und Forderungen?

Das kommt später, glaubt Herrnstadt. Jetzt muss es ja kommen!

Der 17. Juni war ein Mittwoch, der 18. ein Donnerstag, der 19. ein Freitag. Die Redakteure des »Neuen Deutschland« konnten sich vor Anfragen kaum noch retten, das Wochenende kam, und noch immer hatte das Politbüro keinen Kontakt mit der Basis der Partei, nicht mal mit dem Zentralkomitee!

Herrnstadt sieht das nicht ein, er attackiert Ulbricht deswegen und erreicht, dass Telegramme verschickt werden, sofort. Ulbrichts Bedingung – dann soll er für diese Sitzung auch die Entschließung schreiben. Auch das übernimmt er, mein Vater. Ich war physisch am Ende, notiert er, es ist jetzt sein fünfter Text. Aber er hat es erreicht, entgegen dem Willen Semjonows – darauf ist er stolz. »Jetzt hatten *wir* mal die Initiative!«

So beginnt am 21. Juni, nachts um elf das Zentralkomitee seine erste Aussprache nach dem Kurswechsel.

Es ist auch die erste Aussprache nach dem 17. Juni. Das wird das Problem.

Herrnstadt beschreibt die Leute, wie sie da nachts kamen: »... desorientiert, erbittert, ausgehungert ... nach einem Wort der Partei und ... empört über die Rolle, die ihnen als ZK-Mitgliedern zugewiesen wurde«.

Grotewohl gibt eine Zusammenfassung der Ereignisse. Vom sowjetischen Ursprung des neuen Kurses sagt er nichts, kein Wort von den Politbürodebatten über den Zustand der Partei und ihre Führung.

Den erkennt man aber an der Diskussion. Das Zentralkomitee der SED ist bis zu diesem Tage nur zum Abnicken bereits gefasster Beschlüsse zusammengetreten. Alle sind ungeübt im freien Reden. Wieder ist es ein Sozialdemokrat, der das Eis brechen kann, Otto Buchwitz. Buchwitz versteht die Welt nicht mehr. Ein Teil der Partei war auf der Seite der Streikenden, die ganze Jugend! Waren das alles Faschisten? Was soll man ihnen sagen?

Andere reden zum ersten Mal über ihre Hilflosigkeit. Diese unsinnige Gegnerschaft zu den Arbeitern, woher kommt sie? Warum wurde das Zentralkomitee nicht einberufen? Warum?

Herrnstadt schreibt, dass das Vertrauen in das Politbüro hier nur noch unter Vorbehalt galt, man sei in Erwartung einer gründlicheren Auseinandersetzung auseinandergegangen.

Für ihn war die Versammlung offensichtlich einer der Versuche, über den Kreis des Politbüros hinaus das Ruder herumzureißen, aber es ist zu spät.

Zu spät in der Nacht, zu unvorbereitet, zu aufgewühlt die Leute.

Wenn die Sitzung gegen drei Uhr morgens endet, sind sie alle erleichtert. Das war doch endlich der Anfang einer freien Diskussion!

Es war aber kein Anfang, es war das Ende. Die erste und einzige Gelegenheit des Zentralkomitees seine Führung zur Rechenschaft zu ziehen, war vorübergegangen. Sie hatten beschlossen, in die Betriebe zu gehen und mit den immer noch streikenden Arbeitern zu reden, sonst nichts. Sie hatten also nichts beschlossen.

Die Entschließung dieser Versammlung, die Herrnstadt geschrieben hatte, wird angenommen und steht am nächsten Tag in der Zeitung, sie klebt an Wänden und Litfaßsäulen. Darin der Satz: »Wenn Massen von Arbeitern die Partei nicht verstehen, ist die Partei schuld, nicht der Arbeiter!« Herrnstadt ist stolz darauf.

Wer aber den ganzen Artikel vor sich hat, sieht, dass der Satz irgendwo in der Mitte steht. Nadel im Heuhaufen. Die Legende vom faschistischen Putsch ist geblieben. Aber der Zusammenhang zur Weltpolitik steht auch drin.

Wenn alle in Betriebe gehen, ist Herrnstadt bei Siemens-Plania, Berlin. Ein Betrieb, in den sich kein Funktionär mehr traut. Zuerst sei ihm alles um die Ohren geflogen, schreibt er, zuletzt habe er Beifall bekommen. Er konnte sie überzeugen. Optimistisch geht er nach Hause. Die Leute sind in Ordnung, es ist die Führung, die Fehler macht. Hier sieht man es wieder – woran er glaubt, das erlebt er auch immer. Wie kann ich da schreiben, er spinnt?

Der Entschließungstext ist liegengeblieben, er muss ihn zu Ende bringen, aber zweimal ist er auch in der Redaktion, erklärt seinen eigenen Leuten die Lage, einmal trifft er Lothar. Der will alles hinschmeißen.

In seinem Ministerium hat sich nichts geändert seit dem Artikel im Oktober, Ulbrichts Staatssekretär verhält sich noch dreister als vorher. Rudi vertröstet ihn. Er sitzt ja schon an der Diskussionsgrundlage für das 15. Plenum, dann kommt alles auf den Tisch – er soll durchhalten.

Ulbricht dagegen ist neuerdings guter Dinge. Tritt auf wie nach einem Sieg! Wie ist so was möglich? Hat er vergessen, was im Politbüro besprochen war? Nein, aber er weiß, was *faschistischer Putsch* heißt. Wenn Berijas neue Politik zu so was führt, dann war diese Politik falsch.

Wäre Herrnstadt ein Mann Berijas gewesen, er hätte vom 17. Juni an aufgehört, sich für einen neuen Kurs in die Bresche zu schlagen. Aber er macht das Gegenteil.

Er schreibt in die Texte »gerade die kritischen und strittigen Punkte hinein, damit über sie diskutiert werde«. Zuerst wird Text drei in der Kommission diskutiert – die Leitungsstrukturen.

Das Sekretariat soll kleiner werden und weniger wichtig. In der Diskussion macht Herrnstadt den Vorschlag, es abzuschaffen. Und noch etwas sagt er bei dieser Gelegenheit zum ersten Mal: »Du musst zurücktreten, Walter.«

Für diesen Vorschlag gibt's in der Kommission eine Mehrheit, und der überraschte Ulbricht stimmt zu.

Wenn aber eine Woche später dieselbe Kommission wieder tagt und nun gefragt wird, wer rein soll ins neue Politbüro, sitzt Ulbricht feindselig da. Verlangt, dass zuerst diskutiert wird, wer aus dem alten Politbüro ausscheiden soll. Alle seine Gegner tappen in diese Falle. Herrnstadt nennt Matern – der missbrauche die Parteikontrollkommission. Zaisser nennt Oelßner, der wechsle andauernd die Meinung, Grotewohl nennt Honecker – von dem komme geistig nichts, und so geht es weiter. Erst danach sind die neuen Vorschläge dran. Zwischen Politbüro und Sekretariat muss es einen Verbindungsmann geben – wer kommt in Frage? Zaisser schlägt Herrnstadt vor. Ulbricht zufrieden: »Das ist für mich der Punkt auf dem i!«, und die Sitzung wird vertagt, denn Semjonow war diesmal nicht da.

Der Text über Leitungsstrukturen – was hat er Herrnstadt eingebracht?

Er hat ihm eingebracht, dass Fred Oelßner auf der nächsten Politbürositzung eine Mitteilung machen will: Zaisser und Herrnstadt hätten in der Kommission Vorschläge gemacht, mit denen sie die Macht ergreifen und die Partei spalten wollen. Es sind aber nur Zaisser, Herrnstadt, Grotewohl, Oelßner und Ulbricht in der Kommission gewesen. Die Angegriffenen widersprechen, Oelßner behauptet es, Grotewohl und Ulbricht schweigen. Dumm gelaufen.

Später schreibt Herrnstadt, er hätte in dieser Lage den Auftrag zurückgeben sollen für Text Nummer zwei – den Text über die Ursachen der Krise und wie es weitergehen soll, den Text, auf den das Zentralkomitee wartet, aber das ist der wichtigste überhaupt!

Hätte es ihn gerettet, wenn er jetzt abgelehnt hätte? Nein. Denn inzwischen ist im »Neuen Deutschland« ein Artikel des Justizministers Max Fechner erschienen, mit dem großer Wirbel gemacht wird. Ein »feindlicher« Artikel soll es sein, denn Fechner hatte allen, die gestreikt hatten, Straffreiheit versprochen. Natürlich muss das straffrei sein, in der DDR herrscht immer noch Streikrecht. Aber darüber redet hier keiner mehr. Fechner wird ins Politbüro geführt, ebenfalls seltsam, und gefragt, ob das auch für Faschisten gilt, der sagt »Ja« und kann wieder gehen. Draußen wird er verhaftet.

Herrnstadt wird es mulmig, er wähnt ein Komplott, und das schreibt er auch. Denn er hatte die Chefredaktion ja abgegeben, und sogar seine Vertretung hatte den Text nicht drucken wollen, war aber dazu angewiesen worden, aber nun wusste keiner zu sagen, von wem diese Anweisung kam.

Mulmig wird ihm also das Ganze, aber er schreibt weiter. Es kann ja nur besser werden. Am 3. Juli ist er endlich fertig: Ursachen der falschen Politik und Schlussfolgerungen, den Mittelteil zur Wirtschaft hat Heinrich Rau geschrieben, Herrnstadt verteilt den Text an jeden im Politbüro.

»Das Ziel des neuen Kurses besteht darin, die Wirtschaft der DDR zu festigen, die Lebenshaltung der Bevölkerung der DDR entschieden zu verbessern, die Rechtssicherheit in der DDR zu gewährleisten und die DDR zu einem vorbildlichen demokratischen Staat zu machen. Eine beispielhafte Entwicklung in der DDR wird die Verständigung unter den Deutschen fördern, die Herstellung der Einheit Deutschlands näher rücken und den bedrohten Frieden festigen.«

Das war das Programm.

Kein Wort darin vom faschistischen Putsch. Ganze Seiten dagegen über die schlimmen Folgen der bisherigen Politik für die Menschen und über die Fehlentwicklung der SED, ihren lebensfremden und undemokratischen Zustand. Schließlich: »Was soll die SED werden? 1. Partei der Arbeiterklasse ... 2. Die muß zur Partei des Volkes werden.«

In dieser Lage ein mutiger Text. Alles drin, was Rudolf Herrnstadt in den letzten Jahren versuchte. Nicht mehr und nicht weniger. Ein Text, von dem niemand erfahren wird als die fünfzehn Leute hier im Politbüro.

Höhnisch eröffnet Hermann Matern die Debatte: Völlig unbrauchbar, dieser Text. Dann nimmt Ulbricht das Wort. Der tut von Anfang an so, als ob Zaisser den Text mitgeschrieben hätte. Man habe nun also ein Papier, in dem die SED als »entartet« bezeichnet wird, und so geht es weiter. Herrnstadts Formulierung »Partei des Volkes« wird der Rammbock gegen ihn, denn das wäre ein Aufgeben der führenden Rolle der Arbeiterklasse.

Seine Forderung, die SED solle zuerst einmal »Partei der Arbeiterklasse« werden, werden seine Gegner niemals wagen auszusprechen.

Der Text für das Zentralkomitee – was hat er Herrnstadt eingebracht?

Er hat ihm eingebracht, dass er selbst einen Text geliefert hat, auf den man ihn festnageln kann. Es nutzt ihm nichts, dass der bestellt war zum Diskutieren. Ulbrichts Auslegung hat genügt. Die Gleichgesinnten schweigen. Sofort erklärt Ulbricht den Text für unbrauchbar und befiehlt Ackermann, einen neuen zu schreiben. Das Echo, hier im Politbüro? Es ist nichts überliefert, kein Wort.

Immerhin steht noch die Meinung des Politbüros über den Vorschlag für die künftige Leitung aus. Merkwürdigerweise ist es wieder Nacht, wenn dieser Tagesordnungspunkt aufgerufen wird, die Nacht des 8. Juli.

Nach allem, was inzwischen gewesen ist, ist die Stimmung gespannt, aber das Thema erzwingt die offene Aussprache – sie dauert vier oder fünf Stunden. Ulbricht versucht immer wieder, Zaisser und Herrnstadt als Gruppe ins Spiel zu bringen, scheitert aber. Das Thema ist er. Manche weinen, andere schreien. Höhepunkt ist Anton Ackermanns Rede. Er erinnert an die Geschichte der KPD, an die Zeit in der Komintern, jetzt will er alles sagen, worüber er bisher geschwiegen hat, alles, »... die Partei ist gelähmt!«, ruft er, von Angst und Disziplin beherrscht, und die kämen von Ulbricht. »Von dir, Walter!« Heinrich Rau spricht zum ersten Mal in diesem Kreis über den Schaden, der dem Aufbau in der DDR durch Ulbrichts Führungsmethoden entstand.

Nur Matern und Honecker halten an Ulbricht fest, Mückenberger und Oelßner lassen es offen. Alle Übrigen wollen, dass Ulbricht seine Funktion abgibt. Der stimmt schließlich zu, »na gut, wenn alle es so sehen, bitte, ich klebe nicht an dem Posten«. Er ist abgesetzt.

Er war abgesetzt! So erzählte es mein Vater.

Die Mehrheit im Politbüro wollte keinen Diktator mehr, sie wollte Offenheit und sie hatte sich durchgesetzt. Und wieder kein Beschluss. Stattdessen Eile – die Parteiführung soll nach Moskau kommen. Sofort.

So fliegen sie los: Ulbricht, Grotewohl und Oelßner. Es ist der Morgen des 9. Juli, wenn sie den Asphalt von Wnukowo betreten, Moskaus Flugplatz in diesen Jahren. Was wird sein? Wieder Vorwürfe und Gebrüll? Nein.

Es sitzen da ruhig im Morgengrauen Bulganin, Chruschtschow, Molotow, Malenkow. Erleichtert und froh sind sie alle, nein alle nicht, einer fehlt: Lawrentij Berija. Wir haben ihn gestern verhaftet.

Er war ein Feind der Partei, Feind des Volkes, Agent der kapitalistischen Welt.

Wir haben gesiegt, Towarischtsch Ulbricht.

Und während in Berlin die Männer in ihren Betten schnarchen, die nachts noch riefen, »mit Walter ist der neue Kurs nicht zu machen!«, ist Walter wach und hat schon wieder eine Gewissheit mehr: Es wird keinen neuen Kurs geben. Oder hatte er die schon gestern?

Und wieder Politbürositzung in Berlin. Bericht aus Moskau.

Es muss eine seltsame Stimmung gewesen sein. Schließlich war der Feind bis in die höchste sowjetische Führung gedrungen! Wenn das möglich ist, dann ist alles möglich – sieht so die Welt eines Kommunisten aus?

Herrnstadt schreibt, dass er damals regelrecht erleichtert war – denn es hieß ja, in Moskau habe man um die Demokratisierung der Partei gerungen, um eine kollektive Leitung und gegen jeden Personenkult. Das waren ja genau seine Themen auch!

»Jetzt ist der Spuk vorbei!« – und an diesem Abend hätte er Zaisser zum ersten Mal zu sich nach Hause eingeladen, um ein Glas Wein zu trinken. Bisher hätten sie alles Persönliche vermieden, eben weil sie so oft die Einzigen waren, die dasselbe verlangten. Und nun diese Wendung in der Sowjetunion! Herrnstadt will feiern, Zaisser ist skeptisch. Schön wär's schon.

Es wird nicht schön. Ulbricht, der Überbringer der guten Nachricht, hat für die kommende Sitzung noch etwas anderes mitgebracht: Der Feind Berija hat auch in die Politik der DDR eingegriffen.

Und übrigens muss der von Ackermann veränderte Entwurf wieder überarbeitet werden. Ackermann hatte ebenfalls Kritik an der SED reingeschrieben.

Jetzt schreiben Ulbricht, Grotewohl, Oelßner. Von Ulbrichts Rücktritt ist keine Rede mehr, stattdessen muss das Zentralkomitee einberufen werden. Sofort. Es ist der 10. Juli.

Zwei Sitzungen des Politbüros braucht es noch, dann ist alles zurückgedreht. Das geht so:

In der nun von Ulbricht selbst überarbeiteten Entschließung liegt die Betonung auf dem 17. Juni als einem Sieg der SED über westliche Kräfte. Wenn dieser neue Text aber besprochen wird, fragt Ulbricht: Warum haben Staatssicherheitsapparat und »Neues Deutschland« versagt? Wie konnte die feindliche Losung »Ulbricht muß weg« bis in die Parteiführung dringen? Hat die Zeitung den Streik nicht gar ausgelöst mit dem »Holzhammer«-Artikel? Außerdem hätte es eine Plattform gegeben: Herrnstadts Vorschläge zur Erneuerung der Partei.

Zwecklos, dass Zaisser ruft, nicht die Staatssicherheit hätte versagt, sondern die Partei (die Staatssicherheit war damals noch ein relativ kleiner Apparat), zwecklos, dass Herrnstadt sich gegen die Plattform verwahrt – Grotewohl schweigt, Matern ist der Scharfmacher, Semjonow spricht es klar aus: »Der Feind drückt in Richtung Veränderung der Parteiführung.«

So wird hier vor aller Augen das Ruder herumgerissen, aber anders, ganz anders als von den meisten erhofft.

Von jetzt an fällt Herrnstadt auf, das Semjonow Abstand hält zu ihm, und auch für Ulbricht ist er auf einmal Luft.

Er versucht, mit beiden zu reden. Er geht zu Semjonow, er geht zu Ulbricht. Er erinnert sie an die gemeinsame Arbeit, er fragt, ob die wirklich glaubten, was sie da sagen? Beide sind, wie es Eva Kemlein sagte – »wie Eisblöcke«. Immerhin muss Ulbricht doch etwas angerührt sein, denn ein Satz entfährt ihm, er klingt beschwörend: »*Sie* haben damit angefangen …«

Vier Tage später stehen Ulbrichts Vorwürfe gegen Zaisser und Herrnstadt bereits als Tatsachen im Beschlussentwurf: Das Ministerium für Staatssicherheit hat versagt, das Zentralorgan der Partei ebenfalls, und es hat eine Plattform gegeben, die die Einheit der Partei bedrohte.

Das überrumpelte Politbüro wird mit dem Argument zurückgedrängt, dass in der Stunde der Gefahr die Führung niemals kritisiert werden darf. Damit sind alle bedroht, die gegen

Ulbricht gesprochen hatten, und Ackermann bereut bereits laut. Wahrscheinlich weiß er schon, was jetzt kommt. Denn plötzlich wechselt Ulbricht den Ton zum brutalen Vernehmer: »Ihr leidet wohl an vollständiger Gedächtnisschwäche!«, »Alles Lügen von diesen beiden, von Anfang an eine Intrige!«, »Ich habe sie machen lassen, ich wollte nur sehen, wie weit sie gehen«, und so geht es weiter.

»Wir alle haben den Fehler gemacht, Ulbricht in Frage zu stellen!«, ruft Elli Schmidt, und das wird das Äußerste bleiben, was hier an Solidarität zu haben ist. Von Ackermann ist zuletzt noch der Ausruf notiert: »Aber es darf doch nicht alles beim alten bleiben«, und von Herrnstadt der Satz: »Das Bild wird von Stunde zu Stunde düsterer.« Semjonow sitzt immer am Tisch.

Am 24. Juli tritt endlich das Zentralkomitee zu seinem 15. Plenum zusammen und Ulbricht verliest im zweiten Teil seines Rechenschaftsberichts schon wieder einen neuen Text über Zaisser und Herrnstadt. Jetzt heißt es, der faschistische Putsch sei nicht zufällig der Ausgangspunkt der feindlichen Tätigkeit der beiden, und man müsse das Ganze auch ins Verhältnis zur kapitulantenhaften Politik Berijas setzen.

Damit hat er den Politbüromitgliedern signalisiert, dass hier eine Ebene im Spiel ist, an die sie lieber nicht rühren sollten. Die Wirkung ist entsprechend.

Und doch zögert das Zentralkomitee, Ulbricht zu glauben. Aber diesmal ist es keine eilige Sitzung um Mitternacht, diesmal ist Zeit: drei Tage.

Erst wenn der ganze Ulbricht-Kreis sich ins Zeug gelegt hat, wenn Fred Oelßner die Personaldebatten so schildert, als ob das Politbüro nie einen Vorschlag für neue Strukturen bestellt hätte, wenn Oelßners Stellvertreter Kurt Hager sich über Herrnstadts Dogmatismus-Vorwurf entrüstet und Otto Winzer andeutet, die beiden hätten auch den Gewerkschaftsbund umstürzen wollen, ändert sich die Stimmung im Saal.

Nun, da alle Zusammenhänge verschwiegen werden, sieht das, was erzählt wird, tatsächlich aus wie ein Putschversuch.

Am Tag danach ist der Damm gebrochen. Immer mehr SED-Genossen verstehen nun, warum die Partei so ohnmächtig war in den vergangenen Wochen.

Zaisser und Herrnstadt sitzen dabei. Sie sollen nun also die Schuldigen sein. Aber hier kommt Herrnstadt an eine Grenze, die er noch nie übertreten hat. Er will kein Opfer sein.

Sein ganzes Leben lässt sich auch von diesem Punkt aus erzählen. Folgerichtig stellt er Matern in einer Pause zur Rede. Er soll ihm den Auftrag geben. Hätte er den Auftrag der Partei, den Schuldigen zu spielen, dann würde er sogar diesen Parteiauftrag übernehmen, aber den Auftrag will er haben!

Matern soll erschrocken gewesen sein. Wovon redet Herrnstadt hier überhaupt?

In den Pausen sitzen Zaisser und Herrnstadt alleine da, auch miteinander reden sie nicht mehr. Sie wollen keine Beweise liefern für Fraktionsbildung. Jeder darf einmal reden, jeder hat auch noch ein letztes Wort, jedem wird vorher zugeflüstert, er solle nichts sagen, an die Einheit der Partei soll er denken und nicht an sich, dann würde schon alles gut.

Herrnstadt hält sich daran, sagt das Wesentliche nicht, entschuldigt sich bereits, erklärt, bittet um Verständnis, nennt aber auch Unwahrheiten, die hier gegen ihn behauptet wurden, und nennt Zeugen für seine Darstellung.

Zu seinem Entsetzen treten diese Zeugen sofort auf und bestreiten, was er gesagt hat. Beschimpfen ihn, beklagen, mit einem solchen Subjekt überhaupt gearbeitet zu haben – Jendretzky, der Mann, mit dem er sich begeistert das Aufbauprogramm für Berlin ausgedacht hatte, Johannes R. Becher, der alte Bekannte aus Moskau, dem er einmal die Verse gekürzt hat. Zaisser bekommt einen Herzanfall, als er sich verteidigt, kann sich gerade noch auf seinen Stuhl schleppen. Eine Minute herrscht Schweigen im Raum, dann tritt auf, wer noch möchte.

Nie wieder hat es in der SED solch ein Tribunal gegeben, und glücklich vereint applaudiert die Versammlung schließlich den Worten: »Wer Walter Ulbricht angreift, der greift uns alle an!«

Herrnstadt wie Zaisser werden für die Entschließung die Hand heben – gegen sich selbst, gegen die Wahrheit. Das war damals so, das tat man als Kommunist, die Partei durfte nicht beschädigt werden, darum war ihr letztes Wort immer richtig.

Ulbricht hält ein Schlusswort nach diesem Begängnis, und wer als Bürger der DDR Walter Ulbrichts hölzerne Reden oft genug »studieren« musste, kann nicht glauben, was er da liest. Das soll Ulbricht sein – dieser entspannte, humorvolle Plauderer?

Dann steht Herrnstadt auf und verlässt den Saal.

Es ist der Saal mit den zwei langen, glänzenden Tischen, den er einmal für alle im Lande groß abbilden ließ als den Ort einer Arbeiterregierung. Er hört Schritte hinter sich, das ist Zaisser, auch der will gehen. Sie kommen an den beiden Vertretern der Sowjetunion vorbei – die sitzen wie versteinert da und sehen an ihnen vorbei.

Es ist der 26. Juli. Vor zehn Jahren waren in Krasnogorsk die deutschen Soldaten aus Bussen gestiegen und in einen Saal einmarschiert, der geschmückt war mit diesem Tuch, auf dem gestanden hatte: *Für ein freies und unabhängiges Deutschland.*

Zum zweiten Mal erlebt Herrnstadt eine deutsche Niederlage. Eine, die mehr ist als seine eigene. Als einen Mangel an Mut und Zivilcourage erlebt er sie. Zum zweiten Mal.

Was folgt, ist eine Parteiversammlung im »Neuen Deutschland«. Noch einmal darf er in seine Redaktion, aber nur, um sich auch noch einmal ganz aus der Nähe erniedrigen zu lassen. Da sitzen sie, alle, die mit ihm gearbeitet haben. Fred Oelßner kommt, Kronzeuge der Verschwörung, redet drei Stunden über die feindliche Tätigkeit, danach soll jeder sagen, wie er dazu steht.

»Heraus mit der Sprache!« – hatte Herrnstadt das nicht einmal geschrieben? Nun also: Heraus mit der Sprache, was habt ihr an eurem Chef beobachtet, was ist euch immer schon bürgerlich vorgekommen oder feindlich oder einfach nur überheblich, ungerecht und gemein?

Sie tun es, sie reißen jetzt selber die Mauer ein, die sie um Herrnstadt zu spüren glaubten. Später scheinen sich welche zu schämen, denn von allen, die ich noch fragen konnte, ist niemand dabei gewesen. Es ging aber diese »offene Aussprache« bis zum Morgen um drei.

Nur wenige schweigen, noch weniger sprechen für ihn. Danach soll Herrnstadt seinen Schreibtisch ausräumen und gehen. Franz Michel fährt ihn nach Hause, dann muss er den auch verabschieden, aber der will nicht. In der gleichen Nacht kommt er zurück, bringt seine Frau mit, die beiden wollen in diesen Tagen bei Herrnstadt bleiben, denn seine Familie ist verreist.

Hertha Michel kocht also und räumt das Haus auf, aber hier ist kein Bett zu machen und das Essen bleibt unberührt.

Herrnstadt sitzt im Flur dieses großen Hauses, wo zwei Sessel stehen, und wenn sie nach ihm sieht, am nächsten Morgen und am Morgen danach, dann sitzt er immer noch da.

Da saß er. Eine Woche und die nächste auch. Er war allein.

Der Genosse Herrnstadt war allein und der Rudi Herrnstadt als Chefredakteur war alleine, und der Jugendfreund Rudi war alleine und Towarischtsch Gerrnschtat war alleine und der hochgeliebte Rudi war erst recht alleine. Einmal hatte Heinrich

Rau angerufen und nachgefragt. Sonst nichts. Es waren ihm geblieben Franz und Hertha Michel.

Nein, noch etwas war ihm geblieben – Arbeiter. Franz Michel lässt ihm bestellen, dass die Arbeiter von Siemens-Plania für Herrnstadt streiken wollen.

»Ich sandte ihn mit dem Auftrag fort, alles zu tun, damit der Streik unterbleibe …« – Natürlich, es wär deren Unglück geworden und seines auch, also verhindern. Aber was für eine Ehre wäre es gewesen, wenn Arbeiter im Osten für einen SED-Funktionär gestreikt hätten!

1956 in Polen taten Arbeiter es für Gomulka. In der DDR ist das niemals geschehen, nur einmal beinahe, und das war für Herrnstadt, und der zittert noch drum, dass es nicht passiert. So endet auch, was einmal in der Redaktion des »Berliner Tageblattes« begann mit dem Handstreich für die streikenden Ruhrarbeiter. Kann Herrnstadt den erbleichenden Abgeordneten Landsberg jetzt besser verstehen, dort in Pankow in seinem Sessel? An den wird er wohl am wenigsten gedacht haben in diesen Tagen und Nächten.

Das Spiel war gelaufen. Indizien sprechen dafür, dass Herrnstadt und Zaisser schon früh für das auserkoren waren, was sie jetzt erlebten. »Ich habe sie machen lassen« – immer wieder sagte es Ulbricht, und das wird stimmen.

Schon allein, dass Ulbricht – und er war es ja, der im Politbüro immer noch herrschte – drei so brisante Texte ausgerechnet einem seiner Widersacher übertrug, musste stutzig machen. Und auch das Zentralkomitee hatte Ulbricht erst einberufen, als Herrnstadt versprochen hatte, dessen Entschließung auch noch zu schreiben.

Seltsam liest sich auch der »Holzhammer«-Artikel. Es stehen darin zwei von Herrnstadt geprägte Signalwörter aus genau den beiden Texten, die ihm den flammenden Hass vieler

Funktionäre aus Partei und Gewerkschaft eingetragen hatten. Zwei junge Redakteure hatten den Artikel geschrieben. Aber wer hatte die beiden Wörter hineinredigiert, an denen Herrnstadt sofort zu erkennen war?

Es klang wie ein Echo, ein Hohn.

Und es war der dritte von vier fragwürdigen Zeitungsartikeln im »Neuen Deutschland« aus der Zeit, in der er die Chefredaktion abgegeben hatte.

Der erste erschien am 12. Juni – »Bauarbeiterstreiks im Jahr 1898«. Ähnlich naiv-historisch daherkommend wie der Text über den Kölner Kommunistenprozess. Der zweite am 14. Juni, das war der »Holzhammer«-Artikel. Gleich zwei Tage später dann ein auffallend großer Artikel über den Sturm auf das Berliner Zeughaus 1848. Begeisterte Beschreibung davon, wie man eine Innenstadt erobert, weil sich zum 105. Mal in Berlin ein 14. Juni jährt.

Seit wann wurde das denn gefeiert? Noch dazu war es nicht der 14. Juni, als der sonderbare Artikel erschien, es war der 16. – Vorabend des 17. Juni. Wer hat denn das schon vorher gewusst?

Der vierte Text war der von Max Fechner am 30. Juni. Dass dessen Platzierung dubios war, kam bald heraus. Unbekannt blieb dagegen, dass derselbe Artikel einen Tag später in der »Täglichen Rundschau« erschien. Deren Redaktion durfte am 17. Juni nicht arbeiten, obwohl nicht gestreikt wurde. Die Belegschaft war stattdessen in die Innenstadt geschickt worden. In der Innenstadt sahen die Mitarbeiter an manchen Ecken Panzer stehen. Die hätte man auch vor der Redaktion aufstellen können, falls man um deren Leben fürchtete. Aber es ging wohl eher darum, nach Moskau zu melden, in Berlin könnte nicht einmal die eigene sowjetische Zeitung erscheinen. Es gibt keine »Tägliche Rundschau« vom 18. Juni. Weiß jemand, wie es dieser Chefredaktion später ergangen ist?

Die seltsamen historischen Artikel vor dem 17. Juni fielen in diesen Tagen gewiss kaum auf und waren dafür wohl auch nicht gedacht. Eher schon für die Bemerkung Ulbrichts vor dem Zentralkomitee, dass seit dem 9. Juni in der Parteizeitung etliche merkwürdige Artikel erschienen wären. Und so wie es Herrnstadt nichts genutzt hatte, dass er die Verantwortung für Fechners Artikel bestritt, so hätte ihm die Entdeckung der übrigen später auch nichts genutzt.

Wann? Irgendwann. Die Vernehmungen gingen erst los.

Seit Semjonow im April nach Moskau zurückgerufen war, musste Ulbricht um seine Position fürchten, seit seiner eigenen Reise nach Moskau wusste er, dass seine Zeit um war. Und Semjonow?

Er hat 1995 in seine Erinnerungen geschrieben, er habe mit Marschall Sokolowski eine grundsätzlich andere Konzeption für Deutschland entworfen als Berija. Nur »... um Berija zu täuschen, schlug Chruschtschow vor, seinen [Berijas] Vorschlag anzunehmen. Molotow machte mir insgeheim ein Zeichen, ich sollte schweigen ...« Mit Hilfe von Berijas Gegnern hatte Semjonow auch den neuen Posten erhalten und war nach Berlin zurückgeschickt worden. Seitdem hatte er zwei Aufgaben: Berijas Plan erfüllen und Berijas Plan zum Scheitern bringen. Das muss ihn in Angst und Schrecken gestürzt haben, denn so oder so war er von da an ein Todeskandidat, aber er hatte gesehen, wo die Mehrheit lag: Bei den Gegnern von Berijas Plan.

Um also Berijas Politik zum Scheitern zu bringen, hätte er agiert wie ein Kanalarbeiter, der »in Dunkel und Kälte einen unterirdischen Tunnel vorantreibt«, so schreibt er.

Der Tunnel – wo ging er denn hin?

Auch Berija muss noch davon erfahren haben, er schickte Semjonow bald zwei Leute hinterher mit dem Vorwurf, der hätte den faschistischen Putsch selbst organisiert, aber es war zu spät.

Mit der Anklage, er habe die Sowjetunion an den Rand eines Weltkriegs gebracht, wurde Berija entmachtet. Danach gab es keine neue Deutschlandpolitik, kein Ende des Kalten Krieges, keine Erneuerung in der DDR.

Das alles sind Tatsachen. Das Weitere bleibt Spekulation.

Ob Zaisser und Herrnstadt von Moskau gelenkt waren oder nicht, weiß bisher niemand. Dass sie aber starke Vertreter eines neuen Kurses gewesen wären, ist richtig, und die Zeit war reif dafür in Ostberlin.

Zum ersten und letzten Mal hatte es an der Spitze und an der Basis der DDR Mehrheiten für eine Demokratisierung gegeben. Gescheitert sind die Kräfte für eine Erneuerung nicht an kleinen Fehlern und nicht einmal an der Ängstlichkeit des Politbüros. Gescheitert waren sie in dem Augenblick, als Berija der »Feind« war.

Nach dem Aufstand also. Aber der war echt.

Eine Erhebung aller Menschen, die es satt hatten ewig zu hören, dass sie die Herren des Staates wären, und es doch nicht zu sein. Menschen, die sich an Traditionen erinnert haben, die noch vor Kommunismus und vor Faschismus lagen – die Kraft der Arbeiterbewegung.

Besonders in den sächsischen Industriezentren wurde das deutlich. Mit der ersten Auszahlung niedrigerer Löhne brach sich ihr Protest gegen die rücksichtslose Politik endlich Bahn. Dort lag das Zentrum des Widerstandes.

Über den Aufstand, seine Spontaneität und Durchschlagskraft liegt viel Material vor. Die Merkwürdigkeiten seines Anfangs gehören auch dazu – dieses medienwirksamen Anfangs an der Stalinallee.

Denn es waren ja gar nicht die Arbeiter der Stalinallee, die zuerst streikten. Die ersten Streiks spielten gar keine Rolle. Aber die sozialistische Stalinallee war *der* Ort in der DDR, der alle Bilder und Inhalte bündelte, die es brauchte für eine Zündung.

Der Druck dafür war seit April ständig erhöht worden. Die Unzufriedenheit war da. Der Zahltag gekommen. Nun brauchte es nur noch gute Agitatoren und einen Rundfunksender.

An einem sonnigen Tag im Juli 1953 stand ein Postbote auf der Terrasse des Blockhauses meiner Großmutter. Ein Telegramm! Meiner Mutter zitterten die Hände, als sie es gelesen hatte, und einen Moment lang sah sie aus, als ob sie weinen müsste, aber sie weinte nicht. Sie legte das Telegramm auf die Kommode und so las ich es auch. HABE KEINE ARBEIT MEHR. BIN SEHR UNGLÜCKLICH. BLEIB DORT. RUDI. Ich wunderte mich über die lateinische Schrift, wo wir doch in Sibirien waren.

Wir müssen sofort nach Hause fahren, sagte meine Mutter. Da weinte meine Großmutter.

Es waren Sommerferien, Platzkarten zu bekommen war ein Kunststück, Chaos an den Schaltern, viele Leute, immerhin hatten wir Rückfahrkarten, die wir umtauschen konnten. Tage vergingen mit Warten und In-der-Schlange-Stehen, dann fuhren wir. Eine Woche bis Moskau. Auf der Hinfahrt hatte uns jemand aus der DDR-Botschaft abgeholt und zur Übernachtung ins Hotel »Metropol« gebracht. Nun übernachteten wir bei einer Freundin meiner Mutter, zu viert in einem Zimmer. Sie hatte nur eins. Wieder dauerte es Tage, bis wir Platzkarten kaufen konnten, erst dann schickte meine Mutter ein Telegramm nach Berlin.

Als wir am Berliner Ostbahnhof ankamen, stand nicht mein Vater auf dem Bahnsteig, sondern Franz Michel. Er fuhr uns nach Hause, dort wartete seine Frau Hertha. Sie sagte immer dasselbe: »Euer Vater hat nur im Flur gesessen. Immerzu bin ich hingegangen und habe gesagt, Ihre Frau kommt ja bald, und die Kinder auch, und dann ist alles gut. Aber er jedes Mal: Nein, sie kommen nicht. Und sehen Sie – da sind sie schon!«

Mein Vater war abgemagert, und im Radio wurde andauernd unser Name genannt. Ich verstand nicht, was das bedeutete. Am nächsten Tag traf ich die anderen Kinder wieder, meine Freunde. Wir liefen durch das Städtchen, niemand sprach mit mir, und darum sagte Micha, der älteste von uns allen, laut: »Sie kann ja nichts dafür, dass ihr Vater ein Feind ist!«

Da verstand ich, was das bedeutete, im Radio – wir waren jetzt Feinde.

1953

Im August fährt ein Auto, ein kleines diesmal, mit uns, mit der ganzen Familie auf die Fernstraße 96, und nun fällt Herrnstadt auch körperlich heraus aus dieser Gesellschaft in Pankow, im Städtchen, in Ostberlin und in der Parteizentrale – hinaus. Er ist durchgeschwommen. Gegen den Strom und gegen seinen Willen hat er den Punkt jetzt erreicht, dass er rausfliegt.

Und so fahren wir, raus aus Berlin.

Schon vor der Abreise hatte sich mein Vater der Parteikontrollkommission stellen müssen, und da ging's nur um eines: Zugeben. Alles zugeben, was ich täglich im Radio hörte – Parteifeind, Verschwörung und Machtergreifung.

Bis Ende September wird in allen Medien die Nachricht von der Fraktion Zaisser-Herrnstadt wiederholt, die die parteilosen Massen angebetet hätten. In einer Front mit den Todfeinden der Partei würden sie nun stehen, und auch das Wort *Clique* hatte ich mir gemerkt, weil es so seltsam war.

Wir, die Kinder, hatten doch immer Cliquen gebildet, die also auch?

Wir fahren, unvergesslich sein versteinertes Gesicht, schweigend, wir fahren ins Kaputte hinaus, so war ja das Land, kaputt stand es da, und die Häuser wurden kleiner und der Himmel dunkler. Das ist jetzt keine Symbolik, sondern das war das Merseburger Chemiegebiet.

Damals zum ersten Mal gesehen. Städte grau, Abwasserkanäle grün, Arbeitersiedlungen braun und ein Schloss mit den spitzesten Türmen der Welt. Kaisersaschern.

Denn diese Fantasiestadt nahe Merseburg, wo Adrian Leverkühn das Gymnasium besucht haben soll, könnte tatsächlich Merseburg sein: Eine Bischofsstadt, tausend Jahre alt, der Dom auf dem Berg und daneben ein Schloss, steil über der längst schon vergifteten Saale, im Schlosshof der lebende Rabe im Käfig, und irgendwo fanden sie mal einen Schatz, und das waren die Zaubersprüche. Der älteste deutsche Text überhaupt: *Eiris sazun idisi, sazun hera duoder, suma hapt heptidun, suma heri lezidun, suma clubodun, umbi cuoniouuidi: insprinc haptbandun, inuar uigandun.*

Kurzfassung: *Hexen lösen deine Fesseln, nun entflieh den Feinden!*

Passt genau auf das Jahr 1953 für Herrnstadt, aber er flieht nicht. Im Jahr '53 kamen wir erst mal in Merseburg an.

Kaisersaschern im Dunst von Chemiebetrieben. Im zwanzigsten Jahrhundert liegt Merseburg zwischen Leuna und Buna. Das Haus wiederum, in dem wir wohnen sollten, stand zwischen der Straße, die diese Werke verband, und der Bahnlinie, die diese Werke verband, und das waren die befahrenste Straße und die befahrensten Gleise des Landes.

Wollte man 1953 in der DDR einen Verbannungsort suchen, man hätte viele finden können. Wollte man einen Ort finden, einen Menschen zu töten, der nur eine Lunge hat, dieser war brauchbar.

Das kleine Auto hielt vor einem zweistöckigen gelben Haus. Dort im Parterre war die Wohnung.

Ich erinnere mich, wie wir in den leeren Räumen standen und meiner Mutter schlecht wurde. Eine Frau aus der Etage über uns brachte ihr einen Stuhl herunter. Wir standen also um diesen Stuhl herum – zwei kleine Mädchen und ein Mann.

Damals warteten wir einige Stunden auf den Möbelwagen, viel war nicht drin – ein Bett für jeden, Sessel und Sofa für alle, ein Schreibtisch, ein Tisch und paar Stühle und Bücher. Aber

Bücher waren auch schon kistenweise verkauft worden, denn wir hatten kein Geld. Genau gesagt besaßen wir gar nichts. Herrnstadt hatte seine Ideale an sich selbst konsequent realisiert.

An diesem Tag der Ankunft entdeckten wir Kinder am Küchenfenster den Bahndamm hinter dem Haus und zählten die Güterwagen der Züge, die da vorbeirollten – 50, 60, 70 Waggons.

Direkt hinter dem Bahndamm lag das Archiv, in dem mein Vater von nun an arbeiten sollte. Es hieß »Deutsches Zentralarchiv« und beherbergte eine der bedeutendsten Archivaliensammlungen Europas, darunter das Preußische Geheime Staatsarchiv.

Was Herrnstadt dort machte, blieb ihm überlassen, er sollte warten. Worauf? Das würde er noch sehen.

Mein Vater erzählte uns Kindern, dass wir hier nicht lange bleiben würden, sondern bald wieder zurückziehen nach Berlin. Es müsse sich nur alles klären. In diesem Bewusstsein gingen wir die Straße entlang unter der Eisenbahnbrücke hindurch zum Bahnhof oder zum Domberg hoch, und die Leute drehten sich nach uns um.

Warum?

Hier drehte man sich nach allem um, was auch nur eine Idee zu ungewohnt war. Es hat ein Jahr gebraucht, ein Jahr ungefähr, dann war ich angepasst, also kein vorlautes Lachen mehr, kein Pferdeschwanz, kein zu bunter Rock. Zu schweigen lernte ich gleich.

Denn was ich sah, was ich hörte, zu sehen bekam – es war ja ein vollkommen anderes Land! Und was für eins! Was hätten meine Eltern gesagt, wenn sie gewusst hätten, dass an der Tür zum Schulkeller mit Kreide geschrieben stand: *Wer die Tür offen lässt wird erschossen*, und dass beim Turnen regelmäßig die schwächsten, die dicksten und dünnsten der Kinder zur Gaudi der übrigen vorturnen mussten, und die anderen lachten dann, und die Lehrerin lachte mit.

Was hätten sie gesagt, wenn sie die Fotoalben gesehen hätten, die meine neuen Freundinnen mir zeigten, wenn wir alleine bei ihnen zu Hause waren, nämlich deren Eltern bei fröhlichen Festen: Arm hoch und Bein hoch unter dem Hakenkreuz und erhängte Männer am Galgen, und in allen guten Stuben die Bilder der gefallenen Väter, alle mit Hakenkreuzknöpfen und Hakenkreuzschnallen, alle in Uniform. Auch wie über die Russen geredet wurde, sollten sie lieber nicht wissen, und wie hämisch geredet wurde über den Sozialismus oder die SED.

Natürlich wussten sie es. Es war zu erkennen an der geraden Haltung, wenn wir spazieren gingen. Vielleicht sah es stolz aus, aber es sah auch so aus, als ob da zwei Leute die Luft anhielten, als ob sie auf Glasscherben liefen, ganz vorsichtig, so sah es aus.

In dieser Landschaft, zwischen Chemiedunst und Mittelalter, in diesem Haus, zwischen Straße und Bahndamm, musste mein Vater seine Verteidigung aufbauen, von hier aus fuhr er los nach Berlin zu den Verhören der Partei, hier beginnt das Kapitel: Auslöschen. Den Mann auslöschen.

Herrnstadt weiß, dass hier ein Prozess vorbereitet wird, bei dem sein Einverständnis vorausgesetzt wird wie von jedem guten Genossen. So etwas verlief in Etappen. Jetzt war der Parteiausschluss dran.

Aus der Partei ausgeschlossen zu werden, das bedeutete einem überzeugten Kommunisten in diesen Jahren, dass ihm der Sinn seines Lebens genommen wurde. Da zeigte sich die Kehrseite des gesteigerten Lebensgefühls – man fiel aus dem Guten ins Böse!

Das geht nicht. Herrnstadt hat sein Leben damit verbunden, er erklärt seine Schuld. Sechzehn Seiten lang, auch wenn seine Frau widerspricht, Datum 31. August 1953.

Es genügt den Genossen noch nicht. Wieder wird er nach Berlin bestellt. Es sind Hermann Matern und Hertha Geffke, die ihn verhören. Besonders die Genossin Geffke gibt nicht nach, sie will erreichen, dass er den Griff nach der Macht endlich zugibt, »Was ist denn dabei?«, »Das versteht doch jeder!«

Seltsamkeit dieses Lebens wieder mal: Die erste »Genossin«, die er auf deutschem Boden traf, wird auch die letzte sein, die er als »Genosse« erlebt. Nur dass er das Bild vom Anfang nicht entschlüsseln konnte.

Wenn er zurückkommt, erklärt er Valentina diesen Unterschied objektiv-subjektiv. Objektiv ist er ein Kapitulant und subjektiv ist er keiner, er muss das noch besser herausarbeiten. Wieder und wieder erklärt er es ihr und niemals versteht sie's, im Gegenteil, ihre Antwort ist: »Jetzt hast du endgültig den Verstand verloren.«

So hatte sie dagestanden in Prag: »Die Sprache kann nichts dafür!« So stand sie in unserer Wohnung parterre und sprach von Verstand, meine Mutter, Verstand!

Er hat es ihr nie vergessen. Tatsächlich war er am Verrücktwerden inzwischen und das Zauberwort hieß Verstand.

Von da an hat er nichts mehr zugegeben. Im Gegenteil – auf vierunddreißig Seiten nimmt er die Erklärung vom 31. August zurück.

Er findet die Kraft aufzuschreiben, was war und warum es so war, und die Kraft, »Nein« zu sagen in allen Verhören, die jetzt noch folgen, findet er auch.

Nein, es gab keine Plattform, es gab keinen Griff nach der Macht, es gab keine Verbindung zu Berija.

Dieser neue Text ist datiert auf den 1. Dezember 1953. Das Jahr soll nicht zu Ende gehen, ohne dass er den Kopf wieder heben kann, so wird er gedacht haben. Der 3. Dezember 1952 war das Datum der Hinrichtung von Rudolf Slansky und Ludwig Freund. Sie haben alles zugegeben, was die Partei verlangte, und sind doch hingerichtet worden. Schon mal deswegen sagt er jetzt »Nein«. Und schon mal deswegen ist dieser neue Text geschrieben wie ein Testament.

»Was haben wir gewollt?«

Sogar seinem Vernehmer Hermann Matern bescheinigt er noch einmal schriftlich, dass er ihn absetzen wollte. Soll der Schauprozess kommen, Herrnstadt hat seine Sprache wiedergefunden.

Und nicht nur das. Der Zwiespalt, von dem ihm Harald Laeuen vor fünf Jahren geschrieben hatte, auch an einem 1. Dezember, von jetzt an wird er sich schließen.

Und wieder wird er nach Berlin bestellt. Es ist Januar 1954, große Kälte draußen, wenn Hermann Matern ihm nun vorliest, dass er aus der SED ausgeschlossen worden ist. Ab sofort wird er wieder »Herr Herrnstadt« heißen, und nichts von allem, was er geleistet hat, zählt mehr. Die Vernehmung aber wird fortgesetzt.

Als er am nächsten Morgen nach Merseburg zurückfuhr, folgten ihm bereits Staatssicherheitsleute. Ebensolche empfingen ihn in Merseburg am Bahnhof, verlangten, in die Wohnung gelassen zu werden, stürzten an den Schreibtisch und rafften alles Papier an sich. Valentina bekam einen Schwächeanfall und Herrnstadt forderte von den beiden Männern, dass sie Rücksicht auf seine Frau nehmen sollten, denn er müsste ihr jetzt erklären, dass er aus der Partei ausgeschlossen wurde. Es spricht für den Ausnahmezustand, in dem er sich befand, dass die beiden tatsächlich das Haus verließen.

Zum zweiten Mal in seinem Leben verbrannte Herrnstadt eine ganze Nacht lang Papiere. Das erste Mal war in Warschau gewesen.

Die Haussuchung am nächsten Tag und die nun einsetzende offene Überwachung waren die Antwort auf sein Schreiben vom Dezember, und die hieß: Das wirst du bereuen.

Die öffentlichen Anschuldigungen waren ohnehin schon gesteigert worden, das geht nun so weiter und gipfelt ein Jahr später in Karl Schirdewans Rede auf dem 4. Parteitag der SED, wo er Zaisser und Herrnstadt »Verräter an der Sache der Arbeiterklasse und der Partei« nennt. In der Sprache der Partei ist das der Ruf nach der Todesstrafe.

Ohnehin rechneten meine Eltern täglich damit, verhaftet zu werden. Sie rechneten auch damit, dass sie provoziert würden oder getäuscht oder ihnen Papiere untergeschoben, die eine Verurteilung erleichterten. Sie hatten also verstanden, wo sie sich neuerdings befanden – auf der anderen Seite des Landes, in dem sie so lange schon waren.

Später schreibt er es auf, aber damals? Damals muss er unaufhörlich im Selbstgespräch mit seinen Genossen gewesen sein. Er memorierte geradezu alles, was sie gesagt hatten und was geschehen war im Juni und Juli 1953. Jedes Wort, jeden Satz. Es war zu gefährlich, das aufzuschreiben, er muss es auswendig gelernt haben – Tag für Tag, drei Jahre lang.

Im Archiv wagte zuerst niemand, mit ihm überhaupt nur zu reden. Die Furcht der Mitarbeiter war begründet. Was würde sein, wenn Herrnstadt erst mal abgeholt war? Würde »die Sache« dann auch hier Untersuchungen nach sich ziehen?

Einige Genossen der SED wiederum stellen ihn zur Rede und melden es weiter als eine persönliche Leistung, weigern sich, mit ihm einen Raum zu teilen. Auch dem Archivdirektor missfällt es, diesen Verbannten hier sitzen zu haben. Hin und wieder bestellt er ihn zu sich: Was soll ich mit Ihnen? Ich kann Sie nicht mal in die Putzkolonne einteilen. Herrnstadt, der Todeskandidat, muss es sich anhören. Auch zu den Fragen der SED-Genossen dort schweigt er.

Dabei ist er gar kein Genosse mehr, an die Parteidisziplin müsste er sich nicht mehr halten, macht er aber.

Ich verstehe es nicht, aber das ist nicht meine Welt, die da spielt, nicht mein Verstand, der da antwortet: Auch wenn meine Genossen so mit mir umgehen, ich zahle nicht mit gleicher Münze zurück, denn die Partei ist wichtiger als diese Leute, und wenn sie unsere Sache ruinieren, so muss doch die Sache verteidigt werden, und ich verrate sie nicht.

Völlige Einsamkeit also in Merseburg und Angst um ihn rum, die Überwachung ist vollständig, er selber nimmt zu niemandem Kontakt auf, er will keinem schaden, und wenn eines Tages Leute kommen, die ihm eine gefahrlose Flucht in den Westen anbieten, wirft er sie raus.

In dem neuen Deutschland, das Herrnstadt einmal aufbauen wollte, lebt er wieder wie einst in Warschau, überwacht und bedroht. Wieder zwingt er sich Disziplin ab.

Wie lautete die erste Regel für die Illegalität? Das normale Leben fortsetzen.

Wie viel Kraft das kostete und wie unglücklich sie waren, ließen sich meine Eltern nicht anmerken. Keine Zusammenbrüche, keine Wutanfälle, keine Depressionen, kein Streit, kein Alkohol, kein Unrecht gegeneinander oder die Kinder. Krankheiten allerdings, zu viele Krankheiten und zu wenig Geld, das war es, was auch wir Kinder sehen konnten. Aber überall ringsherum waren Armut und Krankheiten. Es war normal.

Telefonterror und Beschattung waren schon weniger normal, aber sie gehörten von jetzt an zu den Dingen, die unser Leben begleiteten und Herrnstadt tothetzen sollten. Eine Kette von Scheußlichkeiten über seinen Tod hinaus, denn seine Partei hat ihr Ziel, ihn auszulöschen, niemals aus den Augen verloren. Ich werde ihr nicht die Ehre antun, das auszubreiten, sondern weiter von meinem Vater erzählen, der also normal jeden Morgen die Straße entlang zur Eisenbahnunterführung lief und dann auf der anderen Seite des Bahndamms die Straße zurück zum Archiv, und dort saß er dann, las, schrieb Notizbücher voll.

Ein Forschungsthema hat er sich bald selber erteilt: Kölner Kommunistenprozess. War also der Artikel darüber während des Slansky-Prozesses doch auf seinen Wunsch hin ins Blatt gekommen? Hier sieht es beinah so aus. Denn er muss, als er hörte, die Prozessakten befinden sich hier im Hause, sofort daran gedacht haben: Die erfundene Verschwörung.

Schon im Herbst also saß er da im Lesesaal, schnürte die Aktenbündel auf, und dann konnte er lesen, wie es gemacht wurde seit hundert Jahren: Meineide, Spitzel, gefälschte Papiere, erzwungene Aussagen. Das war sein Interesse im Jahr 1953: Wie nach einer politischen Niederlage der Gegner kriminalisiert wird.

Es wird ein gründliches Buch. Erst jetzt habe ich es gelesen und gesehen – da ist schon wieder Begeisterung.

Ohne Begeisterung konnte er tatsächlich nicht leben, nicht ohne Liebe, ohne Zusammenhang, und hier hatte er folgendes Objekt gefunden: Marx und Engels.

Sein Buch über den Kommunistenprozess ist so sehr von Karl Marx und Friedrich Engels bestimmt, dass ich vermute, er hat in Merseburg überhaupt zum ersten Mal ausreichend Zeit gehabt, deren Arbeiten gründlich zu lesen, und das muss seine Rettung gewesen sein. Die Kraft, die aus deren Sprache kam.

Und etwas anderes auch: Das Alltagsleben der beiden.

Die Armut von Marx, die Isolierung, die Anfeindungen – war das nicht alles so wie bei ihm? Herrnstadt in seiner Lage hat offenbar nicht gezögert, Marx und Engels beinah auf Gesprächsnähe nahezurücken, und überall im Text zeigt sich Doppelsinn:

»Wie stets in Zeiten der Reaktion besann sich die eben noch geistig ausschweifende demokratische Intelligenz in Deutschland auf den Wert der Vorsicht. Die Presse schwieg Marx und Engels tot, die Herausgeber würdigten ihre Zusendungen kaum einer Absage. Unter den entstandenen Umständen aber war es für Marx und Engels erst recht ein Gebot der Notwendigkeit zu arbeiten, auf den historischen Prozess einzuwirken.«

Glaubt er das von sich selber auch? Glaubt er wirklich, dass er auch dort in Merseburg noch auf den historischen Prozess einwirken kann? Ja, das glaubt er.

Ich höre ihn tippen in seinem Arbeitszimmer, und heute weiß ich auch, was er da getippt hat – hundertjährige Flugblätter, hundertjährige Aufrufe um eine unteilbare deutsche Republik, hundertjährige Bitten um Solidarität von Arbeiter zu Arbeiter.

Er hatte eine Niederlage erlebt, und die Kommunisten 1850 in Deutschland hatten auch eine erlebt, das war zu erzählen, nicht mehr und nicht weniger. Marx und Engels haben das auch gemeistert, damals in London.

Aber wir lebten in Merseburg. Die Hallesche Straße, in der wir wohnten, führt raus aus der Stadt zu den Bunawerken. Täglich rumpelten Männer auf Fahrrädern an unserer Wohnung parterre vorbei – Tausende müssen es gewesen sein zu jedem Schichtwechsel. Da war sie, die Arbeiterklasse.

Gerade hatte sie hier im Chemiebezirk mächtig gestreikt, Leuna hatte in Flammen gestanden und Buna auch, aber Herrnstadt wird immer überzeugt bleiben, dass die Arbeiter am 17. Juni in ihrer Mehrzahl keinen kapitalistischen Staat wollten, sondern eben den versprochenen Arbeiterstaat.

Das denkt er, wenn sie in Massen vorüberfahren zu jedem Schichtwechsel und die Fenster verdunkeln, zweimal am Tag. Die Arbeiter, die guten Arbeiter, Teil der Volksmassen, guten Volksmassen.

Ich habe sie nie so empfunden, denn ich war ein Kind. Alt

genug, um stundenlang in den Warteschlangen nach Lebensmitteln zu stehen, aber nicht alt genug, um ernst genommen zu werden. Ein Kind durfte hören, wie geredet wurde über jeden, der hier aus dem Rahmen fiel, vor allem aber über Polacken und Flüchtlinge und über Russen, abschätzig wurde geredet, böse. Und immer die leise Abschlussbemerkung: »Man darf ja nichts sagen!«, immer das Auflachen über den Mangel, der doch im tiefsten Krieg nicht erlebt worden war, und am 1. Mai hing man scheinbar ahnungslos rote Fahnen aus dem Fenster mit einem dunkelroten Fleck in der Mitte. Das war die Stelle, wo das Hakenkreuz abgetrennt war. Der Stoff war dort noch nicht ausgeblichen vom vielen Flaggen.

Zum Antifaschismus gezwungen – jawohl. Von Russen und Kommunisten zum Antifaschismus gezwungen. Die es heute beklagen, sagen die Wahrheit.

Damals aber, neben meinem Vater herlaufend, dachte ich nur: Er weiß nicht.

Er wird dasselbe gedacht haben. Und auch er sagte es nicht. Er sagte: Der Fortschritt lässt sich nicht aufhalten.

1956 ist es tatsächlich so weit. Nikita Chruschtschow, der Sieger über Berija, tut einen Schritt hin zur Offenheit in den kommunistischen Parteien, er hält eine Geheimrede auf dem 20. Parteitag, und schon die Nachricht muss Herrnstadt vorgekommen sein wie eine Fügung, denn gerade ist er fertig geworden mit seinem Buch, und nun das. Alle Lügen und Ungerechtigkeiten der Vergangenheit sollen auf den Tisch. Wieder macht die Sowjetunion einen Ansatz zu mehr Aufrichtigkeit. Wieder Gegenkräfte auch in Ostberlin. Der Ruf nach mehr Demokratie, die Verdammung des Personenkultes und der Aufmarsch der Toten – die SED-Führung will das nicht.

Aber es geschieht. In Moskau – wo sonst –, in Moskau, Herrnstadt hofft auf Moskau, da treten sie vor auf die Bühne der Welt, die vielen Toten, die immer nur »Feinde« hießen, aber von jetzt an »Ermordete« sind.

Von jetzt an sind sie Ermordete!

Im Februar 1956 bestätigt das zuerst einmal seine Hoffnung. Der Fortschritt lässt sich nicht aufhalten. Schon im Mai schickt Herrnstadt seinen ersten Antrag auf Rehabilitierung an die SED.

Im Juni ist Chruschtschows Text so weit durchgesickert, dass die Nachrichtensender der westlichen Welt ihn verbreiten können.

Ich sehe meinen Vater am Radio sitzen, dabei will er nicht, dass wir Westsender hören, aber er tut es, und das ist nachts, wenn er nicht schlafen kann, und in diesen Nächten kann er überhaupt nicht mehr schlafen.

Diese lange, entsetzliche Rede war Chruschtschows ganz großes Wagnis gewesen. Er musste all die Spitzenkader des großen Landes, die zum Parteitag zusammengekommen waren, an Ort und Stelle überwältigen, so wie sie damals im Politbüro Berija überwältigt hatten, keinem sollte es möglich werden, einen Gegenputsch zu wagen, darum brauchte er Öffentlichkeit, und wiederum musste sie ausgeschlossen werden. Zeit komprimieren und dehnen zugleich, die Zeit schon wieder, sie ist das Problem. An der Lösung, die er gefunden hat, sieht man es: Quadratur des Kreises. Es war das Unmögliche, was er gewagt hatte.

Ob Herrnstadt den Wortlaut der Rede jemals vollständig lesen konnte, ist unklar. Klar dagegen, dass eine Lawine ins Rollen kommt, wieder gilt, was er 1933 so formulierte: »… Vielleicht, dass der Zug noch einmal zum Stehen kommt. Wahrscheinlich sogar. Aber die Strecke, die er inzwischen hinabfuhr, fährt er gewiss nicht wieder hinauf!«

Dieser Zug jedoch, diesmal rollt er endlich in seinem Sinne: Wir brauchen ein neues Verhältnis zum Menschen!

Ein gigantischer Irrtum. Der Zug des Kommunismus rollt von jetzt an endgültig abwärts, und es geht los in Polen.

Dort erzwingt die öffentliche Debatte im Oktober, dass der aus der Partei ausgeschlossene Wladyslaw Gomulka aus dem Gefängnis entlassen und direkt zum Parteichef ernannt wird. Chruschtschow fliegt ungebeten nach Warschau und droht mit sowjetischem Einmarsch. Gomulka droht ihm mit der Volksbewaffnung. Chruschtschow gibt nach, und vor einer Menge von einer Million Menschen verkündet Gomulka Polens Souveränität. Damit hat erstmalig in Europa eine kommunistische Regierung die Unterstützung der Bevölkerung. Zwei Tage später erhebt sich Budapest gegen seine kommunistische Regierung, jetzt gibt's eine internationale Rochade, und am Ende ist Chruschtschow in derselben Lage wie Berija 1953, alles ist ins Rutschen gekommen, auch für ihn selbst geht es ums Überleben, und am 4. November wiederholt er seine Entscheidung von 1953: Schluss damit! Der Reformversuch ist beendet. Aus.

In diesen Novembertagen humpelte in dem Tunnel unter der Bahnlinie eines Tages ein Mann neben mir her, blieb irgendwann stehen, weil er keine Luft mehr bekam, und fragte nach der Adresse Hallesche Straße fünf. Das war unsere Adresse. Er freute sich, es war also nicht mehr weit, und während wir nebeneinander herliefen, sagte er: »In Ungarn ist Krieg.«

Das war Max Emendörfer, der sich einmal *Vizepräsident des Nationalkomitees Freies Deutschland* nennen durfte. Er kam direkt aus Sibirien, wenn man von einer kurzen Erholungsstation in einem Weißenfelser Krankenhaus absieht.

Als mein Vater ihn erkannte, konnte er es kaum glauben – es war jemand gekommen!

Max Emendörfer war ebenso wie Herrnstadt schon im Sommer 1945 in Berlin angekommen, aber er wollte nach Hause, nach Frankfurt am Main. Emendörfer war als Kommunist schon vor seinem Dienst als Soldat in Konzentrationslagern inhaftiert, dann die Gefangenschaft, es reichte nun langsam, er wollte nach Hause. Er hatte deswegen 1945 ein Arbeitsangebot von Ulbricht abgelehnt, und der soll dafür gesorgt haben, dass Emendörfer unter dem Verdacht, er habe für die Gestapo gearbeitet, in die Sowjetunion zurückgebracht wurde. Dort erlebte er weitere elf Jahre Haft, erst der 20. Parteitag hatte ihn befreit.

Max Emendörfer wurde für viele Jahre ein Dauergast unserer Familie. Von ihm weiß ich und konnte es zuerst gar nicht glauben, dass auch im Gefängnis gelacht wurde.

Er jedenfalls, Emendörfer, lachte und brachte andere zum Lachen und entsprach auch darin genau dem Bild, das Herrnstadt von einem »echten Arbeiter« hatte – ein Mann von Kraft, Witz und Statur. Körperlich war er kaputt. Als er schwer atmend neben mir hergelaufen war, war er gerade fünfundvierzig Jahre alt gewesen und hatte dreiundzwanzig Jahre Gefangenschaft hinter sich.

Er lebte nun in Halle und war der Parteizeitung »Freiheit« zugeteilt worden, schon deswegen kam er oft. Herrnstadt sollte ihm helfen, Artikel zu schreiben.

Ob Emendörfer gar nicht ahnte, wie sehr Herrnstadt geächtet wurde, ob er es nicht beachtete oder gar zu ihm hingeschickt worden war, es ist vollkommen gleichgültig.

Er war der Einzige aus Herrnstadts Vergangenheit, der kam. Und eine Frau, die in der letzten Versammlung im »Neuen Deutschland« unerwartet aufgestanden war und gerufen hatte, sie sollten sich alle schämen. Sie hieß Erna Büttner, hatte als Kommunistin viele Jahre im Gefängnis verbracht und kündigte damals freiwillig ihre Arbeit.

Und Lothar?

Mein Vater wartete auf Lothar. Nicht gleich, aber irgendwann würde er kommen. Aber Lothar Bolz war inzwischen

Außenminister der DDR geworden, er sammelte Kunst und fuhr durch die Welt.

Lothar Bolz hat sich nie mehr gemeldet.

Emendörfers Auftauchen 1956 bedeutete eine Wende zum Besseren in diesem Jahr, das so hoffnungsvoll begonnen hatte und so deprimierend endete. Denn die Gruppe um Walter Ulbricht hatte alle Hoffnungen auf mehr Offenheit nach dem 20. Parteitag wieder nur zur Festigung ihres Machtapparates genutzt. Gegen Wolfgang Harich und Walter Janka wurde 1957 ein Prozess inszeniert und die vorübergehend kritischen Genossen Fred Oelßner und Karl Schirdewan 1958 aus dem ZK ausgeschlossen. Sie besannen sich schnell und bereuten bereits ein Jahr später öffentlich ihre Verirrung.

Die Devise der SED nach 1956 war der formulierte Hohn auf den 20. Parteitag der Russen: Kein Blick zurück. Fehler werden im Vorwärtsschreiten überwunden.

Die SED wird bis zu ihrem Ende jedes Verlangen nach Offenheit und Kritik als einen feindlichen Anschlag betrachten. Sie wird den Weg in den Pragmatismus der Plattenbauten und Sozialmaßnahmen wählen und so tun, als ob das Sozialismus wäre. Sie wird an einem Menschenbild des lenkungsbedürftigen, schwachen oder sogar feindlichen Bürgers festhalten, den sie verwalten und kontrollieren muss.

Wer hätte das 1957 geglaubt?

Ein kleiner Sieg gelang meinem Vater damals doch: Wir zogen um. Diesmal nach Halle an der Saale, in die große Stadt nebenan also, wo es auch eine Universität gab und ein Lehrerbildungsinstitut, an dem Valentina 1955 endlich Arbeit gefunden hatte. Die täglichen Fahrten aus einer Stadt in die andere wollte er ihr von jetzt an abnehmen.

Von Halle nach Merseburg fährt eine Straßenbahn. Sie fährt an den Werken von Ammendorf und Buna vorbei, einige Linien sogar bis nach Leuna oder Bad Dürrenberg. Es ist eine schöne, ruhige Fahrt über viel freies Feld, diese Städtereise auf Schienen. Vom Sommer 1957 an fährt Herrnstadt diese Strecke mehrmals die Woche. Manchmal kommt er ganz aufgewühlt nach Hause von diesen Fahrten. Warum? Man redet hier miteinander.

Diese Bahnen sind voller Arbeiter – »Was machst du?«, wird er gefragt, »Wer bist du?«.

Diese Arbeiter waren andere Menschen als heute. Wie die zukunftsgewissen Erbauer der frühen Sowjetunion verschwunden sind und niemals mehr wiederkehren, sind auch die verhärmten Chemiearbeiter der Nachkriegszeit heute verschwunden. Nicht mehr zu finden. Wie hätten sie ihm gefallen, mit Stapeln von Pizza im Einkaufswagen und dick geworden von Bier und von Chips?

Nun, heute wären sie Auto gefahren, man hätte sich nicht mehr getroffen.

Damals saß man eng nebeneinander und gegenüber, und alle die vielen mageren Menschen, sie guckten nicht oft in den Spiegel, sie waren so, wie sie waren, müde. Viele schliefen.

Wenn aber einer ihn ansah und fragte: »Wer bist du?« – wie ist es ihm da ergangen?

Konnte er das Mitgefühl aufrechterhalten, das ihn immer getrieben hatte, die Verpflichtung gegenüber den Unterdrückten? Oder spürte er die Illusion? Er war genauso kaputt wie sie. Genauso arm, genauso unten, alles genauso.

Manchem wird er gesagt haben, wer er ist. Das werden SED-Mitglieder gewesen sein, sie trugen damals Parteiabzeichen. Die haben dann nur den Kopf geschüttelt. Einmal soll ein Arbeiter gesagt haben: »Aber schreiben konntest du.«

Dass die Arbeiter mich als Verräter betrachten müssen,

nach allem, was über mich behauptet wurde – so schreibt er, sei das Schlimmste für ihn. Später sagt er, dass er diese Fahrten gegen nichts eintauschen wollte, noch später, dass er dafür dankbar ist.

Da fahren sie. Der Krieg ist aus. Das Drama hat stattgefunden. Wer bist du, Rudi?

Der Mann, der das funkelnde Leben mitbrachte, wenn er nur einen Raum betrat, diesen Mann gibt es nicht mehr.

Herrnstadt, auf den Fotos der Jahre in Merseburg, sieht zermürbt aus, gealtert. Ein Mensch, der manchmal schwer durchatmet, als ob er eine Last trägt und deshalb stehen bleibt eine Sekunde. Dann weitergeht. War was? Es war nichts.

Immer klarer wird mir, dass er niemanden hatte, der wirklich von ihm wusste. Er wurde einsam.

Wäre ein Mensch gekommen, der verstanden hätte, der Vater vielleicht, der Bruder, vielleicht wäre er zusammengebrochen, er hätte geweint und geschrien, aber wenn er sich wieder gefasst hätte, er wäre der Mann geblieben, der er war. Ein Mensch, der auch auf sich selber gestellt das Notwendige tut.

Der Krieg soll aus sein? Nein, es gibt eine neue Front. Es ist die Perversion der kommunistischen Idee, an die er geglaubt hatte. Worin kann die Aufgabe bestehen in der völligen Isolierung? Zeugnis ablegen.

Leopold Trepper beginnt damit 1972 in Warschau, wo er streng überwacht auf die Ausreise nach Israel wartet. Herrnstadt beginnt in Merseburg. Es ist sehr mutig, denn wir schreiben das Jahr 1956. Zuerst schreibt er die Ereignisse vom Juni 1953 im Politbüro der SED auf. Valentina bringt das Manuskript im Januar 1958 zu Wilhelm Zaisser, der schon schwer krank ist. Der hat es in allen Einzelheiten bestätigt, die Familie hat es über viele Jahre versteckt, bis meine Schwester Nadja Stulz-Herrnstadt es 1990 unter dem Titel »Das Herrnstadt-Dokument« veröffentlichen konnte.

Mit seiner Geschichte des 17. Juni 1953 in der Führung der SED hat Rudolf Herrnstadt auch die Zeitgrenze von 1989 überschritten. Alle seit 1990 aufgefundenen Dokumente der SED-Führung haben seine Aufzeichnungen bestätigt, sie sind inzwischen Allgemeingut und werden eine Quelle deutscher Geschichtsschreibung bleiben.

Bisher interessierte an diesem Text das Faktische. Andere Blicke werden folgen. Denn in Szenen, Dialogen, Zitaten beschreibt Herrnstadt eine Auseinandersetzung unter Kommunisten wie kein anderer Kommunist dieser Jahre, außer er hat die Seite gewechselt. Aber gerade das will Herrnstadt nicht, und so breitet sich Entsetzen aus in diesem Text. Es ist das Entsetzen eines Verfassers, dem von Satz zu Satz immer klarer wird, dass er sich einem Abgrund nähert, und wenn er hineinsehen kann, wird er sich selbst unten liegen sehen. So etwas zu beschreiben verbietet die Selbstachtung eigentlich, aber er schreibt weiter. Er will keinen Abschied, er will den Kampf.

Geschrieben in Merseburg beim Rattern der Güterzüge, in dem Zimmer mit Fenster zum Bahndamm, 180 Manuskriptseiten, eng getippt auf der Schreibmaschine, die er 1939 in Warschau gekauft hat, mit mehreren Durchschlägen, in mehreren Fassungen, handkorrigiert und versteckt. Wo? Keine Ahnung.

Diese Aufzeichnungen über den 17. Juni 1953 könnten das Drama sein, das ihm als Dichter niemals gelungen war. Das Drama der Kollektive als ein Königsdrama, denn es ging ja um was. Um die Zukunft der deutschen Linken.

Herrnstadt wusste es. Darum die Niederschrift, und darum wird sie trotz aller Kränkungen nicht zur Abrechnung eines Enttäuschten. Das macht einen Unterschied in der Sprache.

Herrnstadts erster Satz: »Die nachstehende Erklärung ist ein Dokument, das einmal geschrieben werden musste, weil anders die Wahrheit nicht zu erkämpfen ist, aber zugleich ein Dokument, das ich selber vergessen möchte und – ich glaube, die Kraft dazu zu haben – vergessen werde, sobald die Wahrheit erkämpft worden ist.«

Zum Zeitpunkt der Niederschrift hoffte mein Vater auf eine Reform der kommunistischen Parteien und wollte seinen Teil dazu beitragen. Er lehnte die SED nicht ab, er wollte sie demokratischer, er lehnte die Herrschaft der SED nicht ab, aber er wollte sie als echte Vertretung der Bevölkerung. Mehr Reformfantasie wäre unrealistisch gewesen für einen, der im Jahr 1956 noch Kommunist war.

Am 3. März 1958 stirbt Wilhelm Zaisser.

Seit dem 26. Juli 1953, als er im Zentralkomitee nach seiner Rede zusammenbrach, hatten sich die beiden nie wiedergesehen. Nur über Zaissers Tochter, die in Halle wohnte, hatte Herrnstadt Kontakt zu Zaisser gehalten. So erfuhr er auch davon, dass die SED dem Herzkranken immer wieder gezielt Aufregungen zugefügt hatte, die seinen Zustand verschlimmerten, noch im Krankenhaus war Zaisser attackiert worden. Herrnstadt nannte es Mord.

Zur Beerdigung war er mit Valentina nach Berlin gefahren. Dort erlebten sie, dass Wilhelm Zaisser wie ein Namenloser begraben wurde, mit einem berufsmäßigen Redner, der allgemeine Worte über einem Grab sprach, das bewacht war von der Staatssicherheit. Totgehetzt. Endet so ein ganzes Leben für die Sache des Kommunismus?

Wird nun dasselbe mit Herrnstadt geschehen?

Es geschieht ja bereits. Zwei Jahre lang durfte der Verlag Rütten & Loening keinen Buchvertrag für seine Arbeit über den Kölner Kommunistenprozess mit ihm abschließen, der Gutachter Ernst Engelberg aus Leipzig war bedroht worden und zog sich zurück, andere verweigerten die Ansicht der Arbeit ganz und gar. Bis zum Erscheinen wird Herrnstadt nicht einen sachkundigen Berater haben. Dass überhaupt ein Buch unter Herrnstadts Namen erschien und der Verlag im gleichen Jahr 1958 einen Vertrag für ein nächstes Buch abschließen darf, war der kurzen Entspannung nach dem 20. Parteitag zu verdanken, sie währte nicht lange.

Schon wenn das Buch über den Kommunistenprozess 1958 erscheint, darf es nicht rezensiert werden, es darf in Buchhandlungen nicht ausgelegt werden, nicht zur Promotion eingereicht. Ein Taschenbuch über preußische Schüleraufsätze, die er im Archiv entdeckt hatte, muss unter Pseudonym erscheinen: »Die Beine der Hohenzollern«.

1959 wird Karl Schirdewan herabgestuft zum Direktor der staatlichen Archive. Der Mann, der noch kürzlich die Vernichtung von Herrnstadt angestrebt hatte, wurde nun dessen Vorgesetzter.

In alldem sah Herrnstadt Parallelen zum Vorgehen gegen Zaisser. Denn natürlich regt es ihn auf, die Anfragen, Nachfragen, Hohn. »Versuche der Diffamierung in Potsdam« steht in Briefen der kommenden Jahre.

Wieder nimmt er Anlauf, die Rehabilitierung zu erreichen.

1956 schrieb er nur nach Berlin, 1959 schreibt er auch nach Moskau. Die Genossen in Moskau können es doch beweisen, dass er nichts mit Berija zu tun hat. Hat der 20. Parteitag der sowjetischen Kommunisten nicht versprochen, vergangenes Unrecht aufzuklären? Sie sollen es tun!

Sie sollen auch eine andere Behauptung entkräften, die die SED neuerdings in Umlauf gegen ihn bringt: »Herrnstadt kommt nicht aus den Reihen der Partei.«

»Was habe ich gemacht in der GRU, wenn nicht einen Auftrag der Partei ausgeführt«, schreibt Herrnstadt an Iljitschow, Puschkin, Tulpanow in Moskau und Otto Grotewohl, Heinrich Rau, Max Reimann, Berlin. Die Sowjets antworten nicht.

Seine Genossen der SED antworten auch nicht. Sie bestätigen ihm nicht einmal den Eingang der Bitte. Es ist, als ob es ihn gar nicht gibt. Dabei ist er noch da und er will auch noch bleiben. Aber wie bleibt man am Leben?

Keine rhetorische Frage für Herrnstadt. Er hat zu viele Menschen sterben sehen. Wie bleibt man am Leben?

Der intellektuelle Herrnstadt vertieft sich in die Schätze des Archivs, der politische Herrnstadt hört Radio.

Zunehmend nun schon am Tage und dicht an den Empfänger gelehnt, denn es rauscht immerzu, alle politischen Sendungen werden gestört, kann er die Worte Personenkult und Dogmatismus immer wieder hören. Aber das sind ja seine Themen gewesen!

»Wir gebrauchten damals nicht den Begriff Personenkult, sondern sprachen von der Herstellung der Kollektivität der Leitung, den Methoden des Herangehens an die Werktätigen.«

Es war also richtig gewesen, was sie gewollt hatten, damals, als sie noch mehr waren als nur zwei Personen und die ersten im ganzen Ostblock. Es gibt also Hoffnung.

Nein. Gerade die DDR, die Moskauer Gruppe um Ulbricht, wird dieses Land bis zuletzt fernhalten von jeder inneren Bewegung. Mein Vater, wenn er an Manuilskis Warnungen dachte, muss außer sich gewesen sein vor Ohnmacht und Wut. Es ging doch um Deutschland!

Auch das nächste Arbeitsthema hat er sich selber gewählt. Er will die Geschichte des Begriffs »Klasse« schreiben. Beginnend mit Albrecht Dürer durchforscht er die europäische Kultur und erzählt auf Spaziergängen oder am Mittagstisch, was er gefunden hat: Welche Schönheit und Ausdruckskraft menschlichen Denkens! Und was für Schicksale es gegeben hat! Was für Opfer auf dem langen Weg zur Befreiung der Menschheit!

Das war der leidenschaftliche Herrnstadt, der sich Kraft aus der Geistesgeschichte holte. Er konnte unerhörte Ereignisse verbinden, entfalten, aus der Gegenwart kommentieren, das Lachen der Zeitgenossen dazu lachen und auch das noch begründen.

Diese Menschen, von denen die Rede war, sah er immer ganz nah, stellte Fragen, die sie sich genauso gestellt hatten oder die sie vergaßen zu stellen, und gab seine Antwort darauf, und das Ganze ergab ein solches Erstaunen, eine Ermutigung auch, dass der Zuhörer sich ehrlich freute, nun endlich auch selbst auf der Welt zu sein.

Heute denke ich, es war auch das Lebensgefühl eines Kommunisten der dreißiger Jahre, das darin steckte. Deren unerschütterliche Gewissheit, in Raum und Zeit mit Gleichgesinnten verbunden zu sein.

Zweifellos ein Gefühl des Grandiosen.

In Halle leben wir in einer großen Wohnung mit Fenstern zum Park. Es war ein Wohnungstausch gewesen, der den Umzug ermöglichte. Im schönsten Zimmer die Bibliothek. Da stehen sie in den Regalen, die Bücher, seine neuen Freunde. Die Gedanken, die geblieben sind von so vielen mutigen Menschen.

Wie in Merseburg ist es eine Wohnung parterre, aber still und geräumig, manchmal sehr kalt. Das Heizproblem strukturiert den Alltag im Winter – wer dreht die Öfen zu?

Wir sind eine Familie, die zusammenhält, mittags gibt's warmes Essen, nachmittags Kaffee und Kuchen, meine Mutter kocht abends für den nächsten Tag, bäckt Kuchen, und nach dem Abendbrot werden Spiele gespielt. Wir haben Zeit füreinander, wir lesen und fahren in Urlaub, wir leben, wie er niemals gelebt hätte als Funktionär, es ist ein ruhiges Leben, und ich sehe meinen Vater am Ofen lehnen und sagen, dass er das niemals von sich geglaubt hätte, dass es ihn so zufrieden machen würde – Familienleben, aber manchmal sitzt er auch einfach nur da, still, sehr still.

Auch das fällt mir erst heute auf. Das Abschütteln schwerer Gedanken, das tiefe Einatmen und die Frage – na was, laufen wir noch ein Stück?

Zunehmend braucht er Luft, frische Luft. Mittags muss er sich hinlegen. Am liebsten wandert er durch Thüringen. Auch so eine Entdeckung. Das liebliche Thüringen. Die duftenden Wiesen, die Pilze, die Beeren.

Ganz altmodische Sommerfrische immer im gleichen Dorf, jahrelang. Aber ob nun Thüringen oder Halle an der Saale – es ist das alte Deutschland, durch das wir laufen.

Die alte Kleingartensiedlung »Frohe Zukunft«, die alten Fabriklandschaften und Warenhäuser, die alten Aussichtstürme und Wanderwege, und immer am Marktplatz ein Restaurant, wo noch frisch gekocht wird, Rinderbraten in Rotweinsoße, Kohlrouladen und Königsberger Klopse, die Bockwurst das einzige Fastfood, viel Most wird getrunken und weniger Wein, und nirgendwo amerikanische Zahnpasta und Zigaretten, aber sowjetische auch nicht, dafür stehen ODOL-Flaschen in den Drogerien und die alten IMI-Pakete. Altes Deutschland. Darum hängen ja überall die Plakate mit sozialistischen Sprüchen von einer neuen Zeit. An den Dingen wäre es nicht zu erkennen gewesen, und wenn der Westen nicht nach und nach dem Osten die Lizenzen entzogen hätte, dann hätten die Bürger der DDR bis zuletzt Maggi-Suppen gebrüht und auf Agfa-Film fotografiert. Kein Problem. Das Problem war das Neue.

Schon in Merseburg wollte ich Ballerinaschuhe. Aus weichem und farbigem Leder mit kleiner Schleife – unvergesslich. Sie kamen in Paketen aus dem Westen bei meinen Freundinnen an, ich durfte sie vorsichtig anfassen.

Da konnte mein Vater noch so sehnsüchtig in den Osten sehen und warten auf Fortschritt, er war ja längst angekommen, aber er hieß nicht Chruschtschow und Friedensvertrag, er hieß Ballerinaschuhe!

Er hieß Petticoat und nahtloser Strumpf und Cabrio und täglich duschen und Rom ansehen, und es war auch egal, welchen Namen der Fortschritt hatte: Jeder konnte sich jetzt Dinge kaufen, von denen man früher nur träumte, das war der Fortschritt. Er befand sich im Westen.

Alle anderen Träume waren offenbar ausgeträumt.

Auf unseren Spaziergängen kamen nun die »Errungenschaften« ins Spiel und wurden gegen mich eingesetzt – die volkseigenen Betriebe, die kostenlose Bildung, die billigen Wohnungen, die Kindergärten, die sichere Arbeit – das seien doch auch einmal Träume gewesen, und wären die nicht wichtiger als so bunte Schuhe? Ja, das wusste ich nicht, wenn ich traurig war, in meinen klobigen Schuhen.

Und weil er es sah, kam dann auch noch der Satz: »Die ersten Ballerinaschuhe hätten bei uns hergestellt werden müssen.«

Dann lachte ich laut und er ärgerte sich. Aber so sei es doch, nur so: »Die ersten Ballerinaschuhe hätten bei uns hergestellt werden können – wenn man die Menschen nur ließe!« In der Stalinallee war es doch auch gegangen. Dort war es der Osten gewesen, der die ersten und komfortabelsten Wohnhäuser in ganz Deutschland gebaut hatte – und alle waren dabei gewesen. »Die ersten Ballerinaschuhe hätten bei uns hergestellt werden müssen, was spricht dagegen?«

Dagegen spricht, dass er selber einer derjenigen war, der Leute nicht »einfach machen« ließ – die Architekten der Stalinallee zum Beispiel. Hatte er das schon vergessen? Es war die gelenkte Aktion, die ihn so begeistert hatte, aber die spontane, die selber bestimmte, wie würde er dazu stehen?

Das war noch in Merseburg gewesen, zwischen 1953 und 1956, diese Gespräche über Ballerinaschuhe, und von heute besehen, hatte Herrnstadt 1951 mehr Recht gehabt, als er ahnte vielleicht, mit seinem Gefühl, dass nicht mehr viel Zeit blieb, die »Errungenschaften« des Sozialismus zu nutzen, eigentlich gar keine Zeit mehr.

Wahrscheinlich sind es diese Jahre, in denen die Wege sich endgültig trennen. Die Gläubigen an den Kommunismus wandeln weiter auf ihrem Pfad in die ohne Profit zu erbauende Zukunft, und die Ungläubigen fluten in die Landschaften der Bewegungsfreiheit und kaufbaren Träume. Sie tun es körperlich oder im Geiste – sie folgen der neuen Zeit, sind weg.

Das Trümmerbild hat seine Kraft verloren.

Die »Errungenschaften«, das waren Bedürfnisse und immer werden die Kommunisten daran zu ackern haben, dass sie Bedürfnisse erfüllen wollten, dringende menschliche Bedürfnisse. In der neuen Welt aber werden Wünsche erfüllt, weiß mein Vater das eigentlich?

Wusste ich es? Ich wusste nur, das da etwas nicht passt zwischen meiner brennenden Sehnsucht nach Ballerinaschuhen und der preiswerten Wohnung, in der wir wohnten.

Und wenn ich so neben ihm laufe, muss ich nun manchmal lächeln über ihn. Ich bin die Alte, und er ist jung, so sieht es aus.

1959, als er die Briefe nach Moskau schrieb, war die Mauer in Berlin noch nicht gebaut. Auch 1960 noch nicht, aber nun fuhr er schon drei Jahre mit seiner Straßenbahn. So wie damals von Gleiwitz nach Krappitz, so fuhr er, und wie damals war es das Prägendste überhaupt.

Er sah – die Leute wollten nicht mehr. Und damit würde alles verschüttet, für das er gelebt hatte, und nicht er alleine, da kamen ja auch noch die Toten dazu, die Toten des Krieges, und die Ermordeten auch, die ihn so quälten in diesen Jahren, wo endlich Zeit war zum Nachdenken, und sein eigenes Ich war ja auch geopfert! Zum ersten Mal kam ihm so ein Gedanke.

Umso mehr wartete er auf den 22. Parteitag der sowjetischen Kommunisten. Im Oktober 1961 sollte er stattfinden, nun konnte die SED nicht länger blockieren, er glaubte es nicht, dass das möglich war.

Tatsächlich bot die SED-Parteigruppe des Merseburger Archivs Herrnstadt Anfang des Jahres 1961 an, ihn wieder in die Partei aufzunehmen, wenn er Stillschweigen darüber bewahrte.

Das hatten sie mit der Obrigkeit abgesprochen. Herrnstadt lehnte ab. Er war öffentlich verleumdet worden und er wollte öffentlich rehabilitiert werden. Er hoffte auf den Oktober.

Vor dem Oktober kommt der August. Ist es ein Zufall, dass die Berliner Mauer acht Wochen vor dem 22. Parteitag der sowjetischen Kommunisten gebaut wird? Hier ist mit sowjetischer Politik der Strom der Flüchtlinge in die BRD noch einmal angefacht worden, und nun wird die Mauer gebaut. Die dadurch heraufbeschworene Kriegsgefahr nahm man wieder in Kauf. Wieder entstand in Berlin beinahe eine heiße Front. Die Grenzprovinz wieder mal ganz groß, und wenn die Grenze dicht ist, muss das sowjetische »Tauwetter« die SED nicht mehr kümmern.

Das Loch in der Zeit ist gestopft, und noch weitere achtundzwanzig Jahre stemmen sich die Ostsozialisten gegen den Lauf der Welt. Damit werden sie unwichtig wie alle Fantasten, auch von Herrnstadt könnten wir uns an diesem Punkte verabschieden.

In zwei Fragen jedoch bleibt er drin in der Schwingung der Zeit.

Der Patriot Herrnstadt sieht keine Chance mehr für einen Sozialismus in Deutschland. Der Kommunist Herrnstadt ist überwältigt von den Verbrechen des Kommunismus. Dass es so viele sind und immer noch neue genannt werden.

Das stimmt inzwischen gar nicht mehr hoffnungsvoll. Denn wie passt es zu der Idee, an die er immer noch glaubt? Und wo bleibt der Fortschritt? Wann kommt er?

Gar nicht. Die Gruppe um Walter Ulbricht lässt jetzt, wo die Grenze geschlossen ist, ihr kleines Reich ganz neu ordnen. Nun wird auch die deutsche Geschichte neu geschrieben. Eine Geschichte des gesetzmäßigen Sieges der SED.

Herrnstadt wollte nicht still wieder eintreten in ihren Club – auch gut. In einem »Grundriß der Geschichte der Arbeiterbewegung« kann er nun lesen, dass die Vorwürfe gegen ihn und Zaisser nicht zurückgenommen sind, sondern erweitert. Auch die Verbindung zu Berija ist festgeschrieben. Der »Grundriß« ist Pflichtlektüre für alle Parteigruppen, Schulen und Universitäten. Eine neue Generation lernt Herrnstadts und Zaissers Namen als die Namen von Verrätern am Sozialismus.

Das geschieht 1962. Herrnstadt protestiert. Er schreibt einen letzten Brief. Diesmal nach Moskau. Brief an Semjonow. Eine Abrechnung.

»... Genosse Semjonow, haben Sie endlich den Mut, vor Ihre Partei zu treten und ihr die volle Wahrheit über Ihr Verhalten in den Monaten Juni und Juli 1953 in Berlin und über die Motive zu Ihrem Verhalten zu sagen ... daß Sie mit einer unerhörten Kaltblütigkeit gearbeitet haben. Nähere Untersuchung würde zeigen, daß der ›Fall Zaisser/Herrnstadt‹ aus etwa 30 Fälschungen, Verdrehungen, Statutenbrüchen und kriminellen Akten besteht, die kunstvoll innerhalb einiger Wochen aneinandergelötet wurden. Das tut niemand im Schlafe ... Sie müssen im Juli und August 1953 sehr sicher gewesen sein, daß Zaisser und ich binnen kurzem nicht mehr existieren würden, sodaß die Gefahr einer Aufrollung der Angelegenheit durch uns nicht besteht ...«

Auch das ein Text, der in eine Geschichte deutscher Tapferkeiten gehörte. Keine Antwort. Die Antwort gibt Herrnstadt sich selber: Es gibt nur noch eine Nachricht, die von mir erwartet wird: die Todesnachricht.

Herrnstadt ist jetzt neunundfünfzig Jahre alt. Er will sich abwenden von diesem Kummer. Schließlich liebt er das Leben. Und ist es ihm nicht neu geschenkt, hier in der Provinz?

Er arbeitet. In dem neuen Buch, es wird »Die Entdeckung der Klassen« heißen, überschreitet er die Grenzen der Fachdisziplinen. Das bringt ihm schon wieder Hohn und Distanzierungen ein. Und überall in der europäischen Geistesgeschichte entdeckt er Dogmatiker und Revolutionäre, es fällt ihm wie Schuppen von den Augen, der Kampf ist ja ewig, er hat nur ein winziges Stückchen davon erlebt! Geduld ist verlangt.

Geduldig also wartet er auf die Straßenbahn, geduldig stellt er sich in die Warteschlangen nach Wurst und nach Obst, es macht ihm Spaß, etwas mitzubringen, er denkt sich gern Überraschungen aus, er hat die Musik entdeckt, einen Plattenspieler gekauft und immerzu Schallplatten, mit Valentina geht er ins Kino, sieht am liebsten Vittorio de Sica, wie dieser ist er die Zuverlässigkeit in Person, er freut sich, wenn er den Professor Ernst Hadermann auf der Straße trifft oder in der Universitätsbibliothek, Hadermann, den er als Hauptmann der deutschen Wehrmacht im Kriegsgefangenenlager Krasnogorsk kennengelernt hat, und der freut sich auch, und geduldig korrigiert er Emendörfers Artikel und betrachtet die Fotos, die der manchmal mitbringt aus seinem Zeitungsarchiv, da ist Herrnstadt drauf, aber schwarz übermalt oder abgeschnitten, die Auslöschung war schon im Gange, als er noch lebte. Er steuert dagegen, pachtet einen Garten, pflanzt junge Bäume, er will nicht am Sinnlosen zugrunde gehen, aber er geht zugrunde. Er bemerkt es selber, die Hoffnung erlischt.

Am 24. August 1963 findet er im »Neuen Deutschland« eine kommentarlose Meldung darüber, dass die Urteile im Prozess gegen Slansky und Genossen zu Unrecht gesprochen waren. So sieht es aus, wenn Fehler im Vorwärtsschreiten überwunden werden: Vier Sätze, briefmarkengroße Meldung.

Briefmarkengroß? Nun – etwas größer vielleicht. Sonderbriefmarke. Sondermeldung. Und auch darin schon wieder Lügen.

Da waren doch die großen Prozessberichte 1952 ganz andere Dinger, die könnten mühelos einen Quadratmeter in der Zeitung ergeben. Ein Quadratmeter Lügen, und die hat er drucken lassen, er! Wird es ihm langsam klar?

Wird ihm klar, was er tat, und mit wem er da immer im Boot saß und stillhielt, so lange, und agitierte?!

Das ist wahrscheinlich die größte der Strafen gewesen für Herrnstadt, die Zeitung lesen, die Zeitung lesen.

Alle Namen dort kennt er, er weiß, wie's gemacht wird, aber auf der anderen Seite des Landes lebend, in dem er immer schon war, liest sich alles wie Hohn, wie ein Zerrbild, ein böser Spiegel von dem, was er anfing und wollte.

Am gleichen Tage schreibt Herrnstadt:

»Es ist nicht in einem Wort zu sagen, wie viele Verbrechen sich in dieser Nachricht verbergen und überkreuzen. Mich trifft sie umso mehr, als ich eine Reihe der Ermordeten und auch der Mörder kannte. Einer der Hingerichteten, Ludvik Freund (Frejka), war mein ältester Freund und hat mein Leben entscheidend beeinflußt ... Nun steht also fest, daß auch Ludvik Frejka, ›Luck‹ wie wir ihn nannten, ermordet wurde. Es gibt kaum noch jemanden von den mir nahestehenden Menschen aus den Jahren 1930 bis 1953, der nicht ermordet wurde: meine Eltern, mein Bruder, Ilse Stöbe, Moltke, Scheliha von den Faschisten und Stutzka (Stiga), Jurewicz, Antonow-Owssejenko, Zaisser, und wie nun feststeht auch Ludwig Frejka, von den als Kommunisten auftretenden Anhängern des Personenkultes. Ich denke, dass diese Bilanz die Entschlossenheit rechtfertigt, im folgenden unbeschönigt zu sprechen, nje w brow, a w glas, wie es russisch heißt.«

Hatte er bis dahin immer noch Zweifel an der Unschuld von Ludwig Freund? Auf jeden Fall hat er bisher gezögert, seine Genossen auch Mörder zu nennen. Und gestrichen aus seinem Leben hat er Lothar Bolz. Von jetzt an ist Frejka der Mensch, den er neben sich duldet, Frejka sein ältester Freund.

»Nje w brow, a w glas, wie es russisch heißt«. »Nicht an die Braue, sondern ins Auge« – schlagen natürlich. Das hat die Zeitungsmeldung bewirkt. Zurückschlagen.

Ende 1963 beginnt Herrnstadt mit der Niederschrift seiner Erlebnisse in Moskau seit seiner Überstellung in die Komintern. Was vorher war, schreibt er nicht. Hier hält er sich bis zuletzt an die Geheimhaltung, die er der sowjetischen Militärspionage einmal versprochen hat. Das Übrige reicht im Entwurf der Kapitel bis zum Jahr 1953.

Dieser Text ist ein Abschied. Kein Wunsch mehr, in diese Bruderschaft wieder aufgenommen zu werden, kein: Warum habt ihr mich verraten? Er hat seine Meinung darüber, wie das alles gekommen ist, und die wird er festhalten. Ende.

Und doch hat auch Liebe den Text diktiert. Das Andenken an die Menschen, denen er treu bleibt. Die sowjetischen Militärs im Krieg, die Freunde von damals, als sie sich noch vertrauten, und die deutschen Soldaten und Offiziere, die mit ihm zusammen einmal antraten für die Vision eines besseren Deutschland. Wie sie es wollten und was davon bleibt.

Was bleibt?

Der Kampf gegen den Faschismus. Der Kampf um Frieden an der Ostfront. Der Neuaufbau im zerstörten Berlin. Der

Kampf um die deutsche Einheit. Der Aufbau des Neuen im Osten.

Und alles das hat auch dunkle Seiten, Erlebnisse, von denen er schweigt und die man nur ahnt, wenn er stehen bleibt, beim Spazierengehen, um zu sagen: »Glaubst du wirklich, wenn man zum ersten Mal in der Weltgeschichte alles, alles neu macht, und man hat es nicht gelernt und keine Erfahrungen, glaubst du nicht, dass man erst einmal alles, alles falsch machen wird?!«

Die Erinnerungen kann er nicht zu Ende schreiben, der Text endet mit dem Übergang nach Deutschland im Mai 1945. Er bricht mitten im Satz ab, auf einer Seite 265, für das Folgende finden sich nur die skizzierten Überschriften im Nachlass, hier fehlt etwas, aber wo liegt es?

Am Anfang des Jahres 1966 wird Herrnstadt krank. Zuerst glaubt er an eine Grippe, dann an Kavernen in der Lunge, die sich geöffnet haben, kommt ins Krankenhaus, dann in die Universitätsklinik, aber es ist nicht die Lunge, es ist Krebs, niemand sagt es ihm. Das war damals so – »Valentinuschka, ich schreibe Dir diesen Brief, damit Du Dir nicht die geringsten Sorgen machst…« –, Krebs machte Angst und wurde verheimlicht. Wiederum sind die Ärzte ihm zugetan, oft schon lange befreundet, kümmern sich, kommen täglich, besorgen alles, was möglich ist, Herrnstadt wird operiert, es nutzt nichts, er liegt schon Monate in der Klinik, das Fieber steigt, er spürt, dass es zu Ende geht, und will die Wahrheit wissen. Wenn einer der Chefärzte ihn wieder einmal besucht und vertröstet, verlangt Herrnstadt von ihm sein Offiziersehrenwort. Bei seiner Ehre als deutscher Offizier soll er ihm sagen, ob er sterben wird.

Die Antwort ist: Ja.

Auch das steht im Notizbuch, das er führt, und Stichworte

dazu, nur die Schrift wird von Tag zu Tag hilfloser, und dann steht da in großen, krakeligen Buchstaben: Ende. Schluss.

Am 28. August 1966 stirbt Rudolf Herrnstadt, Valentina ist bei ihm.

Die Trauerfeier wird bewacht von Staatssicherheitsleuten, viele unbekannte Gesichter, schweigend. Auch am Grab kein Genosse der SED, keine Zeitung, kein Schüler, kein Freund von früher und niemand aus der Sowjetunion. Erna Büttner ist da. Und auch der Germanist Ernst Hadermann wird es wagen zu dem Begräbnis zu kommen.

»Einen letzten Gruß meinem guten Kameraden aus dem Nationalkomitee!«, wird der rufen, wenn die Urne vergraben wird, und das wird das letzte Wort sein, das an Rudolf Herrnstadt gerichtet wurde.

EPILOG

Der eine oder andere Leser kennt das Empfinden des Bergsteigers, der hoch oben, im alpinen Gestein innehält – vor sich die majestätische Welt der in die Tiefe stürzenden Granitwände, um sich herum das taube Schweigen, die gleißende Sonne, die Kälte des atmenden Gesteins. Was ihn in diesem Augenblick fesselt, ist nicht so sehr das Bewußtsein der eigenen Winzigkeit, das wäre wenig. Es ist die erhabene Gleichgültigkeit der Natur gegenüber der Tatsache, ob hier einer ist oder nicht ist, denkt oder nicht denkt, dies oder jenes denkt. In solchen Momenten greift auch der Stumpfste mit Händen, dass die Welt *unabhängig* von seinem Wissen und Wollen existiert, oder wie die Marxisten sagen: objektiv. Das Objektive ist ein entscheidendes Element des Begriffs naturgeschichtlich.

Ein zweites ist die Bewegung. Was tut die emporragende Granitwand? Was tut eine Zimmerwand, während wir am Tisch sitzen und sprechen? »Was sollen sie tun?«, lautet die landläufige Antwort, »sie stehen«. Eben nicht. Sie bewegen sich. Kämen wir nach 200 Jahren ins gleiche Zimmer, wir würden sehen, dass sich die Balken neigten, die Wand riß und einsackte, als Folge des Verfallsprozesses, der zu jedem Zeitpunkt im Gemäuer vor sich ging. Und kämen wir nach 200 000 Jahren ins gleiche alpine Gestein, wir fänden die Granitwand vielleicht geborsten, vielleicht überhaupt nicht mehr. Und so wie Zimmerwand und alpines Gestein bewegt sich alles Existierende durch die Zeit, in unterschiedlichem Tempo, jedes entsprechend dem Naturgesetz *seiner* Bewegung [...].

Ein drittes ist mit dem zweiten eng verbunden: Wo Bewegung ist, muß ein Antrieb sein. Welches ist, auf einen Nenner gebracht, der Antrieb der Bewegung in der Welt? Schon wenn wir die sichtbarsten Bewegungsformen beobachten – ob es das Gehen ist als Folge der Betätigung eines rechten und eines linken Fußes, ob das Fahren eines Autos als Folge der Explosion von Funke und Benzintropfen, ob das Aufbegehren des Getretenen als Folge der Kollision von Druck und Selbsterhaltungstrieb – immer ist es ein Widerspruch oder ein Knäuel von Widersprüchen, woraus die Bewegung entsteht. Der Widerspruch ist das innerste Element jeder Erscheinung, ein unabdingbarer, höchst fruchtbarer Ausweis von Existenz [...].

Rudolf Herrnstadt, Entdeckung der Klassen, Berlin 1965.

ANHANG

Nachweis von Zitaten und Begriffen, soweit sie nicht im Text erklärt sind.

VOR DEM GEWITTER

S. 29: »Ginstermann kam spät …«, in: Bernhard Kellermann, Yester und Li. Die Geschichte einer Sehnsucht, Berlin, ohne Datum, S. 5.

S. 68: *Komintern*: Kommunistische Internationale. Gegründet 1919. Internationaler Zusammenschluss kommunistischer Parteien zu einer weltweiten, gemeinsamen Organisation. Ihr ursprüngliches Ziel war eine proletarische Weltrevolution, basierend auf einzelnen nationalen Revolutionen. Dieses Ziel verlagerte sich jedoch im Verlauf der 1920er-Jahre zu einer Interessenpolitik im Sinne der Sowjetunion, der die Komintern ab Mitte der 20er-Jahre als Einflussinstrument auf kommunistische Parteien und Organisationen in anderen Ländern diente. Die einzelnen kommunistischen Parteien, die darin organisiert waren, gaben ihre Eigenständigkeit auf und galten als nationale Sektionen. 1943 wurde die Komintern aufgelöst.

S. 70: »Stellen Sie sich nie die Frage …«, in: Leopold Trepper, Die Wahrheit, Freiburg 1995, S. 73.
S. 73: »Unter der Sonne stehen reihenweise die Handwagen mit Erdbeeren …«, in: »Unter den Dächern von Warschau«, Berliner Tageblatt, vom 2.8.1931.
S. 74: »Ein wenig Sonne, ein wenig blauer Himmel …«, ebenda.
S. 84: »welche in Russland weitgehend die Funktion …«, in: »Die Sowjet-Advokaten«, Berliner Tageblatt, vom 16.7.1933.
S. 85: »Delikt plus angewandte Parteilinie …«, ebenda.
S. 86: »unentwegt werden diese Gedanken in die Bevölkerung …«, in: »Die stumme Mobilmachung«, Berliner Tageblatt, vom 9.8.1933.

S. 88: *Kollektiv*: Eine Mehrzahl von Personen, die aufgrund eines Systems von gemeinsamen Normen und Werten Gefühle der Zusammengehörigkeit entwickeln. In der kommunistischen Gesellschaft war die Entwicklung des Menschen im Kollektiv als Gegenstück zur individualistischen Entwicklung erwünscht und gefördert.

S. 102: »Zum Abschied erhielt ich einige Händedrücke ...«, Brief von Rudolf Herrnstadt an Valentina Herrnstadt vom 1.11.1956, Privatbesitz.
S. 102: Angaben aus: A. G. Pawlow: »Die sowjetische Militärspionage am Vorabend des Grossen Vaterländischen Krieges«, in: Zeitschrift für neue und neuste Geschichte, Moskau 1995, Nr. 2, S. 574.

KRIEGSBILD

S. 123: »Zwischen dem Hitlerschen Hammer und dem Stalinschen Amboss ...«, in: Leopold Trepper, a. a. O., S. 72.
S. 123: »daher klammerten wir ...«, ebenda, S. 83.
S. 127 ff: Alle Angaben zur Tätigkeit von Ilse Stöbe aus: Pjotr Iwaschutin, »Sie berichtete genau«, in: Zeitschrift für Militärgeschichte, Moskau 1990, Nr. 5, S. 561 ff.
S. 128: »Am 5. Mai 1941 berichtete ...«, in: »Aus den Archiven der GRU«, Militärhistorische Zeitschrift, Moskau 1992, Nr. 2, S. 39.
S. 150: »denn ich habe das Blatt herausgerissen ...«, in: Rudolf Herrnstadt, Nationalkomitee. Moskau 1942–1945, unveröffentlichtes Manuskript, Nachlass, Privatbesitz, S. 48.
S. 151: »Ich war halt an die Komintern abgegeben ...«, ebenda, S. 50.
S. 152: »Sie starb den Tod ...«, ebenda, S. 51.
S. 156: »Soll man im Kampf gegen Hitler ...«, ebenda, S. 4.
S. 165: »Es wird scharf unterschieden zwischen ...«, ebenda, S. 22.
S. 167: »Übrigens könnten Sie in Ihrer Zeitung gelegentlich ...« und: »Die Vorstellung eines – da ja der Anschluss nun einmal erfolgt sei ...«, ebenda, S. 55.
S. 169: »Auf Konstantinows Bemerkung, selbst wenn im Ergebnis ...«, ebenda, S. 39.
S. 170: »Der beste Mann in der Führung Ihrer Partei ist ...«, ebenda, S. 37.
S. 172: »Das einträchtige Gelächter über die ...«, ebenda, S. 149.
S. 173: »Mit der einen Hand holte er Teller aus einem Schrank ...«, ebenda, S. 115.
S. 175: »Eines nachts gegen zehn Uhr ...«, ebenda, S. 59.

S. 175: »Die Ereignisse fordern von uns Deutschen …«, in: »Manifest des Nationalkomitees Freies Deutschland«, Freies Deutschland, Moskau, Nr. 1, vom 19.7.1943.
S. 180: »Ich sah nicht …«, in: Rudolf Herrnstadt, Nationalkomitee, a. a. O., S. 97.
S. 181: »in der schulterstücklosen Uniform eines Rotarmisten …«, ebenda, S. 79.
S. 182: »Das Erscheinen großer Gruppen deutscher Soldaten und Offiziere …«, ebenda, S. 92.
S. 185: »selbst nach Stalingrad …«, in: Hans Zippel, »Was der Landser denkt«, Freies Deutschland, Moskau, Nr. 1, vom 19.7.1943.
S. 186: »Ihnen allen ist die Tradition der deutschen Arbeiterklasse bekannt …«, in: Otto Sinz, »Es geht um die Substanz des deutschen Volkes«, ebenda.
S. 187: »Soldat, denn du bist ein Mensch …«, in: Herbert Stößlein, »Gegen jede Anarchie«, ebenda.
S. 187: »Wartet nicht, bis der andere vorangeht …«, in: Fritz Rücker, »Aus alten Fehlern lernen«, ebenda.
S. 192: »es ist oft furchtbar schwer, gehorsam zu sein …«, ebenda, Nr. 22, vom 12.12.1943.
S. 193: »Wenn wir es mal zu was bringen …«, ebenda, Nr. 11, vom 18.9.1943.
S. 195: »Aber Bredt kam nicht weit …«, in: Rudolf Herrnstadt, Nationalkomitee, a. a. O., S. 89.
S. 198: »Über den Baracken lag eine Atmosphäre …«, ebenda, S. 124.
S. 200: »Im Speisesaal wurde gegessen, im Gelände promeniert …«, ebenda, S. 165.
S. 201: »Wie gegenwärtig die denkende Menschheit …«, ebenda, S. 155.
S. 202: »Müssen diese Meldungen denn so breit gebracht werden?«, ebenda, S. 157.

S. 203: *Frontkorrespondenten:* Zum Nationalkomitee »Freies Deutschland« gehörende kriegsgefangene Soldaten oder Offiziere, die mit der Roten Armee gemeinsam an die Front fuhren und der Zeitung und dem Sender von dort berichteten.

S. 204: »das Vorgehen der beiden Westmächte entspreche vollkommen …«, in: Rudolf Herrnstadt, Nationalkomitee, a. a. O., S. 192.
S. 205: »Es war ein Glück für die deutsche Nation …«, ebenda, S. 109.
S. 208: »für das Begreifen dessen, was geschah …«, ebenda, S. 250.
S. 208: »Wir würden bei der Heimkehr …«, ebenda, S. 255.

S. 209: »dass diese Überheblichkeit und Selbstzufriedenheit …«, ebenda, S. 256.
S. 209: »damit übernähmen sie in ihrer Person …«, ebenda, S. 257.
S. 212: »Es war ziemlich viel ausgearbeitet …«, in: Rudolf Herrnstadt, »Zwei Abschiede«, unveröffentlichtes Manuskript, Nachlass, Privatbesitz, ohne Seite.
S. 214: »Auch für uns, die deutschen Kommunisten in der Sowjetunion …«, in: Rudolf Herrnstadt, Nationalkomitee, a. a. O., S. 180.
S. 216: »Es mag gegen den 20. April …«, ebenda, Anhang.

TRÜMMERBILD

S. 228: »Ich freue mich …«, in: Helmut Kindler, Zum Abschied ein Fest, München 1991, S. 297.
S. 237: »Haben die Kürbisse schon …«, in: Rudolf Herrnstadt an Valentina Herrnstadt, Brief vom 18.7.1946, Privatbesitz.
S. 238: »Unser Ziel mag …«, in: Helmut Kindler, Zum Abschied ein Fest, München 1991, S. 321.
S. 239: »Wir haben – und sind sehr stolz darauf …«, in: Rudolf Herrnstadt an John Ahlers, Brief vom 2.10.1947, Bundesarchiv.
S. 249: »Marie Herrnstadt war meine Mutter …«, in: Rudolf Herrnstadt, Nationalkomitee, a. a. O., S. 51.
S. 260 ff: »Sie legen in einer manchmal gesteigerten Sprache …«, in: Brief von Harald Laeuen an Rudolf Herrnstadt, Nachlass, Privatbesitz.
S. 262: »Man verordnet ihm Strophantinspritzen …«, in: Brief an Wilhelm Pieck, vom 29.11.1948, Bundesarchiv.
S. 264: »Ein gewisser Schleier des Geheimnisses …«, in: Rudolf Herrnstadt, »Zwei Abschiede«, a. a. O.
S. 272: »zehntausende unserer Genossen warten …«, in: »Umbau«, Neues Deutschland, Berlin, vom 3.5.1949.
S. 282: »Mitglied der Sozialistischen Einheitspartei …«, in: »Freundschaft mit der Sowjetunion – gesamtdeutsche nationale Notwendigkeit«, Neues Deutschland, Berlin, vom 28.7.1950.
S. 283: »Deutschland ist eben eine Einheit …«, ebenda.
S. 285: »Was fehlt Euch, was fehlt uns …«, in: »Zwischenberichte zum Deutschen Gespräch«, ebenda, vom 6.9.1950.
S. 294: »höchstens ein Hundertstel …«, zu errechnen aus: Alexander von Brünneck, Politische Justiz gegen Kommunisten in der Bundesrepublik Deutschland 1949–1968, Frankfurt/Main 1978, S. 217 ff.; und: »Überwindung der Folgen der SED-Diktatur im

Prozess der deutschen Einheit«, Materialien der Enquête-Kommission des deutschen Bundestages, Band VI, Baden-Baden 1999, S. 1163 ff.
S. 300: »kritischen, einfallsreichen, an Initiativen gewohnten Menschen …«, in: Rudolf Herrnstadt, »Zwei Abschiede«, a. a. O.
S. 300: »Wir haben am eigenen Leibe …«, ebenda.
S. 300: »folgende Lage: die Parteigruppe schwach …«, in: Rudolf Herrnstadt, Erklärung an die ZPKK, vom 1.12.1953, Bundesarchiv.
S. 303: »Wir hatten ständig den Eindruck …«, ebenda.
S. 308 ff: »Sollte man nicht heute …«, in: Rudolf Herrnstadt, Zur Entstehung des »Nationalen Aufbauprogramms Berlin 1952«, unveröffentlichtes Manuskript, Nachlass, Privatbesitz.
S. 311: »Die imperialistische Philosophie auf dem Gebiet der Architektur …«, in: »Über den Baustil, den politischen Stil und den Genossen Henselmann«, Neues Deutschland, Berlin, vom 29.7.1951.
S.312: »Am Beginn dieser Zeit bauen wir …«, ebenda.
S. 313: »Ich musste in mir einen völlig neuen Menschen gebären …«, in: Johann Friedrich Geist, Klaus Kürvers, Das Berliner Mietshaus Band 3, München 1989, S. 335.

S. 319: *Betriebskollektivvertrag:* Seit 1951 in der DDR jährlich abgeschlossener Vertrag zwischen der Leitung eines Betriebes und der Betriebsgewerkschaftsleitung als Vertreterin der Belegschaft. Der Betriebskollektivvertrag sollte dazu beitragen die Planaufgaben zu erfüllen und überzuerfüllen. Die Gestaltungsfreiheit der vertragschließenden Seiten war durch die Planauflagen, Rahmenkollektivverträge und andere gesetzliche Bestimmungen stark eingeschränkt. Zum Vertrag gehörten auch viele Sozial- und Fördermaßnahmen.

S. 319: »Sagt, das ist ein Gesetz …«, in: »Kollege Zschau und Kollege Brumme«, Neues Deutschland, Berlin, vom 14.10.1951.
S. 320: »Das unernste Verhalten der Funktionäre …«, ebenda.
S. 323: »Der Kern der Sache ist …« und: »Ich verstehe nicht, warum der Satz falsch sein soll …«, in: »Diskussionsreden auf der 8. Tagung des ZK der SED«, Neues Deutschland, Berlin, vom 11.3.1952.
S. 329: »Wer ist schuld? …«, in: Wilfriede Otto, Die SED im Juni 1953, Berlin 2003, S. 83.
S. 338: »Wir waren in Unkenntnis …«, in: Nadja Stulz-Herrnstadt (Hg.), Das Herrnstadt-Dokument. Das Politbüro der SED und die Geschichte des 17. Juni, Hamburg 1990, S. 108.
S.339: Herrnstadts Bericht erschien in: Nadja Stulz-Herrnstadt (Hg.), a. a. O.

S. 341: »kategorisch geweigert, ...«, in: Rudolf Herrnstadt an W.S. Semjonow, Brief vom 28.11.1962, in: Stulz-Herrnstadt (Hg.), Das Herrnstadt-Dokument, a.a.O., S. 274.
S. 347: »... desorientiert, erbittert, ausgehungert...«, in: Stulz-Herrnstadt (Hg.), Das Herrnstadt-Dokument, a.a.O., S. 90.
S. 348: »Wenn Massen von Arbeitern...«, in: »Über die Lage und die unmittelbaren Aufgaben der Partei. Beschluss der 14. Tagung des ZK der SED«, Wilfriede Otto, a.a.O., S. 193.
S. 349: »gerade die kritischen und strittigen Punkte ...«, in: Stulz-Herrnstadt (Hg.), Das Herrnstadt-Dokument, a.a.O., S. 121.
S. 351: »Das Ziel des neuen Kurses besteht darin, die Wirtschaft...«, in: Wilfriede Otto, a.a.O., S. 219.
S. 351: »Was soll die SED werden?...«, ebenda, S. 230.
S. 355: »Der Feind drückt in Richtung...«, ebenda, S. 262.
S. 355: »Sie haben damit angefangen...«, in: Stulz-Herrnstadt (Hg.), Das Herrnstadt-Dokument, a.a.O., S. 154.
S. 356: »Ihr leidet wohl an vollständiger Gedächtnisschwäche ...«, und alle folgenden Sätze aus der Debatte, in: Wilfriede Otto, a.a.O., S. 278–283.
S. 360: »Ich sandte ihn ...«, in: Stulz-Herrnstadt (Hg.), Das Herrnstadt-Dokument, a.a.O., S. 186.
S. 362: »um Berija zu täuschen, schlug Chruschtschow vor ...«, in: Wladimir Semjonow, Von Stalin bis Gorbatschow. Ein halbes Jahrhundert in diplomatischer Mission, Berlin 1995, S. 291.
S. 362: »in Dunkel und Kälte einen unterirdischen Tunnel...«, ebenda, S. 290.
S. 375: »Wie stets in Zeiten...«, in: Rudolf Herrnstadt, Die erste Verschwörung gegen das internationale Proletariat. Zur Geschichte des Kölner Kommunistenprozesses, Berlin 1958, S. 153.
S. 385: »Die nachstehende Erklärung...«, in: Stulz-Herrnstadt (Hg.), Das Herrnstadt-Dokument, a.a.O., S. 55.
S. 388: »Wir gebrauchten damals nicht...«, ebenda, S. 272.
S. 394: »Genosse Semjonow, haben Sie endlich den Mut...«, ebenda, S. 275.
S. 396: »Es ist nicht in einem Wort zu sagen...«, ebenda, S. 280.

REGISTER

DANKSAGUNG

Ich danke allen im Text genannten und nicht genannten Gesprächspartnern, die mir halfen, dieses Buch zu schreiben. Sie gaben mir einen Eindruck vom Lachen und Weinen vergangener Zeiten und machten mir Mut, die Hoffnung mehr zu schätzen als die Enttäuschung.

Ich danke ferner allen, die mit historischem Wissen halfen und mich berieten.
Egon Bahr, Manfred Wilke, Wilfriede Otto, Gerhard Baader, Klaus Polkehn, Renate Endler, Regina Griebel, Marlies Coburger, Andreas Lawaty, Michail Rudnitski.

Für den Kontakt zu den Streitkräften der Russischen Föderation danke ich Lew Besymenski, ihnen und dem Archiv der Stadt Gliwice danke ich für die Einsicht in seltene Dokumente.
Für das unübertrefflich benutzerfreundliche Zeitungsarchiv beim Zentrum für Berlin-Studien im alten Ribbeckhaus danke ich der Stadt Berlin.

Und schließlich danke ich meinem Verlag, der die Absicht, an Rudolf Herrnstadt zu erinnern, von Anfang an zuversichtlich unterstützte. Ich danke vor allem Elisabeth Ruge, Nikoletta Enzmann und Birgit Thiel.